Bassam Tibi

Islamische Geschichte und deutsche Islamwissenschaft

Islamologie und die Orientalismus-Debatte

Der Autor:

Bassam Tibi wurde 1944 in Damaskus in die aristokratische Aschraf-Familie Banu al-Tibi geboren und durchlief dort eine streng islamische Erziehung bis 1962, als er nach Deutschland kam, wo er in Frankfurt bei Theodor W. Adorno, Max Horkheimer und Iring Fetscher studierte und auch promovierte. Die Habilitation erfolgte in Hamburg. Mit 28 Jahren wurde er auf eine Professur für Internationale Beziehungen an der Universität Göttingen berufen, wo er die Islamologie begründete und bis zu seiner Emeritierung 2009 lehrte. Parallel zu Göttingen hatte Tibi zwischen 1979 und 2016 insgesamt 19 Gastprofessuren auf allen fünf Kontinenten inne, deren jüngste 2016 (als Cleveland B. Dodge Professor) an der American University of Cairo war. 1982 begann seine Harvard-Karriere in verschiedenen Funktionen, zuletzt 1998–2000 als Bosch Research Professor. Dazu kommen Fellowships in Princeton, Ann Arbor / Michigan, Berkeley, Yale und zum Schluss, 2005–2010, als Andrew D. White Professor-at-Large an der Cornell University. In Afrika lehrte Tibi u.a. in Dakar / Senegal, Yaoundé / Kamerun und Khartum / Sudan. In Asien lehrte er in Jakarta und Singapur. Davor hatte er zwei Gastprofessuren an der Bilkent University in Ankara inne. Im Jahre 2016 teilte Bundespräsident a. D. Horst Köhler Tibi mit, dass er »einstimmig und mit Freude« für sieben Jahre zum Mitglied der Deutschen Nationalstiftung zur Pflege der deutschen Identität gewählt worden ist. Bassam Tibi ist Träger des Bundesverdienstkreuzes 1. Klasse und Autor von 30 Büchern in deutscher Sprache (übersetzt in 16 Sprachen) und weiteren elf Büchern, die er in englischer Sprache schrieb, zuletzt *Islamism and Islam* (2012) bei Yale University Press und *The Sharia State. Arab Spring and Democratization* (2013) bei Routledge, London und New York.

Bassam Tibi

ISLAMISCHE GESCHICHTE UND DEUTSCHE ISLAMWISSENSCHAFT

Islamologie und die Orientalismus-Debatte

ibidem-Verlag
Stuttgart

Bibliografische Information der Deutschen Nationalbibliothek
Die Deutsche Nationalbibliothek verzeichnet diese Publikation in der Deutschen Nationalbibliografie; detaillierte bibliografische Daten sind im Internet über http://dnb.d-nb.de abrufbar.

Bibliographic information published by the Deutsche Nationalbibliothek
Die Deutsche Nationalbibliothek lists this publication in the Deutsche Nationalbibliografie; detailed bibliographic data are available in the Internet at http://dnb.d-nb.de.

Coverabbildung: #131076537 | © Aviator70 - Fotolia.com

Das vorliegende Buch stellt eine erheblich erweiterte Neuausgabe (Vorwort, Einleitung, Kapitel V; Wegfall der Vorrede) des 2001 erstmals bei der Wissenschaftlichen Buchgesellschaft Darmstadt erschienenen Buches *Einladung in die islamische Geschichte* dar.

Paperback: ISBN 978-3-8382-1053-7
Hardcover: ISBN 978-3-8382-1093-3

Printed in the EU

INHALTSVERZEICHNIS

Kapitel III

Kapitel IV

VORWORT

Unter Förderung und auch mit Unterstützung von Christian Schön lege ich mit dieser Veröffentlichung das dritte Buchprojekt im ***ibidem***-Verlag vor. Dies ist ein Glied in der Kette eines großen, ambitionierten Projektes. Noch zu meinen Lebzeiten will ich mein zwischen 1969 und 2009 entstandenes dreißigbändiges Werk in neuen und erheblich erweiterten Neuausgaben auf den Markt bringen. Im Englischen unterscheidet man zwischen *new printing* (einem Nachdruck) und *new edition* (verändert, revidiert und erweitert). Das Neuverlegen meines Werks soll kein *new printing*, sondern jeweils eine *new edition* sein. Dies gilt auch für dieses Buch mit dem veränderten Titel: *Islamische Geschichte und deutsche Islamwissenschaft. Islamologie und Orientalismus-Debatte*, das mit einem ausführlichen Vorwort, einer aus fünf Teilen bestehenden neuen Einleitung und einem neuen Kapitel V erscheint. Die Vorgängerbände dieses groß angelegten Projekts waren bisher, erstens, *Europa ohne Identität. Europäisierung oder Islamisierung?* (2016) und, zweitens, *Islamische Zuwanderung und ihre Folgen* (2017).

Beim Erscheinen dieses Buches bin ich 73 Jahre alt, physisch und psychisch gesund und daher voller Hoffnung, dass ich lang genug lebe, um mindestens die Hälfte meiner Werke als Neuausgaben im ***ibidem***-Verlag herausbringen zu können.

Auch wenn es bei manchen nicht gut ankommen mag, bitte ich meine Leser, es mir nachzusehen, wenn ich mit einer bissigen Bemerkung beginne: Deutsch und international sind nicht deckungsgleich. Konkret heißt dies, vorsichtig formuliert, dass das, was in der großen Welt als Standard anerkannt wird, nicht immer auch für Deutschland Geltung genießt. Nach der Befreiung von der Exklusivität der Nazi-Barbarei hat Deutschland begonnen, sich für die große Welt zu öffnen und sich hierbei zu verwestlichen, um sich den internationalen Standards anzupassen. Dies geschah leider, ohne sich von einer Altlast zu befreien, nämlich die Neigung und Tradition der Sonderwege loszuwerden. Ein Beispiel hierfür ist die Art und Weise, wie Deutsche den Islam und Geschichte wahrnehmen. Die angestrebte Internationalität trifft hier mitnichten auf die deutsche Geschichtswissenschaft zu. Das ist eine wissenschaftliche und keine voreingenommene Aussage, weil ich an einer deutschen Universität Geschichtswissenschaft studiert und an zahlreichen Universitäten auf allen fünf Kontinenten gelehrt habe, den Unterschied also kenne. Hierbei vergleiche ich und weiß, wovon ich spreche. Schließlich gehört *Comparative Politics* zum Handwerk des Faches, das ich im Hauptfach Politikwissenschaft studiert habe. Auch international orientierte deutsche Wissenschaftler wie Baber Johansen teilen diese Auffassung, wie noch gezeigt wird.

In Fortsetzung des, wie schon erwähnt, gemeinsam mit meinem neuen Verleger Christian Schön verfolgten Projektes, mein vergriffenes, von totalitär gesinnten Meinungsmachern nach Kräften politisch unterdrücktes dreißigbändiges Werk in deutscher Sprache neu zu beleben und Neuausgaben hiervon zu veröffentlichen, lege ich mit dieser Neuausgabe mein zuerst 2001 erschienenes Buch über islamische Geschichte in einer erweiterten Fassung vor, die ich im Folgenden erläutern möchte. Der Inhalt des vorliegenden Buches ist folgender: Im Rahmen einer seit Jahrzehnten geführten wissenschaftlichen Kritik gleichermaßen an der deutschen Islamwissenschaft und an der deutschen Geschichtswissenschaft habe ich ein neues Paradigma für die Islamforschung entfaltet; es liegt der Disziplin der Islamologie zugrunde, von der ich beanspruche ihr Begründer zu sein. Diesen Anspruch habe ich durch die Publikation von drei Buchtrilogien, die zwischen 1981 und 2012 erschienen sind, untermauert. Auf billige Polemiken dazu durch Gegner wie beispielsweise den Katholiken Hans Küng lasse ich mich nicht ein. *Zwei Features* charakterisieren dieses Paradigma und die neue Disziplin. Diese sind:

1. Die Islamologie ist eine entkolonialisierte Disziplin, aber doch frei von antieuropäischer Ideologie des *tiers mondisme*, die die Postcolonial Studies dominiert.
2. Islamologie ist – anders als Islamwissenschaft – keine Philologie islamischer Skriptur, auch keine traditionelle Kulturwissenschaft.

Mit anderen Worten: Die historisch-sozialwissenschaftliche Islamologie ist weder eurozentrisch blind und abwertend gegenüber den »people without history« (Eric Wolf), so wie es die deutsche Geisteswissenschaft ist, noch ist sie deskriptiv-narrativ bzw. schriftgläubig, wie es die deutsche Islamwissenschaft ist. Die in dem vorliegenden Buch fortentwickelte Islamologie lehnt sich an Max Webers Verbindung von Geschichts- und Sozialwissenschaft an, also an den Approach, der in der amerikanischen Historical Sociology maßgeblich ist, den ich mir zu eigen mache.

An historischem Material deutet dieses Buch die islamische Geschichte im Rahmen des Konfliktes zwischen zwei konträren Islam-Bestimmungen. Im Mittelalter fand ein Konflikt als ein Kampf zwischen dem an Ibn Ruschd / Averroës orientierten *falsafa*-Islam des Rationalismus und der *fiqh*-Orthodoxie statt. In unserer Gegenwart findet ein ähnlicher Konflikt zwischen dem seit Ali Abdulraziq 1925 existierenden *Enlightened Muslim Thought* und dem totalitären Islamismus statt. Der zeitgenössische Aufklärungsislam (vgl. Abdou Filali Ansary, *The Sources of Enlightened Muslim Thought*, in dem Buch *Islam and Democracy in the Middle East* von 2003) trennt in einer Vernunftorientierung zwischen Religion und Politik, wohingegen der Islamismus eben auf der gegenteiligen Deutung fußt, der Islam sei *din wa daula* / Einheit von Religion und Politik. Beide angeführten historischen Konflikte der alten Geschichte und der Zeitgeschichte sind innerislamisch und somit eine nur innerislamisch zu bewältigende Angelegenheit. Es ist befremdlich, wenn in einem von der Deutschen Forschungsgemeinschaft (DFG) preisgekrönten Buch des Islamwissenschaftlers Thomas Bauer beide Konflikte, die die islamische Geschichte in unterschiedlichen Epochen, vom 9. Jahrhundert bis in die Gegenwart, entscheidend bestimmen, schlicht verleugnet werden. Mit diesem Unsinn in einem Buch, das den Untertitel *Eine andere Geschichte des Islams* trägt, werde ich mich exemplarisch in dieser neuen Einleitung mehrfach auseinandersetzen, um die Spannung zwischen Islamwissenschaft und Islamologie zu veranschaulichen.

Der mittelalterliche, von der deutschen Islamwissenschaft verleugnete Konflikt zwischen *falsafa*-Rationalismus und *fiqh*-Orthodoxie steht in den Abschnitten 1–3 im Mittelpunkt. Danach stelle ich im vierten Abschnitt mein islamologisches Paradigma auf. Darauf folgt im abschließenden Abschnitt 5 der Einleitung die Zeitgeschichte, die von zwei Wesenszügen gekennzeichnet ist:

Der erste Wesenszug ist der Aufstieg des Islamismus, der den Verlauf der islamischen Zeitgeschichte stark prägt. Der zweite Wesenszug bezieht sich darauf, dass der Islamismus zusammen mit den islamischen Zuwanderern nach Europa kommt und besonders als Diaspora-Islam der Parallelgesellschaften als *gated communities* einflussreich wird. Dieser Prozess der islamischen Zuwanderung geht einher mit einer gescheiterten Integration. Diese Entwicklung ist älter als die Flüchtlingskrise von 2015/16, wie Lorenzo Vidino in seinem Buch *The Muslim Brotherhood in the West* (2010) und Gilles Kepel in seinem Buch *Allah im Westen* (1996) darlegen. Dieser Gegenstand ist der Inhalt des neuen Kapitels V über islamische Völkerwanderung nach Europa.

Bis heute ist die deutsche Geschichtswissenschaft deutsch-national geblieben, und wenn sie sich öffnet, dann tut sie dies nur für Europa. Dies sagt auch ein deutscher Professor der Islamwissenschaft, der der FU in Berlin nach Harvard entflohen ist, wo er heute lehrt: Baber Johansen, den ich bereits erwähnt habe. Ich bitte die Leser, die zweite Seite von Kapitel I oben zu konsultieren, wo Originalzitate eines Forschungspapiers von Prof. Johansen zu diesem Thema angeführt werden (vgl. S. 84). Aus diesem Grunde wird die islamische Geschichte in der deutschen Geschichtswissenschaft nicht als ein Gegenstand anerkannt, und somit gehört der Islam nicht zur deutschen Geschichtswissenschaft. Das ist eine wertneutrale, rein faktische Feststellung eines bestehenden Sachverhalts.

Kann die deutsche Islamwissenschaft diesen Mangel ausgleichen? Nein, denn die deutsche Islamwissenschaft ist eine Philologie und keine Geschichtswissenschaft, auch wenn mancher Islamwissenschaftler hobbyartig ohne Professionalität Bücher mit dem Wort »Geschichte« im Titel oder Untertitel veröffentlicht.

Ganz anders ist der internationale Standard. Hier trifft man auf Historiker von Weltrang, die als Islam-Historiker an Elite-Universitäten gelehrt und geforscht haben; der größte Name darunter ist Marshall G. S. Hodgson aus Chicago. Seine nach seinem Tod erschienene Aufsatzsammlung trägt den Titel *Rethinking World History. Essays on Europe, Islam, and World History* (1993). Hodgsons Herausgeber Edmund Burke III. betitelt seine Konklusionen aus dieser Aufsatzsammlung wie folgt: »Islamic history as world history: Marshall G. S. Hodgson and the Venture of Islam.« Das dreibändige Werk *The Venture of Islam* ordnet die islamische Geschichte als Teil in die Weltzivilisationsgeschichte ein. Ein solches wissenschaftliches Vorgehen vermisse ich in Deutschland und seiner nicht besonders glaubwürdigen Willkommenskultur gegenüber Fremden, die über verbale Beteuerungen einer selbstgefälligen Gesinnungsethik nicht hinausgeht. Es ist eigenartig, wenn der deutsche Islamwissenschaftler Thomas Bauer in seinem Buch *Die Kultur der Ambiguität* (2011) mit dem Untertitel *Eine andere Geschichte des Islams* als Historiker auftritt und die gesamte internationale Forschung zur islamischen Geschichte einschließlich des Werkes von Marshall Hodgson schlicht ignoriert. Was ist das? Ist es das, was Muslime *djahl* – Ignoranz – nennen?

Zugegebenermaßen: Mein hartes Urteil hängt mit dem deutschen Umgang mit meinem eigenen Buch zur islamischen Geschichte zusammen, das ich hier in einer Neuausgabe vorlege; es erschien erstmals 2001. Doch wurde meine *Einladung in die islamische Geschichte* gleichermaßen von der deutschen Geschichts- wie auch der Islamwissenschaft schlicht ignoriert. Eine akademische Kultur einer *scholarly debate* sieht anders aus.

Das Buch wurde sehr gut verkauft bzw. mehrfach nach 9/11 nachgedruckt, ohne dass nur eine einzige Rückmeldung zu dem darin gemachten Vorschlag erfolgte, den Islam in die deutsche Geschichtswissenschaft aufzunehmen. Ich bitte meine Leser, mir zu erlauben, dieses Buch, auf ein verändertes Deutschland hoffend, sowohl in seiner 2001er- wie auch seiner neuen 2017er-Ausgabe wie folgt vorzustellen:

Als studierter Historiker, wenngleich im Nebenfach, lege ich hiermit ein professionelles Geschichtsbuch vor. Bei dem Unternehmen, dieses Buch zu schreiben, diente mir ein großer deutscher Gelehrter als Vorbild: Max Weber – er stellt auf eindrückliche Weise die Verbindung zwischen Sozial- und Geschichtswissenschaft in seinem Werk her. Eine weitere Autorität für mich bei diesem Unternehmen ist der Harvard-Professor Barrington Moore, dessen Vorlesungen ich in Harvard hörte und den ich ausführlich und verbatim im dritten Kapitel zitiere. Max Weber (1864–1920) und Barrington Moore (1913–2005) sind die geistigen Väter der Denkschule der *Historical Sociology*, die mich bei der Entfaltung meines Paradigmas der Islamologie sehr inspirierten. Die Orientalismus-Debatte umfasst diese Thematik, die ausführlich in Kapitel IV erläutert wird. Kapitel IV endet mit einem Plädoyer für die Islamologie – einem Begriff, der kein Fremdwort für *Islamwissenschaft* ist, sondern der ein neues historisch-sozialwissenschaftliches Paradigma beschreibt.

Wie schon einleitend angegeben, erscheint die Neuausgabe unter einem veränderten Titel und vereint in sich alte und neue Themen, die ich im Folgenden vorstellen möchte. Die vier alten Themen werden in je einem Kapitel der Ausgabe von 2001 behandelt und lassen sich wie folgt vorstellen:

Das *erste Thema* lautet: Islam ist nicht nur eine Religion, sondern auch als Zivilisation Gegenstand der Geschichtswissenschaft (vgl. Kapitel I); hierin breche ich eine Lanze für die Aufnahme der islamischen Geschichte in die deutsche Geschichtswissenschaft.

Das *zweite Thema* behandelt die islamische Expansion mittels des Djihad-Krieges; dieser verfolgte zwei Ziele: Welteroberung und Etablierung eines Globalisierungsmodells, das die Welt im *Dar-al-Islam* (*Haus des Islam*, meinend die Territorialität der islamischen Zivilisation) vereinigen will. Globalisierung ist also kein neuer Begriff, der mit der westlichen Expansion einhergeht, denn das islamische Globalisierungsmodell ist viel älter, es beginnt im 7. Jahrhundert mit dem Ziel, die Welt zu islamisieren. Das ist die Thematik von Kapitel II, worin sowohl innere als auch äußere Kriege im Islam erläutert werden. En passant: Ich bin ein Muslim, glaube jedoch nicht an die Doktrin der Islamisierung der Welt.

Das *dritte Thema* betrifft die Problematisierung der Einordnung der Muslime als »Rasse« durch den Begründer der deutschen Islamwissenschaft Carl Heinrich Becker (1876–1933). Dem widerspreche ich heftig und nehme schon hier zwei Themen vorweg, die in der Einleitung noch ausführlicher vertieft werden: Einmal der Bedarf an Entkolonialisierung der Islam-Forschung und zum anderen an einem Paradigmenwechsel. Dass Muslime eine »Rasse« seien, wird nicht nur von konservativen Rassisten wie C. H. Becker, sondern sogar auch von heutigen linken Eiferern unterstellt. Diese bieten Muslimen ihren Schutz im »Kampf gegen Rassismus und Islamophobie«. Wir Muslime bilden doch keine Rasse! Es gibt schwarzafrikanische Muslime im Senegal und blonde Muslime in Bosnien. Beide gehören zur Umma, die doch keine Rasse ist. Vorurteile gegen Muslime sind schlimm, aber sie sind kein Rassismus. Ich halte diese Feststellung gegen die gegenwärtige Verwirrung der politischen Kultur Deutschlands für sehr wichtig.

Das *vierte Thema* reflektiert die von Edward Said (1935–2003) ausgelöste Orientalismuskritik, die sich zu der berühmten Orientalismus-Debatte entwickelte. Diese Kritik war anfangs berechtigt, aber durch die Mutationen, die die Debatte durchmachte, wurde die Orientalismuskritik zu einem Kuriosum.

Die fünf neuen Themen der Einleitung von 2017 sind folgende:

Erstens die Wiederaufnahme der Diskussion, dass der Islam zur Weltgeschichte und somit zur Geschichtswissenschaft gehört. Dann folgt *zweitens* die Debatte über Islam und Aufklärung; *drittens* eine Auseinandersetzung mit den Behauptungen von Islamwissenschaftlern, dass Muslime keine Aufklärung benötigten, eben weil sie ihre »Kultur der Ambiguität« hätten; *viertens* die Vorstellung der Islamologie als eine Alternative zur Islamwissenschaft; dann *fünftens* und abschließend: Islam und Zeitgeschichte. Hier wird die nach über dreißigjähriger Forschung elaborierte These vertreten, dass der Islamismus das Hauptmerkmal unserer Zeit ist. Ich behaupte darin, dass die Islamwissenschaft dieses Phänomen mit ihrer Philologie nicht erklären kann, wohingegen die Islamologie dazu in der Lage ist. Diese genannten alten und neuen Themen sind so miteinander verzahnt, dass sie die inhaltliche Einheit des Buches in seinen Fassungen von 2001 und 2017 untermauern.

Nach dieser Buchpräsentation hoffe ich, dass die Neuausgabe des vorliegenden Geschichtsbuches eine Debatte auslöst, die der Ausgabe von 2001 verweigert wurde. Aber Deutschland hat sich seitdem verändert. Ich bin zwar kein Pessimist, aber doch realistisch genug, nicht zu glauben, dass der Paradigmenwechsel, für den ich eintrete, noch in den Rest meiner Lebenszeit fällt. Ich liefere hierfür folgende Begründung für meinen Realismus: Aus meiner Forschung für das 1985 teilweise in Harvard entstandene, aber auf Deutsch geschriebene Buch *Der Islam und das Problem der kulturellen Bewältigung sozialen Wandels* (erschien bei Suhrkamp; die neu konzipierte US-Ausgabe *Islam and the Cultural Accommodation of Social Change* erschien 1990 in Boulder / Colorado, Westview Press) weiß ich, dass kultureller Wandel viel langsamer als sozialer Wandel vonstattengeht. Diese individuelle Forschung über die Spannung zwischen Cultural Change and Social Change setzte ich 20 Jahre später innerhalb von *The Culture Matter Research Project* (CMRP) an der Fletcher School for Diplomacy in den USA fort. Ich war Mitglied des dortigen Forschungsteams und bin Mitautor des zweibändigen Werks *Developing Cultures* (2006 in London und New York erschienen, Routledge).

Mit diesen Vorkenntnissen halte ich fest: Deutschland stellt keine Ausnahme dar, wenn es um die Kluft zwischen Cultural und Social Change geht. Das Land verändert sich rasant seit der Gründung seiner Republik, aber seine politische Kultur bleibt 2017 so stehen, wie Theodor W. Adorno sie in seinem Aufsatz *Auf die Frage: Was ist deutsch?* und Helmuth Plessner in seinem Buch *Die verspätete Nation* beschrieben haben. Dies erdrückt mich als Migrant. Die Spannung zwischen dem rapiden sozialen Wandel und einem im Vergleich dazu sehr langsamen kulturellen Wandel, welcher Werte- und Einstellungsveränderungen *(attitudinal change)* einschließt, ist enorm.

Dem US-Brauch des Acknowledgment folgend, habe ich bei diesem ***ibidem***-Buch folgenden drei Personen sehr herzlich zu danken, ohne deren Unterstützung diese Veröffentlichung nicht möglich gewesen wäre. Zuerst ist Christian Schön zu nennen, der neues Leben in meine in meinen Büchern verkörperte wissenschaftliche Seele durch seine bereits gewürdigte Förderung bringt. Dann kommt Tom Pflicke, der mein wissenschaftlicher Partner bei der Anfertigung aller drei ***ibidem***-Bücher 2016–2017 war; er hat nicht nur meine handschriftlichen Vorlagen in eine exzellente Manuskriptform gebracht, sondern stets und unermüdlich geholfen, wichtige stilistische Verbesserungen vorzunehmen und forschungsbezogene Anregungen zu geben. Nicht zuletzt kommt meine Frau Ursula, die seit mehr als vierzig Jahren mein Leben in Deutschland auf allen Ebenen begleitet, an meiner Seite kämpft und mich nach jeder erlittenen Verletzung vor pauschalen Urteilen über die Deutschen schützt; auch von ihr weiß ich, dass es anständige Deutsche gibt, die ihre Vernunft und Seele für meine »unbequemen Gedanken« öffnen und meine Bücher lesen. Auf diese deutschen Leser hoffe ich.

Göttingen, im März 2017
Bassam Tibi

EINLEITUNG 2017

Von der klassischen Geschichte des Islam als Weltzivilisation zur Zeitgeschichte des Islamismus: Welche Disziplin befasst sich damit?

Der Hauptgedanke des vorliegenden Buches – gleichermaßen in seinen von 2001 stammenden wie in den neuen, 2017 verfassten Teilen – lässt sich in der folgenden Formulierung wiedergeben: Der Islam ist nicht nur eine Religion; er bildet auch seit seiner Entstehung eine Weltzivilisation mit einer eigenen Geschichte, die die Zugehörigkeit zur Geschichtswissenschaft als Lehr- und Forschungsgegenstand vollumfänglich verdient.

Es ist indes eine beschämende Tatsache, dass islamische Geschichte an keinem der Fachbereiche der Geschichtswissenschaft aller Universitäten der Bundesrepublik Deutschland gelehrt wird. Dies gibt Anlass zur Vermutung, dass islamische Geschichte an deutschen Universitäten nicht den ihr zustehenden Rang hat und deshalb als solche nicht anerkannt wird. Dies kommt, sagen wir es offen, praktisch ihrer Abwertung gleich. Das ist keine Polemik, sondern die Feststellung eines Faktums, das auch der weltoffene deutsche, heute in Harvard lehrende Islamwissenschaftler Baber Johansen hervorhebt, der früher an der Freien Universität Berlin eine Professur innehatte und dann Deutschland den Rücken kehrte. Johansen verließ Deutschland und zog in die weite Welt, zunächst nach Paris, dann in die USA. Ich werde noch in diesem Abschnitt ausführlicher auf seine Argumente eingehen. Johansens Argumente sind nicht auf Deutsch und auch nicht in Deutschland, sondern international in New York erschienen.

1. Islamische Geschichte gehört nach der internationalen Forschung zur Weltgeschichte, nicht aber zur deutschen Geschichtswissenschaft. Warum? Wird dieses Desiderat durch die deutsche Islamwissenschaft behoben?

Die in der Überschrift gestellte Frage bildet in Kombination mit den folgenden die Kernproblematik dieses einleitenden Abschnitts. Es gibt an der deutschen Universität ersatzweise eine wissenschaftliche Disziplin, die deshalb eigenartig anmutet, weil sie *Islamwissenschaft* heißt. Warum gibt es parallel dazu nicht auch eine *Christentumswissenschaft?* Diese Frage ist nicht von der Hand zu weisen! Ich möchte mich gleichwohl damit nicht aufhalten und den Fokus meines Gedanken bewahren. So halte ich weiterhin fest, dass die deutsche Islamwissenschaft als Philologie betrieben wird; sie ist weder Theologie noch Geschichtswissenschaft, auch wenn es Islamwissenschaftler gibt, deren Bücher das Wort »Geschichte« im Titel tragen. Mit dieser Feststellung beantworte ich vorläufig die in der Überschrift gestellte Frage auf faktischer Ebene, ob die deutsche Islamwissenschaft den oben beschriebenen Sonderweg behebt, negativ.

Mit den aufgeworfenen Fragen befasse ich mich seit Jahrzehnten als Wissenschaftler, der kulturell als gläubig-sunnitischer Muslim in Damaskus sozialisiert worden ist, jedoch sein gesamtes Studium an einer deutschen Universität absolviert hat. Ich hatte allerdings das Glück, sowohl über den deutschen als auch islamischen Tellerrand dadurch hinausschauen zu können, dass ich die weite Welt auf all ihren fünf Kontinenten in Lehre und Forschung erleben durfte. Dies tat ich international im Rahmen einer vierzigjährigen akademischen Karriere, in deren Verlauf ich 19 Gastprofessuren innehatte – von Berkeley und Harvard in den USA über den Nahen Osten bis nach Kamerun in Westafrika und Jakarta / Indonesien in Südostasien. In diesem erfüllten Leben konnte ich die islamische Geschichte kulturübergreifend zeit- und hautnah (mit-)erleben. Mit diesem Hintergrund wagte ich es, eine akademische, bei der Wissenschaftlichen Buchgesellschaft Darmstadt erschienene Monografie unter dem Titel *Einladung in die islamische Geschichte* zu verfassen, in der ich die Entwicklung des Islam vom siebten Jahrhundert bis heute als eine vollwertige Geschichte einordne.

Als Kenner der vom ethnozentrischen und europäisch-arroganten Ungeist befallenen deutschen Islamwissenschaft hat es mich nicht gewundert, dass kein einziger deutscher Islamwissenschaftler es für angemessen hielt, dieses Buch mit einer Rezension oder auch nur einer kleinen Notiz zur Kenntnis zu nehmen, obwohl es, mehrfach nachgedruckt, in hohen Auflagen verbreitet wurde und hierdurch einen großen Bekanntheitsgrad erlangte. Ein bekannter algerischer Islamwissenschaftler berichtete mir Mitte November 2016 in Wien, wie sehr ich von deutschen Islamwissenschaftlern angefeindet werde, und stellte auf Deutsch die Frage: »Lest Ihr Tibi, bevor Ihr ihn verurteilt?« Im Islam gilt jeder, der nicht liest, als *djahil*. Ist das mehr deutscher Rassismus und weniger *djahl* / Ignoranz gegenüber einem islamischen Wissenschaftler?

Es gehört nicht zu meinem Stil, mit Keulen herumzuwerfen. In Deutschland gibt es eine Inflation negativer, für die Wissenschaft unbrauchbarer Begriffe: von Rassismus über Populismus bis hin zur Islamophobie, deren überwiegend unreflektierte und uninformierte, ja oft falsche Verwendung mich als nach begrifflicher Schärfe und Prägnanz suchenden Wissenschaftler abstößt und veranlasst, andere Begriffe zu suchen. Deshalb bin ich sehr vorsichtig im Umgang mit dem Begriff »Rassismus«. Ich lasse andere über die oben gestellte Frage urteilen, aber ich erlaube es mir, das auf Erfahrung basierende neutrale Urteil zu fällen, dass die deutsche Universität vorrangig eine deutsche Geschichts- und Islamwissenschaft beherbergt, die eine implizite deutsch-ethnische Arroganz gegenüber anderen Kulturkreisen demonstriert und diesen sogar Geschichtlichkeit abspricht. Ein amerikanischer Kollege, Eric Wolf, prägte den Begriff *people without history* (der sich auch im Titel seines wichtigen Werkes *Europe and the People without History* [1982] wiederfindet) für eine unerträgliche Sichtweise auf Nichteuropäer, die bis heute noch in der deutschen Wissenschaft existiert, und zwar in extremer Art und Weise.

Eben über den Tellerrand hinausschauend, also international orientiert, habe ich beobachtet, dass beispielsweise an der Harvard University, an der ich als Höhepunkt meiner akademischen Laufbahn von 1982 bis 2000 gewirkt habe, das Department of History drei große Lehrstühle allein für Islamic History hatte. Aber an über hundert Universitäten in Deutschland gibt es keinen einzigen Lehrstuhl für dieses Fach. Der Begründer der Islamic Studies an der Harvard University, Sir Hamilton Gibb, schrieb das große geschichtswissenschaftliche Werk *Studies on the Civilization of Islam* (1962). Der große noch lebende Princeton-Historiker Bernard Lewis, der in diesem Jahr 102 Jahre alt wird, veröffentlichte das zweibändige Geschichtswerk *Islam* (1974). Der bis heute wichtigste geschichtswissenschaftliche Beitrag zur Erforschung des Islam an einer westlichen Universität stammt von dem Historiker Marshall Hodgson (1922–1968). Es ist das dreibändige Werk *The Venture of Islam. Conscience and History in a World Civilization* (1974, University of Chicago Press). Für unser Thema ist Hodgsons ebenso postum veröffentlichtes Buch *Rethinking World History. Essays on Europa, Islam and World History* (1993, Cambridge University Press) besonders einschlägig. Der deutsche Islamwissenschaftler Thomas Bauer, den ich später unter die Lupe nehmen werde, veröffentlichte 2011 ein fragwürdiges Buch über den Islam mit dem Untertitel *Eine andere Geschichte des Islam*, eine Geschichte, in der alle oben genannten Werke ignoriert werden. Das ist deutsche Wissenschaft.

In der deutschen Geschichtswissenschaft gibt es den Begriff *Weltgeschichte* als Pendant zu *World History*, allerdings mit einer völlig anderen Bedeutung. Denn die deutsche Weltgeschichte wird an deutschen Universitäten nach wie vor als exklusiv-europäische Geschichte gelehrt und betrieben. Wenn deutsche Historiker über den Tellerrand hinausschauen, dann erweitern sie den Blick ihrer Geschichtswissenschaft auf Osteuropa und Nordamerika, dann ist aber auch schon Schluss. Der große, 1968 verstorbene Geschichtsgelehrte Hodgson dachte anders; er versteht unter *World History* die Geschichte der gesamten Welt; diese umfasst auch die *Islamic History as World History*, so seine Formel. Diese Erkenntnis ist der überragende Inhalt des zitierten Buches von Hodgson. Diese Erkenntnis wird aber von deutschen Geschichtswissenschaftlern nicht anerkannt. Warum?

In diesem Zusammenhang komme ich auf den bereits oben zitieren deutschen Islamwissenschaftler Baber Johansen zurück; er informiert uns über den Grund in einem Forschungspapier, das er für ein Projekt an der University of Calgary anfertigte und das in dem auch von mir mitverfassten Buch *Middle Eastern Studies. International Perspectives on the State of the Art* (Praeger, New York 1990) erschienen ist; darin schreibt er, an der deutschen Universität sei »der Gegenstand der Weltgeschichte … allein germanische und römische Geschichte, alle anderen Völker waren Objekte der Handlungen von Germanen und Römern«. Nach Johansen gilt in der deutschen Geschichtswissenschaft folgendes: »Die angeführte Art, Geschichtswissenschaft zu betreiben, ist bis zum heutigen Tag an deutschen Universitäten dominant. Bis heute studieren Geschichtsstudenten ausschließlich deutsche, römische und neuerdings angloamerikanische Geschichte.« Barber Johansen schrieb dies 1990, aber es gilt bis heute unverändert; er hielt den Intrigen an der FU Berlin nicht stand, resignierte und verließ Deutschland in Richtung Paris. Von dort wurde er nach Harvard berufen, wo er noch heute lehrt.

Anders als deutsche Islamwissenschaftler und Historiker dachte der jung verstorbene US-Islam- und Welthistoriker Hodgson. In seinem bereits erwähnten Werk *The Venture of Islam* finden wir im Gegensatz zu deutschen Historikern und Islamwissenschaftlern einen weltoffenen Verfasser. Seine auch von Muslimen anerkannte dreibändige Geschichte der islamischen Zivilisation lag im Manuskript unveröffentlicht vor, als Hodgson am 10.06.1968 mit nur 47 Jahren verstarb. Sein großartiges opus magnum *The Venture of Islam* wurde erst postum veröffentlicht.

Obwohl Hodgson stets von *World History* spricht, war es ihm klar, und dies schreibt er auch, dass es um *global history* geht. Nach Hodgsons Tod haben amerikanische Historiker, vor allem Bruce Mazlish, die Global History Group gegründet, zu der auch ich zeitweise gehörte. Mazlish gab 1993 das Buch *Conceptualizing Global History* mit heraus. Die Gruppe tagte nicht nur in den USA, sondern unter meiner Mitwirkung auch an der Universität Darmstadt.

Das gleich eingangs vorgetragene Argument, der Islam sei nicht nur eine Religion, sondern eine Zivilisation, rechtfertigt die Behandlung der islamischen Geschichte als Zivilisationsgeschichte, wie dies im angeführten Werk Hodgsons geschieht. Besonders für Deutschland ist dies nicht nur deshalb erforderlich, um Wissen über eine andere Zivilisation, die 2 Milliarden Menschen umfasst, zu erlangen; das ist auch innerdeutsch erforderlich, denn hier leben im Jahr 2017 ca. 6,5 Millionen Muslime. Wir hören täglich überbordend und gebetsmühlenartig von einer medialen Islameuphorie den Ruf nach einer Öffnung zum Islam. Einhergehend mit der Steigerung zur Willkommenskultur, verbunden mit dem Verbot der Kritik am Islam, wurde dann das Schlagwort von der »Islamophobie« geprägt. Parallel dazu gibt es eine krasse Ignoranz gegenüber dem Islam und seiner Geschichte. Ich wiederhole es: Eine islamwissenschaftliche Philologie kann eine Geschichtswissenschaft nicht ersetzen.

Vor dem Hintergrund der beschriebenen misslichen Sachlage trete ich in diesem Buch für Folgendes ein:

1. Auf normativer Ebene setze ich mich für eine weltoffene *global history* ein, die die gleichermaßen ethnozentrische und wissenschaftlich überholte deutsche Weltgeschichte ablöst. Islamische Zivilisationsgeschichte ist ein Teil dieser *global history*.
2. Über das Normative hinaus ist methodisch ein Paradigmenwechsel erforderlich, der
   a) islamische Geschichte historisch-sozialwissenschaftlich beleuchtet und
   b) die Philologie der Texte durch ein Studium der Realität ersetzt oder jene zumindest als Hilfswissenschaft in den Hintergrund drängt.

Noch in diesem Abschnitt werde ich erklären, was ein Paradigmenwechsel hier tatsächlich bedeutet, und dessen Relevanz für die hier anstehende Thematik erläutern. Zunächst werde ich meine Positionen näher begründen und meine Thesen elaborieren bzw. weiterentwickeln.

Die islamische Geschichte soll auch in Deutschland grundständig zur Geschichtswissenschaft gehören; damit einher muss die Akzeptanz von Religionskritik gehen, die es zu ertragen gilt, weil sie zur Aufklärung gehört. Ich benutze den schroffen Begriff »dumm« für die deutsche mediale Gleichsetzung von Islamkritik und Islamophobie. Islamfeinde sind Fremdenfeinde und keine Religionskritiker des Islam. Ist das klar?

Als Syrer, der in Frankfurt Philosophie studiert hat, weiß ich, dass deutsche Philosophen der Aufklärung die Religionskritik als Teil ihres Denkens einstuften. Warum ist das heute in Deutschland nicht mehr selbstverständlich? Das Christentum zu kritisieren ist zulässig; sogar antisemitische Schmähungen des Judentums werden als Kritik an Israel maskiert und zugelassen, aber jede Kritik am Islam wird als »rechtsradikale Islamophobie« verfemt. Diese deutschen Irrwege sind mir als Aufklärungsmuslim fremd, und ich lehne sie als islamischer Religionskritiker vehement ab.

Drei große Gelehrte haben hierbei mein Verständnis von Religion am Gegenstand des Islam bestimmt. Von meinem Doktorvater, dem politischen Philosophen Iring Fetscher, habe ich gelernt, dass Religionskritik – angefangen bei Rousseau und Feuerbach – zur Aufklärung und zur europäischen Philosophiegeschichte gehört.

Mit Hilfe Ernst Blochs, dem ich das erste Mal im November 1965 in Frankfurt begegnet bin, habe ich anfänglich den arabischen Rationalismus durch sein superbes und für mich bis heute inspirierendes Buch *Avicenna und die Aristotelische Linke* (1963) kennengelernt, das er mir damals zum Geschenk machte; von ihm habe ich auch gelernt, den islamischen Rationalismus gegen die islamische Orthodoxie der »Mufti-Welt« (Bloch) zu verteidigen. Ignoranten verfemen eine solche Kritik als »Islamophobie«. Ich wiederhole: Im Islam wird ein Ignorant als *djahil* bezeichnet, was islamisch eine ziemlich tiefe Herabwürdigung meint.

Der dritte Gelehrte, der mich in diesem Kontext beeinflusste, war ein Muslim: Muhsin Mahdi. Er war Professor für Islamische Philosophie an der Harvard University. Für mich war es ein Glück, beim Schreiben meines zentralen Werkes *Der wahre Imam* als Ideengeschichte des Islam in

Harvard von Prof. Mahdi begleitet zu werden (nachzulesen auch im Vorwort zu jenem Buch).

Zur Auseinandersetzung mit der deutschen Islamwissenschaft und zum Eintreten für die Aufnahme der islamischen Geschichte in die deutsche Geschichtswissenschaft gehört unentbehrlich die Rezeption der Theorie von Thomas Kuhn über Paradigmenwechsel, die er in seinem Buch *The Structure of Scientific Revolutions* (1962; deutsche Ausgabe 1967: *Die Struktur wissenschaftlicher Revolutionen*) entwarf. Darin wird die Auffassung vertreten, dass eine Wissenschaft, die nicht mehr in der Lage ist, bestimmte Phänomene zu erklären, eines Paradigmenwechsels bedarf. Diese Aussage gilt massiv für die deutsche Islamwissenschaft.

Unter Paradigma versteht Kuhn ein Corpus von Theorien, Methoden, Gedanken und Hypothesen, die den Geist einer Disziplin bestimmen und in der *Scientific Community* dominieren. Mithilfe eines Paradigmas wird in einer wissenschaftlichen Disziplin versucht, einen Gegenstand zu erklären. Aber: Wenn ein Paradigma die wissenschaftliche Leistung einer plausiblen Erklärung nicht mehr erbringen kann, dann entsteht eine Anomalie. Die Kumulation von Anomalien führt zu einer wissenschaftlichen Krise, die schließlich in einen Paradigmenwechsel mündet. Überholte Paradigmen werden ad acta gelegt und sind nur noch für die Wissenschaftsgeschichte von Belang.

Kuhns wertvolle Theorie wird in der deutschen Öffentlichkeit missverstanden, ja sogar missbraucht; die von ihm geprägte Begrifflichkeit wird dermaßen verhunzt, dass Zeitungen von einem Paradigmenwechsel schon dann sprechen, wenn ein deutscher Politiker seine Meinung ändert. Anders verfahre ich wie folgt: Mit den Begriffen und Methoden der von mir begründeten Islamologie sowie mit dem Kuhn'schen Verständnis von *Paradigma* und *Paradigmenwechsel* will ich an meinen Gegenstand sowohl der Islamwissenschaft als auch der Geschichtswissenschaft herangehen.

Nach jahrzehntelanger Islamforschung gelange ich dazu, einen Bedarf an einem Wandel der Islamwissenschaft im Verständnis eines Paradigmenwechsels im Kuhn'schen Sinne festzustellen. Dies erfordert erhebliche Veränderungen in der deutschen wissenschaftlichen Erforschung des Islam und ebenfalls eine kulturelle Öffnung, die mehr bietet als eine nur verbale, gesinnungsethisch geprägte, selbstgefällige Willkommenskultur zu leisten vermag. Dies gilt auch für die deutsche Geschichtswissenschaft.

Im Folgenden biete ich eine Skizze der deutschen Islamwissenschaft: Der erste Lehrstuhl für Islamwissenschaft, auf den Carl Heinrich Becker berufen wurde, wurde 1908 am Hamburger Kolonialinstitut eingerichtet. Später, 1916, wechselte dieser Mann zur Berliner Universität, wo die deutsche Islamwissenschaft institutionell unter seiner Führung als Kolonialwissenschaft im Geiste des Rassismus florierte. Ich unterteile die deutsche Beschäftigung mit dem Islam in drei Stufen: 1. Verteufelung des Islam unter C. H. Becker, 2. Verherrlichung des Islam unter Thomas Bauer, 3. Abschaffung der Relevanz des Islam. Letzteres wird nicht von Islamwissenschaftlern, sondern von Marina und Herfried Münkler vertreten: Sie ist Literaturwissenschaftlerin, er ein Politikwissenschaftler, aber sie bestimmen seit der Veröffentlichung ihres Buches *Die neuen Deutschen* das deutsche Islam-Verständnis. Immerhin haben C. H. Becker und Thomas Bauer den Islam studiert, dem Ehepaar Münkler fehlen die Fachkenntnisse über den Islam. Dennoch maßen sie sich an, sich hierzu zu äußern und vor einer »Islamisierung der Debatte« zu warnen. Im 5. Abschnitt dieser Einleitung werde ich diese drei Stufen näher erläutern.

In der Begrifflichkeit von Thomas Kuhn artikuliert: Die deutsche Islamwissenschaft befindet sich in einer paradigmatischen Krise. Der Ideologiewechsel von C. H. Beckers Verteufelung des Islam zu Thomas Bauers Verherrlichung des Islam ist nicht der Wandel, der benötigt wird, um den Herausforderungen unserer Zeit gewachsen zu sein. Dieser erfordert nicht nur einen Paradigmenwechsel, sondern auch eine geistig-kulturelle Entkolonialisierung. Wie ist dies zu bewerkstelligen?

Als ein im deutschen Wissenschaftsbetrieb agierender syrisch-muslimischer Migrant, der in seinem Diaspora-Leben vier Jahrzehnte lang unter der ethnozentrischen Überheblichkeit deutscher Islamwissenschaftler gelitten hat, habe ich in Maxime Rodinson (1915–2004) und seinem Werk mein Vorbild gesehen. Vor allem hat mich sein Buch *Islam et capitalisme* (1966) inspiriert, dessen deutsche Ausgabe *Islam und Kapitalismus* ich bei Suhrkamp (stw-Band 584, 1986) mit einer umfangreichen Einleitung besorgt habe, in der ich Rodinsons Gesamtwerk würdige. Rodinson war mit seinen russisch-jüdischen Wurzeln ein genuiner Humanist, ein Gegner des kolonialen Denkens; er legte den Grundstein für die Entkolonialisierung der Islamwissenschaft. Zwar war Rodinson institutionell ein Islamwissenschaftler, inhaltlich und methodisch jedoch nicht. Er ging weit über die engen Grenzen seines Faches hinaus, um es zu bereichern. Sehr richtig bezeichnet ihn Jean-Pierre Digard, der Herausgeber seiner Festschrift, in seinem Text *Hommage à Maxime Rodinson* als »islamologue de profession«. Die Festschrift trägt den Titel *Le cuisinier et le philosophe* (1982). Ich stand in ausführlicher Korrespondenz mit Rodinson bis zu seinem Lebensende, wir tauschten in gegenseitigem Respekt unsere Gedanken, Aufsätze und Bücher aus. Darüber hinaus hatten wir 1983 eine erinnerungswürdige mehrstündige Begegnung in Chicago anlässlich des Jahreskongresses der Middle East Studies Association of North America, auf dem Rodinson die Keynote Address hielt. Bei meiner Grundlegung der Islamologie räume ich ein, dass ich dieses Unternehmen als ein Schüler Rodinsons in seinen Fußstapfen durchführe.

Als Rodinson meine deutsche Einleitung zu seinem Buch *Islam et capitalisme* las, schrieb er mir emotional: »Bassam, Merci pour votre poesie«. In der Tat war Maxime Rodinson für mich ein Leitstern, nicht aber Edward Said. Über Rodinson und Said, die ich persönlich bestens kannte, schreibe ich vieles in den folgenden vier Kapiteln, vor allem im vierten Kapitel über die *Orientalismus-Debatte*. Zu jener Zeit gab es Thomas Bauer als Islamwissenschaftler auf der Bühne noch nicht (er ist Jahrgang 1961). Es liegt mir fern, den jungen Thomas Bauer in einem Atemzug mit den Giganten Rodinson und Said zu nennen. Nach der Lektüre seines Buches *Die Kultur der Ambiguität*, das nicht nur den Leibniz-Preis der Deutschen Forschungsgemeinschaft erhielt, sondern zur Bibel der gegenwärtigen deutschen Islamwissenschaft aufstieg, ist eine Auseinandersetzung mit ihm unausweichlich, aber meine Geringschätzung für dieses Buch kann ich nicht verhehlen.

Die Auseinandersetzung beginnt mit der Zerlegung von Bauers Behauptung, Muslime seien freie Menschen gewesen, bis der europäische Kolonialismus in ihr Territorium eindrang, sie unterdrückte und ihrer Freiheit beraubte. Der Westen habe eine »Wahrheitsobsession« und mit dieser habe er den pluralistischen Charakter der islamischen Kultur vernichtet. Bauer nennt sein Buch im Untertitel *Eine andere Geschichte des Islam*. In der realen Geschichte der islamischen Zivilisation litten Muslime bereits sehr lange unter der Herrschaft orientalischer Despoten, bevor die Kolonisatoren kamen, so dass die Angaben von Thomas Bauer historisch schlicht falsch sind. Er projiziert seine Wunschvorstellung von »Ambiguität« in die islamische Geschichte, deren »Geisteskultur« er auf der Basis von Projektionen sehr idealisiert.

Bauer ist Kulturrelativist, und er trägt seinen Kulturrelativismus in den Islam hinein. Nach Bauer hat es weder hegemoniale Koran-Kommentare noch ein dominantes islamisches Denken, sondern mehrere islamische Wahrheiten gegeben; diese hätten »nebeneinander bestehen« können. Für Bauer ist das die islamische »Ambiguitäts-Toleranz«, also eine Art islamischer kulturrelativistischer Multikulturalismus. Welch ein Unsinn! Denn die Realität war von einem religiösen Absolutismus geprägt, der keinerlei Ambiguität in der Dualität von *Iman* / Glaube und *Kufr* / Unglauben duldet.

Dies schreibe ich über die unterstellte kulturrelativistische Deutung der islamischen Geschichte als ein Wissenschaftler, der im Islam geboren und aufgewachsen ist; ich habe dazu noch in 22 islamischen Ländern gelebt und geforscht. Insgesamt habe ich 40 Jahre lang die islamische Zivilisation und ihre Ideengeschichte studiert, woraus ein in 16 Sprachen vorliegendes Hauptwerk hervorgegangen ist. In diesem Leben im Islam finde ich nichts, aber auch gar nichts von dem, was Bauer in seinem Buch behauptet. Das ist ein deutsches Buch für deutsche Islamwissenschaftler, weder für uns Muslime noch für Fachhistoriker. Obwohl ich gegen den zur Zeit unerträglich inflationären Gebrauch des Begriffes *Rassismus* eintrete, erlaube ich mir sehr begründet folgende Feststellung: Ich erlaube keinem deutschen Islamwissenschaftler, mir meinen internationalen wissenschaftlichen Rang abzusprechen; wenn genau dies erfolgt, ist von einer – bewusst oder unbewusst erfolgenden – rassistischen Motivation auszugehen.

Die Liste der zu beanstandenden Mängel fängt schon damit an, dass ein Buch, das den Untertitel *Eine andere Geschichte des Islam* trägt, die gesamte Geschichtsforschung über den Islam vollständig und ausdrücklich ignoriert. Die Arbeiten von Watt, Rodinson, Gibb, Lewis und vor allem das magistrale Werk von Hodgson bleiben völlig unbeachtet, noch nicht einmal die Namen werden erwähnt oder in der Bibliografie wenigstens formal aufgeführt; diese Werke gibt es für Bauer einfach nicht. Bei der Lektüre sieht man, dass die realhistorische Entwicklung der islamischen Zivilisation weder in dem Thema des Buches noch in seinen Konstruktionen wiederzufinden ist. Man könnte das Buch noch nicht einmal »Geistesgeschichte« nennen; es ist auch keine solche, denn sämtliche großen islamischen Denker der neueren Geschichte, angefangen bei Mohammed Abdu (1949–1905) bis zu al-Afghani (1838–1897), haben keinen Platz in Bauers Geschichte des Islam. Die Denkschule des *Enlightened Muslim*

Thought von Abdulraziq (1888–1966) bis al-Jabri (1935–2010) fehlt vollständig. Was bleibt, sind nur langweilige Ausführungen über Ambiguität, die bis zum Überdruss und ad nauseam repetitiv ausgebreitet werden. Das Buch ist praktisch eine Geschichte der persönlichen Projektionen Thomas Bauers, d.h. seiner Vorstellungen von Ambiguität, die er in die Geschichte des Islam hineinträgt. Er verdammt »die unheilvolle westliche Verkettung von Ambiguitätsfurcht, Wahrheitsobsession und Universalisierungsehrgeiz«, die nach seiner Auffassung bis heute die westliche Zivilisation charakterisiert. »Sonderweg« ist eine deutsche Krankheit, Bauer wendet diesen Begriff auf den gesamten Westen und seine Moderne an. Was für eine magistrale Leistung! Das Unglück der Muslime besteht nach Bauer darin, dass der Westen den Muslimen seine Moderne aufzwingt und ihnen hierbei ihre »Ambiguität« austreibt. Die Kultur Europas hat auf dem Gebiet der Ambiguität, so Bauer, »nicht allzu viele Leistungen vorzuweisen«. Wenn Bauer die »westliche Moderne [als] ein[en] Sonderweg des Westens« verurteilt, dann disqualifiziert er sich selbst als einer, der nicht versteht, was dies bedeutet.

Mein Urteil nach der Lektüre von Bauers Buch ist, dass es für die Wissenschaft insignifikant ist. Warum halte ich mich damit auf? Die Bedeutung des fragwürdigen Buches besteht lediglich darin, dass es exemplarisch für eine Denkweise der gegenwärtigen Generation junger Islamwissenschaftler in ihrer Wahrnehmung und Erforschung des Islam steht.

Ich fasse die gesamte Geschichte der deutschen Wahrnehmung des Islam in drei Stufen zusammen, von denen jede durch ein Buch gekennzeichnet ist:

1. Muslime als Rasse: In diesem Rahmen erfolgt eine Verteufelung des Islam durch das zweibändige Buch von C. H. Becker: *Islamstudien.*
2. Muslime als Träger sexueller Ambiguität, sozusagen bisexuelle Lover: Hier erfolgt eine Umkehrung dieses Orientalismus in eine Verherrlichung des Islam als eine überlegene *Kultur der Ambiguität* in dem gleichnamigen Buch von Thomas Bauer.
3. »Das hat alles mit dem Islam nichts zu tun.«: Fünf Jahre nach Bauers Buch markieren Marina und Herfried Münkler (beide sind jedoch keine Islamwissenschaftler) mit ihrem Buch *Die neuen Deutschen* die neue Stufe der deutsche Wahrnehmung des Islam: Der Islam spiele keine wichtige Rolle, und wer Entwicklungen

unter Rückgriff auf dem Islam zu erklären versucht, der erntet den Vorwurf, eine »Islamisierung der Debatte« zu betreiben, gehöre also in die rechte »Schmuddelecke«. Die Vorarbeit für diese dritte Stufe lieferte Thomas Bauer selbst, denn sein angeführtes Buch enthält das Kapitel *Islamisierung des Islam*, womit er genau das verfemt, was die Münklers tun. Die Münklers kennen übrigens auch das Werk von Thomas Bauer nicht, dieser Multikulti-Postmodernismus liegt jedoch in der Luft, als Zeitgeist.

Bei meiner Kritik am Wandel der deutschen Islamwissenschaft bzw. der deutschen Wahrnehmung des Islam von einem Extrem ins andere, einem Wandel, der von Vertretern des deutschen Zeitgeistes in einem »Pathos des Absoluten« (Adorno) artikuliert wird, greife ich auf einen deutschen Philosophen (Helmuth Plessner, 1892–1985) und einen französischen Islamwissenschaftler (Maxime Rodinson) als geistige Mentoren zurück. Plessner bemängelt an den Deutschen, dass sie nicht fähig sind, »ein rechtes Maß zu finden«. Maxime Rodinson vergleicht Edward Said ausdrücklich mit dem stalinistischen Ideologen Schdanow, der die Welt in zwei verfeindete Lager teilte. In seinem Buch *La Fascination de l'Islam.* (1980, deutsche Ausgabe 1985: *Faszination des Islam*) schreibt Rodinson: »Gewisse Formulierungen von Edward Said« seien vergleichbar »mit der Doktrin, die der Schdanowschen Theorie von zwei Formen wissenschaftlicher Erkenntnis« entspreche. Nach dieser Logik, die auch die von Thomas Bauer ist, sind – in einem *orientalism in reverse* – die verfeindeten zwei Lager die islamische Kultur der Ambiguität und die westliche »Fratze« der »Ideologisierung« und »Disambiguisierung« der Welt. So hasserfüllt über den Westen und seine Moderne ist Bauers Buch. Kann man so etwas Wissenschaft nennen? Ich nenne den Übergang vom Rassismus C. H. Beckers zur ideologischen Islamophilie von Thomas Bauer Ideologiewechsel, aber auf keinen Fall einen Paradigmenwechsel innerhalb der Islamwissenschaft; dieser steht noch aus, ist aber leider auch nicht in Sicht, und ich glaube nicht, dass ich ihn noch erleben werde.

In Bauers *Kultur der Ambiguität* fällt etwas auf, das auch dem Islamwissenschaftler Michael Kreutz in seinem Buch *Zwischen Religion und Politik* ins Auge sticht: Die unterstellte sexuelle Ambiguität ist zentral für Bauer. So führt Kreutz an, dass Bauer »in seiner Argumentation« der Homosexualität eine besondere »Aufmerksamkeit widmet«. Bauers Buch enthält das umfangreiche Kapitel 8 (*Ambiguität der Lust*), worin er den »weitgehend toleranten und gelassenen Umgang mit der mann-männlichen Sexualität« in der islamischen Kultur preist. Als Muslim empöre ich mich über diese Sexualisierung des Islam in Bauers Buch. Bauer zwingt mich, auf mein Leben in Damaskus zurückzugreifen, um die soeben zitierte Stelle aus dem Kapitel *Ambiguität der Lust* zu widerlegen. Aus meinem 18 Jahre langen Leben in Damaskus kann ich nur sexuelle Repression bezeugen. Ich weiß aus diesem Leben, aber auch durch meine Aufenthalte in 22 anderen islamischen Ländern, dass die »mann-männliche Sexualität« nur als Ausweg bzw. als Ersatz für Heterosexualität in einer Kultur der sexuellen Repression dient. Das ist gar keine »Kultur der Ambiguität«. In islamischen Ländern werden Männer, die miteinander sexuell verkehren, verfemt und diskriminiert. Es reicht, einen Mann mit den Begriffen »manyuk« bzw. »tobschi« zu verfemen, um seinen Ruf zu ruinieren mit dem Resultat, ihn von der sozialen Umwelt auszugrenzen. Was ist daran »weitgehend tolerant und gelassen«?

Frank Griffel, ein Anhänger Bauers, hat das zitierte Denken durch seinen Artikel in der *Süddeutschen Zeitung* vom 28./29.05.2016 popularisiert und salonfähig gemacht. Ich widerspreche beiden und weise ihre pro-islamistische Deutung der Misere zurück, die die Ideologie der Opferrolle der Muslime untermauert und die sie mit ihrer professoralen Autorität verbreiten. Verantwortungsbewusste Muslime denken anders. Ich widerspreche der islamwissenschaftlichen Deutung vom vermeintlichen »Unglück Westen« als Erklärung dafür, dass Muslime heute als Opfer der westlichen Zivilisation und ihrer Moderne angesehen werden, heftig; ich tue dies unter Bezugnahme auf die Autorität eines großen Muslims, nämlich al-Afghanis. Dieser große islamische Denker des 19. Jahrhunderts war mit dieser schon damals existierenden Psychologie der Selbstviktimisierung der Muslime vertraut. Er machte deutlich, dass Muslime hierdurch von ihrem eigenen Anteil an der Misere ablenken.

In einem Essay schrieb Afghani: »Kolonialismus bedeutet die Herrschaft von Völkern, die stark sind und über Wissen verfügen, über andere Völker, die schwach und von *djahl* / Ignoranz gekennzeichnet sind.« Das arabo-islamische Wort *djahl* / Ignoranz dient, wie oben bereits ausgeführt, zur Beschimpfung der Ungläubigen, die kein Wissen haben und nicht lesen, was andere schreiben. Afghani hielt den Muslimen vor, dass sie nicht kolonialisiert worden wären, wenn sie eine auf Wissen basierende, starke, florierende Zivilisation gehabt hätten, so wie dies im Hoch-Islam der Fall war, als Muslime dominant waren. Klar ist: Afghani wollte die Muslime stärken, nicht demoralisieren oder einschüchtern. Deshalb hat er den Begriff des Djihad mit der Bedeutung Antikolonialismus neu gedeutet (vgl. die Übersetzung der Afghani-Schriften in dem von Nikki Keddie herausgegebenen Buch *An Islamic Response to Imperialism* [1968]). Zu *diesem* Djihad gehört der Erwerb von Wissen. Afghani wollte nicht die Gefahr des Kolonialismus herunterspielen, sondern vielmehr den Muslimen als *djahils*, also Unwissenden, den Spiegel vorhalten und ihre Neigung zum Selbstmitleid abweisen. Nach dieser Denkweise Afghanis sind die Muslime Opfer ihrer eigenen *djahl*, nicht des Westens. Afghanis Name gehört zu der langen Liste von bedeutenden Denkern – gleich ob islamischen oder westlichen –, die in Bauers Buch *Kultur der Ambiguität. Eine andere Geschichte des Islam* fehlen. Wenn das kein *djahl* ist, was dann?

Ich komme nun langsam zum Abschluss dieses Abschnitts und nochmals auf Maxime Rodinson zurück; er war einer der führenden, allerdings geistesoffenen und undogmatischen Marxisten Frankreichs und deshalb eindeutig antikolonial eingestellt; deshalb sympathisierte er politisch mit der Intention Saids, die Islamwissenschaft zu entkolonialisieren. Im Gegensatz zu Said und seinen Anhängern war Rodinson jedoch ein seriöser Wissenschaftler; er hat unterschieden zwischen politischen Zielen und wissenschaftlicher Methodologie. Ohne die Begrifflichkeit von Thomas Kuhn zu kennen bzw. zu verwenden, schreibt er in seinem Buch *La Fascination de l'Islam* von 1980, dass der Orientalismus der Islamwissenschaft nicht allein durch eine »option ideologique« überwunden werden kann. Denn wir benötigen »recherche économique et sociale, l'orientation sociologique«. Nichts davon liefern Bauer und Griffel. Aber solche Recherche und Forschung ist eine Voraussetzung für ein Ende des Orientalismus, das nicht ideologisch, sondern wissenschaftlich verstanden wird als »la fin de l'hégémonie de la philologie«. Dieses Ziel erfordert nach Rodinson eine wissenschaftliche Anstrengung und nicht eine »manichäische Verteufelung« – weder der Muslime noch der westlichen Islamwissenschaft. Deshalb lehnt Rodinson die einfältige, ja primitive »diabolisation manichéenne« ab, die Said und in dessen Fußstapfen Bauer und Griffel betreiben.

Die Orientalismus-Debatte, die unten in Kapitel IV rekonstruiert wird, Saids Philippika einer »diabolisation manichéenne« und, last but not least, das, was Bauer und Griffel stellvertretend für die heutige Islamwissenschaft tun, sind zentral für unser Thema. Vorab wiederhole ich: Das ist ein Ideologiewechsel, aber kein Paradigmenwechsel. 17 Jahre nach der Begegnung mit Rodinson in Chicago 1993 traf ich in derselben Stadt wiederum aus Anlass des MESA-Kongresses Edward Said. Vor 2000 Hörern fragte ich Said mit Bezug auf Rodinson, ob er denn nicht der Ansicht sei, dass ein Ende des Orientalismus nicht allein durch einen Ideologiewechsel in der Islamwissenschaft (»option idéologique«), sondern vielmehr und viel entscheidender durch einen Paradigmenwechsel, verstanden als »la fin de l'hégémonie de la philologie«, bewerkstelligt werden müsse. Der Literaturwissenschaftler Edward Said verstand meine methodologische Frage eindeutig nicht! Und ich möchte keinen Kommentar hinzufügen, bis auf diesen Bericht über meine Beziehung zu Edward Said. Wir begegneten uns erstmals 1971 in Boston, als er mich, den 26 Jahre alten, frisch promovierten Syrer dazu einlud, auf dem Jahreskongress der Arab-American University Graduates (AAUG), neben Sadiq al-Azm (1934–2016) und Jacques Berque (1910–1995) aufzutreten. Damals waren Said und al-Azm noch Freunde. Nachdem al-Azm seinen Aufsatz *Orientalism and Orientalism in Reverse* veröffentlichte, war die Freundschaft beendet. Die soeben angeführte erste Begegnung mit Said schloss die Veröffentlichung meines Vortrages in Boston in seinem Buch *The Arabs Today. Alternatives for Tomorrow* (1973) ein. Damals war Said zwar ein selbstbewusster, aber doch bescheidener und sympathischer Mensch, den ich in mein Herz aufnahm. Das war er später nicht mehr.

Drei Jahrzehnte später traf ich Edward Said zum letzten Mal im November 2000, also drei Jahre vor seinem Tod, in Chicago. Da war Said ein anderer Mensch. Ihm wurde von ca. 2000 Teilnehmern des Jahreskongresses der Middle East Studies Association of North America wie einem Heiligen gehuldigt. Das trug dazu bei, dass ihm der Ruhm auffällig zu Kopfe stieg.

2004, ein Jahr nach Saids Tod, war ich Gast auf der Feier *50 Years Islamic Studies at Harvard* am *Center for Middle Eastern Studies* der Harvard University. Ich hatte damals, 2004 / 2005, einen Jahresvertag als Visiting Scholar inne nach einer Karriere von 1982–2000 in Harvard, jedoch an einem anderen Institut, nämlich an dem *Center for International Affairs* (CfIA). Bei der genannten Feier fand eine Art Said-Kult statt, die ich nicht nur übertrieben, sondern geradezu unerträglich und abstoßend fand. Ich fasste damals den Mut und regte in einem Diskussionsbeitrag an, dass wir auch das wissenschaftlich-kritische Denken auf Saids Werk anwenden sollten, und führte expressis verbis die Kritik von Sadiq al-Azm an, nämlich die des *orientalism in reverse*. Mir wurde danach in einer Art, die man in den USA »un-American« nennt, das Wort abgeschnitten und bis zum Ende der Feier nicht mehr erteilt. Das veranlasste mich dazu, das oben angeführte Appointment am Center for Middle Eastern Studies vorzeitig zu beenden und einen Ruf auf eine Gastprofessur der National University of Singapore (NUS) im Januar 2005 anzunehmen. Die NUS gilt in Südostasien als »Harvard of South East Asia«. Ich arbeitete damals an einer Neuausgabe meines Harvard-Buches von 2001: *Islam between Culture and Politics*. Diese Arbeit setzte ich 2005 in Singapur fort und veröffentlichte sie im selben Jahr mit Sponsorschaft des Centers for International Affairs der Harvard University, also aus Protest *nicht* im *Center for Middle Eastern Studies*. Diese Geschichte, die keine persönliche ist, kann der Leser in allen Details in meinem Buch *The Sharia State* von 2013 nachlesen. Die Geschichte ist deshalb nicht persönlich, weil sie den Geist des Saidismus als Schdanowismus betrifft, der heute international die *Middle East and Islamic Studies* beherrscht und mit Thomas Bauer Deutschland erreicht hat. Bauer ist dermaßen arrogant, dass er noch nicht einmal Edward Said zitiert, obwohl er auf allen Ebenen als Saidist argumentiert.

Ich möchte das Thema Edward Said mit einem Bericht über eine Begegnung mit ihm im Oktober 1986 an der Columbia University in New York beenden. Bei einem Empfang versuchte ich damals, die Spannung zwischen Edward Said und Sadiq al-Azm durch Vermittlung zu lockern. Said hat mich sehr grob mit der Bemerkung abgewiesen, wie ich dazu käme, eine Person zu verteidigen, die »*sakhif* / dumm« sei. Daraufhin wendete ich mich ab und lief mit der Überzeugung davon, dass man mit Egomanen nicht rational reden kann.

Auf Basis des bisher Ausgeführten halte ich als eine Art Konklusion fest, dass die islamische Zivilisation in 21. Jahrhundert herausgefordert ist, ihre Probleme selbst zu bewältigen und sich nicht in eine antiwestliche Opferrolle zu verkriechen. Die Orientalismus-Debatte war nur Ablenkung. Es ist eine Schande, dass in Deutschland kein großer islamischer Denker der Gegenwart den Leibniz-Preis der Deutschen Forschungsgemeinschaft bekommt, sondern ein Deutscher, der als Vormund der Muslime spricht, sie aber nicht versteht. Der Preis wird für ein hochideologisches Buch vergeben, das ich nicht als substanziellen wissenschaftlichen Beitrag einstufe. Als Aufklärungs-Muslim behaupte ich, das größte Unglück der Muslime ist ihre Mentalität der Selbstviktimisierung, es ist nicht der Westen. Die Krise der islamischen Zivilisation ist also hausgemacht, und sie kann und muss allein von den Muslimen selbst bewältigt werden.

In aller Kürze halte ich fest: Mein Anliegen, eine Aufnahme des Islam in die Geschichtswissenschaft zu erreichen, ist schon eine Kampfansage sowohl gegen die Islamwissenschaft als auch gegen die philologische und deutsch-paternalistische Disziplin, die statt Forschungsaufgaben zu erfüllen sowohl Deutsche als auch Muslime mit Ideologie und kruden Ideologiewechseln abspeist. Daher steht nicht nur ein Paradigmenwechsel an, sondern auch Ideologiekritik.

2. Die islamwissenschaftliche Orientalisierung des Islam: Muslime brauchen nach deutscher Sicht weder Aufklärung noch Reformation, denn sie haben ihre »Kultur der Ambiguität« sowie ihre »Scharia-Geisteskultur«. Stimmt das?

Der vorangegangene Abschnitt bot einen Abriss der zentralen Problematik dieses Buches, der mit einem engagierten Einsatz für die Anerkennung des Gebiets *islamische Geschichte* in die deutsche Geschichtswissenschaft erfolgte. Dies hat zu folgender Erkenntnis geführt: Sowohl in der deutschen Islamwissenschaft als auch in der deutschen Geschichtswissenschaft ist ein Paradigmenwechsel dringend erforderlich, d.h., die Islamwissenschaft muss Islamologie und die deutsche Geschichtswissenschaft Global History werden. Wenn dies gelänge, könnte die deutsche Geschichtswissenschaft nicht nur Anschluss an internationale Standards erlangen, sondern auch real und nicht nur verbal und heuchlerisch Respekt für die islamische Zivilisation zeigen.

Es geht hier um eine wissenschaftliche Thematik, aber ich verschweige nicht, dass ich seit 1993, dem Erscheinen meines Bestsellers *Die Verschwörung,* Publikumsbücher und keine Fachbücher im strengen Sinne mehr in deutscher Sprache schreibe, so wie ich dies in den 1970er- und 1980er-Jahren getan habe. Aus entsprechender Erfahrung verlor ich jede Motivation, nur Bücher in kleinen Auflagen für deutsche Professoren zu schreiben. Stattdessen veröffentliche ich seit 1990 meine Fachbücher in den USA bei amerikanischen Universitätsverlagen, zuletzt bei Yale University Press. In den USA gibt es ein größeres Lesepublikum für Fachbücher als in Deutschland. Der Anspruch, allgemein verständlich deutsche Publikumsbücher zu schreiben, gilt auch für das vorliegende Buch über islamische Geschichte. Natürlich halte ich mich an internationale Wissenschaftsstandards, formuliere jedoch allgemein verständlich, in der Hoffnung, durch Erweiterung des Leserkreises eine politische Wirkung zu entfalten.

Einsteigend möchte ich anführen, dass es ein trauriger Fakt ist, dass manch ein Zeitungsartikel mehr Einfluss hat und für mehr Wirbel sorgt, als es je eine wissenschaftliche Buchmonografie leisten könnte. So war der Islamwissenschaftler Thomas Bauer bis 2016 eine unbekannte Größe – auch für mich. Erst durch einen Zeitungsartikel in der *Süddeutschen Zeitung* (28./29.05.2016) von Frank Griffel, der ebenfalls Islamwissenschaftler und ein Fan von Bauer ist, hat Bauer diesen Bekanntheitsgrad erlangt. Eine große Zeitung und die provokative These, wonach der Islam weder Reformation noch Aufklärung benötige, sorgten für ausreichend Wirbel. Auch ich bin auf Thomas Bauer und sein Buch erst durch diesen *SZ*-Artikel aufmerksam geworden. Nach dreimonatigem Hin und Her von Mai bis August 2016 gelang es mir, das Feuilleton der *SZ* zu überzeugen, meinen Widerspruch gegen Griffel und Bauer im Artikel *Die Erleuchteten (SZ* vom 09.08.2016) zu veröffentlichen. Ich nehme diesen Disput hier wieder auf.

Im ersten Schritt oben in Abschnitt 1 war mein Ziel die Aufwertung der islamischen Geschichte zu einem Gegenstand der deutschen Geschichtswissenschaft. Hier will ich mit Rückgriff auf die mittelalterliche rationalistische Philosophie im Islam von al-Farabi (872–950) und Avicenna (980–1037) bis zu Averroës (1126–1198) und Ibn Khaldun (1332–1406) einen weiteren Schritt unternehmen; gegen die jüngere Islamwissenschaft will ich argumentieren, dass es eine islamische Aufklärung gegeben hat, die von der *fiqh*-Orthodoxie erstickt worden ist. Das ist islamische Ideengeschichte. In seinem für muslimische Aufklärer unzumutbaren Buch glaubt Thomas Bauer, auf fünf Zeilen und ohne Beweise einen drei Jahrhunderte dauernden weltanschaulichen Krieg zwischen *fiqh*-Orthodoxie und islamischem Rationalismus wegzaubern zu können. Nicht nur ich, auch Marshall Hodgson spricht in seiner bereits erwähnten meisterhaften dreibändigen Geschichte des Islam (*The Venture of Islam*, Bd. 3, S. 350f.)

von der Orthodoxie als Synonym für »Sharia-mindedness« und behandelt den *falsafa*-Rationalismus im selben Band als entgegengesetzte Richtung (Kapitel V, S. 410ff.). Bauer, der dieses Werk ignoriert, scheint nicht nur hierüber nichts zu wissen, er weist auch die Spannung zwischen Scharia und Falsafa ohne Begründung zurück. Im Folgenden möchte ich diesen Unsinn der deutschen Islamwissenschaft unter die Lupe nehmen.

Ehe ich in das angegebene Unternehmen einsteige, möchte ich mich von der Orientalismus-Kritik der postkolonialen deutschen Islamwissenschaft und ihrem Ursprung, dem Saidismus, abgrenzen. Die geistige Abgrenzung kann leicht erfolgen, wenn meine Leser die Feststellung verstehen, dass Edward Said innerhalb der Logik des Orientalismus bleibt, wenn er, wie Sadiq J. al-Azm ihm vorwirft, einen *orientalism in reverse* liefert und, wie Rodinson sehr schön sagte, »eine diabolisation manichéenne« betreibt. Eben das will ich nicht tun, weil ich dann auf das Niveau von Bauer und Griffel herabsänke. Statt zu behaupten, der Islam benötige keine Aufklärung und keine Reformation, weil er eine »Kultur der Ambiguität« habe, und statt darin zu verfallen, den Orientalismus umzukehren, verlasse ich den Boden der ideologischen Dispute, gehe zur Realität über und stelle fest: Es gab in der islamischen Geschichte Aufklärer auf dem Niveau Immanuel Kants, die sich bereits Jahrhunderte vor ihm für das Primat der Vernunft einsetzten.

Gehen wir nochmals zur Quelle des Disputs, also zum Buch *Orientalism* (1978) von Edward Said. Dieses hat, wie Maxime Rodinson in seinem Buch *La fascination de l'Islam* (1980) neutral feststellt, etwas »comme un traumatisme« ausgelöst, also eine traumatisierende Erschütterung, die zu jener Zeit erforderlich war. Said hat eine unbarmherzige Abrechnung mit den Islamwissenschaften vorgenommen und europäische Orientalisten bezichtigt, den Orient zum bloßen Diener der europäischen Kultur herabzusetzen. Wie Sadiq al-Azm – ein Syrer mit Ph.D. der Yale University, Professor in Damaskus und Träger der Goethe-Medaille – schreibt, hat Said jedoch nur eine »Umkehrung des Orientalismus« (*orientalism in reverse*) betrieben, d.h., er bleibt der Logik des Orientalismus verhaftet und kehrt ihn lediglich um. Dies tun auch heutige deutsche Islamwissenschaftler, die für ihre geistigen Väter sühnen, indem sie Said folgen; beide sind gleichsam Manichäisten. Dies weise ich im Folgenden noch nach.

Das orientalistische Said-Trauma veranlasst manch deutschen Islamwissenschaftler, beispielsweise Frank Griffel, dazu, eine Karikierung des

»Islam« zu bieten als Wiedergutmachung nach Annahme der Said'schen Ohrfeige. Eine Darstellung der nach 1978 geführten und bis heute anhaltenden Orientalismus-Debatte findet der Leser unten in dem 2001 geschriebenen Kapitel IV. Ich schließe heute, 2017, daran an und setze die Auseinandersetzung mit der Islamwissenschaft fort. Ich tue dies mit besonders skeptischem Augenmerk auf die Islam-Darstellung von Griffel und seinem geistigen Mentor Thomas Bauer. Ich will sozusagen als 2017er-Update zum 2001 geschriebenen Kapitel IV diesen Gegenstand behandeln. Hierfür müssen zwei Grundvoraussetzungen gleich zu Beginn angesprochen werden, die emphatisch hervorgehoben werden müssen:

Erstens, *den* Islam als »Eintopf-Islam« gibt es nicht, und einen solchen Islam hat es nie in der Geschichte der vergangenen 14 Jahrhunderte gegeben – außer in den Köpfen westlicher Islamwissenschaftler. Ein »Eintopf-Islam« wäre nichts anderes als eine Karikatur des Islam.

Zweitens geht es um eine Kritik an einer in der deutschen Islamwissenschaft vorherrschenden ideologischen Weltanschauung, nicht um die Personen Frank Griffel und Thomas Bauer, die mich herzlich wenig interessieren. Zu den positiven Dingen, die ich als Muslim in Deutschland gelernt habe, gehört, zwischen dem sachlichen Objekt der Kritik und der Person zu trennen. Dies tue ich hier ausdrücklich.

Als Muslim, als Islamforscher und als Begründer der historisch-sozialwissenschaftlichen Islamologie mit 50-jähriger Forschungserfahrung in 22 islamischen Ländern finde ich in den Schriften beider nichts, was für meine Arbeit von Interesse gewesen wäre. Was Frank Griffel wichtig macht, ist allein die Tatsache, dass ihm im Feuilleton der *Süddeutschen Zeitung* (28./29.05.2016) eine ganze Seite gewährt wurde, um Unsinn über den Islam zu verbreiten; sein in Minimal-Auflage erschienenes Buch *Apostasie und Toleranz im Islam* (2000; Ladenpreis mehrere hundert Euro) erfuhr keine solche Verbreitung. Hierzu gehört die unglaubliche Behauptung, dass »im Islam (sic!) vor der Konfrontation mit dem Kolonialismus nie [...] wie in Europa Reformation und Aufklärung nötig waren«. Das ist purer Unsinn und eine große Impertinenz gegenüber uns Muslimen! Zudem sorgt Griffel mit seinem *SZ*-Artikel für eine Popularisierung der völlig falschen und irreführenden These vom Islam als »Kultur der Ambiguität« im gleichnamigen Buch von Thomas Bauer.

Im Gegensatz zu allen westlichen Islamwissenschaftlern, die vom Islam – wie oben zitiert – im Singular sprechen, sehe ich unterschiedliche

Islame mit unterschiedlichen und sogar entgegengesetzten Traditionen. Früher sprachen Islamwissenschaftler im Rahmen des eurozentrischen und rassistischen Orientalismus (C. H. Becker) negativ, heute im Rahmen einer Umkehrung des Orientalismus, also scheinbar positiv (Frank Griffel und Thomas Bauer über Ambiguität im Islam), von *dem* Islam. Ich vertrete eine dezidiert konträre Position und ziehe es vor, von einer islamischen, kulturell und religiös binnendifferenzierten Zivilisation zu sprechen. Meine Autoritäten hierbei sind Ibn Khaldun, Arnold Toynbee und Marshall Hodgson.

Ich wiederhole das gegen Griffel und Bauer gerichtete Argument, dass es mehrere Islame gibt und immer gegeben hat; einer davon ist der Aufklärungs-Islam. Damit meine ich die islamische *falsafa*-Tradition, die als rationalistische Philosophie in der mittelalterlichen islamischen Geschichte gegen den Scharia-Islam der *fiqh*-Orthodoxie gerichtet war. In der modernen Geschichte wird dieser Aufklärungs-Islam seit 1925 vom *Enlightened Muslim Thought* repräsentiert. Dieser wird durch das Werk von Ali Abdulraziq eingeleitet. Der klassische islamische Aufklärungsversuch hat seinen Höhepunkt im Werk vom Ibn Ruschd / Averroës. Den zeithistorischen Höhepunkt der Neubelebung dieser Tradition findet man im Werk des marokkanischen Philosophen Mohammed Abed al-Jabri (1935–2010). Dieser neuzeitliche islamische Rationalismus von al-Jabri wird von einem islamischen Aufklärer aus dem Irak, Ali Allawi, in dem bei Yale University Press erschienenen Buch *The Crisis of Islamic Civilization* (2009) gewürdigt. Allawi urteilt richtig: Al-Jabri sei »the most significant Muslim thinker of the age«. Sowohl al-Jabri als auch Allawi haben die Gemeinsamkeit, diese Botschaft zu überbringen: Muslime befinden sich in einer Krise, und es ist eine Simplifizierung, den Westen hierfür verantwortlich zu machen, so wie Islamisten und kurioserweise an Said orientierte Islamwissenschaftler wie Griffel und Bauer es tun. Die angeführten islamischen Namen und ihre Geschichte existieren einfach nicht in Bauers von *djahl* gekennzeichnetem Buch *Kultur der Ambiguität.*

Eine vielversprechende Zukunft für die Muslime könne nach al-Jabri nur darin bestehen, den Averroismus als islamische Denkweise des Rationalismus neu zu beleben. Europäer, die uns dieses Denken verbieten, müssen sich neokoloniale Bevormundung vorwerfen lassen. Dies hat al-Jabri in einem seiner Werke getan; er argumentiert so: Eine bessere Zukunft für Muslime könne nur darin bestehen, Averroist zu sein. Das ist der Stand der innerislamischen Diskussion, die westliche Islamwissenschaftler in ihrem umgekehrten arrogant-ethnozentrischen Orientalismus gar nicht zur Kenntnis nehmen; sie interessieren sich selbstbezogen nur für ihre eigenen Schriften, nicht für das, was heutige Muslime schreiben und denken. Auch die Bibliografie bei Thomas Bauer verrät dieses Denken.

Im Gegensatz zu den heutigen Vertretern des islamischen Rationalismus, einem Kreis, zu dem ich seit 40 Jahren gehöre, verwirft Frank Griffel im angeführten *SZ*-Artikel die Deutung, der Niedergang der islamischen Zivilisation sei auf den Untergang des Rationalismus im islamischen Mittelalter, den der Averroissmus verkörperte, zurückzuführen. Stattdessen spricht der westliche Islamwissenschaftler überaus öde und monolithisch von »islamischer Geisteskultur«, die er – wie sein Kollege Thomas Bauer – essenzialisiert. Dies geschieht in der alten islamwissenschaftlichen Tradition des *homo islamicus*. Griffel schreibt: »Vor ihrer Zerstörung durch den europäischen Kolonialismus« soll diese zunächst nicht näher bestimmte »Geisteskultur des Islam« die islamische Zivilisation bestimmt haben. Ich frage, was ist diese »Geisteskultur«? Frank Griffel gibt folgende Antwort: »die klassische islamische Scharia«. Das ist keine Wissenschaft, sondern die Ideologie des Islamismus, wie ich in Abschnitt 5 zeigen werde.

Wenn ich die Fehldeutung der Scharia von Bauer unterstreiche, dann fühle ich mich gezwungen, hier anzuführen, dass ich nachweislich ein international anerkannter Scharia-Experte bin und also weiß, wovon ich rede, wenn ich Widerspruch gegen die Islamwissenschaft erhebe. Das Ergebnis meiner Forschung lautet, dass die Scharia-Kultur und ihr Sieg über den *falsafa*-Rationalismus den Niedergang der islamischen Zivilisation im 13. Jahrhundert eingeleitet haben. Dies habe ich fachlich in aller Ausführlichkeit in dem umfangreichen Kapitel *Politisches Denken im klassischen und mittelalterlichen Islam zwischen Religio-Jurisprudenz (fiqh) und hellenisierter Philosophie* ausgeführt, das in Band 2 der höchst autoritativen und großartigen Ideengeschichte von Iring Fetscher enthalten ist; er hat diese Geschichte 1988-1993 herausgegeben als *Pipers Handbuch der politischen Ideen,* das insgesamt 5 Bände umfasst. Die angesprochene Ideengeschichte des Islam ist im Rahmen folgender Vorgeschichte entstanden:

Der 2014 verstorbene politische Philosoph Iring Fetscher, bei dem ich nach einem Studium der Politischen Philosophie 1971 promovierte, war der erste europäische Gelehrte, der den Islam in ein Standardwerk der

Weltideengeschichte aufgenommen hat. Sein eben angeführtes fünfbändiges Werk *Pipers Handbuch der politischen Ideen* widmet Band 2 dem Mittelalter. Allein die Geschichte der im Titel konstatierten Konfrontation zwischen *falsafa*-Rationalismus und religiöser Orthodoxie widerlegt alle Aussagen des höchst plakativen *SZ*-Artikels von Frank Griffel. Das zitierte Kapitel wurde in Jahren langer Arbeit und recherchierter Fakten geschrieben und es dient als Argument gegen jede Ideologie, gleich, ob Orientalismus oder Islamismus.

Unmittelbar darauf, in den auf das Erscheinen von Band 2 folgenden Jahren, habe ich dieses Kapitel in Harvard unter der Mentorenschaft von Muhsin Mahdi (1926–2007) in eine umfangreiche Buchmonografie verwandelt. Mahdi hatte den Lehrstuhl für Islamische Philosophie in Harvard bis zu seinem Tod 2007 inne; er ist durch großartige Bücher über Ibn Khaldun und al-Farabi sowie die Anthologie *Medieval Political Philosophy* (Cornell University Press, 1963) eine Weltautorität auf diesem Gebiet gewesen. Das Ergebnis meiner angeführten Forschungsarbeiten in Harvard war die 444 Seiten starke Buchmonografie, die unter dem Titel *Der wahre Imam. Der Islam von Mohammed bis zur Gegenwart* zunächst als Hardcover 1996 im Piper-Verlag erschienen ist; darauf folgten bis 2001 viele Piper-Taschenbuchausgaben und zwei Lizenz-Editionen bei der Büchergilde Gutenberg und der Wissenschaftlichen Buchgesellschaft Darmstadt. Hier handelt es sich um ein international anerkanntes Fachbuch, kein Modebuch wie *Die Kultur der Ambiguität*. Mehr über meine internationale Scharia-Forschung werde ich unten noch anführen.

Bemerkenswert und verwunderlich ist die Tatsache, dass auf dieses in einer Gesamtauflage von rund 80.000 Exemplaren im deutschsprachigen Raum verbreitete Buch keine Rückmeldung aus der Islamwissenschaft kam. Gehören Diskurs und *Debating Culture* nicht zur Wissenschaftskultur?

Sowohl im angeführten Kapitel des ideengeschichtlichen Handbuchs von Fetscher als auch in der oben angegeben Monografie zeige ich anhand von Fakten, nicht anhand von ideologischer Präokkupation, dass es im islamischen Mittelalter einen heftigen weltanschaulichen Krieg zwischen *falsafa*-Rationalismus und *fiqh*-Orthodoxie – dem Scharia-Islam – gegeben hat. Hierbei gelang es der *fiqh*-Orthodoxie, philosophische Werke aus dem Curriculum der Bildungsinstitutionen zu entfernen.

Dies beweist der Historiker George Makdisi (1920–2002). In seinem Buch *The Rise of Colleges. Institutions of Learning in Islam and the West* (1981) hat er nachgewiesen, dass die islamische Orthodoxie das islamische Madrasa-Bildungswesen voll unter ihrer Kontrolle hatte und es verhinderte, die Ideen des islamischen Rationalismus in das Curriculum aufzunehmen. Damit konnte das rationale Wissen der islamischen *falsafa* nicht institutionalisiert werden. Der Princeton-Soziologie Robert Wuthnow hat in seinem Buch *Meaning and Moral Order* (1987) gezeigt, dass Wissen nur durch Institutionalisierung, etwa im Bildungswesen, gesellschaftlich verankert werden und nur so überleben kann. Hiermit kann erklärt werden, warum rationalistisches Wissen der *falsafa* ohne Wirkung in der islamischen Geschichte blieb. Dadurch, dass es etwa im islamischen Bildungswesen nicht institutionalisiert wurde, hat es im Islam keine gesellschaftliche Wirkung der Aufklärung gegeben. Das ist die Antwort auf die Frage, warum der islamische Aufklärungsversuch im Mittelalter scheiterte.

Die *fiqh*-Orthodoxie meldet sich in unserer Zeit wieder als Scharia-Islamismus. Es ist kurios, dass Griffel und Bauer dieses Denken als »islamische Geisteskultur« zelebrieren. Ich spreche hier lieber vom klassischen *fiqh*-Islam, wovon heutige Islamisten sehr wenig verstehen, wenn sie von Scharia sprechen. Nochmals die historische auch von Hodgson anerkannte Tatsache: Im mittelalterlichen Islam war die *fiqh*-Tradition der Widerpart zum *falsafa*-Rationalismus. Heute aktivieren Islamisten das, was Griffel und Bauer »islamische Geisteskultur« nennen, als Agenda für eine islamistische Schariatisierung der Politik. Diesen Begriff habe ich international geprägt und für die Ideologie des politischen Islam gedeutet als »neuen Totalitarismus«. Hierfür habe ich den Ruf einer internationalen Autorität durch Auftritte und Publikationen in den vergangenen zwei Jahrzehnten erworben, und ich fühle mich gezwungen, dies zu belegen. Ich tue dies nicht aus Gründen der Selbstprofilierung bzw. -gefälligkeit – ebendies werfen mir bösartig meine Feinde vor –, sondern nur um zu begründen, dass meine Argumente gegen die Islamwissenschaft auf solider internationaler Forschung basieren.

Vor dem dargelegten Hintergrund bitte ich meine Leser um Verständnis für folgende selektive Auflistung der Forschung, mit der ich Griffel und Bauer inhaltsreich widerspreche. The Japanese Association of Comparative Law hat mich 2005 zu der internationalen Konferenz *On Comparative Constitutional Law* nach Tokio eingeladen, um dort die Keynote

Address mit der Fragestellung: *Islamic Sharia as a Constitutional Law?* zu halten. Das Fachreferat ist in den Proceedings der Konferenz unter dem Titel *Church and State: Towards Protection for Freedom of Religion* (Tokio 2005) auf Englisch und Japanisch erschienen. Davor und danach habe ich mehrere weitere internationale autoritative Forschungsarbeiten über Scharia und Schariatisierung veröffentlicht und Vorlesungen am Department of Law der Cornell University in meiner Eigenschaft als A. D. White Professor gehalten. Das, was ich erarbeitet habe, steht im Gegensatz zu dem, was Griffel und Bauer schreiben. In der Fachzeitschrift *Theoria: Journal of Social and Political Theory* habe ich die Fachabhandlung über Constitutional Law *The Case of Shariatization* (April 2008) veröffentlicht. In Vol. 17 (2015) des *Yearbook of Islamic and Middle Eastern Law* der Universität London, School for Oriental and African Studies, habe ich eine Abhandlung über die Schariatisierung der Politik durch den Islamismus veröffentlicht. Weitere Arbeiten von mir sind unter anderem in dem umfangreichen Handbuch *International Law and Islamic Law* (Routledge, London 2008) erschienen. Und last but not least möchte ich mein Standardwerk *Islamism and Islam* (Yale University Press, 2012) anführen, das ein Kapitel über Scharia und Schariatisierung als Bestandteil der islamistischen Ideologie enthält. Ich weiß nicht, warum Griffel und Bauer solche Werke nicht lesen! Auch nicht, warum sie den Untergang dieser Scharia-Kultur durch das »Unglück Westen« bedauern, ja diesen sogar als Ursache für das heutige Elend der islamischen Zivilisation angeben! Beide Islamwissenschaftler sind als postmoderne Saidisten einzuordnen. Was ist das?

Ich kenne Edward Said seit 1971. Ich bin Autor in dem von ihm herausgegebenen Buch *The Arabs Today. Alternatives for Tomorrow* (1973). Er war auch mein Gastgeber 1971 in Boston, als ich meinen ersten Vortrag in englischer Sprache auf dem Kongress der Arab American University Graduates hielt. Meine letzte Begegnung mit Edward Said fand im Jahr 2000 in Chicago statt. Ich habe ihn mit den Auswüchsen seines Einflusses konfrontiert; seine Antwort war, dass er »für den Unsinn des Kulturrelativismus«, den seine Anhänger verbreiten, nicht verantwortlich sei; er begreife sich als Universalist und Rationalist. Auch Rodinson hat Said gelesen, kommt allerdings in seinem Buch *La Fascination de l'Islam* zu einem anderen Ergebnis, nämlich diesem:

Rodinson vermisst alle erforderlichen Nuancen im Denken Edward Saids; er stellt das Vorhandensein eines »relativisme total« fest, der dazu noch von der Neigung einer »diabolisation manichéenne« begleitet wird. Dieser sieht so aus: Auf der einen Seite stehen die bösen Orientalisten, die für das koloniale Europa zu sühnen haben, und auf der anderen Seite die muslimischen Opfer. In diesem durch mangelnde Kohärenz gekennzeichneten Denken gehen Absolutismus und Relativismus ineinander. Dies sei ein Denken, welches »pas fondé« ist und dem eine »façon cohérent« fehle. Der inhärente Saidismus im Denken von Griffel und Bauer sowie alle postorientalistischen, postmodernen und postkolonialen Saidisten ähneln einander, weil sie in ihrem Denken dieselben Züge tragen. Ich habe schon die Verdammung Europas und seiner Kultur als »Fratze« bei Bauer beanstandet. Nach Bauer ist Europa durch Ambiguitäts-Furcht, Wahrheitsobsession und Universalisierungsehrgeiz, also durch das »Böse«, gekennzeichnet. Es belustigt einen, bei Bauer auf S. 402 zu lesen: »Die Kultur Europas hat auf dem Gebiet der Ambiguität nicht allzu viele Leistungen vorzuweisen«. Dagegen seien die Muslime gegenüber den Europäern durch Ambiguitätstoleranz und eine Ambiguität der Lust die moralisch besseren Menschen.

Die Islamophobie wird in einer deutschen Tradition des Pendelns zwischen den Extremen von einer Islamophilie abgelöst, nach dem deutschen Muster, für das klassisch das Muster vom Antisemitismus zum Philosemitismus steht. Die manichäische Verteufelung ist der Geist, ja die Zauberkunst der Kulturrelativisten, die das Absolute in einer Relativismusverpackung einführen, d.h. in sein Gegenteil verzaubern. Der große Anthropologe Ernest Gellner (1925–1995) hat diese Logik in seinem Buch *Postmodernism, Reason and Religion* (1992) so dechiffriert: Kulturrelativisten lassen entgegen ihrem Glauben dies zu: »absolutism is to be tolerated, if only it is sufficiently alien culturally«.

In diesem Abschnitt setze ich mich primär mit dem deutschen Islamwissenschaftler Frank Griffel als einem Saidisten auseinander. Sein *orientalism in reverse* sieht folgendermaßen aus: Auf den Vorwurf, im Islam habe es keine Reformation und keine Aufklärung gegeben, antwortet er, neue Forschungen der Islamwissenschaft hätten gezeigt, dass »im Islam« (sic!) »Reformation und Aufklärung nicht nötig waren«. Seine Quelle für solche Stupidität ist keine Forschung, sondern die Ideologie, die Bauer in der *Kultur der Ambiguität* ausbreitet. Das ist ein Beispiel für den »umgekehrten Orientalismus«, den ich als puren Irrsinn einordne.

Gegen die bodenlosen Behauptungen von Griffel führe ich in den Fußstapfen von al-Jabri auf der Basis von Fakten eine Reihe von Ansätzen für eine Aufklärung, verstanden als Vernunft-Orientierung, im Islam an. Die islamische Orthodoxie antwortete durch al-Ghazali (1058–1111), der gegen jede Hellenisierung des Islam war; sein Angriff auf die Philosophie erfolgte im Buch *Tahafut al-falsafa (Refutation der Philosophie)*. Prompt wurde aufklärerisch darauf mit dem Buch *Tahafut a-tahafut (Refutation der Refutation)* von Ibn Rushd erwidert. Als al-Ghazali jung war, versuchte er, Vernunft und Religion in Einklang zu bringen, endete aber als Abtrünniger der *falsafa* / Philosophie im Islam. Daher stehen Ibn Ruschd und al-Ghazali für gegensätzliche Traditionen in der islamischen Geistesgeschichte. Als ich auf der Homepage von Frank Griffel den Satz las, Ibn Rushd (Averroës) sei ein »Follower von al-Ghazali«, fasste ich mir an den Kopf und machte für mich diesen Vergleich: Was wäre, wenn man heute behaupten würde, Trittin sei ein Anhänger der AfD? So groß war die Spannung im Mittelalter zwischen Ibn Rushd und al-Ghazali. Was im Mittelalter die islamische *fiqh*-Orthodoxie (vgl. dazu *Pipers Handbuch der politischen Ideen*, Band 2) war, ist heute der schriftgläubige Islam sowie der Islamismus. Mehr dazu im letzten Abschnitt 5 unten.

Es sei an die Behauptung Frank Griffels in seinem *SZ*-Artikel erinnert, dass der Islam »beides [Aufklärung und Reformation] gar nicht nötig« habe. Im Gegenzug möchte ich, einer amerikanischen Weisheit bei verworrenen Debatten folgend, klarstellen: »What are we talking about?«. In diesem Kontext frage ich, was ist Aufklärung und was ist Reformation? Stimmt es wirklich, dass »der Islam beides gar nicht nötig« habe? Diese Behauptung steht bereits in der Überschrift des in höchstem Maße fragwürdigen, auf falschen historischen Angaben basierenden *SZ*-Artikels (vom 28./29.05.2016) Griffels. Das ist nichts anderes als eine Orientalisierung des Islam.

Der früher und heute unverändert bestehende deutsche islamwissenschaftliche Paternalismus wird gegenüber den Muslimen u.a. dadurch praktiziert, dass gleichermaßen bösartige und wohlwollende westliche Islamwissenschaftler als Vormund für uns auftreten. Oft verliere ich die Contenance, wenn deutsche Islamwissenschaftler mich über meine Zivilisation und Religion belehren.

Als Muslim bin ich unter Bedingungen der Repression aufgewachsen – wieso sollte ich also an die islamische Ambiguitäts-Toleranz glauben?

Es sind nicht nur deutsche Professoren, die keiner außerhalb Deutschlands kennt, sondern auch deutsche Studenten der Islamwissenschaft, die versuchen, mir als islamischem Gelehrten mit fünfzigjähriger internationaler Wissenschaftserfahrung beizubringen, wie ich »den« Islam besser verstehen soll – was für eine grässliche, letztlich rassistisch motivierte Hybris!

An der geistigen Einstellung der Islamwissenschaft, dass wir Muslime Objekte der europäischen Forschung – so wie die Tiere für die Zoologie – sind, hat sich trotz Umkehrung des Orientalismus nichts geändert. Das Muster des *homo islamicus* dominiert weiterhin von C. H. Becker bis Thomas Bauer. Zwar sind heutige Islamwissenschaftler keine unmittelbaren Rassisten mehr wie C. H. Becker und seine Generation, sondern eher Gutmenschen, die aus uns *bon sauvages* in der Tradition des edlen Wilden machen. Frank Griffel und Thomas Bauer stehen musterhaft für diese Geisteshaltung. Beide sprechen ungeniert für uns so, wenn sie »unser Unglück« im »Westen« sehen. Als Aufklärungsmuslim, der in der Tradition des islamischen Rationalismus von Ibn Ruschd steht und al-Jabri als einen Averroisten versteht, widerspreche ich: Unsere islamische Zivilisation befindet sich in einer Krise, und es wäre irrational, die Opferrolle zu spielen und unser Elend allein im Westen »als Unglück« (Griffel) zu sehen. Der Europäer, der so spricht, macht das Spiel der Islamisten »mit der Opferrolle« mit, und das ist alles andere als respektabel.

Nun zu der oben aufgeworfen Frage, worüber wir sprechen, wenn von Aufklärung die Rede ist: Was also ist Aufklärung? Hier möchte ich meinen akademischen Lehrer in Frankfurt Jürgen Habermas zitieren, der auf die Frage nach Aufklärung wie folgt in seinem Buch *Der philosophische Diskurs der Moderne* (1985) antwortet: »Kant setzt die Vernunft als den obersten Gerichtshof ein, vor dem sich rechtfertigen muss, was überhaupt auf Gültigkeit Anspruch erhebt«. Kant lebte in den Jahren 1724–1804. Der islamische Philosoph Ibn Rushd lebte mehrere Jahrhunderte vor ihm: 1126–1198. Die Charakterisierung des kantischen Denkens im Habermas-Zitat kann als »Primat der Vernunft« identifiziert werden. Dieses Primat finden wir bei Ibn Rushd. Deswegen frage ich, warum westliche Islamwissenschaftler diese Leistung nicht als islamische Aufklärung anerkennen. Ironisch gefragt: Ist es so, weil Griffel meint, Aufklärung und Reformation seien für Muslime »nicht nötig«?

Ich wiederhole: Heutige islamische Averroisten der Generation al-Jabris gehen fest davon aus, Ansätze zu einer Aufklärung in unserer Geschichte gehabt zu haben, auf die wir uns als *sabiqa* / Vorgegebenheit berufen. Diese ist durch die islamische *fiqh*-Orthodoxie erstickt worden. Das ist die zentrale Idee meines Forschungsbeitrags *Politisches Denken im klassischen und mittelalterlichen Islam zwischen Religio-Jurisprudenz (fiqh) und hellenisierter Philosophie* (in *Pipers Handbuch der politischen Ideen*, Band 2). Wenn deutsche Islamwissenschaftler wie Griffel und Bauer die Existenz dieser Tradition sowie die Verfolgung von Philosophen lächerlich machen, dann antworte ich Tacheles und sage in orientalischer Manier: Das ist eine Unverschämtheit. Zum Bestandteil der kulturellen Moderne gehört der Rationalismus. Deshalb denkt unser Mentor al-Jabri, dass es eine Brücke zwischen islamischem und europäischem Geist immer gegeben hat, nämlich den Rationalismus. Al-Jabri stellt fest, dass Averroës' Gedanken ihrer Intention nach völlig im Einklang mit der Moderne stehen. Die kulturelle Moderne ist kein Sonderweg, wie Bauer seitenlang behauptet. Hier kommt al-Jabri auf die Kern-Problematik: Die Probleme der zeitgenössischen islamischen Zivilisation mit der kulturellen Moderne, woraus nach Ali Allawi »the Crisis of Islamic Civilization« folgt. So lautet auch der Titel des Buches von Allawi, in welchem er al-Jabri als den wichtigsten islamischen Denker der Gegenwart einstuft. Das Buch von Allawi ist bei Yale University Press erschienen, dem Verlag der Universität, an der Frank Griffel lehrt. Gleichfalls bei Yale University Press erschienen ist mein eigenes Buch *Islamism and Islam* (2012), das ich dort 2007–2010 verfasste, um den Unterschied, wie schon der Titel andeutet, zwischen Islam und Islamismus zu erklären. Diese beiden Bücher von Allawi und mir sowie die Differenzierungen, die darin enthalten sind, ignoriert Frank Griffel, der kein Interesse an einer *Debating Culture* mit Andersdenkenden zu haben scheint bzw. eben weil sie nicht in seine islamwissenschaftliche Ideologie passen. Von einem Wissenschaftler erwartet man genaue Kenntnis der Fachliteratur auf dem Gebiet, auf dem er forscht, so etwa hier der islamischen Ideengeschichte, auch wenn er nicht mit ihr übereinstimmt.

Nun möchte ich zur islamischen Geschichte selbst im Hinblick auf eine Aufklärung bzw. religiöse Reform kommen. Dies tue ich jenseits der ideologischen Verformungen des Gegenstandes in der westlichen Islamwissenschaft. Im Durchschnitt benötige ich ca. eineinhalb Jahre für die Anfertigung eines Buches. Die einzige Ausnahme ist meine Ideengeschichte des Islam »Der wahre Imam. Der Islam von Mohammed bis zur Gegenwart«. An diesem Buch habe ich ein gesamtes Jahrzehnt zwischen Kairo, Harvard und Göttingen gearbeitet. Die Ergebnisse dieses Buches strafen jede Zeile Lügen, die Frank Griffel in seinem zitierten SZ-Artikel schreibt, weil sie einen Beweis für das Vorhandensein eines Aufklärungsversuches im islamischen Mittelalter liefern. Warum ist dieser Versuch gescheitert? Ich werde weiter unten eine wissenschaftlich begründete Antwort auf diese Frage geben.

Meine Entdeckung der Tradition des islamischen Rationalismus geht auf die Zeit zurück, als ich noch ein 21-jähriger Frankfurter Student war. Im November 1965 hatte ich bei einem Empfang des Suhrkamp-Verlages eine unvergessliche Begegnung mit Ernst Bloch, bei der er mir viel Aufmerksamkeit gönnte und mir sein Buch *Avicenna und die Aristotelische Linke* als Geschenk mit Widmung übergab. Ibn Sina / Avicenna lebte in den Jahren 980–1037 und war eine der tragenden Säulen des islamischen Rationalismus. In jenem Buch zeigt Ernst Bloch, wie heftig die Aristotelische Linke im Islam von der »vernunftfeindlichen Orthodoxie« verfolgt und bekämpft wurde, die er als »Mufti-Welt« bezeichnete. Frank Griffel fälscht eindeutig die islamische Geschichte, wenn er schreibt, »der nachklassische Islam [sic!] kennt keine Hexenverbrennungen, keinen Index verbotener Bücher und keine Religionskriege«. Mit einer fragwürdigen Quelle, nämlich Thomas Bauers Buch *Die Kultur der Ambiguität,* unterstellt er, dass es weder eine Unterdrückung von Philosophie und Naturwissenschaft noch Ketzer-Prozesse gegen Rationalisten gegeben habe. Das ist pure Fälschung. Ernst Bloch wusste es 1963 besser als Bauer und Griffel, die damals noch Babys waren. Bloch schreibt 1963 genau das Gegenteil auf der Basis von Fakten und Kenntnis der philosophischen Werke des islamischen Rationalismus. Zunächst stellt Bloch zur islamischen Rationalität dies fest:

»Anstelle Gottes, der die Welt erschaffen hat, tritt die schöpferische Gestalt der natura naturans – hin zur natura naturata.« Und wie antwortet die islamische Orthodoxie? »Kein Wunder auch hier, dass die islamische Orthodoxie Avicenna wie Averroes verfluchte und beide so in effigie, nämlich in ihren Werken, verbrannt hat, wie die christliche Inquisition den Giordano Bruno nachher leibhaftig verbrannte.« Dies steht in Blochs *Avicenna und die Aristotelische Linke*. Der 1999 promovierte Griffel und der

1961 geborene Thomas Bauer stellen sich über Bloch und glauben, es besser zu wissen. Ich schäme mich fremd.

In einer positiven Sichtweise könnte man vielleicht sagen, dass orthodoxe Muslime früher – obwohl sie keine Ambiguitäts-Toleranz kannten – doch zivilisierter als die christliche Kirche waren; sie haben islamische Rationalisten nicht leibhaftig verbrannt, nur ihre Bücher, aber sie waren immer religiöse Absolutisten. Ist es nicht so, dass sich »Ambiguitäts-Toleranz« und »religiöser Absolutismus« vertragen wie Feuer und Wasser?

Mit Sufi-Muslimen, die versucht haben, den religiösen Glauben zu privatisieren und von der Schriftgläubigkeit zu befreien, ging die *fiqh*-Orthodoxie anders um; sie war noch schroffer als beim Umgang mit den rationalistischen Philosophen. Ich erinnere daran, dass der große islamische Mystiker al-Halladsch (858–922) als »Ketzer« hingerichtet wurde. Was für Märchen erzählt der westliche Islamwissenschaftler Frank Griffel seinen *SZ*-Lesern, wenn er unterstellt, dass es »keine Ketzerprozesse« im Islam gegeben hätte?

Mit der Autorität eines Professors für Islamwissenschaft zu behaupten, im Islam »gab es keine Aufklärung« – eben weil Muslime so etwas »gar nicht nötig« hätten –, ist ein Beweis dafür, welche Wissenschaft diese deutsche Islamwissenschaft ist. Zwischen dem neunten und zwölften Jahrhundert haben islamische Rationalisten ein *turath* / kulturelles Erbe im Islam begründet, das al-Jabri im 20. Jahrhundert in einem großartigen Werk neu zu beleben versucht hat. Der angeblich vom Westen »als Unglück des Islam« zerstörten »islamischen Geisteskultur der klassischen islamischen Scharia« nachzutrauern ist ein Obskurantismus der deutschen Islamwissenschaft.

Nach dieser Tour d'Horizon fasse ich zusammen: Der altkoloniale, oft rassistische Orientalismus wird heute in unserer Zeit in einem post-Said'schen Narrativ artikuliert und zu einem postmodernen, wohl neokolonialen Orientalismus umgekehrt. Das geschieht sozusagen in einem Übergang von einem Extrem zum anderen. Für uns Muslime, die mit al-Jabri die Shakespeare'sche Frage »To be or not to be« stellen, ist das nicht von Belang. Unser Unglück ist nicht der Westen, sondern das Begraben des Averroismus durch die islamische Scharia-Orthodoxie in einer Krise der islamischen Zivilisation, bei der es den Muslimen nicht gelingt, sie zu bewältigen, weil sie mehr Apologetik als kritische Selbstbesinnung betreiben. Die Opferrolle zu spielen hilft uns nicht. Mehr hilft, das Projekt von al-Jabri, den Geist Averroës' im 21. Jahrhundert neu zu beleben, um in einem Prozess des Wandels von der Selbstverherrlichung zur Selbstkritik zu besseren Perspektiven für die Zukunft zu gelangen.

Auf dieser Grundlage schließe ich ab mit dem Brechen einer Lanze für al-Jabris Projekt, um es zum Aktionsprogramm für die Neubelebung der islamischen Zivilisation im 21. Jahrhundert zu erheben. Wir benötigen einen »Civil Islam« – so lautet das abschließende Kapitel meines Yale-Buches von 2012 *Islamism and Islam* –, der die Alternative zum totalitären Islamismus werden soll. Der politische Islam (vgl. Abschnitt 5), nicht »die Fratze des Westens« (Bauer), ist das Problem. Der Islamismus ist kein westliches Vorurteil, sondern eine politische Realität, also das, was Durkheim *fait social* nennt. Das ist das reale Unglück der islamischen Zivilisation in ihrer Krise im 21. Jahrhundert. Aus diesem Grunde wird diese Einleitung – im Kontext der zentralen Thematik dieses Buches – im fünften Abschnitt mit der Zeitgeschichte des Islam als einer des Islamismus fortfahren. Dies geschieht sowohl mit einer Feststellung als auch einer Frage: Die Feststellung lautet, dass der totalitäre Islamismus und seine politischen Bewegungen die islamische Zeigeschichte als gesellschaftliche Realität seit 1970 nicht nur prägen, sondern auch ihren Verlauf bestimmen. Die Dummheit des Westens besteht nicht nur in seinem *djahl* über den Gegenstand, sondern auch darin, den Islamismus auf Terror zu reduzieren, den man aus der Luft mit Bomben besiegen kann. Die Frage muss nun konkret heißen: Was leistet die deutsche Islamwissenschaft zum Verständnis dieser Problematik? Die Antwort wird in Abschnitt 5 gegeben.

3. Mittelalterliche islamische Aufklärung vs. islamische *fiqh*-Orthodoxie; ihr Untergang und die Krise der islamischen Zivilisation im Kontext der Universalität der kulturellen Moderne

Zu Beginn möchte ich auf den im Westen früher darüber geführten Streit, ob der Islam eine Aufklärung je gehabt habe, rekurrieren und als ein Update anführen, dass sogenannte westliche Islamexperten heute genau in das Gegenteil verfallen. Im vorangegangenen Abschnitt habe ich gezeigt, dass eine solche westliche Denkweise einen Übergang in der westlichen Islamwissenschaft von einem exklusiv negativen zu einem angeblich ebenso exklusiv positiven, d.h. politisch-korrekten Islam-Bild widergibt. Für uns Muslime, die von einem aufgeklärten islamischen Denken ausgehen, sind solche Wandlungen irrelevant. Denn die Problematik liegt woanders, nämlich in der bereits angesprochenen Krise der islamischen Zivilisation.

Nochmals betone ich, dass es keinen monolithischen Islam gibt, aber doch eine islamische Zivilisation. Für mich als islamischen Aufklärer ist es ein Fakt und kein Widerspruch, dies zu konstatieren und von einer einheitlichen, jedoch durch zahlreiche Lokalkulturen binnendifferenzierten islamischen Zivilisation zu sprechen. Diese Zivilisation befindet sich seit dem 19. Jahrhundert in einer Identitätskrise, die alles erschüttert. Das zeithistorische Phänomen des Islamismus (vgl. Abschnitt 5) hat den Extremismus als eine seiner Facetten, ist jedoch nicht mit diesem identisch. Der wichtige Aspekt des Islamismus ist, dass dieser nur eines der Produkte dieser Krise und nicht damit zu verwechseln ist. Selbst die gewaltförmige Strömung des Islamismus, also der Djihadismus, gehört zu dieser Problematik und ist somit nicht »Terror pur«.

Warum die Rede von der Krise? Es gibt vier zentrale Bücher zu dieser Thematik in englischer Sprache, die alle »Crisis« schon im Titel anführen; drei davon sind von Muslimen verfasst, von denen einer ich bin (die anderen beiden sind von Ali Allawi und Hichem Djait); das vierte Buch stammt von dem jüdischen Princeton-Historiker Bernard Lewis, der in seinen aktiven Jahren als Doyen der History of Islam weltweit geehrt wurde. Wie Rodinson glaubte auch Lewis nicht an die Botschaft von Edward Said, die heute von Postmodernisten angenommen wird. Alle vier angeführten Wissenschaftler sind sich darüber einig, dass die historische Krise der islamischen Zivilisation innere Ursachen habe, wenngleich sie durch einen Zivilisationskonflikt mit dem Westen ausgelöst worden sei. Dieser Zivilisationskonflikt ist ein anderes Thema, das ich in meinem ***ibidem***-Buch von 2016 *Europa ohne Identität?* ausführlich erläutert habe (dort S. 79–88). Das dort Erörterte möchte ich nicht wiederholen – bis auf diese Feststellung: Ein Zivilisationskonflikt ist eine historische Realität und lässt sich nicht moralisch als »Unglück« begreifen, wie es in der Post-C.-H.-Becker-Islamwissenschaft heute getan wird.

Die sowohl intern als auch extern bedingte Krise der islamischen Zivilisation wird von den vier genannten Islam-Gelehrten differenziert und nuancenreich untersucht; diese versuchen also die Krise jenseits von Vereinfachungen in Anerkennung der Komplexität als Multikausalität zu verstehen. Früher gab es westliche Autoren – gleich, ob Wissenschaftler oder Journalisten –, die simplifizierten und alles auf die Formel: »Dem Islam fehlte eine Aufklärung« brachten, einschließlich des Versuchs, die Krise und ihre Erscheinungen pauschal erklären wollen.

Übrigens neigen auch Islamisten zu solchen monokausalen Erklärungen, vor allem zu der, dass der Westen an allem schuld und Muslime seine Opfer seien. Wie ich in der Auseinandersetzung mit Frank Griffel im vorangegangenen Abschnitt gezeigt habe, ist die »Unglück«-These, die die Muslime als Opfer des Westens beweint, eine postmoderne Ideologie, keine Wissenschaft. Wie reagieren Muslime auf diese Krise?

Nach der Rekonstruktion des islamischen Gelehrten Abdou Filali-Ansary in seiner Untersuchung *The Sources of Enlightened Muslim Thought* (sie ist in dem Sammelband *Islam and Democracy in the Middle East*, hg. von Larry Diamond et al., Johns Hopkins University Press 2003, enthalten) hat diese Schule eine Antwort; sie beginnt als neue Denkrichtung der aufgeklärten Muslime. Im Jahre 1925 hat Ali Abdulraziq sein Buch *al-Islam wa Usul al-Hukm / Der Islam und die Grundlagen der Herrschaft* veröffentlicht. Der Aufklärungsislam lässt Hybridität zu, die eine Synthese von Islam und europäischem Denken erlaubt. Im Sinne dieser Denkrichtung greife ich auf eine europäische Tradition zurück, die die Begriffe vor dem Einstieg in die Diskussion erklärt. Der erste für sich zu klärende Begriff ist »kulturelle Moderne«, insbesondere auch in seiner Pertinenz zur islamischen Zivilisation und ihrer gegenwärtigen Krise. Zwei Jahrzehnte nach der Veröffentlichung meines Buches *Die Krise des modernen Islam* (1981 bei C. H. Beck, in einer erweiterten Neuausgabe dann 1991 bei Suhrkamp) habe ich in englischer Sprache mein Lebenswerk *Islam's Predicament with Modernity* veröffentlicht. Diese Begegnung mit der Moderne ist der Gegenstand bzw. Auslöser der Krise.

Einer meiner akademischen Lehrer in Frankfurt war Jürgen Habermas, der Aufklärung und Moderne in seinem Buch *Der philosophische Diskurs der Moderne* so deutet: »Kant setzt die Vernunft als den oberste Gerichtshof ein, vor dem sich rechtfertigen muss, was überhaupt auf Gültigkeit Anspruch erhebt.« Dieser Rationalismus und sein Diskurs der kulturellen Moderne sind das Thema, und zwar auch des wichtigsten Autors der islamischen Aufklärung im 20. Jahrhunderts, nämlich al-Jabris, der Ibn Rushd modern deutet. Kant lebte von 1724 bis 1804. Der islamische Philosoph Ibn Rushd / Averroës (1126–1198), dessen Denken al-Jabri neu belebte, wirkte viele Jahrhunderte vor Kant. Die Charakterisierung der Aufklärung mit dem Kantischen Denken als »Primat der Vernunft« erinnert daran, dass dieses Primat ebenfalls im Werk Ibn Ruschds gefunden werden kann. Den Averroismus erklärt unser Mentor Mohammed Abd al-Jabri zu einer islamischen Aufklärung und stellt eine Brücke her zur kulturellen Moderne.

Al-Jabri starb 2010, ein Jahr bevor Bauer sein Buch *Die Kultur der Ambiguität* 2011 veröffentlichte, aber er hat nichts verpasst, wenngleich er den Inhalt des Buches zunichtemachte, noch ehe es erschien: Für al-Jabri ist die Moderne universell, also kein Sonderweg des Westens. Ähnlich denkt Djait in *Europa and Islam*.

In meiner bisherigen Forschung über die islamische Ideengeschichte (vgl. Abschnitt 2), die ich gleichermaßen unter dem Einfluss eines Europäers (Iring Fetscher, Frankfurt) wie auch eines Muslims (Muhsin Mahdi, Harvard) betrieb, bin ich zu dem Ergebnis gelangt: Islamische Geschichte ist von der Spannung zwischen islamischem Rationalismus und Scharia-Islam der *fiqh*-Orthodoxie geprägt. Ibn Rushd war ein Gegner und nicht »follower« des Abtrünnigen al-Ghazali. In der modernen Geschichte wird dieser mediävale Aufklärungs-Islam seit 1925 vom bereits erwähnten *Enlightened Muslim Thought* fortgesetzt und repräsentiert.

Ich habe bereits Ali Abdulraziqs Werk *al-Islam wa Usul al-Hukm / Der Islam und die Grundlagen der Herrschaft* erwähnt, in dem er die Religion des Islam von ihrem Gebrauch als Legitimation in der Politik dissoziiert. Diese Schule zieht sich bis zum Werk al-Jabris; er hat versucht, den Averroismus neu zu beleben unter dieser Botschaft: Muslime befinden sich seit ihrer Begegnung mit der kulturellen Moderne in einer Krise. Eine vielversprechende Zukunft für die Muslime könne nach al-Jabri nur darin bestehen, wenn die Muslime in sich selbst kritisch hineinhorchen, um die Krise zu verstehen und den Averroismus als islamische Denkweise des Rationalismus neu beleben. Damit löste al-Jabri eine u.a. mit Hasan Hanafi geführte innerislamische Diskussion aus, die in der deutschen Islamwissenschaft vollständig ignoriert wird, obwohl sie in Buchform vorliegt und gebildete Araber an ihr über Jahre hinweg teilgenommen haben. Was interessiert das die höhergestellte deutsche Islamwissenschaft?

Ich gehöre zu den Anhängern von al-Jabri, die beanspruchen, in der Islam-Forschung nicht nur einen Paradigmenwechsel anzustreben, sondern diese auch zu entkolonialisieren. Gegen koloniale, postkoloniale oder gar neo-kolonial geprägte Islam-Bilder steht für uns die Tradition des islamischen Rationalismus von Ibn Ruschd, so, wie sie etwa in der Person des Averroisten al-Jabri in der Gegenwart repräsentiert wird. In der Krise des modernen Islam ist es an der Zeit, diesen Averroismus zu revitalisieren und keine Zeit mit westlichen Konstrukten wie »Kultur der Ambiguität« zu vergeuden. Ein Ausweg aus der Krise der islamischen Zivilisation könnte, wie ich in *Islam's Predicament with Modernity* vorschlage, darin bestehen, die kulturelle Moderne zu islamisieren und die dort angegebenen »issue areas« kulturell zu bewältigen.

Im Geiste Ibn Rushds und al-Jabris rufe ich die Muslime von heute dazu auf, Schluss mit der Sichtweise der Opferrolle zu machen. Jene, die damit spielen und das Elend allein auf den Westen »als Unglück« zurückführen, verstehen die Krise der islamischen Zivilisation nicht. Ich habe in Abschnitt 2 den größten islamischen Denker des 19. Jahrhunderts – al-Afghani – zitiert, der ähnlich argumentiert, wenn er hervorhebt: »Kolonialismus bedeutet die Herrschaft von Völkern, die stark sind und über Wissen verfügen, über andere Völker, die schwach und von *djahl* / Unwissen gekennzeichnet sind.« Die Wiederholung des Zitats an dieser Stelle geschieht in der Hoffnung, dass die Botschaft endlich ankommt.

Es ist empörend zu sehen, wie der innerislamische Konflikt zwischen Rationalismus und Scharia-Islam sowohl im Mittelalter als auch heute von deutschen Islamwissenschaftlern völlig übersehen wird. In meiner Ideengeschichte *Der wahre Imam. Der Islam von Mohammed bis zur Gegenwart* (erschienen 1996) liefere ich den Beweis für das Vorhandensein eines Aufklärungsversuches der islamischen *falsafa*-Denker in der islamischen Geschichte des Mittelalters im Kontext innerislamischer Kämpfe zwischen *falsafa*-Rationalismus und Scharia-Orthodoxie, bei denen letztere den Sieg errungen hat. Wie nennt man im Islam einen Menschen, der nicht liest? Die Antwort lautet: *djahil*.

Mit den angeführten Fakten über islamische Aufklärungsversuche im Mittelalter verweise ich auch auf deren Scheitern durch die Gegenaufklärung der islamischen Orthodoxie. Deutsche Islamwissenschaftler, die im Geiste des *orientalism in reverse* eines politisch-korrekten, gewaltfreien Islam denken, streichen die Teile der islamischen Geschichte, die eine Unterdrückung von Philosophie und Naturwissenschaft indizieren. Gegen diese Geschichtsfälschung habe ich Ernst Bloch zitiert, der auf der Basis von Fakten und Kenntnis der philosophischen Werke des islamischen Rationalismus in seinem Buch *Avicenna und die Aristotelische Linke* hervorhebt, wie sehr die »islamische Orthodoxie Avicenna wie Averroes verfluchte und beide so in effigie, nämlich in ihren Werken, verbrannt hat«. Ist das die Ambiguitäts-Toleranz im Islam, von der Thomas Bauer uns überzeugen will?

Ich gehöre zu den Historikern, die anders als C. H. Becker und Thomas Bauer arbeiten; anders als sie lehne ich sowohl monokausale Deutungen als auch Simplifizierungen ab. Der Untergang der islamischen Zivilisation erfolgte nach einer »facettenreichen Krise« (Ali Allawi, *The Crisis of Islamic Civilization*, Yale University Press 2010), ist also weder »rassenpsychologisch« (C. H. Becker) noch durch den Verlust der sogenannten »Kultur der Ambiguität (Bauer) noch durch das »Unglück Westen« (Griffel) bedingt. Der Untergang erfolgte nach einer heftigen Krise, begleitet von einem innerzivilisatorischen und imperialen Zerfall in einer komplexen Kombination mit einer Reihe anderer Bedingungsfaktoren. Auf der Ebene der Geistesgeschichte gehört der Sieg der islamischen *fiqh*-Orthodoxie über den islamischen *falsafa*-Rationalismus zu den Bedingungsfaktoren. Dazu kommen noch Völkerwanderungen, die in die Territorialität des islamischen Imperiums eindrangen und es von innen durch Konflikte erschütterten. Damit ist auch die Problematik Ethnizität und Gewalt verbunden, die in Kapitel 3 unten ausführlich beleuchtet wird. Insgesamt vermengen sich bei dieser Krise wirtschaftliche, politische, religiöse und kulturelle Aspekte auf vielfältige Art und Weise. Natürlich übersehe ich die externen Bedrohungen nicht, die auch nicht heruntergespielt werden sollten; diese stehen aber nicht für sich allein, weil sie komplementär zum inneren Zerfall als zentrale Ursache gehören.

In der arabischen Welt dominieren Verschwörungstheorien über den Untergang, die erstaunlicherweise auch von der deutschen Islamwissenschaft geteilt werden, beispielsweise die Angabe, der Westen sei als Ursache des Unglücks ebenso zu verurteilen wie gleichermaßen davor die Kreuzzügler.

Ähnlich wie Bernard Lewis und eine Reihe islamischer zeitgenössischer Denker von al-Jabri über Hichem Djait bis hin zu Arkoun (1928–2010) und Allawi identifiziere ich die Probleme des zeitgenössischen Islam als solche einer Krise der islamischen Zivilisation. Neutral, also ohne eine islamische Selbstbeweihräucherung, hat Marshall Hodgson der islamischen Zivilisation einen sehr hohen zivilisatorischen Standard der Entwicklung auf allen Ebenen bescheinigt. Hodgson schreibt unter anderem:

Als die islamische Zivilisation ihren Zenit erreichte, hätte ein vom Mars kommender Besucher der Erde guten Grund gehabt anzunehmen, »the human world was on the verge of becoming Muslim«, denn zu jener Zeit war »the Islamicate society [...] the most expansive society« und die höchstentwickelte dank ihrer damals bestehenden »vitality of its culture« (in: *Rethinking World History*, S. 97); *Islamicate* bezeichnet Regionen, in denen die muslimische Kultur dominant ist.

Nach der Jahrhunderte währenden Periode des Hochislam zerfiel die islamische Zivilisation, ähnlich wie zuvor die Zivilisation von Rom. Die weströmische Zivilisation hat wenig Bezug zur Politik der Gegenwart, und sie kann aus diesem Grunde relativ neutral analysiert werden, um ihren Zerfall zu erklären. Alle seriösen Historiker stimmen darin überein, dass der Zerfall von Rom im Inneren des Imperiums begann und auch dort endete. Ähnlich denkt auch der größte und letzte Geschichtsphilosoph im Islam: Ibn Khaldun (1332–1406). Er schrieb über die Entwicklung der Zivilisationen und begründete auch die Disziplin *ilm al-umran / Wissenschaft von der Zivilisation*. Ibn Khaldun genießt auch eine sehr hohe Anerkennung in Europa (hierzu vgl. das entsprechende Kapitel in meiner Ideengeschichte *Der wahre Imam*). Nach Ibn Khaldun werden Zivilisationen geboren, sie wachsen, erreichen einen Höhepunkt, und dann zerfallen sie auf der Basis innerer Entwicklungen, oft kombiniert mit Überfällen fremder Stämme als einer Art von Völkerwanderung. Dieser Befund gilt für das Römische Reich sowie für die islamische Zivilisation von Bagdad und vielleicht auch heute für die Europäische Union, wie der belgische Historiker David Engels und ich im Schatten der Völkerwanderungen nach Europa seit 2015 argumentieren. Diese Diskussion findet der Leser in ausführlicher Form in Kapitel V.

Es gibt allerdings auch Ideologien, die einen Ersatz für rationale Erklärungen bei der Untersuchung von Aufstieg und Untergang der Zivilisationen bieten. Auf der Schulbank in Damaskus habe ich im Geschichtsunterricht nur Ideologien gelernt, die uns erklären sollten, warum die islamische Zivilisation untergegangen ist. In der Schule brachte man uns bei, dass die Kreuzzüge von 1096 bis 1291 die Ursache des Unterganges der islamischen Zivilisationen seien. Ferner lehrte man mich in Damaskus, dass der Westen »unser Unglück« sei. Was also Griffel schreibt, ist keinesfalls neu. So habe ich islamische Geschichte bereits in der Schule in Damaskus gelernt, bevor Griffel geboren wurde. In der Schule hat man uns ferner beigebracht, dass der westliche Kolonialismus nur eine Erneuerung der klassischen Kreuzzüge sei. Demnach verkörpere der Westen ein Neo-*salibiyya* (neues Kreuzzüglertum). All dieses schandvolle Wissen erlebt eine Überhöhung in einer Verschwörungstheorie (*muamara*), wonach die Juden sowohl hinter den Kreuzzüglern als auch hinter den Kolonialisten als Verschwörer gestanden hätten. Heute setzt der Islamismus diese panarabische Verschwörungstradition noch extremer fort.

1962 kam ich von Damaskus nach Frankfurt und studierte neben Philosophie und Soziologie auch Geschichtswissenschaft. Als Muslim war ich schockiert wahrzunehmen, dass unsere islamische Geschichte nicht zum Geschichtsstudium in Deutschland gehört. Ich habe dann im Nebenfach Islamwissenschaft studiert, aber das war wenig hilfreich, eben weil dort nur die Philologie orientalischer Sprachen behandelt wird. Die Erleuchtung kam später in den USA, zunächst an der Harvard University 1982–2000, wo ich im Zeitraum 1986–1996 meine Ideengeschichte des Islam unter dem Titel *Der wahre Imam* verfasste.

Im Rahmen dieser Forschung entstand ein weiteres Geschichtsbuch: *Kreuzzug und Djihad. Der Islam und die christliche Welt*. Hierbei lernte ich, dass der Untergang der islamischen Zivilisation überhaupt nichts mit den Kreuzzügen zu tun hatte. Die Kreuzfahrer waren getrieben, in die Stadt Jesu, also nach al-Quds / Jerusalem zu gelangen – und nicht nach Bagdad, der Metropole des Islam. Bei ihrer Expansion verfolgten die europäischen Kolonialherren säkulare wirtschaftliche und geopolitische Ziele, die mit dem Christentum gar nichts zu tun hatten. Es ist daher ebenso falsch, den Kreuzzüglern den Untergang der islamischen Zivilisation zuzuschreiben wie die heutige Krise der islamischen Zivilisation den Kolonialherren anzulasten. Ich habe bereits den islamischen Erneuerer im 19. Jahrhundert al-Afghani angeführt, der den Erfolg der kolonialen Eroberungen auf die Schwäche der Muslime und auf nichts anderes zurückführt. Nach meiner Geschichtsforschung in Harvard habe ich gelernt, dass alles, was man mich in Damaskus gelehrt hat, ebensolcher Unsinn ist wie die Rassenpsychologie von C. H. Becker und die »Kultur der Ambiguität« von Thomas Bauer.

Ich fasse zusammen: Zwischen dem 9. und 12. Jahrhundert haben islamische Rationalisten ein *turath* / kulturelles Erbe im Islam begründet, das al-Jabri im 20. Jahrhundert in einem großartigen Werk neu zu beleben versuchte. Im Hoch-Islam waren es die islamischen *falsafa*-Rationalisten, nicht das, was Griffel und Bauer »Geisteskultur der klassischen islamischen Scharia« nennen, die die Größe der islamischen Zivilisation begründet haben. Heute stellen vernunftorientierte Muslime, die in dieser Tradition mit al-Jabri stehen, die Shakespeare'sche Frage »To be or not to be«. Unser Unglück ist nicht der Westen, sondern unser eigenes Unvermögen. Dieses entsteht in einem doppelten Rahmen: Erstens das Begraben des Averroismus durch die islamische Scharia-Orthodoxie im Mittelalter, als es noch keinen »Westen« gab, und zweitens die Unfähigkeit, *Islam's Predicament with Modernity* (so der Titel meines 2009 erschienenen Buches) zu bewältigen.

Das Projekt von al-Jabri, den Geist Averroës' im 20. Jahrhundert neu zu beleben, könnte heute zum Aktionsprogramm für die islamische Zivilisation im 21. Jahrhundert werden, wenn Muslime dies wollen. Eine der Voraussetzungen hierfür ist, dass Muslime damit aufhören, die Opferrolle zu spielen. Die Vertreter des *Enlightened Muslim Thought* versuchen heute diese Aufgabe zu erfüllen, indem sie die *falsafa*-Tradition neu beleben. Die Wahl, vor der die islamische Geschichte des Mittelalters stand – *falsafa* oder Scharia – wiederholt sich heute; sie ist in ihrer Aktualität von brennender Dringlichkeit. *Falsafa* heißt im Islam Rationalismus, und dieser bedeutet die Inklusion der islamischen Zivilisation in eine säkulare Weltgemeinschaft, wohingegen die neubelebte Scharia in einen Islamismus mündet, der Schariatisierung des Islam bedeutet. Wenn dieser, verbunden mit einer reformfeindlichen Schriftgläubigkeit, zur Hauptrichtung der islamischen Zivilisation wird, dann wird er die Muslime vom Rest der Menschheit trennen und sie in den Abgrund treiben. In Abschnitt 5 dieser Einleitung vertrete ich die These, dass dieser Prozess bereits im Gang ist.

In meinem Yale-Buch *Islamism and Islam* analysiere ich in je einem Kapitel die sechs Säulen der islamistischen Ideologie, die von zahlreichen islamistischen Bewegungen vertreten wird. Eine dieser sechs Säulen heißt Schariatisierung des Islam (dortiges Kapitel 6). Die andere heißt Authentizität / *al-Asala* (Kapitel 7), eine weitere ist der islamisierte Antisemitismus (Kapitel 3). Es ist erstaunlich, dass Authentizität und Scharia als Säulen in einem positiven Sinne von der Said'schen postmodernen Islamwissenschaft zelebriert werden. Daran sieht man, wie sehr die Islamwissenschaft verdunkelt, statt aufzuklären. Es bereitet mir Sorgen zu sehen, wie die Religion des Islam im islamistischen Sinne Islam-kompatibel an deutschen Universitäten gelehrt wird: Früher im Rahmen der Rassenpsychologie, heute im Rahmen der islamistischen Authentizität und Schariatisierung des Islam; beide werden als sogenannte »Ambiguität« gefeiert.

Muslime, die in der Welt des Islam leben, verachten die westliche Islamwissenschaft als *istischraq* / Orientalismus. Liberale Muslime, die in Europa leben, müssen anders reagieren. Wir können uns den Luxus der Verachtung nicht leisten. Denn wir müssen uns wehren und Entkolonialisierung sowie Paradigmenwechsel fordern, hier und jetzt – hic et nunc – im Deutschland des 21. Jahrhunderts.

Als Anhänger Ibn Ruschds und al-Jabris fällt es mir leicht, ein muslimischer Kantianer zu werden. Von Karl Popper (1902–1994) habe ich gelernt, dass der Rationalismus Kants die kulturellen Grundlagen der *open society* bietet. Nach Popper glaubte Kant »an die Aufklärung; er war ihr letzter großer Vorkämpfer«. Dieses Urteil steht in Poppers Essay *Immanuel Kant. Der Philosoph der Aufklärung*, der als Einleitung zu der deutschen Ausgabe (1957) von Poppers großartigem Werk *The Open Society and it's Enemies* (1945) dient. Die heutigen Kulturrelativisten begraben diese große europäische Tradition, weshalb ich sie neben den Islamisten im Sinne Poppers als *Die Feinde Europas,* so der Titel meines am 20.02.2017 in der *Basler Zeitung* veröffentlichten Artikels, einordne. Den Begriff »Feinde« verwende ich – wie angemerkt – im Sinne von Poppers »Enemies«. Der Untertitel des Artikels lautet: *Linksgrüne arbeiten mit Islamisten zusammen. Über den Anschlag auf die europäische Identität*; diese Allianz ist unheilig.

Das vorliegende Geschichtsbuch schreibe ich als ein Muslim, der keinem *djahil*, gleich, ob arabischer Islamist oder deutscher Islamwissenschaftler, erlaubt, für mich darüber zu entscheiden, ob die Zivilisation, zu der ich gehöre und in der ich sozialisiert worden bin, »Aufklärung benötigt oder nicht«. Mit dem Ambiguitäts-Müll will ich als islamischer Kantianer nichts zu tun haben.

4. Das Ziel: Von der Philologie und vom Orientalismus der deutschen Islamwissenschaft zu einem zweifachen Paradigmenwechsel: Erstens eine entkolonialisierte, ideologiefreie und religionskritische Islamforschung und zweitens eine historisch-sozialwissenschaftlichen Islamologie

Die perenniale Frage, die sich im Rahmen der Auseinandersetzung mit der als Philologie islamischer Skriptur betriebenen Islamwissenschaft stellt, bezieht sich auf den Bedarf nach einem »Change« der Geisteshaltung (Entkolonialisierung) und des wissenschaftlichen Instrumentariums (Paradigmenwechsel) der deutschen Islam-Forschung. Das Pendeln zwischen Verteufelung und Verherrlichung des *homo islamicus* ist nicht das, was diese Forschung benötigt. Bei der Diskussion über Islamologie versus Islamwissenschaft, d.h. der Wahl zwischen Paradigmenwechsel und Ideologiewechsel, bin ich bereit, die Islamwissenschaft als eine philologische Hilfswissenschaft anzuerkennen – mehr nicht. Denn mit Philologie kann man weder erklären noch analysieren, und so kann man der Islamwissenschaft nicht mehr als diese Hilfsfunktion gewähren. Ein angemessenes Verständnis der islamischen Zivilisation erfordert die Erfassung ihrer Geschichte im Rahmen einer historischen Sozialwissenschaft. Ein bloßer Ideologiewechsel trägt nicht dazu bei, diese Aufgabe zu erfüllen.

Ein unbeteiligter Beobachter, der die Wahrnehmung »des Muslim« als *homo islamicus* in der deutschen islamwissenschaftlichen Perzeption des Fremden verfolgt, gerät zuweilen in Unsicherheit darüber, was er überhaupt vernimmt. In dieser Unsicherheit stellt man sich eben verunsichert die Frage: Was ist denn dieser *homo islamicus* für ein Mensch? Ist er etwa der gleichermaßen verteufelte und dem Europäer rassenpsychologisch unterlegene Gewaltmensch des Djihad? Oder ist er gar das Gegenteil hiervon, also ein dem Europäer überlegener *homo islamicus*, der wegen freier Sexualität zu verherrlichen ist? Thomas Bauer stellt uns den Muslim als eine Art von bisexuellem Lover in einer Ambiguität vor, der die freie Wahl zwischen einer Frau, einem Mann oder sogar einem Knaben, wie es im Orient üblich ist, hat. Vor Bauer hat C. H. Becker den Muslim rassenpsychologisch verteufelt. Was stimmt? Die Verteufelung oder die Verherrlichung?

Es drängt sich die Frage auf: Gibt es überhaupt diesen konstruierten *homo islamicus* in der Realität, und warum weigert sich die deutsche Geschichtswissenschaft, die Geschichte des Islam in ihre Curricula aufzunehmen? Eine Rassenzuordnung der Muslime und die Sexualisierung des Islam als »Kultur der Ambiguität« ist doch keine Wissenschaft – das ist Ideologie pur!

In beiden Fällen der Verteufelung oder Verherrlichung haben wir es eindeutig mit Extremen von Fremdbildern zu tun, die mehr mit den Deutschen als mit dem Islam zu tun haben. Fremde Menschen werden hier entweder ganz negativ oder ganz positiv eingeordnet. Das Stereotyp des *homo islamicus* steht als Exempel dafür. Bei dieser Sichtweise scheint es sich um Schöpfungen der deutschen Islamwissenschaft zu handeln, die diese kulturellen »Images« des Anderen mit Besessenheit pflegt. Edward Said verwarf das negative westliche Bild vom *homo islamicus* zurecht als »Orientalismus«. Said und seine Anhänger kehren jedoch das negative Bild positiv um. Ich habe bereits den Damaszener, in Yale ausgebildeten Philosophen Sadiq J. al-Azm zitiert, der hierin eben den erwähnten *orientalism in reverse* sieht, also keineswegs eine Befreiung von den westlichen Vorurteilen des Orientalismus, sondern allein ihre Umkehrung. Dieser Gegenstand ist das Thema des vierten Kapitels dieses Buches.

Wenn wir die islamwissenschaftliche Dualität von Verteufelung und Verherrlichung in konkreten Büchern verorten wollen, dann finden wir das rassistische Menschenbild vom *homo islamicus* in den zweibändigen *Islamstudien* von Carl Heinrich Becker. Das entgegengesetzte Extrem gedeiht bei den Gutmenschen-Islamwissenschaftlern; diese sprechen vom *homo islamicus* als sexuell freiem Menschen. Was stimmt denn nun? Was für eine Geschichte haben diese für die Deutschen so »eigenartigen« Muslime?

Als Bewunderer des Deutschland-Kritikers Helmuth Plessner finde ich bei diesem großen deutschen Soziologen eine Hilfe, den deutsch-konstruierten *homo islamicus* der deutschen Islamwissenschaft zu verstehen. Plessner befasst sich mit der deutschen Krankheit einer »verspäteten Nation«. Diese historisch bedingte Krankheit der Deutschen, inklusive beschädigter Identität, besteht – laut Plessner – darin, dass sie »kein rechtes Maß« finden und deshalb zwischen den Extremen, für oder gegen etwas zu sein, pendeln. Auf den Islam übertragen entsteht etwas, das mit den Deutschen, nicht mit dem Islam zu tun hat: Verteufelung vs. Verherrlichung. Es geht um die Fremdbilder der Deutschen vom Anderen, nicht um die real existierenden Muslime selbst.

Als ein Wissenschaftler, der zugleich in Damaskus und in Frankfurt sozialisiert wurde, kenne ich beide Seiten der Medaille. Außer meinem Studium der Kritischen Theorie bei Max Horkheimer und Theodor W. Adorno habe ich in Frankfurt auch Islamwissenschaft bei Rudolf Sellheim studiert. Doch in meinen reifen Jahren seit den 1980ern habe ich eine Alternative zur Islamwissenschaft in drei Buchtrilogien entworfen. Diese Alternative nenne ich: Islamologie. Dieser Begriff ist kein Fremdwort für Islamwissenschaft – wie mancher denkt (s.u.) –, sondern der Name einer neuen Disziplin, die ein neues Paradigma für die Erforschung des Islam und seiner Zivilisation in die Islamforschung einführen will.

Meine wissenschaftliche Biografie mit drei Sozialisationsmustern stellt den Rahmen der Entstehung des islamologischen Paradigmas. Ergänzend zur doppelten syrisch-deutschen Sozialisation als ein in Damaskus islamisch sozialisierter Syrer mit einem Studium der Philosophie, Sozialwissenschaft und Islamwissenschaft in den 1960er Jahren in Frankfurt möchte ich die dritte, in den USA durchlaufene Sozialisation anführen. Meine wissenschaftliche Karriere fand in den USA an Ivy-League-Universitäten statt; ab 1982 erst in Harvard, dann bis 2010, also bis zum Ende meiner akademischen Laufbahn, an der Cornell University, nicht in Deutschland, wo ich eine Professur ohne Anerkennung hatte. Dazwischen lagen 19 Gastprofessuren und Forschungen an 30 Universitäten auf allen fünf Kontinenten. All diese Orte und Institutionen gehören zur Entstehungsgeschichte der Islamologie.

Oben führte ich bei den Personen, die mich beim akademischen Studium des Islam inspirierten, den irakisch-amerikanischen Gelehrten Muhsin Mahdi als einen vorzüglichen Kollegen und Mentor an, der mich beim Schreiben meiner islamischen Ideengeschichte *Der wahre Imam* intellektuell geleitet hat. Professor Mahdi hatte bis zu seinem Tod 2007 den Lehrstuhl für islamische Philosophie an der Harvard University inne und gilt als ausgewiesener Kenner der Philosophie von al-Farabi und Ibn Khaldun. Auch Maxime Rodinson von der Sorbonne hat einen großen geistigen Einfluss auf mich ausgeübt; der Prozess, mich von der deutschen Islamwissenschaft zu befreien, war wesentlich durch ihn inspiriert. Bei meiner Grundlegung der neuen Wissenschaftsdisziplin der Islamologie als Alternative zur Islamwissenschaft diente Rodinson, wie bereits angeführt, als mein Vorbild.

Die Grenzziehung zwischen Islamwissenschaft und Islamologie, an der ich mehr als dreißig Jahre arbeitete, bezieht sich auf »fault lines« (ein schwer zu übersetzender Begriff, den Huntington für Grenzen und Brüche in Bezug auf Konflikte prägte), nämlich diese:

1. Im Gegensatz zur deutschen Islamwissenschaft mit ihrer altkolonialen Verankerung ist Islamologie im Sinne von Maxime Rodinson (vgl. meine Einleitung zur Rodinsons *Islam und Kapitalismus*) eine entkolonialisierte Islamforschung.
2. Im Gegensatz zur philologisch-kulturwissenschaftlichen Islamwissenschaft ist die Islamologie methodisch und inhaltlich eine historisch-sozialwissenschaftliche und religionskritische Disziplin, die den Wandel anerkennt, also nicht essenzialisiert.

Nach den bisherigen Ausführungen sind meine Leser nun genügend mit der Islamwissenschaft als einer weitgehend philologischen Disziplin, die in Arabistik, Turkologie, Iranistik, etc. untergliedert ist, vertraut. Man nannte diese philologischen Fächer zu meinen Studienzeiten in den 1960er-Jahren »Orchideenfächer« der Kulturwissenschaften. Unter dem politischen Einfluss der islamischen Migration nach Europa gewinnen diese Randfächer heute eine besondere Bedeutung durch die Gewährung immenser Drittmittel und bewegen sich hierbei vom Rand zum Zentrum. Dies geschieht jedoch ohne Paradigmenwechsel und ohne jedwede Änderung der politisch folgenreichen Wissenschaftssystematik. Ich erkläre dies vergleichend mit anderen westlichen Ländern wie folgt:

Im Gegensatz zu Deutschland sind die Islamic Studies in den USA in die Fakultäten der großen Disziplinen eingegliedert. Als studierter Sozial- und Islamwissenschaftler habe ich in meinen Harvard-Jahren mit großem Neid darüber gestaunt, dass beispielsweise allein am History Department in Harvard, also im Fachbereich Geschichtswissenschaft, drei große Lehrstühle für islamische Geschichte eingerichtet waren. Ich fragte mich 1982 und tue es heute, 2017, unverändert immer noch, warum islamische Geschichte nicht innerhalb der deutschen Geschichtswissenschaft gelehrt und erforscht wird. Ich habe oben die Antwort auf diese Frage unter Heranziehung des deutschen Islamwissenschaftlers Baber Johansen gegeben, nämlich diese:

Der Schatten der deutschen Geschichtswissenschaft ruht seit Ranke und Meinecke archaisch auf einer Disziplin, die nur eine Weltgeschichte anerkennt, zu der ausschließlich germanische und romanische Völker gehören. Prof. Johansen missfiel dies an der intrigenreichen FU Berlin; er ging nach Paris und dann an die Harvard University, die bis heute seine Wirkungsstätte ist. Er und ich gehören zu den Autoren des Forschungsbandes *Middle East Studies. International Perspectives on the State of the Art* (New York 1990).

Vor meiner Grundlegung der Islamologie seit den 1980er Jahren begnügte ich mich mit dem bescheidenen Ziel, den »US Area Studies«-Approach in Deutschland einzuführen. Dies misslang. Dann kam der Aufstieg des Politischen Islam und trug zu einer globalen Explosion der Islamic Studies bei. Auch in Deutschland sind die Islamwissenschaften heute kein Orchideen-Fach mehr. Viele Studenten mit Migrationshintergrund studieren Islamwissenschaft in der Hoffnung auf eine bessere Karriere, zumal die finanzielle Förderung der Islamwissenschaften permanent gewachsen ist. Wissen wir hierdurch mehr über den Islam? Die ehrliche Antwort ist: Nein.

Die Orientalismus-Debatte, die im IV. Kapitel ausführlich rekonstruiert und gewürdigt wird, hat global für viel Wind gesorgt. Mein Verhältnis hierzu ist sehr gemischt, weil ich fast alle Akteure persönlich kenne und mit ihnen zusammengearbeitet habe. So auch mit Edward Said und seinem späteren Kritiker Sadiq J. al-Azm. Wir drei pflegten um 1971 eine enge Verbindung und Zusammenarbeit in Boston; durch die Orientalismus-Debatte ging diese jedoch in die Brüche. Obwohl Said Christ war, betrieb er eine ungezügelte Verherrlichung des Islam gegen westliche Orientalisten; diese resultierte in der schon angeführten Umkehrung des Orientalismus, war also nur scheinbar positiv. Der Damaszener Philosoph Sadiq J. al-Azm attackierte Said mit seiner Formel vom *orientalism in reverse*; er tat dies zudem persönlich unfein und verletzend. Der libanesisch-amerikanische Professor Fouad Ajami (1945–2014) kam zur Liste der Said-Feinde. Ich führte einen Disput gegen Said, habe ihn jedoch niemals persönlich angegriffen. Said und die Orientalisten haben trotz aller Feindschaft eine Gemeinsamkeit: Beide reden vom Islam im Singular, also von einem Eintopf-Islam, den es in der Realität einer kulturell und religiös weitgehenden vielfältigen Zivilisation gar nicht gibt.

Die zwei Optionen, die heutige Muslime für die Zukunft haben, sind einmal der *falsafa*-Rationalismus des Averroismus und zum anderen das, was deutsche Islamwissenschaftler »islamische Geisteskultur« nennen. Die »vor ihrer Zerstörung durch den europäischen Kolonialismus« angeblich existierende »Geisteskultur«, also »die klassische islamische Scharia«, ist eine patriarchalische Scharia-Kultur, die heute ihre Entsprechung im totalitären Islamismus hat. Die Zitate stammen aus Frank Griffels *SZ*-Artikel vom 28./29.05.2016.

Gegen die zitierten islamwissenschaftlichen Simplifizierungen argumentiere ich, dass es ebenso wenig einen Eintopf-Islam gibt wie eine Einheits-Scharia. Hierüber kläre ich auf in meinem an der Yale University geschriebenen und von Yale University Press veröffentlichten Buch *Islamism and Islam* (besonders Kapitel 6 über Scharia und Kapitel 8 über Schariatisierung als neuen Totalitarismus). Die »Geisteskultur der Scharia« und die des islamischen *falsafa*-Rationalismus vertragen sich miteinander wie Feuer und Wasser; sie sind konträre Optionen für die Zukunft der islamischen Zivilisation, die sich gegenseitig ausschließen.

Oben berichte ich in einem anderen Kontext von einer Buch-Monographie über islamische Ideengeschichte, die erstmals 1996 erschien und danach mehrfach in unterschiedlichen Editionen nachgedruckt worden ist. Nach meiner Ausbildung in Politischer Philosophie bei einem großen deutschen Denker, Iring Fetscher, bei dem ich 1971 promovierte, wechselte ich zum politikwissenschaftlichen Fachbereich der Internationalen Beziehungen. Fetscher war der erste europäische Gelehrte, der den Islam in die Weltideengeschichte aufgenommen hat. Nach meiner Promotion und Habilitation erhielt ich den Ruf auf die Professur für Internationale Beziehungen an der Universität Göttingen; seitdem stand ich unter US-Einfluss im Fach Internationale Beziehungen. Mitte der 1980er Jahre plante Iring Fetscher eine Publikation zur Weltideengeschichte; er überzeugte mich, in meine alte geistige Heimat – die Politische Philosophie – zurückzukehren, um an der fünfbändigen Publikation zu arbeiten, die in den Jahren 1987–1993 unter dem Titel *Pipers Handbuch der politischen Ideen* erschien. Ich habe sowohl Band 2 über das Mittelalter mit dem Kapitel *Politisches Denken im klassischen und mittelalterlichen Islam zwischen Religio-Jurisprudenz (fiqh) und hellenisierter Philosophie* als auch Band 5 (s.u.) mitverfasst; beide Arbeiten stehen im Widerspruch zum Orientalismus deutscher Islamwissenschaftler.

Mein Forschungsbeitrag zu Fetschers Werk in Band 5 war das mehrfach erwähnte Kapitel über *Politische Ideen in der Dritten Welt während der Dekolonisation*. Auf die Gegenwart bezogen, vereinige ich beide Themen von Band 2 und 5 – islamischer Rationalismus einerseits und Dekolonisation andererseits – miteinander. In dem zitierten Kapitel zu Band 2 des ideengeschichtlichen Handbuches von Prof. Fetscher zeige ich anhand von Fakten, nicht anhand von ideologischer Präokkupation, dass es im islamischen Mittelalter einen weltanschaulichen Krieg zwischen *falsafa*-Rationalismus und *fiqh*-Orthodoxie (Scharia-Islam) gegeben hat. Dieser hatte eine Entsprechung in der Zeitgeschichte des Islam, die in Abschnitt 5 unten noch weiter thematisiert wird.

In den obigen Ausführungen bin ich mit Details auf die Welt-Ideengeschichte von Iring Fetscher eingegangen, weil sie ein Modell für die deutsche Geschichtswissenschaft bieten kann als eine Erweiterung, die sie zur globalen Geschichte macht. Als ich Student in Frankfurt war, gab es nur solche Lehrbücher für Ideengeschichte, die sozusagen ein Curriculum für westeuropäische politische Philosophie boten. Im Gegensatz dazu ist *Pipers Handbuch der politischen Ideen* eine globale Ideengeschichte, und so sollte die deutsche Geschichtswissenschaft werden; dies erfordert eine geistige Revolution der Entkolonialisierung an deutschen Universitäten.

Zum Abschluss dieser Tour d'Horizon gleichermaßen in die islamische Geschichte als auch ihre Fehldarstellung in der Geschichte der deutschen Islamwissenschaft halte ich fest, dass die Orientalismus-Kritik zu einem Ideologie-Wechsel, nicht aber zu einem Paradigmen-Wechsel in der Islamwissenschaft beigetragen hat. Es bleibt die Frage, welche Alternativen zur »Aufklärung« die deutsche Islamwissenschaft Muslimen bietet, wenn diese, wie Frank Griffel in seinem *SZ*-Artikel behauptet, weder Aufklärung noch Reformation benötigen.

Heute ist die islamische Zivilisation herausgefordert, ihre Probleme mit der kulturellen Moderne selbst zu bewältigen. Unter meinen elf in den USA geschriebenen Büchern ist die Monografie *Islam's Predicament with Modernity* (2009) zentral. Es wurde von der deutschen Islamwissenschaft total ignoriert. Wer nach islamischem Verständnis so ignorant ist, wird als *djahil* / Ignorant bezeichnet – diese Titulierung trifft auf viele Islamwissenschaftler zu. Diese verstehen die folgenreiche Konfrontation der islamischen Zivilisation mit dem hegemonialen Westen nicht. Die heutige Islamwissenschaft bietet nichts, auch nicht dazu, wie man 6,5 Millionen in

Deutschland lebende muslimische Migranten zu Bürgern (im Sinne von *citoyens*) macht und sie als solche integriert. Die deutsche Islamwissenschaft ist für Muslime von keiner Bedeutung bei der Bewältigung dessen, was Ali Allawi als *Crisis of Islamic Civilization* in seinem gleichlautenden, bei Yale University Press erschienenen Buch bezeichnet. Eine solche *djahl*-Islamwissenschaft kann sich Deutschland nicht leisten, ebenso wenig wie eine Geschichtswissenschaft ohne islamische Geschichte.

Wie kann dieser Zustand geändert werden? Muslime umgehen Antworten auf solche Fragen mit der religiösen Formel *Allahu alam / Nur Gott weiß es*! Das ist eine andere, islamische Art zu sagen: I don't know!!

Mein Wunschdenken (ich benutze diesen Begriff bewusst, weil Folgendes nicht eintreten wird) ist eine deutsche Geschichtswissenschaft, bei der an jeder Universität mindestens ein Lehrstuhl für islamische Geschichte (in Harvard sind es sogar drei Lehrstühle für Islamic History) eingerichtet wird. Ein weiterer Wunsch ist die Auflösung der Islamwissenschaft in eine Hilfswissenschaft namens islamische Philologie, so wie Latein ein Hilfsfach beim Studium der Alten Geschichte ist. Eine Hilfswissenschaft der islamischen Philologie kann Hilfsdienste für die sozialwissenschaftlich orientierte Islamologie bieten, aber keine höheren Ansprüche stellen. Es ist mir bewusst, dass diese Problematik sich nicht auf Diskurs und wissenschaftliche Innovation, sondern allein auf Macht bezieht. Die mächtigen Vertreter der deutschen Islamwissenschaft würden einen solchen Wandel mit aller Macht verhindern. Ich habe es 1977 am eigenen Leibe erlebt, als die VW-Stiftung nach der Ölkrise von 1973 ein millionenstarkes Programm entwickelte, um eine Islamforschung zu fördern, die mit den Realitäten im Nahen Osten zu tun hat. Ich saß auf der Konferenzbank, als Professor Steppat aufstand und mit erregter Stimme sagte: »Wir lassen keine unerwünschten Einflüsse auf unsere Islamwissenschaft von außen zu« – gerichtet an die Adresse der VW-Stiftung, die das Treffen finanzierte. Viele Jahre später hat in Göttingen der Inhaber des Lehrstuhls für Islamwissenschaft, Tilman Nagel, die philologische Bestimmung der Islamwissenschaft gegen jede Sozialwissenschaft verteidigt: »Die Philologie ist eine Wissenschaft, die jede Beziehung zwischen uns und den Fremden ausschließt.« Und weiter: Philologie »toleriert gewissermaßen die Distanz zwischen uns und den Fremden«. Seine Schlussfolgerung lautet: »Philologie statt Soziologie [...] auch der Fremde wird wieder von

Europa fortgerückt, indem seine Andersheit betont wird.« So Nagel in seiner Rede auf einer Feier der deutschen Islamwissenschaft an der Universität Göttingen, die in der *FAZ* vom 10.06.1998 veröffentlicht worden ist.

Zum Verständnis des Hintergrundes ist ein Hinweis auf meine Autobiografie legitim, die nach diesem Geschichtsbuch auch im ***ibidem***-Verlag erscheinen wird. Darin erläutere ich, dass ich in meinen 73 Lebensjahren durch drei Sozialisationsmuster geprägt worden bin: das islamische (Damaskus), das deutsch-europäische (Frankfurt) und das amerikanische (Harvard und Princeton 1982–2000, Yale und Cornell 2005–2010). In meiner amerikanischen Sozialisation habe ich gelernt, zwischen *feasibility* / Machbarkeit und Wunschdenken zu unterscheiden. Im vorliegenden Fall sind meine Vorstellungen von einer Innovation der Islamforschung an der deutschen Universität nicht »feasible«, d.h. nicht realisierbar, also pures Wunschdenken.

Wenn ich sterbe, werde ich auf internationaler Ebene ein islamologisches Werk als Vermächtnis hinterlassen. Aber eine Wissenschaft der Islamologie als Fach an der deutschen Universität werde ich nicht mehr erleben, es sei denn, ein Wunder geschieht, aber an Wunder glaube ich nicht. Was ich an Islamologie an der Universität Göttingen aufgebaut habe, hat die Universität zusammen mit dem niedersächsischen Wissenschaftsminister in einem Federstrich abgeschafft. Als ich in der Zeitung *Die Welt* (Ausgabe vom 10.12.2006) einen Artikel unter dem Titel *Enttäuschte Liebe* hierüber veröffentlichte, konterte der damals amtierende niedersächsische Wissenschaftsminister und CDU-Politiker in derselben Zeitung (am 17.12.2006) mit der Behauptung, Prof. Tibi erzähle die Unwahrheit, wenn er behaupte, an der Universität Göttingen würde die Islamologie abgeschafft. Seine Begründung war der Hinweis darauf, dass der Islam nicht nur als Islamwissenschaft, sondern auch als Religionswissenschaft an der theologischen Fakultät in Göttingen weiterhin gelehrt werde. Ich antwortete in einem Leserbrief (*Welt* vom 17.12.2006) mit der Erklärung der Unterschiede zwischen Theologie, philologischer Islamwissenschaft und historisch-sozialwissenschaftlicher Islamologie, staunend darüber, dass ein Wissenschaftsminister sich in der Wissenschaftssystematik nicht auskennt. Ich blieb höflich und beendete meinen Leserbrief nur mit der rhetorischen Frage: »Was soll ich dazu noch sagen?« Damals stand ich in engem Kontakt zum Ministerpräsidenten Christian Wulff, beschwerte mich bei ihm noch schriftlich über den Wissenschaftsminister und bekam die

Antwort: »Herr Prof. Tibi, erwarten Sie von mir als Ministerpräsident nicht, Zeit für die Beschäftigung mit dem Unterschied zwischen Islamwissenschaft und Islamologie aufzubringen.« Das war für mich der Anlass, mit Christian Wulff zu brechen. Ich wiederhole den letzten Satz meines Leserbriefes: »Was soll ich dazu noch sagen?«

5. Der Islamismus in der islamischen Zeitgeschichte in der Spannung zwischen der sozialwissenschaftlichen Erklärung der Islamologie und dem *djahl* der deutschen Islamwissenschaft

Diese neue Einleitung zu der vorliegenden 2017er-Ausgabe beende ich mit einem Bezug auf einen Bereich, der sowohl in der deutschen als auch in der internationalen Geschichtswissenschaft Zeitgeschichte genannt wird. In den USA gibt es hierfür eine etablierte Fachzeitschrift unter dem Titel *Contemporary History*, die monatlich und oft mit einem thematischen Schwerpunkt erscheint.

Die in den vorangegangenen Abschnitten vertretene Auffassung, dass der Islam vom 7. bis zum 20. Jahrhundert zur Geschichtswissenschaft gehört, gilt noch verstärkt für die Gegenwart, also auch für die Zeitgeschichte. Die heutige Welt des Islam steht sogar im Mittelpunkt einer globalen Zeitgeschichte.

Die islamische Zeitgeschichte ist nach dem Scheitern aller Säkularisierungsversuche durch eine Rückkehr des Islam geprägt, nun jedoch als politischer Islam, d.h. als Islamismus. Die erhöhte Pertinenz folgt aus der Tatsache, dass der Islamismus die Weltpolitik bestimmt. Ich habe fünf Jahre lang in einem Forschungsprojekt der American Academy of Arts and Sciences gearbeitet: *The Fundamentalism Project*, aus dem unter diesem Titel fünf Bände (University of Chicago Press) hervorgegangen sind; ich bin Mitautor von Band 2 mit dem Titel *Fundamentalisms and Society*. Mit meinen Kollegen in diesem Projekt, die zugleich Autoren der fünf Bände sind, bin ich einig darüber, dass »politischer Islam«, »Islamismus«, »Integrismus« usw. lediglich als andere Begriffe für dasselbe Phänomen des islamischen Fundamentalismus stehen; für uns ist der Fundamentalismus-Begriff eine wissenschaftliche Kategorie und nicht das, was Medien und Populär-Skribenten daraus machen.

Gegen den islamwissenschaftlichen Unsinn, dass die islamische Zeitgeschichte vom »Unglück Westen« (so wieder und wieder Frank Griffel in der *Süddeutsche Zeitung* vom 28./29.05.2015) geprägt ist, argumentiere ich, dass innere Erscheinungen die Malaise der zeitgenössischen islamischen Zivilisation bestimmen. So ist der Islamismus, der das Hauptmerkmal unserer Zeitgeschichte ist, durch innerislamische Ursachen für seine Entstehung bestimmt. Der Sechs-Tage-Krieg von 1967 markiert den Niedergang säkularer Ideologien wie Demokratie, Panarabismus und Sozialismus (vgl. hierzu mein Harvard-Buch *Conflict and War in the Middle East*, Kapitel 3 und 4). Der Islamismus ist schon vorher mit Gründung der Bewegung der Muslimbruderschaft (1928) entstanden, war aber in Konkurrenz zum säkularen Panarabismus bis 1967 eher eine – wenngleich wichtige – Randerscheinung. Erst die Niederlage im Sechs-Tage-Krieg delegitimierte die säkularen Regimes und sorgte dafür, dass der Islamismus zur dominanten Strömung im Kampf gegen die Herrschaftseliten aufgestiegen ist. Der Islamismus ist vor allem eine Ausgeburt der Krise der islamischen Zivilisation. Jedoch ist diese Krise viel älter als der Islamismus. Sie beginnt mit dem Niedergang des Projekts islamischer Globalisierung als islamische Expansion (vgl. hierzu Kapitel II unten in diesem Buch sowie mein in Harvard entstandenes Buch *Kreuzzug und Djihad* von 1999, dort besonders Kapitel 1 *Djihad als Welteroberung*). Bleiben wir jedoch beim Islamismus.

Die Bundeszentrale für Politische Bildung hat ein umfangreiches Online-Dossier über den Islamismus von Experten anfertigen lassen und bat mich, als Begründer der Islamologie das erste einleitende Kapitel (*Islamologie: sozialwissenschaftliche Erforschung islamischer Realitäten*, siehe Link: https://www.bpb.de/politik/extremismus/islamismus/240743/islamologie-sozialwissenschaftliche-erforschung-islamischer-realitaeten) zu schreiben. In diesem bpb-Kapitel argumentiere ich, dass sich das zeitgeschichtliche Phänomen mit der herkömmlichen Methode der Islamwissenschaft nicht adäquat deuten lässt. Denn zum Verständnis der gesellschaftlichen Realitäten muss man nicht von religiösen Texten (»sola scriptura«) ausgehen. Das bedeutet nicht, dass die Religion im Abseits steht, nein, sie tut es nicht, da soziale, politische, ökonomische und kulturelle Phänomene religionisiert werden. Dies werde ich in diesem Abschnitt näher erläutern.

Wie erklärt die Islamologie den Islamismus, und wie wird dieses zeitgeschichtliche Phänomen durch die Islamwissenschaft verklärt? Mein Leitbild ist Maxime Rodinson, an dem ich bewundere, dass er Tacheles redet – ohne falsche Höflichkeit; diese Tugend habe ich unter anderem von ihm gelernt. Rodinson unterscheidet zwischen islamfeindlichen und islamophilen Orientalisten. Das Problem sei, wissenschaftlich gesehen, dauerhaft und rühre von einem Konflikt her, der ideologisch verklärt werde (*Faszination des Islam*, S. 7). Wenige Seiten später schreibt er auf S. 11 ironisch über Islamwissenschaftler, die mit »Virtuosität und unter souveräner Verachtung der Tatsachen Theorien« konstruieren. Die Theorie vom Islam als »Kultur der Ambiguität« fällt in diese Kategorie der Virtuosität.

Es ist unglaublich, wie Bauer Islamismus als Eigenbild des Westens interpretiert, indem er hervorhebt, dass »der Westen im radikalen Islamismus der Fratze seiner eigenen Ideologisierung und Disambiguisierung der Welt ins Auge blickt« (*Kultur der Ambiguität*, S. 52). Das Schimpfwort »Fratze« verrät ein unglaubliches Maß an Selbsthass. Wenn ich so von meiner islamischen Zivilisation spräche, wäre ich kein Muslim mehr. Real scheint es für Bauer gar keinen Islamismus zu geben, wenn er vom »monströsen Popanz eines die westliche Freiheit bedrohenden Islamismus« spricht. Nach Bauer geht es nicht um den Westen als »Insel der Freiheit« (Horkheimer) und den Islamismus als totalitäre Ideologie; ihm geht es um das Folgende: »Der Islamismus ist ein Phänomen der Modernisierung des Islam.« Islamisten berufen sich »auf epistemologische Grundlagen der Aufklärung und der Moderne«. Ich habe diese Stelle mindestens zehnmal gelesen, um mich zu vergewissern, dass ich nicht falsch in einem Buch lese, dessen Autor als Professor an einer deutschen Universität Islamwissenschaft lehrt. Die Textstelle stimmt.

Nun gibt es eine islamische Alternative zum Islamismus, nämlich den *Enlightened Muslim Thought*, den Islamwissenschaftler gar nicht zur Kenntnis nehmen, ja indirekt abwerten, indem sie die »Scharia-Geisteskultur« gegen islamische Aufklärung aufwerten und damit letztere abwerten. Wie geschieht das?

Thomas Bauer weist die Verfolgung der rationalistischen Philosophen im Islam durch die *fiqh*-Orthodoxie in einem deutschen »Pathos des Absoluten« (Adorno) ab; er fährt fort: »In der klassischen islamischen Welt [gab es] weder Unterdrückung von Philosophie und Naturwissenschaften« noch »Ketzerprozesse gegen Rationalisten« (S. 376 f.). Die zitierte Deutung des Islamismus gepaart mit der Verleugnung der Philosophenverfolgung im Islam bringt eine politisch korrekte ideologisch-islamophile Deutung zum Ausdruck, die fälscher nicht sein kann. Seitdem ich wissenschaftlich über den Islamismus arbeite (seit 1980 in 22 islamischen Ländern und an der American Academy of Arts and Sciences), habe ich noch nie eine solch inkompetente und ignorante Einschätzung des Islamismus gelesen, wie sie in den zitierten, unglaublichen Stellen zum Ausdruck kommt. Die zeitgeschichtliche Realität beschreibe ich unten; sie hat mit Bauers »Kultur der Ambiguität« nichts, ja, gar nichts zu tun. Es sind zwei Welten, einmal die islamischen Realitäten, dann imaginär die deutschen Phantastereien über den Islam.

Der Sechs-Tage-Krieg von 1967 und seine Folgen haben den Nahen Osten und gewissermaßen die Welt des Islam radikal und nachhaltig verändert. Weil die arabische Welt, in der der arabisch geprägte Islam sowie der arabische Koran-Text geboren sind, zivilisatorisch den Kern der islamischen Zivilisation ausmacht, haben die Folgen der arabischen Niederlage von 1967 Auswirkungen auf die gesamte Welt des Islam. Die Zahl der Araber umfasst heute ungefähr nur 400 Millionen von 2 Milliarden Menschen, die die globale Umma des Islam bilden. Was aber in der arabischen Welt passiert, überträgt sich in Kürze durch Spill-over-Effekte in den Rest der Welt des Islam. Der Sechs-Tage-Krieg war keine Ausnahme, er endete mit einer niederschmetternden und erniedrigenden Niederlage aller arabischen Armeen gegenüber einer einzigen Armee der kleinsten Nahost-Nation Israel. Eine der Kriegsfolgen war die bereits angesprochene Delegitimation aller arabisch-säkularen Regimes. Fouad Ajami (1945–2014) schrieb damals in *Foreign Affairs* hierüber seinen berühmten Artikel *The End of Panarabism*. Auf dieser geschichtlichen Grundlage begann das Auftreten des bereits 1928 durch die Muslimbruderschaft in Ägypten geborenen Islamismus.

Um das Jahr 1970 verwandelte sich der marginale Islamismus politisch in eine einflussreiche Hauptströmung. In meinem bereits zitierten Harvard-Buch *Conflict and War in the Middle East* (1993, erweitert 1998) habe ich nicht nur den Sechs-Tage-Krieg sowie seine Folgen ausführlich in Kapitel 3 und 4 untersucht, sondern auch in Kapitel 12 erläutert, wie der Islamismus »security in the post-cold war era« prägt. Ich wiederhole: Die gesamte islamische Welt und dann die Weltpolitik wurden von diesem nahöstlichen Geschichtsprozess beeinflusst, und zwar anhaltend bis heute, 2017.

Die Zeitgeschichte der islamischen Welt ist eine Geschichte des Islamismus, und sein zentraler Slogan lautet »al-hall al-Islami«, also der Islam sei die Lösung für die Krise. Der Islamismus ist unterteilt in zwei Strömungen: Erstens eine friedlich-institutionelle und zweitens eine gewaltförmig-djihadistische Strömung. Auf Basis jahrzehntelanger Forschung über den Islamismus habe ich eine Buch-Trilogie in den USA zwischen 1998 und 2012 veröffentlicht. Band 1 erschien in Berkeley bei University of California Press, Band 2 war ein Cornell-Buch (Routledge), und Band 3 wurde von der Yale University Press unter dem Titel *Islamism and Islam* herausgebracht. Das prominenteste Gesicht des djihadistischen Islamismus bleibt weiterhin der zum Märtyrer-Held stilisierte Osama Bin-Laden, wohingegen der institutionelle Islamismus beispielhaft durch die AKP und Erdogan in der ehemals säkularen Türkei sowie die Muslimbruderschaft in der arabischen Welt repräsentiert wird.

Im Westen werden diese komplexen Zusammenhänge nicht angemessen verstanden. Als Hillary Clinton Außenministerin der USA war, hat sie auf eine katastrophale Weise, sogar mit Unterstützung von Barack Obama – beide ließen sich von Islamisten beraten –, den friedlichen Islamismus gegen den djihadistischen Islamismus gefördert. Obama und Clinton taten dies, ohne zu wissen, dass beide Spielarten des Islamismus dasselbe Ziel verfolgen, nämlich den islamischen Scharia-Staat, wenngleich mit unterschiedlichen Methoden.

Im Gegensatz zum Ex-US-Präsidenten Obama und zu Hillary Clinton hat John Brenkman, seines Zeichens New Yorker Professor für Politische Theorie und kein Islam-Experte, begriffen, wie zentral »Islam's geo-civil war« für das Verständnis der Zeitgeschichte geworden ist. Brenkman weiß, dass Entscheidungsträger und Meinungsmacher in den USA und Europa diese »uncomfortable truth« nicht hören wollen: In unserer Zeitgeschichte gibt es große Gefahren; so schreibt Brenkman in seinem bei Princeton University Press erschienen Buch *The Cultural Contradictions of Democracy. Political Thought since September 11*: »most of these are coming from the Muslim world«. Sehr richtig erkennt Brenkman, dass die Ursachen innerislamisch sind und Krieg und Gewalt innerhalb der islamischen Zivilisation schüren. Aber dieser islamische »civil war« erweitert sich global zu »Islam's geo-civil war«. Zu den Soldaten dieses Krieges – Brenkman spricht es mutig aus – gehören auch in Europa lebende Muslime, »many of whom are young, poorly integrated into society and susceptible to radicalization«. Diese Tatsachen machen den Islamismus als politischen Islam zum Gegenstand globaler Zeitgeschichte. Diese Geschichte hat 1928 in Ägypten mit der Gründung der Bewegung der Muslimbruderschaft begonnen.

Das ist der Ursprung des Islamismus; er gedeiht allerdings besonders stark erst seit 1967 und erlangt seit 9/11 einen Höhenpunkt dadurch, dass er auf allen Ebenen globale Formen annimmt. Deswegen trägt Band 2 meiner Islamismus-Trilogie den Titel *Political Islam, World Politics and Europe*. Über die islamische Zuwanderung kommt dieser Islamismus auch nach Europa. Dieses Phänomen zu erklären und damit umzugehen gehört zu den größten Herausforderungen an Politik und Wissenschaft, die eine freie Diskussion hierüber erdrücken. Parallel zu meiner Grundlegung der Islamologie seit 1980 arbeite ich auch empirisch über den Islamismus und habe hierfür Feldforschung in 22 islamischen Ländern betrieben; die hieraus entstandene, bereits oben angeführte und in den USA veröffentlichte Buchtrilogie basiert auf dieser Forschung vor Ort.

Auf den obigen Ausführungen basierend, stelle ich für diesen Abschnitt die Frage, was Islamwissenschaft bzw. was Islamologie leisten können, um a) das Phänomen angemessen zu verstehen und b) eine *policy* für den Umgang damit zu entwickeln.

Unter der soeben erläuterten wissenschaftlichen Einordnung, dass der Islamismus zu den Basiserscheinungen der islamischen Zeitgeschichte gehört, halte ich die solide Tatsache fest, dass in Deutschland hierüber zwar lang und breit sehr viel, aber mit wenig Sachkenntnis gesprochen wird und nicht nur kontrovers, sondern auch ignorant debattiert wird. Es beginnt schon mit dem Begriff Islamismus, auf Arabisch *al-islamiyya*, der sprachlich ein neo-arabischer Begriff ist. Dieser existiert nicht in den autoritativen Quellen des Islam, also weder im Koran noch in den Hadithen (schriftliche Überlieferungen des Propheten). Auf dieser Grundlage behaupten sowohl Islamisten als auch deutsche Islamwissenschaftler – beide gehen skripturalistisch bzw. schriftgläubig, sola scriptura, vom Islam aus –, dass es keinen Unterschied zwischen Islam und Islamismus gibt (vgl. mein Yale-Buch *Islamism and Islam*).

Der Begriff Islamismus ist entgegen der Behauptungen manch eines westlichen Autors bzw. Islamisten nicht von Westlern geprägt und zwanghaft als Orientalismus auf den Islam übertragen worden. Denn es ist der

Begründer der ersten islamistischen Bewegung von 1928, d.h. der Muslimbruderschaft, Hasan al-Banna, der diesen selbst geprägt hat. Darunter versteht er auf (s. S. 23 seiner in Kairo 1990 erschienenen gesammelten Schriften), dass der Islam ein *nizam islami* (eine islamische Staatsordnung) vorschreibt, das alle Bereiche des Lebens durchdringt und regelt, also sie als Totalität, d.h. totalitär, umfasst (vgl. mein Buch *Der neue Totalitarismus*, 2004). Anders formuliert, ebenso im Sinne von Hasan al-Banna: Islamismus ist das Bekenntnis zu der Lehre, Islam sei *din wa daula* / Einheit von Staat und Religion.

Die zentrale These dieses 5. Abschnitts lautet, dass die skriptualistische, also schriftbezogene philologische Erforschung des Islam nicht helfen kann zu verstehen, was Islamismus ist. Mit dem Credo »sola scriptura« der Islamwissenschaft als Philologie – übrigens denken salafi-Muslime genauso – kommt man kein Stück weiter. So behauptet Thomas Bauer, es habe im Islam keine *fiqh*-Orthodoxie gegeben, weil die Skriptur keinen Klerus vorsehe. Ich bin Religionssoziologe und orientiere mich an Émil Durkheims Verständnis der Religion als ein *fait social*. Hiernach ist es eine Tatsache, dass die Ulema eine religiöse Kaste bilden und somit in der Realität gleichsam Priester darstellen. Das Argument, dass es im Islam kein Priestertum gebe, geht vom Dogma aus; der Religionssoziologe geht von der gesellschaftlichen Realität aus, in der die Ulema eine religiöse Kaste bilden.

Der Islamismus geht aus zeitgeschichtlichen politischen, ökonomischen, sozialen und kulturellen Erscheinungen (wovon 2 Milliarden Menschen in 57 Staaten betroffen sind) hervor, nicht aus der islamischen Skriptur; seine Belange werden aber in islamischen Begriffen vorgetragen, d.h. religionisiert. Islamisten betonen ihre Schriftgläubigkeit, handeln aber nicht um der Skriptur selbst willen. Es ist eine Art Schizophrenie des »true believer« (so Eric Hoffer [1898–1983] über den religiösen Aktivisten), der nicht nur seine politische Aktivität auf religiösem Glauben gründet, sondern auch aufrichtig daran glaubt.

Als ein Muslim aus Damaskus, der nach einer islamischen Sozialisation in Frankfurt neben Sozialwissenschaft, Geschichte und Philosophie im Nebenfach auch Islamwissenschaft studiert hat, kenne ich diese akademische Disziplin sehr gut von innen. Sowohl bei meiner Promotion als auch bei Habilitation war je ein Islamwissenschaftler als Gutachter tätig, sodass meine akademische Qualifikation auch mit Zustimmung von deutschen Professoren der Islamwissenschaft erlangt worden ist. Warum dann die »Abweichung«, die ich begehe und die in Deutschland »gereizt geahndet« wird (so Adorno über ein deutsches Muster)?

Mit dem philologisch-kulturwissenschaftlichen Instrumentarium der Islamwissenschaft kam ich einfach nicht weiter. Deshalb plädiere ich für einen Paradigmenwechsel, um eine akademische Disziplin zu etablieren, die den Islamismus erklären kann. Das kann die deutsche Islamwissenschaft nicht leisten. Zwei wesentliche Fragen schließen sich an: Erstens, was meint nun »Paradigmenwechsel« in Bezug auf den Islamismus? Und zweitens: Warum Islamologie statt Islamwissenschaft?

Das Buch *Die Struktur wissenschaftlicher Revolutionen* von Thomas Kuhn, den ich in dieser Einleitung vorgestellt habe, legt den Grundstein für die Begriffe Paradigma und Paradigmenwechsel. Darin vertritt er die Auffassung, dass für eine Wissenschaft, die nicht mehr in der Lage ist, Sachverhalte erklären zu können, ein Paradigmenwechsel notwendig wird. Sowohl während der Anfertigung meiner Dissertation in den 1960er-Jahren als auch meiner Habilitationsschrift in den 1970er-Jahren war ich im höchsten Maße unzufrieden mit dem wissenschaftlichen Instrumentarium der Islamwissenschaft und griff deshalb auf die Sozialwissenschaft zurück. Vor diesem Hintergrund habe ich zu Beginn der 1980er Jahre an einem Paradigmenwechsel gearbeitet. Ich nenne das Ergebnis Islamologie, die sowohl als eine Disziplin als auch als ein neues Paradigma bezeichnet werden kann. In drei Jahrzehnten, zwischen 1981 und 2012, habe ich drei Buchtrilogien geschrieben und veröffentlicht, in denen ich die Grundlagen der Islamologie festlege, um einen Paradigmenwechsel anzuregen. Die ersten beiden Trilogien habe ich in deutscher Sprache, die dritte in englischer Sprache geschrieben und in den USA veröffentlicht. Der Erfolg dieser Leistung ist gleich null. Die wissenschaftliche Debatte wurde mit Macht blockiert, und somit hat kein Paradigmenwechsel stattgefunden. Der Widerstand dagegen war und ist noch sehr groß, und im machtdurchwobenen Wissenschaftsbetrieb können Plausibilität und rationale Argumente nichts gegen Machtstrukturen ausrichten.

Nach diesen Erläuterungen gehe ich nun zur politischen Erscheinung des Islamismus in der islamischen Zivilisation über. Mit Begründung stelle ich dies erneut fest: Die Islamwissenschaft ist eine Philologie, sie kann diese zeithistorische Erscheinung nicht erklären. Dagegen kann die entgegengesetzte, auf dem Verständnis von Islam als *fait social* (Durkheim) – d.h. auf der Realität – basierende Islamologie die Entstehung und Wirkung lokaler islamistischer Bewegungen im Rahmen des überregionalen Phänomens des Islamismus angemessen deuten, weil sie mit sozialwissenschaftlichen und nicht mit philologischen Methoden arbeitet. Kurzum: Der Gegenstand der Islamwissenschaft ist die Skriptur; der Gegenstand der Islamologie ist die Realität. Auf Französisch sagt man treffend: *C'est ne pas la même chose.* Deutsch-umgangssprachlich würde man sagen: Islamologie ist eine andere »Chose«.

Nach dem bisher Gesagten möchte ich in einer Kombination aus orientalischem Narrativ und US-amerikanischer Art der Präsentation meine analytischen Ausführungen mit einer Anekdote veranschaulichen und sie mit einer tagespolitischen Beobachtung assoziieren. Damit will ich meine kulturübergreifende Herangehensweise an den Gegenstand demonstrieren: Ein respektables Publikationsorgan hat mich im Internet bei der Vorstellung meiner Person und Arbeit als einen »Islamwissenschaftler« vorgestellt. Auf meinen Protest und meine Bitte hin, die falsche Angabe zu korrigieren und mich als Islamologen vorzustellen, reagierte der betreffende Redakteur verständnislos mit folgender Frage: »Warum diese Besessenheit mit Fremdwörtern, denn schließlich ist der deutsche Begriff Islamwissenschaft besser als das behäbige Fremdwort Islamologie«. Ich war deshalb irritiert, weil ich vor dieser Anekdote von 2016 seit 1980, also 36 Jahre lang, nicht nur wissenschaftlich, sondern auch publizistisch meinem Leserpublikum, jedoch stets ohne Erfolg, den Unterschied zwischen Islamwissenschaft und Islamologie erklärt habe. Davon scheint nichts angekommen zu sein. Das ist deprimierend, ebenso wie das Überhören des von mir – wie im Vorwort beklagt – geforderten Paradigmenwechsels in der Islamwissenschaft.

Nicht anders verhält es sich mit dem bereits verwendeten Begriff Paradigma. Anders als bei der Islamologie stammt dieser Begriff in seiner gegenwärtigen Bedeutung nicht von mir, sondern, wie oben bereits zitiert, von Thomas Kuhn. Zwar ist Thomas Kuhn nicht der Erfinder des Begriffes Paradigma, der bereits zuvor existierte, aber der wissenschaftstheoretische Begriff des Paradigmas geht ausschließlich auf Kuhn zurück, so etwa bei der Kumulation von Anomalien, die zu einer paradigmatischen Krise führen. Ich habe bereits in einem vorangegangenen Abschnitt ausgeführt, was

Kuhn unter einem Paradigma versteht, und möchte dies nicht nochmal wiederholen. Hier möchte ich nur anführen, dass die Kumulation von Anomalien zu einer wissenschaftlichen Krise führt, die schließlich in einen Paradigmenwechsel mündet. Diese wissenschaftliche Theorie scheint weder in der deutschen Islamwissenschaft noch Geschichtswissenschaft Geltung zu haben.

Es ist klar, der Islamismus ist nicht der Islam als eine Religion, die die Geburt einer Weltzivilisation anregte und – wie ich in meinem Geschichtsbuch *Kreuzzug und Djihad* belege – viel Interaktion mit dem christlichen Abendland hatte, als Karl der Große die europäische Zivilisation begründete. Das ist eine geschichtswissenschaftlich solide Aussage und keine tagespolitisch unverantwortliche Äußerung, wie beispielsweise »Der Islam gehört zu Deutschland«. Der Islam als Religion, Geschichte und Zivilisation gehört – bis auf das andalusische Kapitel als Ausnahme in der europäischen Geschichte – *nicht* zu Europa. Dennoch hat der Islam mit Europa auf zwei Ebenen viel zu tun:

Die *erste Ebene* ist die der Interaktion beider Zivilisationen und die gegenseitige Wahrnehmung sowohl negativ als Bedrohung als auch positiv als Faszination. Diese Ebene reicht zurück bis ins 8. Jahrhundert.

Dann die *zweite, zeitgeschichtliche Ebene*: Die Migration aus der Welt des Islam nach Europa, auch nach Deutschland, mit all ihren Begleiterscheinungen. Mit dieser Migration kommt vieles aus der Welt des Islam nach Europa, einschließlich des Islamismus, der seit dem Sechs-Tage-Krieg von 1967 in der Welt des Islam floriert. Es ist nicht mehr so wie zu Goethes Zeiten, dass ein Europäer – so im *Faust* – »sein Gläschen trinkt«, »abends froh nach Haus« kehrt und »segnet Fried und Friedenszeiten«, während »hinten, weit, in der Türkei, die Völker aufeinander einschlagen«. Die heutigen Deutschen können sich nicht mehr so verhalten wie zu Goethes Zeiten. Allein seit 2015 sind zwei bis drei Millionen muslimische Flüchtlinge (einschließlich rund einer Million im Zuge der Familienzusammenführung) nach Deutschland gekommen, und mit ihrer Ankunft toben hier soziale und weltanschauliche Konflikte. Die Zeiten haben sich geändert. Auch der Islamismus kommt nach Deutschland, und viele deutsche Gutmenschen möchten diese Realitäten nicht wahrnehmen und hinken den Entwicklungen in ihrer Wahrnehmung hinterher.

Was kann die Wissenschaft tun? Sie hat die Aufgabe, den Menschen nicht nur zu helfen, ihre Umwelt, ihre Geschichte, ihren Staat und ihre

Gesellschaft zu verstehen, sondern auch positiv zu verändern, wenn sie über das richtige Paradigma verfügt. Bei der Geburt der deutschen Islamwissenschaft als akademische Disziplin an deutschen Universitäten hat diese Disziplin in erster Linie den deutschen Interessen gedient. Und was ist daraus geworden?

Ich möchte es mir einfach machen und übernehme eine klare Definition eines promovierten deutschen Islamwissenschaftlers, der in die Publizistik gewechselt hat. Michael Lüders schreibt in einem *Zeit*-Artikel vom 06.01.1995 folgendes: »Der Orientalist klassischer Prägung versteht sich in erster Linie als Philologe, er übersetzt den Orient in Grammatik und Lexikographie [...] die meisten [...] sind deutlich konservativ, d.h. philologisch ausgerichtet [...] Orientalisten sind Eigenbrötler und logieren gerne im Elfenbeinturm.«

Als Philologen haben deutsche Islamwissenschaftler »dem Amt« in der Nazi-Zeit als Helfer gedient. Der jüdische US-Historiker Jeffrey Herf hat in seinem Buch *Nazi Propaganda for the Arab World* (2010, Yale University Press) gezeigt, dass die arabischsprachigen Propaganda-Sendungen ohne die Hilfe der deutschen Philologen nicht funktioniert hätten.

Die deutsche islamwissenschaftliche Philologie ist nicht wertfrei. Auf einer Feier des Seminars für Islamwissenschaften der Universität Göttingen im Juni 1998 hat der Islamwissenschaftler Tilman Nagel, eine der Koryphäen der deutschen Islamwissenschaft, zur Bewahrung der Philologie in der Islamwissenschaft und gegen die Sozialwissenschaft aufgerufen. »Die Philologie ist eine Wissenschaft, die jede Beziehung zwischen uns und den Fremden ausschließt.« Und weiter: Philologie »toleriert gewissermaßen die Distanz zwischen uns und den Fremden«. Seine Schlussfolgerung lautet: »Philologie statt Soziologie ... auch der Fremde wird wieder von Europa fortgerückt, in dem seine Andersheit betont wird.« Diese Zitate entstammen einer Rede von Tilmann Nagel auf einer Feier der deutschen Islamwissenschaft an der Universität Göttingen, die in der *FAZ* vom 10.06.1998 veröffentlicht worden ist.

Vor Nagel hat der Begründer der deutschen Islamwissenschaft C. H. Becker zusätzlich zum philologisch-kulturwissenschaftlich dominierten Paradigma die bereits zitierten Anleihen bei der Wissenschaft der Rassenpsychologie genommen, um den *homo islamicus* sowie die Unterschiede zwischen diesem und dem Europäer rassenpsychologisch zu erklären. Ich erinnere mich an eine Art Karikatur eines Islamwissenschaftlers in einer ARD-Sendung, in der ich als Studiogast mitgewirkt habe und in der es um den von Saddam Hussein erklärten Djihad im Golfkrieg 1991 ging. Der als Studiogast anwesende Islamwissenschaftler verwechselte Talkshow mit Vorlesung, zückte seine Zettel und las Zitate aus dem Koran vor, um das Verhalten von Saddam Hussein zu erklären; also: *sola scriptura.* Das ist die islamwissenschaftliche skriptualistische Methode. Gegen diese führe ich mein historisch-sozialwissenschaftliches Paradigma an, um die Anomalien der Islamwissenschaftler durch ein Paradigma zu überwinden, das plausible Erklärungen bieten kann.

Wie bereits im Vorwort ausgeführt, habe ich in diesem Buch eine wissenschaftliche Orientierung verfolgt, die die Methoden der historischen Soziologie anwendet, die in den USA entstanden ist und auf Max Weber als Ziehvater fußt. Ich erinnere an die Namen der Hauptvertreter dieser Schule, nämlich Barrington Moore und seine Schülerin Theda Skocpol, die 1985 Harvard-Professorin wurde, sowie Charles Tilly (1929–2008). Es geht nicht allein darum, den naiven Skriptualismus der Islamwissenschaft, sondern auch die geschwätzige Religionssoziologie zu überwinden, die soziale Erscheinungen ohne Geschichtskenntnisse erklären will. Deswegen ist mein Paradigma nicht nur sozialwissenschaftlich, sondern auch historisch determiniert. Anders formuliert, auf das Thema bezogen: Ein angemessenes Verständnis des Phänomens Islamismus erfordert Geschichtskenntnisse in Kombination mit einem begrifflich und methodologisch sozialwissenschaftlichen Instrumentarium.

Warum findet der benötigte Paradigmenwechsel nicht statt? Warum lesen Islamwissenschaftler und Geschichtswissenschaftler nicht, was andere schreiben? Im Islam wird jedem, der nicht liest, der Vorwurf gemacht, *djahil*, d.h. Unwissender bzw. Ignorant, zu sein, wenn eine Person über etwas redet, ohne vorher Bücher darüber gelesen zu haben. Ohne auch nur eines der neun Bücher meiner drei Islam-Trilogien gelesen zu haben, werfen mir manche Kritiker Essenzialisierung des Islam vor. Der Begriff ist eine Übersetzung aus dem Englischen und impliziert den Vorwurf, Menschen aus anderen Kulturen zu unterstellen, dass sie kulturell stagnieren, also sich nicht verändern. Nicht nur geschichtliche Entwicklung, sondern auch kultureller Wandel ist ein Bestandteil meines Denkens. Ich bin gegen jede essenzialisierende Ahistorizität! Der zweite Band meiner ersten, 1985–1991 bei Suhrkamp erschienenen Islam-Trilogie trägt den Titel *Der*

Islam und das Problem der kulturellen Bewältigung sozialen Wandels, enthält also bereits im Titel den Begriff des Wandels. Dadurch wird klar, dass sich etwas ändert, hier der Islam und die Muslime, die keine ahistorischen Konstanten sind. Zwanzig Jahre später habe ich als Mitglied des Forschungsteams *The Culture Matter Research Project* (CMRP) an der Fletcher School for Diplomacy in den USA kulturelle Wandlungen innerhalb des Islam erforscht und das zweibändige Werk *Developing Cultures* (2006 in London und New York erschienen) mitverfasst. Nicht ich, sondern Islamwissenschaftler mit ihrem *homo islamicus* essenzialisieren Islam und Muslime und übersehen den Wandel, der in der islamischen Zivilisation in den vergangenen rund 50 Jahren, besonders seit 1970, stattgefunden hat. Dieser Wandel ist krisenhaft und hat zur Entstehung des Islamismus geführt. Dieser religionisiert die Politik und politisiert die Religion in einer Krise der islamischen Zivilisation.

Die Frage dieses Abschnitts lautet: Was können Islamwissenschaft bzw. Islamologie leisten, um diese Krise bzw. ihr Produkt des Islamismus zu verstehen? Ich möchte die deutsche Islamwissenschaft, die sich ebenso wie der Islam wandelt, in drei Stufen des Wandels darlegen, die ich im vorangegangenen Abschnitt angesprochen habe und hier systematisieren will. Beim Wandel von einer Stufe zur nächsten, so behaupte ich, hat aber leider nur ein Ideologie-, jedoch kein Paradigmenwechsel stattgefunden. Die drei angesprochenen Stufen sind jeweils durch ein spezifisches hegemoniales Buch gekennzeichnet.

Das Buch der ersten Stufe der deutschen Islamwissenschaft ist an der Berliner Universität entstanden; es heißt: *Islamstudien* und wurde verfasst von Carl Heinrich Becker, der offen ein Rassist war, weil er Muslime rassenpsychologisch einordnete. Ungefähr einhundert Jahre später, Anfang des 21. Jahrhunderts, hat ein Professor der Islamwissenschaft, Thomas Bauer, ein Buch unter dem Titel *Kultur der Ambiguität* vorgelegt. Darin geht er von einem Extrem, nämlich der Verteufelung der Muslime als »Gewaltmenschen«, zum anderen Extrem der Verherrlichung der Muslime als Super-Kerle der Ambiguität, also als edle Wilde, zudem sei der Muslim dem Europäer als bisexueller Lover überlegen. Beide Extreme sind deutsche Projektionen auf uns Muslime. In einem *Cicero*-Online-Artikel – unter dem Titel *Wir Muslime sind doch normale Menschen* (25.09.2016) – argumentierte ich gegen beide Extreme der deutschen Islamwissenschaft.

Scheinbar ohne Kenntnis dieser Vorgeschichte haben die Autoren des Buches *Die neuen Deutschen* – das Ehepaar Münkler – eine weiteres skurriles Buch vorgelegt, worin der Islam verschwindet: eine vollkommene Abschaffung. Warum? Der Islam habe keine Relevanz und wer ihn einbringe, betreibe eine »Islamisierung der Debatte«, also »rechten Populismus«.

Nach dem ersten Fall der Verteufelung durch das Buch von C. H. Becker und dem zweiten Fall der Verherrlichung durch Thomas Bauer folgt nun der dritte Fall, die Abschaffung des Islam im Buch des Ehepaars Münkler *Die neuen Deutschen*. All diese Bücher sind zutiefst deutsch und ideologisch, sie verdunkeln, statt zu informieren. Der Islam der Muslime ist nicht der Islam, den diese Bücher zum Gegenstand haben. Im Übrigen: Die Münklers sind keine Islamwissenschaftler, er ist ein Politikprofessor, sie Literaturprofessorin, also weder Islam- noch Migrationsforscherin.

Die neue akademische Disziplin der Islamologie kann im Gegensatz zu den soeben erwähnten Büchern seriöse Analysen über den Islamismus bieten – jenseits von Verteufelung, Verherrlichung und schließlich Abschaffung der Relevanz des Islam.

Nun ist die die Islamologie gegenüber der Islamwissenschaft nicht nur methodisch ganz anders ausgerichtet, sondern verfährt auch normativ-kritisch, hat jedoch eine andere Denkweise als Edward Saids Orientalismus. Auch ich bin Orientalismus-Kritiker, aber eben kein Anhänger von Said. Zwar vertrete ich mit ihm die Schule der Entkolonialisierung der Islamforschung, d.h. den Ansatz, Muslime nicht mehr als Objekte westlicher Forschung, sondern als Subjekte zu begreifen, aber Said endet in einer Umkehrung des Orientalismus, d.h. in einem *orientalism in reverse*. Maxime Rodinson wirft Said unwissenschaftliche »diabolisation« vor.

Die »Krise der islamischen Zivilisation« ist der Schlüssel zum Verständnis des Islamismus und dazu, ihn plausibel zu erklären. Es gibt vier große Bücher, die die gegenwärtige Situation der islamischen Welt als Krise des Islam deuten und davon absehen, Muslime zu verteufeln oder als Opfer westlicher Machenschaften zu verherrlichen; die Autoren dieser Bücher wollen Muslime und ihre Handlungen verstehen. Ich bin stolz darauf, einer dieser vier Autoren zu sein, ja, mit meinem Buch *The Crisis of Modern Islam* (Utah University Press 1988; deutsches Original: *Die Krise des modernen Islams,* 1981) der erste zu sein, der diesen Begriff benutzt hat. Der zweite ist der jüdische Princeton-Historiker Bernard Lewis mit seinem Buch *The Crisis of Islam* (2003), der dritte ist der tunesische Philosoph Hichem Djait mit seinem Buch The *Crisis of Islamic Culture*; der vierte ist der Iraker Ali Allawi mit seinem an der Yale University geschriebenen Buch *The Crisis of Islamic Civilization.* Alle argumentieren gegen die Opferrolle, die die Islamisten unterstellen, ja sogar pflegen. Stattdessen sagen diese Autoren: Die Muslime verantworten die Krise selbst, weil sie Subjekte, keine Objekte sind.

Nun komme ich zum Abschluss und konstatiere kurz und knapp: Das zeithistorische Phänomen des Islamismus hat mit dem Islam und seiner Krise viel zu tun und auch mit dem Kontext seiner Entstehung. Der Islamismus lässt sich weder mit der rassenpsychologischen Einordnung der Muslime von C. H. Becker noch mit der Sexualisierung des Islam in der These der »Kultur der Ambiguität« von Thomas Bauer und erst recht nicht durch Münklers Ausführungen erklären.

Thomas Bauer sexualisiert Muslime dadurch, dass er es zur Hauptsorge des Muslims macht, ob dieser sich für die Befriedigung seiner sexuellen Triebe einen Mann oder eine Frau nimmt. Das ist der Inhalt der unterstellten Ambiguität. Zur Dualität der Verteufelung und Verherrlichung kommt noch die wohlgemeinte, aber wohl ignorante Unterstellung des Ehepaars Münkler, dass der Islam keine Rolle spiele, verbunden mit der Ächtung jeden Bezugs hierauf als angebliche »Islamisierung der Debatte«. Der Begriff Islamismus ist nach dieser Logik ein islamophobes Vorurteil, aber keine politische und gesellschaftliche Realität. Sind die Islamisten, die morden und bomben, postfaktisch? In welchen Zeiten leben wir?

Ich schließe diese Einleitung orientalisch mit einer Anekdote, so, wie ich diesen Abschnitt oben begonnen habe. Im Sommer 2016 hat mich der Deutschlandfunk über den Islamunterricht interviewt und nach meiner Meinung hierüber gefragt. Ich antwortete, dass ich natürlich für den Islamunterricht bin, damit die Leute wissen, was Islam ist. Ich fügte jedoch ironisch hinzu: Vor allem ist ein solcher Islamunterricht für deutsche Politiker und Kirchenväter erforderlich. Ich füge hier hinzu: Auch für deutsche Wissenschaftler, die – nach islamischem Verständnis – wie ein *djahil* (Ignorant) über Islam und Islamismus reden, ist eine Belehrung erforderlich, die mit dem islamischen Begriff *iqra'* (lies) eingeleitet werden muss. Wer nicht liest, ist im Islam ein *djahil. Quod erat demonstrandum.*

KAPITEL I

Der Islam als Gegenstand der Geschichtswissenschaft. Abriss der islamischen Geschichte

Die islamische Geschichte beginnt mit der islamischen Zeitrechnung, also mit dem *Hidjra*-Jahr (622 n.Chr.), als der Prophet Mohammed von Mekka nach Medina migrierte. Meine Einladung in die islamische Geschichte beginnt mit einer Gesamtschau der historischen Epochen des Islam. Diese umfassen zusammen – von der Religionsstiftung bis hin in unsere Gegenwart – einen Zeitraum von vierzehn Jahrhunderten. Der islamische Kalender beginnt mit dem angeführten *Hidjra*-Jahr und er baut, im Gegensatz zum längeren christlichen Sonnenjahr, auf dem Mondjahr auf. Die vorliegende Neuausgabe dieses Buches erscheint 2017, die Muslime aber schreiben das Jahr 1438.

Islamische Historie, ihre Epochen und die Geschichtswissenschaft

Generell entspricht die Feststellung, dass die Geschichte außer europäischer Völker bei europäischen Historikern keinen hohen Rang genießt, den Tatsachen. Es gibt Ausnahmen wie Arnold Toynbee. In den USA dagegen wird islamische Geschichte an allen großen Universitäten gelehrt. Marshall G. S. Hodgson war einer der großen amerikanischen Historiker, dessen geistesoffene Einstellung jedoch nicht der Ausrichtung der institutionellen europäischen Geschichtswissenschaft entspricht. Der große jüdische Princeton-Historiker Bernard Lewis bedauert, dass viele europäische Historiker »die Geschichte des Anderen«[1] mit Begriffen wie Barbarei und Unzivilisiertheit deuten, ohne wahrzunehmen, dass »Andere« auch geschichtsträchtige Zivilisationen haben. In dieser Hinsicht brachte der Islam eine der bedeutendsten Zivilisationen der Weltgeschichte hervor[2] und gehört somit eindeutig zu den Gegenständen der Geschichtswissenschaft. Wie gesagt, wird diese Tatsache in den USA, nicht aber in Deutschland anerkannt.

In Bezug auf die islamische Geschichte ist mit Bedauern festzustellen, dass sie keinen institutionalisierten Platz in der deutschen Geschichtswissenschaft hat. In dieser Disziplin, so informiert uns der Islam-Historiker und Orientalist Baber Johansen,

> »war der Gegenstand der Weltgeschichte allein germanische und römische Geschichte. Alle anderen Völker waren nur Objekte der Handlungen von Germanen und Römern.«[3]

In der noch bis heute in dieser Weise als akademisches Fach an deutschen Universitäten gelehrten »Geschichtswissenschaft«, so fügt Baber Johansen an anderer Stelle hinzu, gilt folgendes:

> »Die angeführte Art, Geschichtswissenschaft zu betreiben, ist bis zum heutigen Tag an deutschen Universitäten dominant. Bis heute studieren Geschichtsstudenten ausschließlich deutsche, römische und – neuerdings – (anglo-)amerikanische Geschichte« (ebd., S. 83).

Wer sich in Deutschland mit islamischer Geschichte befassen will, muss dies innerhalb eines anderen Faches tun, und zwar im Fach Islamkunde. Dieses Fach versteht sich allerdings selbst nicht als eine auf den Islam bezogene Geschichtswissenschaft, sondern als Philologie, oder bestenfalls – wie in einigen Fällen – als philologische Kulturwissenschaft. Diese Einschätzung stammt nicht von mir, so lautet die Selbsteinschätzung deutscher Orientalisten.

Die in diesem Band erfolgende Beschäftigung mit dem Islam führt diese Zivilisation in die deutsche Geschichtswissenschaft ein. Zudem gibt es auf dem neuesten Stand der Forschung die »Historische Soziologie«[4], die beide Wissenschaftsgattungen miteinander verbindet. In diesem Sinne versteht sich die von mir in Deutschland begründete Islamologie als eine historisch-sozialwissenschaftliche Beschäftigung mit der islamischen Zivilisation.

Es liegt mir fern, hier gleich einleitend zu polemisieren, aber es ist sachlich erforderlich, sich mit der rassistischen Abwertung der Muslime durch den Begründer der deutschen Islamkunde C. H. Becker[5] auseinander zu setzen und hierbei darauf hinzuweisen, dass diese Positionen nicht gerade »wissenschaftlich« zu nennen sind! Kein Historiker kann es »wissenschaftlich« begründen, anderen Menschen eine eigenständige Geschichte abzusprechen, und ich denke, dass es sich zu Beginn des 3. Millenniums erübrigt, nochmals meine Grundposition zu rechtfertigen, nämlich, dass der Islam eine Geschichte hat, die zur Geschichtswissenschaft und nicht zur Philologie gehört. Dennoch scheint mir diese Aufgabe in Deutschland noch unerfüllt, so dass ich in diesem Buch Selbstverständlichkeiten wiederholen und untermauern muss.

Im Gegensatz zur europäischen Geschichte ist der Beginn der islamischen Geschichte einfach und präzise zu datieren. Sie beginnt mit dem Wirken des Propheten Mohammed und seiner Etablierung eines islamischen Gemeinwesens in Medina im Jahre 622.[6] Mit anderen Worten, nicht nur die islamische Religionsstiftung, auch die islamische Zivilisation ist geprägt von dem Gesandten Allahs, was einige Orientalisten dazu verleitet, falsch und für Muslime verletzend die Begriffe Islam und den von ihnen geprägten Ausdruck des »Mohammedanismus« synonym zu verwenden.[7] Dennoch ist islamische Geschichte nicht mohammedanische Geschichte!

Die einzelnen Epochen islamischer Geschichte sind leicht einzugrenzen. Wenn es jedoch darum geht, diese Geschichte[8] systematisch zu studieren, stößt der Forscher auf die unterschiedlichsten Ansätze in der Behandlung dieses Forschungsgegenstandes. Problematisch ist auch die Quellenlage, weil es über den Früh-Islam[9] keine systematischen Werke von islamischer Seite gibt: Die Quellen variieren von mündlichen Überlieferungen über Biographien bis hin zur Dichtung und zu Erzählungen.[10] Es besteht zudem ein Kontrast in der Art und Weise, wie Europäer die islamische Geschichte erforschen und wie diese Historie durch die Muslime selbst festgehalten wird; es handelt sich hierbei um zwei weltanschaulich-zivilisatorisch unterschiedliche Wahrnehmungen derselben historischen Prozesse von vierzehn Jahrhunderten.

Auch unter den Europäern bestehen unterschiedliche Auffassungen, wie das Studium der islamischen Geschichte zu betreiben sei, soweit einzelne unter ihnen ihr einen Rang in der Geschichtswissenschaft einräumen. Angelsächsische Historiker, die dem *World History*-Ansatz anhängen, berücksichtigen den Islam lediglich im Rahmen ihrer Untersuchungen etwa über den Aufstieg des Westens / *Rise of the West*. Ein Beispiel hierfür bietet das Werk des bekannten Welthistorikers William McNeill.[11] Ähnlich verfährt der Cambridge-Historiker Norman Cantor, der dem Islam einen peripheren Teil in der westlichen Weltgeschichte einräumt, ja ihm sogar zugesteht, im Mittelalter eine bedeutende Rolle für die Geschichte der Zivilisation gespielt zu haben.[12] Wie ich bereits in der Vorrede beklagt habe, verbannen deutsche Historiker dagegen das Studium der islamischen Geschichte fast vollständig aus ihrer Disziplin und ihren Institutionen, weil sie jene – wie der einleitend zitierte deutsche Islamkundler Baber Johansen bedauernd anmerkt – nicht in das Forschungsgebiet der Geschichte einordnen; allein die Geschichte der germanischen und romanischen Völker sei zu studieren.[13] Die Islamwissenschaft schließlich ist – wie ihre Vertreter selbst geltend machen – keine Geschichtswissenschaft, sondern – wie eben angeführt – klassische, d.h. alt-orientalische Philologie. Die Islamkunde will durch die philologisch dominierte Beschäftigung mit der islamischen Geschichte – wie es der bereits zitierte deutsche Orientalist Nagel ausdrückt – »den Fremden von Europa fortrücken«.[14]

Mögen Franzosen oder Engländer auch eine differenziertere Geisteshaltung als der zitierte deutsche Orientalist besitzen, auch ihre Sichtweise der islamischen Geschichte bleibt eurozentrisch.[15] Zur Entkolonialisierung der Geschichtswissenschaft gehört es zu berücksichtigen, wie die islamische Geschichte von ihren eigenen Historikern gesehen wird, ohne deshalb diesen gegenüber unkritisch zu sein. Die Wahrnehmung der Betroffenen aus der Perspektive ihrer eigenen Geschichtsschreibung ist mehr als nur Akt akademischer Redlichkeit. Muslime sind von der europäischen akademischen Welt stets als Studienobjekte betrachtet worden, die jeder geschichtlichen Subjektivität entbehren. Die Orientalismus-Debatte, die in diesem Buch in Kapitel IV kritisch aufgenommen wird, vermittelt die Erkenntnis, dass es zu den Voraussetzungen des Dialogs zwischen Europa und dem Islam gehört, die Muslime als Partner anzuerkennen. Um den Orientalismus zu beenden, ist es erforderlich, herrschende euro-arrogante Einstellungen aufzugeben, die Menschen islamischen Glaubens zu Studienobjekten philologischer und anthropogeographischer Untersuchungen degradieren. Wie der amerikanische Geograph Blaut gezeigt hat, ist der Eurozentrismus nicht so sehr eine rein psychologische Inferiorisierung des Anderen: Vielmehr dient er als ein Instrument, mit dem die Beherrschung des Anderen begründet wird.[16]

Meine kritischen Notizen zur Geschichtsschreibung über den Islam sind Randbemerkungen, weil in diesem Buch die islamische Geschichte selbst im Mittelpunkt steht. Einer der bedeutendsten amerikanischen Historiker hat die islamische Geschichte, wenn auch kritisch, innerhalb der

Domäne der Welt- und Zivilisationsgeschichte studiert. Dieser Gelehrte, Marshall Hodgson aus Chicago, der leider schon in jungen Jahren verstorben ist, hat uns die wertvolle dreibändige Geschichte *The Venture of Islam* hinterlassen (vgl. Anm. 8). In seinen posthum erschienenen Aufsätzen über *Rethinking World History* konzentriert er sich, wie der Untertitel bereits angibt, auf *»Europe, Islam and World History«*. Trotz der Tatsache, dass die islamische Zivilisation – wie Hodgson zeigt – vom 7. bis zum 16. Jahrhundert in der Welt jener Zeit dominierend war, ist die Würdigung ihrer Wirkung auf den Verlauf der Weltgeschichte gering geblieben. Über den Islam schreibt Hodgson:

> »Bis in das 17. Jahrhundert unserer Zeit hinein war die mit der islamischen Religion verbundene islamische Gesellschaft die expansivste Gesellschaft der afro-eurasischen Hemisphäre und besaß den größten Einfluss auf andere Gesellschaften ... Ein Besucher vom Mars könnte im 16. Jahrhundert unserer Zeit durchaus angenommen haben, dass die Menschheit im Begriff war, muslimisch zu werden. Diesem Urteil hätte er nicht nur die Tatsache der strategischen und politischen Überlegenheit der Muslime zugrunde gelegt, sondern auch die Vitalität ihrer Kultur im allgemeinen.«[17]

Dennoch sieht es in der offensichtlich eurozentrischen Geschichtsschreibung anders aus:

> »Das Bild der Weltgeschichte des vom Westen Besessenen ... stuft die westlichen Länder wesentlich höher ein als alle anderen, ... und es wurden nur wenige Anstrengungen unternommen, außerhalb des beschränkten Gebietes des Westens Zeit oder Raum überhaupt wahrzunehmen. Das Ergebnis für unser Verständnis von der Menschheit ist nur allzu offensichtlich ... Historische Relevanz wird allein anhand des Einflusses auf das westliche Europa bewertet, und die Bedeutung des Islam nahm ab, als er aus dem Mittelmeerraum verschwand« (ebd., S. 92).

Historisch ist es richtig, dass die europäische Expansion die islamische *Djihad*-Welteroberung abgelöst hat, wodurch Europa – nun als Westen definiert – eine geschichtliche Zentralität auf Kosten der islamischen Zivilisation gewonnen hat. Das Problem der westlichen Historiker besteht darin, dass sie nicht zwischen der tatsächlich entfalteten Zentralität Europas seit dem Aufstieg des Westens und dem Geist des Eurozentrismus unterscheiden, wie ich in meinem Europa-Buch gezeigt habe (nachgewiesen in Anm. 5, dort Kapitel 1); ihnen erscheint die gesamte Geschichte der Menschheit als Vorbereitung oder Bestandteil der europäischen Expansion. Das ist die weltanschauliche Basis der westlich zentrierten Weltgeschichte. An anderer Stelle habe ich den Nachweis dafür erbracht, dass die islamische Geschichte zivilisatorisch vor der europäischen Geschichte beginnt. Historiker stimmen in der Einstufung Karls des Großen als Begründer Europas überein. Die Entstehung Europas als zivilisatorische Größe vollzog sich in einem Prozess, der von der islamischen Herausforderung im 7. Jahrhundert[18] ausgelöst worden war.

Religionsstiftung und Geschichtsbeginn

Die islamische Geschichte wird, wie bereits gesagt, von der islamischen Religionsstiftung eingeleitet. Dadurch wird verständlich, dass der religiöse Aspekt für sie von besonders zentraler Bedeutung ist. Die vorislamischen Araber waren im Vergleich zum mittelalterlichen Hoch-Islam nicht – bzw. erheblich weniger – zivilisiert. Dennoch hatten sie bereits eine Schriftsprache, die ihnen als Medium einer hochentwickelten Poesie und Balladendichtung diente, deren literarische Qualität der größte französische Arabist, Jacques Berque[19], mit der Dichtung Baudelaires gleichsetzte. Der Islam verachtete jedoch die Beduinen und ihre Dichtung und schaute auf ihre Kultur herab; die vorislamische Zeit wird in der islamischen Lehre ohne Beanstandung bis heute als »*Djahiliyya* / Zeitalter der Ignoranz« bezeichnet, an der man nichts Gutes lässt. Hierbei wird die Tatsache verdrängt, dass viele vorislamische Kulturelemente in den Islam eingegangen sind. Auch die islamische Geschichte fängt nicht bei Punkt Null an.

Beim islamischen Weltbild können wir von einer manichäischen Aufteilung der Geschichte sprechen: Der Islam bringt Wissen als Offenbarung; alles, was zuvor war, wird als »Unwissen« verfemt. So hat die Menschheit eine vorislamische Zeit, die *Djahiliyya*, das heißt die Zeit vor 610 (dem Beginn der Offenbarung) bzw. vor 622 (Beginn der islamischen Zeitrechnung). Die seitdem erfolgte und bis heute andauernde Zeit ist die islamische Geschichte. Dieses dualistische Geschichtsbild wird in unserer Zeitgeschichte von Islamisten aktualisiert, um eine Frontbildung gegenüber dem Westen und seiner Moderne vorzunehmen. So werden die Verwestlichungsprozesse, die zwischen der Auflösung der islamischen Ordnung 1924 und dem Aufstieg des politischen Islam in den 70er Jahren stattgefunden haben, von den islamischen Fundamentalisten als Rückfall in das vorislamische Zeitalter der *Djahiliyya* wahrgenommen und als solche verworfen. Daran sieht der Leser, dass die angeführte manichäische Dichotomie in der islamischen Geschichte als Kollektivgedächtnis noch am Werke ist; sie wird in die Gegenwart projiziert. Die Schlussfolgerung ist, dass ohne Kenntnis sowohl der tatsächlichen islamischen Geschichte als auch der auf ihrer Basis erfolgten »*invention of tradition*« (Hobsbawm) die Welt des Islam heute nicht zu verstehen ist.

Obwohl die Geschichte für islamische Historiker mit der islamischen Religionsstiftung bzw. mit der *Hidjra* des Propheten beginnt, waren die vorislamischen Araber nicht geschichtslos, sie besaßen jedoch keine Tradition einer schriftlichen Geschichtsschreibung, die ihre Geschichte hätte dokumentieren können. Allein ihre schriftlich fixierte Dichtung war der »Behälter« ihrer Geschichte, durch welche ihre Genealogie und ihre Stammesgeschichte überliefert wurden. In einer tribalen Gesellschaft spielt die genealogische, stammesbezogene Herkunft eine zentrale Rolle. Die vorislamische Geschichte der Araber war eine solche der Stämme. Die *Umma*, d.h. die islamische Gemeinschaft, die egalitär alle Stämme als Gläubige umfasst, weist aber jede Berufung auf Stammeszugehörigkeit sowie Stammesloyalität als primäre Identitätsebene zurück, weil alle Muslime – der Doktrin zufolge – gleich sind. Dennoch ist es dem Islam nie gelungen, das Netzwerk der tribalen Zugehörigkeit der Muslime abzuschaffen; es existiert bis heute.[20] In unserer Zeit finden wir unter Muslimen in Identitätsfragen eine Mischung von Islam und Ethnizität vor. Die Stämme, z.B. in Afghanistan, bilden heute die Grundlage einer vorwiegend ethnisch definierten Gemeinschaft.[21] Das islamische Bewusstsein wird im Widerspruch zum islamischen Universalismus von ethnischen Partikularismen durchdrungen.

Selbst im Früh-Islam gelang es nicht, die doktrinäre Vorschrift vom Primat der universellen *Umma* in der islamischen Geschichte durchzusetzen, wie wir aus dem Werk von Josef van Ess erfahren:

> »Man handelte und dachte im Kollektiv. Dabei verstand man dieses Kollektiv vorwiegend als die soziale Gruppe, der man gerade angehörte: der *Umma*-Begriff, der heute hoch geschätzt wird, spielte damals kaum eine Rolle … Die Stämme hatten ihre eigene Moschee … Man wollte nicht hinter jemandem das Gebet verrichten, mit dem man … nicht übereinstimmte.«[22]

Diese Spannung zwischen *Umma* und tribalem Kollektiv / *Djama'a* beherrscht die gesamte islamische Geschichte.[23] Ich habe schon argumentiert, dass die vorislamischen Araber eine Geschichte von Stämmen hatten. Bis auf die Dichtung, als eine entsprechende Art der vorislamischen Geschichtsschreibung, gibt es jedoch keine Geschichtswerke aus jener Zeit.

Auch wenn im Islam die Historizität als Wandel abgelehnt wird, entwickelte sich bei den Arabern die Geschichte als Disziplin erstmals unter dem Islam. Ein arabisch-nationaler, im Westen lehrender Historiker äußert sich abfällig über die vorislamischen Araber:

»Die *Djahili*-Kultur (der vorislamischen Araber, B.T.) war … im wesentlichen eine Kultur im vorschriftlichen Stadium, obwohl eine Schriftsprache existierte … Das Kollektivgedächtnis war der ›Behälter‹ … aber auf dieser Basis konnten weder Geschichtsdenken noch Geschichtsschreibung gedeihen und eine ausreichende Grundlage (für das Festhalten der Geschichte, B.T.) liefern. Die Araber entwickelten erst dann eine Auffassung von Geschichte, als sie eine neue Religion erwarben … Der Koran ist eine Quelle von Ideen über die Geschichte …«[24] Dieser arabische Historiker ist offensichtlich blind und scheint nichts von der Schriftkultur der arabischen Dichtung (vgl. Anm. 10) gehört zu haben. Dennoch ist es richtig, dass erst im Koran die Geschichte seit Abraham / Ibrahim festgehalten wird. Sie wird als solche von Offenbarungen dargestellt; diese werden durch Propheten, die als *Rusul*, d.h. Gesandte Gottes wirken, übermittelt. Der Prophet Mohammed wird im Koran als »*Khatim* / Abschluß« aller Prophetien (*Khatim al-anbiyya* / Siegel aller Propheten) definiert. Damit erhält die Offenbarung des Koran einen überhistorischen Rang. Ist die »Überzeitlichkeit« beanspruchende islamische Religionsstiftung deshalb »*the end of history*«, frage ich unter Verwendung einer modischen Formel aus unserer Zeit, die Francis Fukuyama geprägt hat. Streng genommen erlaubt die religiöse Doktrin des Islam keine Geschichte, weil Geschichte Wandel bedeutet, die islamische Offenbarung jedoch als Abschluss der Geschichte begriffen wird. Vielleicht hängt es damit zusammen, dass islamische Historiker – bis auf den großen Ibn Khaldun – vorwiegend Chronisten waren und keine Deutung der Geschichte wagten.

In Wirklichkeit ist die islamische Religion doch dem Wandel ausgesetzt, nämlich dem Wandel der Zivilisation, die den Gegenstand der islamischen Geschichte ausmacht; es gibt auch eine Disziplin hierfür, nämlich die der muslimischen Geschichtsschreibung. Diese Geschichte, die Koran und *Hadith* / Überlieferung des Propheten als primäre Quellen besitzt, ist religiös dominiert. Im Laufe ihrer historischen Entwicklung hat sich diese Disziplin jedoch zunehmend desakralisiert, d.h. sie hat sich von der Religion abgekoppelt und ihre eigenen Quellen entwickelt. Im folgenden möchte ich die islamische Geschichtsschreibung in vier chronologisch aufeinanderfolgende Schulen unterteilen.[25] Dies schließt ein, dass islamische Geschichte hierbei analog periodisiert werden kann.

Die Epochen islamischer Geschichtsschreibung

Zwischen dem ersten und dritten islamischen *Hidjra*-Jahrhundert, sprich vom siebten bis zehnten Jahrhundert christlicher Zeitrechnung, entwickelte sich eine an der Biographie des Propheten / *Sira* und seinen Äußerungen bzw. Taten / *Hadith*[26] orientierte Tradition der chronologischen Geschichtsschreibung. Prominentester islamischer Chronist dieser Epoche war der Biograph des Propheten, Muhammad Ibn Ishaq[27] (gest. 767).

Die großartige *Sira* / Biographie von Ibn Ishaq wurde von Abd al-Malik Ibn Hischam (gest. 834), einer weiteren Größe der *Hadith*-Geschichtsschreibung, redigiert bzw. neu geschrieben und stellt für uns die zentrale Quelle für das Studium des Früh-Islam dar. Doch der wichtigste Historiker im Islam ist der von der islamischen Orthodoxie verfemte al-Tabari[28] (gest. 923). Er gilt als Imam der *Hadith*-Historiographie. Die Ehrung eines Menschen als Imam ist die höchste Einstufung, die einer Person im Islam zuteil werden kann. Seit dem Tod des Propheten streiten die Muslime darüber, wer dem Erbe des Propheten gerecht und als Imam der Muslime anerkannt werden kann. Auch für spätere Perioden der islamischen Geschichte bleibt das Werk Tabaris die bedeutendste Quelle islamischer Geschichtsschreibung. Seine nicht nur an Religiosität, sondern auch an historischen Fakten orientierten Chroniken missfielen schon damals islamischen Orthodoxen, die ihn verfolgten und bis zu seinem Tod sein Haus belagerten. Dieser Zeit der biographischen Geschichtsschreibung entspricht die Epoche des Früh-Islam. Sie wird abgelöst zwischen dem 9. und 11. Jahrhundert n.Chr., also in der Periode des Hoch-Islam, von der *Adab*-Geschichtsschreibung. In dieser Zeit blühten Philosophie und Wissenschaften in der islamischen Zivilisation. Somit korrespondieren die unterschiedlichen Traditionen der islamischen Geschichtsschreibung mit entsprechend unterschiedlichen Epochen des Islam.

Adab ist das arabische Wort für ›schöngeistige Literatur‹, und die Vertreter dieser Form der Geschichtsschreibung waren vorwiegend Literaten, die im Vergleich zu den *Hadith*- und *Sira*-Historiographen stärker säkular orientiert waren. Eines ihrer Anliegen war die Rehabilitierung der von der

Orthodoxie degradierten vorislamischen *Djahiliyya*-Dichtung; im Früh-Islam wurde diese verworfen. Die *Adab*-Historiker haben gezeigt, dass die vorislamische Dichtung der islamischen Poesie literarisch überlegen war. Große Namen dieser Epoche waren al-Djahiz (gest. 868) und Ibn Qutaiba (gest. 889). In der *Adab*-Geschichtsschreibung wurde islamische Geschichte sozusagen als Literaturgeschichte studiert. Damit knüpft die als *Adab* betriebene Geschichtsschreibung an die vorislamische Tradition an, die – wie bereits erläutert wurde – die Dichtung zum Vehikel ihrer Geschichtsüberlieferung gemacht hatte.

Chronologisch folgt auf die *Adab*-Tradition die *Hikma*-Geschichtsschreibung; diese entfaltete sich bereits im 10. nachchristlichen Jahrhundert, wodurch sich Überschneidungen mit der *Adab*-Epoche ergeben. Das arabische Wort *Bahth* / Forschung wurde im Zusammenhang mit der Geschichtsschreibung erstmals von dem in dieser Zeit lebenden Historiker Abu al-Hasan Mas'udi (gest. 956) verwendet. *Hikma* ist das arabische Wort für ›Weisheit‹, aber auch für ›zweites, d.h. neu durchdachtes Urteil‹, welches aufgrund eines erneuten Überdenkens weise genannt werden kann. Aber die *Hikma*-Historiker verbanden ihre Arbeit nicht nur mit der Forschung im damaligen wissenschaftlichen Sinne, sie waren selbst integraler Bestandteil der großen Errungenschaften jener Epoche des Hoch-Islam in Wissenschaft, Literatur und Philosophie. Der Übergang von *Adab* zu *Hikma* geht also einher mit einer historischen Entwicklung im Islam selbst. Es ist nicht übertrieben, in dieser Geschichtsepoche Ansätze zu einer islamischen Aufklärung zu sehen, so wie ich es in einem früheren Werk getan habe.[29]

Aus großen wissenschaftshistorischen Werken wissen wir, dass im Islam jener Epoche Mathematik, Astronomie sowie Naturwissenschaften, vor allem aber die Philosophie und Logik aufblühten.[30] *Hikma*-Historiker übernahmen ihre Methodologie aus dem islamischen Rationalismus von al-Kindi, al-Farabi und im besonderen – in ihrer späten Phase – von Averroës. Erstmals wurde im Islam ein Konzept von Raum und Zeit eingeführt, das über das bisher dominierende ahistorische orthodoxe Verständnis der Offenbarung, d.h. die Überzeitlichkeit des Koran, hinausgeht. Dies war der Boden für eine wirkliche Geschichtswissenschaft. In diesem Sinne war die neue Richtung beschränkt säkular, d.h. von der religiösen Weltsicht abgekoppelt. Der größte Historiker dieser Epoche war Abu al-Rayhan Biruni (gest. 1048). Der Niedergang der Wissenschaftstradition im Islam nach dem Sieg der Orthodoxie musste auch diese Geschichtsschreibung beeinträchtigen.

Ab dem 10. Jahrhundert treten neue, nicht-arabische, vor allem türkische und persische Dynastien in die islamischen Herrschaftskreise ein. Speziell die Türken[31] – im besonderen die türkischen Seldjuken – militarisierten bereits lange vor der osmanischen Zeit das islamische Imperium von Bagdad. Neu an dieser Zeit ab dem 11. Jahrhundert ist auch, dass die Politik, die *Siyasa*, als pragmatische Staatskunst und -administration gegenüber der Religion zunehmend in den Mittelpunkt rückt. In dieser Epoche entzünden sich inter-ethnische Konflikte im Islam und der Zerfall wird eingeleitet. Auch die Ablösung der *Hikma*-Geschichtsschreibung ist in diesem Zusammenhang zu sehen. Der Niedergang der islamischen Zivilisation hat lange vor den Invasionen der Mongolen, die Bagdad 1258 eroberten, begonnen.

Die Epoche vom 11. bis weit in das 15. Jahrhundert war durch gewaltförmige Auseinandersetzungen zwischen Arabern, Türken und Persern um die Macht gekennzeichnet. Dies waren inter-ethnische Konflikte. Sie erfolgten gleichermaßen innerhalb des Hofes und in der Peripherie des Imperiums im Rahmen der Entstehung von Territorialstaaten. Zwischen dem 11. und 13. Jahrhundert fanden auch die Invasionen der Mongolen von Osten und der Kreuzzügler von Westen statt, die das bereits desintegrierte islamische Imperium zusätzlich schwächten, ja formell sein Ende beschleunigten, als Bagdad 1258 fiel und die Bücher der islamischen Bibliotheken in Tigris und Euphrat geworfen wurden.

Es ist erstaunlich, dass ausgerechnet in einer späten Phase dieser vom Niedergang geprägten vierten Epoche der *Siyasa*-Geschichtsschreibung eines der hellsten Lichter der islamischen Zivilisation wirkte: der im 14. Jahrhundert lebende Historiker und Geschichtsphilosoph Ibn Khaldun; er gilt als der größte und bis heute unübertroffene Geschichtsdenker im Islam. Ibn Khaldun ist mehr als ein Imam, weil er ein säkularer Denker war; er hat den Verlauf der Geschichte philosophisch und – modern ausgedrückt – soziologisch auf Regularitäten im Sinne wiederkehrender Prozesse hin studiert und ein mehrbändiges Werk über den Aufstieg und den Niedergang der islamischen Dynastien geschrieben, dessen Prolegomena / *al-Muqaddima*[32] auch heute noch in höchstem Maße lesenswert sind. Dieses Werk stellt den Höhepunkt der *Siyasa*-Geschichtsschreibung dar, der letzten Tradition der Geschichtsschreibung im Hoch-Islam. Allein das Werk Ibn Khalduns vermag eine Geschichtlichkeit des Islam sowie eine entsprechende Geschichtswissenschaft zu begründen.

Zwischen dem 15. und 19. Jahrhundert herrschte die osmanische Geschichtsschreibung vor, die mit der Suche der osmanischen Hofhistoriker nach islamischer Legitimität für die osmanischen Herrscher präokkupiert war. Die große Leistung der Trennung von Geschichte und Religion, die durch *Adab*-, *Hikma*- und *Siyasa*-Geschichtsschreibung erreicht worden war, wurde in osmanischer Zeit zugunsten einer Rückkehr zu einem von der Religion bestimmten Geschichtsbild aufgegeben. Die Geschichte des osmanischen Reiches war eine Kriegsgeschichte der *Djihad*-Eroberung (vgl. Anm. 31) und die Historiker waren legitimatorische Hofdiener.

Bis zum 19. Jahrhundert ist es ein großer Sprung. Viel lag dazwischen nicht; die Muslime wurden in jener Zeit schließlich mit den Prozessen der »europäischen Expansion«[33] und den mit ihr verbundenen Traumata konfrontiert. Die Geschichtsschreibung, die sich in diesem Rahmen entfaltete, war von den Gefühlen der Bedrohung und Faszination[34], die von Europa ausgingen, geprägt. Zu nennen sind Abd al-Rahman Ibn Hasan al-Djabartis (1754–1822) Beobachtungen der Napoleon-Expedition nach Ägypten 1798, die in einer deutschen Übersetzung vorliegen.[35] Diese Geschichtsschreibung betrifft den Einbruch der Moderne in die Welt des Islam, dessen Auswirkungen bis in die Zeitgeschichte im Rahmen von Globalisierung anhalten.

Höhepunkte der islamischen Zivilisation und innerislamische Kriege

Die islamische Zivilisation erlebte im Wesentlichen zwei entscheidende Geschichtsabschnitte, den einen unmittelbar im Anschluss an die islamische Religionsstiftung, den zweiten in der Epoche des Hoch-Islam, dessen Zenit in die Zeit des Abbasiden-Reichs der Kalifen von Bagdad (750–1258) fällt und mit der Hochkultur im arabischen Spanien in Cordoba zusammenfällt. Das herausragende Merkmal des ersten zivilisatorischen Höhepunktes war die Befriedung der Stämme und die temporär erreichte Einheit der *Umma*. Der Prophet selbst hat in jener Epoche Kriege geführt und ihm oblag die Rechtleitung der *Umma*; seine Prophetie wurde nur von Ungläubigen angezweifelt, in der *Umma* dagegen war er das unwidersprochene Oberhaupt. Der Koran schreibt den Muslimen vor: »Und gehorcht Allah und dem Propheten und denjenigen unter Euch, die die Autorität haben / *Ulu al-amr*« (Koran: *al-Nisa*, 4/59). Es gab keinerlei Zweifel an der prophetischen Autorität des Gesandten Gottes / *Rasul Allah*, wohl aber an der Legitimität seiner Nachfolger, d.h. der Kalifen. Das Kalifat zu verstehen, heißt den Kern der politischen Geschichte des Islam begreifen. Ich bitte meine Leser, sich bis zum folgenden Abschnitt zu gedulden, wo mehr darüber zu erfahren ist. Vorab möchte ich die Unterscheidung zwischen der Epoche der rechtgeleiteten Kalifen / *Raschidun* (632–661) und jener des dynastischen Kalifats anführen. Alle drei als Kalifat-Ordnungen anerkannten großen islamischen Imperien, das der Omaiyyaden (661–750), der Abbasiden (750–1258) und der Osmanen (Auflösung des Kalifats 1924), waren dynastisch. Ein legitimer Kalif ist in der Regel ein »wahrer Imam«[36], dem die Rechtleitung der *Umma* auf der Basis der Befolgung von Koran und *Sunna* sowie seiner Zugehörigkeit zum Stamm des Propheten (Quraisch) zusteht.

In der islamischen Geschichte waren die dynastischen Kalifen in Wirklichkeit jedoch mehr Könige als Imame, wie der mehrfach angeführte große islamische Geschichtsphilosoph Abdulrahman Ibn Khaldun in seiner *Muqaddima* richtig beobachtet hat. Streng genommen erfüllen nur die vier rechtgeleiteten Kalifen / *Raschidun* die Bedingung des wahren Imam, dennoch waren auch sie nicht unumstritten; drei von ihnen, Omar, Othman und Ali, wurden sogar brutal von Muslimen ermordet. Nach dem Mord an Othman 656 brach auch der erste innerislamische Krieg aus, der als *Fitna*-Krieg (dazu Kapitel II) bekannt ist.

Je nach Perspektive wird einer der beiden angeführten Höhepunkte der islamischen Geschichte das islamische goldene Zeit alter genannt. Aus der religiösen Perspektive der Prophetie und der Einheit der islamischen *Umma* gilt die Medina-Zeit des Propheten (622–632) sowie die darauf folgende Periode der *Raschidun*-Kalifen als goldenes Zeitalter.[37] Aus dem Blickwinkel der zivilisatorischen Blüte in Wirtschaft, Philosophie und Wissenschaft gilt dagegen die Zeit Harun al-Raschids (786–809) und seines Sohnes al-Ma'mun (813–833) als das goldene Zeitalter des Islam.[38] In dieser Zeit erfolgten auch die ersten europäisch-islamischen Kontakte[39] zwischen Karl dem Großen und dem Kalifen von Bagdad Harun al-Raschid.

Für Muslime unserer Gegenwart gilt die romantische Sehnsucht weniger der Zeit Harun al-Raschids[40] als vielmehr dem Ur-Islam von Medina. Die Nostalgie richtet sich auf jene Stiftungsjahre des Islam, in denen die

Muslime temporär und äußerlich eine einheitliche *Umma* bildeten. Realhistorisch betrachtet war die Gemeinschaft der Muslime jedoch weniger eine übergeordnete *Umma* im Sinne eines die Stammesstrukturen überwindenden Gemeinwesens als vielmehr ein »*supertribe* / Super-Stamm« (W. M. Watt), also sozusagen eine Ansammlung von Stämmen, in der alle Araber unter dem Banner des Islam vereinigt wurden.

Durch die Bezwingung der Stämme wurde im Früh-Islam die Einheit der Araber erreicht. Aber ebenfalls im Früh-Islam erfolgten die ersten innerislamischen Kriege, die diese Einheit erschütterten. Die Spaltung der *Umma* begann bereits *vor* dem auch kriegerisch ausgetragenen islamischen Schisma in Sunna und Schi'a im Gefolge der Ermordung des dritten rechtgeleiteten Kalifen Othman. Die Große *Fitna*[41], d.h. der erste innerislamische Krieg, fand in den Jahren 656 bis 661 statt. *Fitna* bedeutet übersetzt Unruhe oder Verführung. Dieser Krieg hinterließ außerordentlich tiefe, bis heute nicht verheilte Wunden in der islamischen *Umma*. Er wurde, wie gesagt, vom ersten Mord von Muslimen an ihrem Kalifen ausgelöst. Darauf folgten viele Morde. Sowohl der dritte als auch der vierte rechtgeleitete Kalif, also Othman und Ali, wurden von Muslimen brutal ermordet. Die Kriegsparteien während der Großen *Fitna* wurden von der Lieblingsfrau des Propheten, Aischa (614–678), auf der einen und seinem Vetter Ali auf der anderen Seite angeführt. Aischa als eine den Krieg schürende Feldherrin[42] in der ersten innerislamischen Schlacht, die in einem Blutbad endete, straft das feministische Märchen Lügen, dass Frauen keine Kriege führen. Auf die Große *Fitna* des Jahres 656 und das Schisma von 661 folgten noch weitere *Fitna*-Kriege im Früh-Islam in den Jahren 680–692 (Zweite *Fitna*), 744–750 (Dritte *Fitna*) und 811–813 (Vierte *Fitna*). Diese innerislamischen Kriege waren Zerreißproben für die Islam-Gemeinde, von denen sich die islamische *Umma* bis in unsere Gegenwart nicht erholt hat. In der islamischen Geschichte wird zwischen unterschiedlichen Mustern von Kriegen unterschieden. Ich habe hier zunächst nur den *Fitna*-Krieg einzeln angeführt, weil er als innerislamische Gewaltauseinandersetzung die islamische Einheit zerriss. Ich belasse es hier dabei, weil das zweite Kapitel den Krieg im Islam sehr umfassend behandelt. Im Anschluss an die früh-islamischen Erfahrungen wird jede innerislamische Gewalt – auch in unserer Gegenwart in Afghanistan und in Algerien – als *Fitna* bezeichnet.

Der islamische Universalismus und das Kalifat als die göttliche Ordnung des Islam

Die islamische Geschichte ist leichter zu überblicken und zu periodisieren als die europäische. Dennoch ist sie nicht weniger komplex. Dieses historische Urteil von Hodgson ist sehr bedeutend:

> »Die islamische Geschichte sollte … als ein wesentliches Element für die Gestaltung der Menschheit studiert werden … Nicht nur in den ersten Jahrhunderten, sondern auch in späteren Perioden ist das Schicksal des Islam von weltweiter Bedeutung … Denn die spätere islamische Geschichte ist von Relevanz für die Frage, wie es zu der zeitgenössischen Situation unserer Welt gekommen ist.«[43]

In Bezug auf die Einheit islamischer Geschichte, die ja in sich sehr vielfältig ist, lässt sich vereinfachend anmerken, dass das Kalifat zu den zentralen Elementen dieser Historie gehört. Um einzuschätzen, wie bedeutsam das Kalifat für das Verständnis der islamischen Geschichte ist, sollte man sich vergegenwärtigen, dass es von 632 bis 1924 die von Muslimen über Jahrhunderte anerkannte Staatsform, d.h. Merkmal der Einheit im Islam, war. Das Kalifat beansprucht, die politische Heimat der *Umma* zu sein, die – wie wir bereits wissen – universell ist und anstrebt, die gesamte Menschheit zu vereinigen. Diese Herrschaftsform kann als die Grundlage einer islamischen imperialen Größe umschrieben werden; sie gilt als göttliche Ordnung, weil der Kalif nach der Doktrin kein selbständiger Herrscher ist, sondern ausschließlich den göttlichen Willen repräsentieren soll. Es versteht sich von selbst, dass dieser Anspruch nur als Legitimation für königlich-absolute Herrschaft gedient hat.

Es ist wichtig zu wissen, dass das politische Konzept des Kalifats gar nicht im Koran existiert und einer post-koranischen Entwicklung entstammt. Die islamischen Religionsvorschriften, die auf dem Koran und auf der Überlieferung des Propheten Mohammed basieren, lassen sich – darauf wurde bereits hingewiesen – unterschiedlich, also gegebenenfalls auch laizistisch, interpretieren. Gleiches gilt auch für das Kalifat. Eine solche quasi-säkulare Deutung des Islam und der in seinem Verbreitungsgebiet bis 1924 dominierenden Herrschaftsform lieferte ein Professor der autoritativen und ältesten islamischen Universität, der Azhar-Universität in Kairo, Ali Abdulraziq (1888–1966), in einer 1925 veröffentlichten Schrift, die seinerzeit einen Konflikt und große Debatten mit der Orthodoxie auslöste.[44] Trotz des Fehlens eines konsistenten Kalifat-Konzeptes kennt die Doktrin der kalifalen Ordnung keine Trennung von temporärer und geistlicher Autorität. Abdulraziq weist jedoch darauf hin, dass dies eine historische Entwicklung ist, weil im Koran keine Rede vom Kalifat ist. Kurz, das Kalifat[45], also die Ordnungsvorstellung des Islam, ist ein Produkt der politischen Geschichte im Islam und somit kein Ausdruck des religiösen Glaubens. Bei Abdulraziq wird die Formierungsphase des Islam, d.h. die Jahre der islamischen Religionsstiftung[46], von der Geschichte des Kalifats abgekoppelt.

Historisch lässt sich das Kalifat in vier Epochen unterteilen:

1. Die Periode der vier rechtgeleiteten Kalifen / *al-Khulafa al-raschidun* (632–661), die *Raschidun*-Periode, während der der Kalif (Nachfolger) Mohammeds frei gewählt wurde. Von den vier rechtgeleiteten Kalifen, die alle dem Stamm Quraisch angehörten, sind drei ermordet worden!
2. Die *Omaiyyaden*-Periode (661–750), während der das Kalifat in eine »islamische Auffassung königlicher Herrschaft«[47] verwandelt wurde. Die Omaiyyaden waren ein Zweig des Quraisch-Stammes, aus dem der Prophet kam. Nach der Ermordung Alis, des vierten rechtgeleiteten Kalifen, waren sie an die Macht gekommen und hatten die Hauptstadt des Kalifats nach Damaskus verlegt.
3. Die *Abbasiden*-Epoche (750–1258), die als Blüteperiode der islamischen Zivilisation und als Zenit des Hoch-Islam gilt, in der das Kalifat dynastisch im Hause *Banu al-Abbas* blieb. Wie die Ommaiyyaden waren auch die Abbasiden quraischitische Araber,[48] dennoch haben sie ein Blutbad unter ihren Vorgängern angerichtet und das Zentrum ihrer Herrschaft von Damaskus in das als neue Hauptstadt gegründete Bagdad verlegt. Nur ein Omaiyyade, Abdulrahman (756–788), konnte dem Brudermassenmord nach Spanien entfliehen und dort ein Emirat gründen, aus dem später ein Kalifat hervorging.[49]
4. Das *Osmanische Reich* (etwa 1300 bis 1922 bzw. 1924 / Abschaffung des Kalifats). Das Reich geht auf Osman I. (gest. 1324) zurück, der allerdings weder Araber noch Kalif war. Seine Nach-

folger nannten sich zunächst Sultane. Nach der osmanischen Geschichtsschreibung soll der letzte überlebende abbasidische Kalif, al-Mutawakkil, der in Kairo lebte, dem zehnten osmanischen Sultan Selim I. (1512–1520) im Jahre 1517 bei seiner Eroberung Kairos den Kalifentitel übertragen haben.[50] Erstmals in der islamischen Geschichte war der Kalif kein quraischitischer Araber mehr, sondern ein Türke. Seit dem dritten dynastischen, dem osmanischen Kalifat haben die Araber ihre Führungsposition im Islam verloren. In unserer Zeitgeschichte schien sich eine weitere Marginalisierung der Araber in der islamischen Zivilisation anzubahnen, als der Iraner Khomeini für den schi'itischen Iran die Führung aller Muslime beanspruchte.[51] Die Araber machen heute nur noch einen Bruchteil der 1,3 Milliarden Menschen umfassenden *Umma* aus.

Alle Herrscher der angeführten Geschichtsepochen (die Osmanen ab 1517) legitimierten sich also über das Kalifat. Die politisch interpretierte Doktrin des Islam kennt keine territorialen Grenzen, weil die islamische Religion – ähnlich dem Christentum – Anspruch auf universelle Geltung erhebt. Es ist die von Gott auferlegte Pflicht der Muslime, eine Vereinigung der gesamten Menschheit unter dem Banner ihrer Religion anzustreben. Hierbei wird das Haus des Islam / *Dar al-Islam* zu *Dar al-Salam*, d.h. zu einer die gesamte Welt umfassenden Friedensordnung. Dieser Auftrag galt als eine religiös-geschichtliche Verpflichtung auch für alle vier angeführten Kalifat-Perioden; er bestimmt das Verhältnis der als Gottesreiche legitimierten islamischen Staatsgebilde, die sich als *Dar al-Islam* (Haus des Islam / Haus des Friedens) begriffen haben, in Abgrenzung zu der außerislamischen Territorialität, die als *Dar al-harb* (Haus des Krieges) definiert wird. In diesem Sinne versteht sich der Islam trotz seiner kriegerischen Expansion (*Futuhat*-Kriege) als Friedensbotschaft[52], insofern diese Kriege als Vorbereitung für einen Weltfrieden dienen. Der gewaltförmige *Djihad* gilt dabei als Instrument des Friedens.

Periodisierung der islamischen Geschichte

Ebenso wie es *den* Islam weder in kultureller noch in konfessioneller Hinsicht gibt, existiert in der Geschichte kein Islam, der über der Historizität steht. Der missionarische Früh-Islam unterscheidet sich von dem nach innen gewandten Hoch-Islam, ebenso wie sich der expansive Islam der *Futuhat*-Kriege (Kapitel II) vom defensivkulturellen Islam des 19. und 20. Jahrhunderts unterscheidet, nicht zu sprechen vom Islamismus unserer Gegenwart in seinen zahlreichen Ausprägungen. Trotz dieser Vielfalt bilden diese Abschnitte zusammen eine einheitliche islamische Geschichte, die ich im folgenden in fünf historische Epochen unterteilen werde:

1. *Der Früh-Islam*: Das ist die Epoche der islamischen Religionsstiftung, die sowohl die Verkündung der neuen Religion als auch die Bezwingung der Stämme im Rahmen der Konstituierung des neuen *Umma*-Gemeinwesens beinhaltet. Diese Epoche umfasst gleichermaßen die Zeit des Propheten sowie die der vier Raschidun-Kalifen.
2. *Der expansive Islam*: Das ist spezifisch der Islam der Omaiyyaden, der auf dem als *Djihad* legitimierten Eroberungskrieg basierte. Wir werden ihn in Kapitel II über Krieg im Islam näher kennenlernen.
3. *Der Hoch-Islam*, der zwei Zentren hatte: eines in Bagdad und das zweite in Cordoba. Es ist vor allem die Zeit vom 9. bis zum 12. Jahrhundert, in der die Hellenisierung des Islam stattfand und die durch eine wirtschaftliche sowie zivilisatorische Blüte des Islam charakterisiert war.
4. *Der osmanische Islam*, die längste Epoche der islamischen Geschichte (sechs Jahrhunderte). In dieser Zeit erfolgt eine Rückkehr zum Eroberungs-*Djihad*-Islam, in deren Verlauf weite Teile Europas militärisch besetzt wurden.
5. *Der defensiv-kulturelle Islam*: Zu den Folgen des Aufstiegs des Westens gehört die europäische Expansion, bei der ein Rollentausch stattfand: Die muslimischen Eroberer werden von den europäischen Eroberungen abgelöst. Der islamische *Djihad* verkümmert zu einem Antikolonialismus, d.h. zur Defensive.

Zusammen umfassen alle fünf Epochen einen Zeitraum von vierzehn Jahrhunderten. Im Zeitalter des Nationalstaates – es gibt heute 55 islamische Nationalstaaten – schien sich der Verlust der territorialen Einheit der islamischen Zivilisation zu perpetuieren. In unserer Zeit entfaltet sich ein Bewusstsein von einer Rückkehr der islamischen Zivilisation zur Geschichte. Zuvor schien sie durch die Staaten abgelöst worden zu sein. Mit dieser Rückkehr ist eine nostalgische Rückbesinnung verbunden; innerhalb der islamischen Zivilisation erinnern sich Muslime an die glorreichen Tage ihrer Geschichte, dies belebt die islamisch-zivilisatorische Weltanschauung von neuem.[53]

Sakrales und Weltliches in der islamischen Geschichte. Die religiöse Legitimation politischer Herrschaft

In den bisherigen Ausführungen wurde deutlich gezeigt, dass der Islam auch eine politische Geschichte hat, woraus allerdings nicht unbedingt folgen muss, dass er eine politische Religion ist. Ich bestreite, dass der Islam dies seinem Wesen nach ist. Es trifft zu, dass er in seinen religiösen Basislehren eine politische Ethik bietet, aber doch keine Grundlagen für eine politische Herrschaft; das Kalifat wurde seit dem Tod des Propheten 632 bis zu seiner Auflösung 1924 islamisch legitimiert, obwohl die religiösen Grundlagen hierfür fehlen. Die religiöse Legitimation für das Kalifat in der islamischen Geschichte ist dennoch zentral.[54] Die Entsprechung des Sakralen und des Politischen in der islamischen Geschichte bedeutet jedoch nicht, dass der Koran eine Doktrin der Herrschaft in einem Gottesstaat beinhaltet. Das Studium des Koran-Textes führt in Bezug auf diese Frage zu einem negativen Ergebnis. Autoritativ ist aber nur der Koran als die primäre Quelle aller islamischen Religionsvorschriften, gleichermaßen im Bereich des Religiösen / *Dini* und des Weltlichen / *Dunyawi*.

In aller Kürze: Im Koran werden wir keinen Staatsbegriff / *Daula* (türkisch: *Devlet*) vorfinden, dort ist allein die Rede von der *Umma* / Gemeinschaft. Wir begegnen darin weder einer Beschreibung von Herrschaft noch erhalten wir Auskunft darüber, wie eine Regierung gestaltet sein müßte. Islamische, säkular orientierte Gelehrte wie der bereits zitierte Ali Abdulraziq (vgl. Anm. 44), bestreiten, dass es ein authentisches islamisches Regierungssystem gibt, und ich schließe mich dieser Deutung an. Selbst das heute bei Islamisten populäre Wort »System / *Nizam*« werden wir im Koran nicht finden. Orthodoxe Muslime sprechen ihrerseits von einer islamischen Ordnung. Islamisten andererseits machen aus dem Konzept von

Nizam Islami ein islamisches Regierungssystem, ungeachtet dessen, dass der Koran keine Vorschriften in Bezug auf eine Regierungsordnung enthält. Die Tatsache, dass der Prophet – wie Rodinson es formuliert – in seinem historischen Wirken »Jesus und Karl den Großen«[55] in einer einzigen Person vereinigte, führt zu falschen Schlussfolgerungen. Die tatsächliche historische Leistung des Propheten besteht darin, dass er die arabischen Stämme im Rahmen des *Djihad* zusammenführte. Der Gesamtzusammenhang lässt sich geschichtlich in folgenden Worten umschreiben:

»Der innere Frieden und die externe Expansion waren komplementär. Der innere Frieden bescherte den Arabern eine vereinte Armee und das vereinigte Kommando, das es für eine effektive Expansion bedurfte, während die Expansion wiederum notwendig war, um den inneren Frieden aufrechtzuerhalten.«[56] Der innere Frieden entsprach also im 7. Jahrhundert der Föderation der arabischen Stämme. Islamisten unserer Zeit sind bemüht, fälschlich zu unterstellen, dass der Koran ein spezifisches politisches System beschreibt. Doch selbst der Islamist Maududi reduziert diesen Anspruch auf eine allgemeine Formel für eine politisch-religiöse Orientierung und räumt ein:

> »Der Koran vermittelt keine dicht und genau beschriebenen Regeln darüber, wie zu regieren ist. Er enthält nur breit angelegte Prinzipien und läßt das Problem ihrer praktischen Anwendung offen.«[57]

Im Koran kommt weder der Begriff System / *Nizam*[58], noch Regierung / *Hukumah* vor. Eindeutig ist der Koran jedoch hinsichtlich des strengen Theozentrismus: Gott beherrscht die Welt und richtet sie nach seinem Willen. Gott ist der Schöpfer / *Khaliq*, und der Mensch ist nur ein Geschöpf Gottes / *Makhluq*, das sich dem göttlichen, im Koran geoffenbarten Willen unterzuordnen habe. Islamische Rationalisten haben diese Doktrin jedoch uminterpretiert und dem menschlichen Willen eine Berechtigung eingeräumt. Dagegen verwandeln islamische Orthodoxe in der Tradition des Ibn Taimiyya diesen Theozentrismus in einen politischen Totalitarismus.

Trotz der Entsprechung des Sakralen und des Weltlichen in der islamischen Weltanschauung lässt der Islam, im Gegensatz zum Christentum, – zumindest in der religiösen Doktrin – keine Übertragung sakraler Eigenschaften auf die Menschen zu, selbst auf den Propheten Mohammed nicht. Die besondere Bedeutung des islamischen Propheten rührt lediglich daher, dass er von Gott eine Offenbarung empfangen habe, weshalb er ein Gesandter Gottes sei. Gott habe ihn mit seiner Weisheit / *Hikma* ausgestattet, die ihm eine bessere Einsicht in und ein besseres Verständnis von der ihm übermittelten göttlichen Offenbarung ermögliche. Wie kam es dann aber dazu, dass es im Islam – ähnlich wie im Christentum (symbolische Krönung durch den Papst) – zur Etablierung einer menschlichen Herrschaft von Gottes Gnaden und so zur Heiligung des Herrschers (der Kalif als Walter Allahs auf Erden) gekommen ist?

Im Koran steht ein bereits zitierter, zentraler Vers (*al-Nisa*, 4/59), der die Gläubigen zum Gehorsam gegenüber Gott und dem Propheten Mohammed auffordert, weil dieser die Herrschaft der ersten Zentralinstanz in Arabien (nur arabische Halbinsel) verkörpert. Seine Nachfolger, die bereits angeführten *Raschidun*-Kalifen, nannten sich *Khalifat rasul Allah* / Nachfolger des Gesandten Gottes, beanspruchten für sich somit keine sakralen Eigenschaften. Während der ersten dynastischen Geschichtsepoche des Islam, d.h. während der Omaiyyaden-Herrschaft, nannten sich die Kalifen dann aber *Khalifat Allah*, d.h. sie maßten sich an, praktisch als Sachwalter Gottes auf Erden zu gelten. Da der islamische Theozentrismus weder einen autonom-menschlichen Handlungsspielraum noch eine Souveränitätslehre (nur Gott ist der Souverän) zuläßt[59], liefen die Annahme des Titels *Khalifat Allah* und die damit verbundene Interpretation auf eine Sakralisierung der Herrschaft hinaus, die nicht in der islamischen Offenbarung begründet ist; sie ist Bestandteil der politischen Geschichte.

Das islamische *Umma*-Verständnis – darauf wurde bereits mehrfach hingewiesen – ist organisch und lässt keine Vielfalt zu, obwohl der Prophet gesagt hat: »Die Vielfalt in meiner *Umma* ist ein Segen / *al-ikhtilaf fi ummati rahmah.*« Die prominenteste islamische Widerstandstradition stammt von den Kharidjiten (arab.: *al-Khawaridj*). Das Wort bedeutet: diejenigen, die die *Umma* verlassen haben, also die Ausgetretenen. In der Folge wurde die Kharidjiten[60] als »Außenseiter« inkriminiert. Sämtliche islamische Sekten werden bis in unsere Gegenwart hinein, auch in dem nach Deutschland zugewanderten Islam, als außerhalb der *Umma* stehend betrachtet. Die Geschichte der Sekten im Islam ist eine Geschichte des Widerstandes gegen politische, sakral legitimierte Herrschaft, also gegen den orthodoxen Sunni-Islam. Die *Fiqh*-Orthodoxie hat stets alle Sekten inkriminiert.

Die angeführten Auswüchse erfolgten größtenteils nach der *Raschidun*-Periode, also der Zeit der rechtgeleiteten Kalifen. Diese haben keine absolute Herrschaft für sich beansprucht und galten nur als Nachfolger des Gesandten Gottes, also als *Khalifat rasul Allah* und haben keinen Anspruch auf Unfehlbarkeit erhoben. Der zweite rechtgeleitete Kalif Omar soll die Gläubigen dazu aufgefordert haben, seine Fehler mit dem Schwert zu korrigieren, was der Aufforderung gleichkommt, ihn als Herrscher zu töten, wenn er vom rechtgeleiteten Weg abwiche. Genau das ist auch geschehen; sein Mörder glaubte, zu viele Steuern zu zahlen und handelte entsprechend. Während aller drei dynastischen islamischen Kalifate (Omaiyyaden, Abbasiden und Osmanen) hat es jedoch kein Widerstandsrecht gegeben. Der Herrscher war unter Berufung auf den zitierten Koranvers, wonach die Gläubigen zu gehorchen haben, ein solcher von Gottes Gnaden. Einige Kalifen haben sich sogar angemaßt – wie weiter oben angeführt – göttliche Züge zu beanspruchen und bezeichneten sich als *Khalifat Allah* / Stellvertreter Gottes oder *Zhul Allah* / Schatten Allahs auf Erden. In der neuen arabischen Literatur über das Kalifat werden diese Nuancen übersehen.[61]

Im Hoch-Islam kam es zu Spannungen zwischen der orthodoxen Tradition (der Religio-Jurisprudenz / *Fiqh*) und der islamischen, weitgehend hellenisierten Philosophie / *Falsafa*. Islamische Philosophen wie al-Kindi, Ibn Sina, Ibn Rushd und al-Farabi waren Aufklärer, weil sie das Primat der Vernunft anerkannten. Das Räsonieren und nicht die Exegese der Offenbarung galt für sie als Quelle des politischen Denkens. Für die *Fiqh*-Gelehrten durfte dagegen nur die Interpretation der religiösen Quellen der Gegenstand des politischen Denkens sein. Dennoch kamen die Vertreter dieser Richtung, etwa al-Mawardi (974–1058) oder Ibn Taimiyya (1263–1328), nicht zu denselben Ergebnissen, wenngleich sie ungehemmt ihre individuellen Interpretationen als die zu befolgende maßgebende Deutung des Willens Gottes darstellten. Die Vielfalt war sogar innerhalb der Orthodoxie vorzufinden.

Parallel zu der Frage einer universellen Gemeinschaft / *Umma*, die nach der Doktrin alle arabischen und nicht-arabischen Muslime, jedoch unter arabischer Führung, umfassen soll, stellt sich eine andere, nämlich die nach dem Staat. Im islamischen politischen Denken geht die *Umma*, d.h. die grenzenlose Gemeinschaft aller Muslime in allen Erdteilen, dem Staat voraus. Die *Umma* konstituiert sich als solidarische Gemeinschaft der Gläubigen im heiligen Krieg / *Djihad* gegen die ungläubige Umwelt mit dem Ziel, die gesamte Welt zu islamisieren. Konkret historisch fand diese Entsprechung des Sakralen und des Weltlichen bei den frühen islamischen Eroberungen ihren Ausdruck. Der Historiker des byzantinischen Reiches, Walter E. Kaegi, zeigt, dass die *Umma*-Solidarität gegen die Ungläubigen eine einigende Kraft war, die den islamischen Armeen einen Vorteil gegenüber Byzanz bot.[62] Diese Einheit wurde jedoch in der historischen Endphase des *Djihad* eingebüßt.

Die *Umma* geht dem Staat aber auch deswegen voraus und bleibt stets primär, weil sie den islamischen Begriff des Politischen prägt. Im politischen Denken der islamischen *Fiqh*-Orthodoxie wird die imperiale Ordnung des Kalifats allein als ein Instrument zur Verwirklichung der im Koran schriftlich fixierten islamischen Offenbarung eingeführt; die *Umma* bleibt dennoch der inhaltliche Ausdruck des Islam. Der Staat hat dafür zu sorgen, dass diese *Umma* im Einklang mit der *Schari'a*, dem *lex divina* des Islam, lebt. Zu den Aufgaben des Kalifen gehört die Erfüllung des göttlichen Auftrags mittels des *Djihad.* Auf diese Weise wird die politische Herrschaft in der islamischen Geschichte religiös legitimiert. Das war folgenreich für den Islam. Denn Einigkeit darüber, wer der legitime Imam aller Muslime sei, der befugt ist, den *Djihad* zu führen, bestand zu keiner Zeit.

Nach den Lehren der islamischen Orthodoxie, deren *Ulema* / Schriftgelehrte den jeweiligen Herrschern als Legitimatoren dienten, darf die gesamte islamische *Umma* nur ein einziges religio-politisches Oberhaupt, also nur einen *Imam* als Kalif, haben, weil sie unitär zu sein hat und nicht in sich gespalten sein darf. In der historischen Realität seit dem 10. Jahrhundert hatte die islamische Geschichte jedoch stets mehrere Imame. Seinerzeit gab es drei Kalifen: jeweils einen in Bagdad, Kairo und Cordoba. Nach dem Fall von Bagdad nahm ihre Zahl durch die Territorialisierung der Reichsprovinzen fortwährend zu. Das osmanische Reich hat die Muslime zwar wieder mit Gewalt vereint, konnte aber nicht mehr die gesamte Welt des Islam erfassen. Weitere imperiale Ordnungen des Islam bestanden im osmanischen Zeitalter in Iran (Safawiden) und in Südostasien (Mogulen).

Bis auf die Zeit des islamischen Propheten Mohammed bzw. die seines ersten rechtgeleiteten Kalifen / Nachfolger Abu-Bakr hat es eine unitäre *Umma* in Wirklichkeit nicht gegeben. Alle drei der darauffolgenden rechtgeleiteten Kalifen, Omar, Othman und Ali, sind – wie bereits angeführt – im Verlaufe von politischen Auseinandersetzungen ermordet worden. Die

Bluttat an dem vierten rechtgeleiteten Kalifen Ali leitete dann die endgültige Spaltung der islamischen *Umma* im Rahmen des islamischen Schismas in Sunna und Schi'a ein. Gleichzeitig wurde das Prinzip der freien Auswahl / *Ikhtiyar* eines Nachfolgers für den Propheten Mohammed (*Khalifat rasul Allah* / Nachfolger des Propheten Gottes), nach welchem die vier *Raschidun*-Kalifen ausgesucht worden waren, aufgegeben. Parallel zur Spaltung in Sunna und Schi'a entwickelten sich unterschiedliche Legitimationsmuster. Das Kalifat wurde dynastisch und territorial und nahm eine ausschließlich sunnitische Form an. Nach dem Schisma in Sunna und Schi'a 661 war die *Umma* gespalten, hatte aber bis 750 jeweils nur einen Imam. Danach war sie auch politisch gespalten in die Reiche von Bagdad und Cordoba.

Die sunnitische Dynastie der Omaiyyaden, deren Hauptstadt Damaskus wurde, war die erste imperiale und expansive Ordnung des Islam. Auch die direkten Nachfolger Mohammeds hatten während der *Raschidun*-Epoche (632–661) Expansion betrieben. Damals musste ein Kalif drei Voraussetzungen erfüllen: Erstens musste er aus dem Stamm des Propheten, d.h. ein Quraischit, sein; darüber hinaus musste er zweitens zugleich der *frömmste* und drittens der *führungsfähigste Zeitgenosse des Propheten* (*Sahabah*-Kreis) sein. Muslime gehen davon aus, dass alle vier *Raschidun*-Kalifen diese Voraussetzungen erfüllten.

Unter den Omaiyyaden genügte es, wenn der Kalif ein sunnitischer Muslim aus Quraisch war; fromm waren die Omaiyyaden-Kalifen nicht; sie begnügten sich jedoch nicht mit dem Titel »*Khalifat rasul Allah* / Nachfolger des Propheten Gottes«. Wie bereits angeführt, beanspruchten sie von 661 an, d.h. seit der Usurpation des Kalifats und dessen Verlegung nach Damaskus, die Legitimität »*Khalifat Allah*« zu besitzen. Damit maßten sie sich zwar noch keine göttlichen Züge an, da ein Kalif im Islam nur die Einhaltung der *Schari'a* zu gewährleisten hat und nur in diesem Sinne Statthalter Gottes auf Erden ist. Faktisch galten sie aber als Herrscher von Gottes Gnaden. Jeder Widerstand gegen den Kalifen wurde als Ungehorsam gegenüber Gott qualifiziert, da der Widerstand gegen den Kalifen ein solcher gegen die *Schari'a* und damit gegen Gottes Willen sei. Seine Folge war der Tod. Der zweite *Fitna*-Krieg unter den Omaiyyaden belegt dies auf brutalste Weise und steht gleichermaßen modellhaft für den weiteren Verlauf der islamischen Geschichte.

Araber und Nicht-Araber in der islamischen Geschichte

Der Früh-Islam in Arabien sowie die Offenbarung des Koran in arabischer Sprache veranschaulichen den ursprünglich arabischen Charakter des Islam, der nichtsdestoweniger den Anspruch universeller Gültigkeit erhebt. Seit den Omaiyyaden und ihren erfolgreichen Eroberungen, die viele nicht-arabische Völker in den Islam einschlossen, ist die islamische Geschichte nicht mehr mit arabischer Geschichte gleichzusetzen. Die Zahl der nicht-arabischen Muslime wurde immer größer, und nicht-arabische Regionen wurden ein Bestandteil des Imperiums. Dennoch besaß auch noch der Omaiyyaden-Staat einen explizit arabischen Charakter. Nicht-Araber wurden ausgegrenzt, auch wenn sie Muslime waren. Unter den Nicht-Arabern ragten stets die Perser, dann die Türken in der Wirkung auf den weiteren Verlauf der islamischen Geschichte hervor.

Nach sunnitischem islamischen Verständnis musste der Kalif ohnehin ein arabischer Quraischit sein. Diese Vorschrift verträgt sich natürlich schlecht mit dem Anspruch des Islam auf universelle Geltung. Nach den islamischen Religionsvorschriften dürfen nicht-arabische Muslime nicht diskriminiert werden, auch wenn der Koran in mehreren Versen den Vorrang der Araber durch die Auswahl des Arabischen als Offenbarungssprache hervorhebt. Die ethische Maxime des Islam lautet: *»La farqa baina arabiyun wa agami illa bi altaqwa* / Es gibt keinen Unterschied zwischen Arabern und Nicht-Arabern außer im Bereich der Pietät.« Das ist ein *Hadith*, also eine prophetische Überlieferung. In der Realität sah es jedoch anders aus, da Nicht-Araber, vor allem die Perser, aber später auch die Türken, diskriminiert wurden; sie galten als *Mawali*, was der Bezeichnung von Muslimen zweiter Klasse gleichkam. Bei der AbbasidenRevolution[63] bildeten die Nicht-Araber vor allem aus Khorasan das Fußvolk.[64] Auf diese Weise erfolgte die historische Rache der *Mawali* an den sie diskriminierenden Arabern.

Die Begründer der neuen Dynastie, die *Banu al-Abbas*, waren auch quraischitische Araber; sie beendeten aber weitgehend die bisherige Diskriminierung der *Mawali*. Die Unterscheidung zwischen *Mawali* und Arabern gibt die ersten Hinweise auf die Brüchigkeit der unitären islamischen *Umma*. Aus der Perspektive unserer Zeit stellt diese Brüchigkeit die Ideologie des Khomeinismus in Frage, die das Primat des Sunna-Islam durch einen Internationalismus ablösen will und hierbei für den Iran die Führung der islamischen *Umma* beansprucht. Islamische Fundamentalisten argumentieren, dass die europäischen Kolonialherren die einst unitäre islamische *Umma* gespalten und in Nationalstaaten dividiert hätten. Die Geschichte straft die Behauptung der Islamisten, dass aller Zwist innerhalb der islamischen *Umma* auf »Machenschaften« des Westens gegen den Islam zurückführen sei, allerdings Lügen.

Verlässt man die Domäne der Legenden und wendet sich der realen Geschichte zu, dann wird man sehen, dass zu den ethnischen Spannungen zwischen Arabern und Nicht-Arabern (*Mawali*), die den Zustand der islamischen *Umma* in frühen und mittelalterlichen islamischen Geschichtsepochen charakterisieren, weitere trennende Elemente hinzukamen. Die Spaltung der islamischen *Umma* im staatlichen Bereich erfolgte schon lange vor der europäischen Eroberung der Welt. Der letzte, dem Blutbad der Abbasiden entkommene Omaiyyade, Abdulrahman I. (756–788), floh in das arabische Spanien und gründete in Cordoba sein Emirat. Später wurde dort ein Kalifat ausgerufen und geschichtlich die erste islamische Ordnung auf europäischem Boden etabliert.[65] Einige Islamisten der Europa-Diaspora unserer Zeit verbinden mit dieser Erinnerung politische Träume für die Zukunft.

Die Dynastie der ismailitischen Fatimiden (in Tunis ab 909, später auch in Ägypten, 969–1172) begriff sich als Gegenkalifat zu den Abbasidenkalifen von Bagdad. Unter diesen Bedingungen nahm auch der Omaiyyadenherrscher von Cordoba, Abdulrahman III. (912–961) im Jahre 929 den Kalifentitel für sich in Anspruch. So hatte die islamische *Umma* bereits während des 10. Jahrhunderts drei Kalifen.

Dies steht zweifellos im Widerspruch zur politisch-religiösen Doktrin des Islam.

Vor der Zerstörung des Kalifenreichs der Abbasiden 1258 durch die Mongolen, die Bagdad auf barbarische Weise eroberten, nahmen nicht-arabische Muslime die Schlüsselpositionen am Hof des Kalifen ein. Aus dem Untergang des Reiches ging eine Vielstaaterei mit unzähligen Lokaldynastien hervor. Jede Dynastie hatte ihren eigenen Territorialstaat. Das in seinem Nukleus bereits im 14. Jahrhundert entstandene dritte, nunmehr nicht-arabische und letzte Imperium der Osmanen beendete unwiderruflich die arabische Führung des Islam.

In der mittelalterlichen Geschichte des Islam beruhten die Spannungen zwischen Arabern, Persern und Türken nicht auf nationalen, sondern auf ethnischen Rivalitäten. Nationen gab es zu jener Zeit nicht; die Vorstellung einer »Nation« ist eine moderne Schöpfung. Die Vielstaaterei, die schon im Schoß des Abbasiden-Reiches angelegt war und in besonders intensivem Maße nach dem Fall von Bagdad 1258 die islamische Welt des Mittelalters prägte, basierte auf Territorialstaaten. Diese konnten deshalb keine souveräne nationalstaatliche Organisationsstruktur haben, weil diese Form seinerzeit nicht existierte – auch nicht in Europa. Wer vom Islam und dem Nationalstaat ohne diese Differenzierung spricht, der kennt die Geschichte nicht.[66] Denn die Nation ist ein modernes Phänomen, das die islamische Geschichte vor der Begegnung mit dem modernen Europa nicht kannte. Die Nation und der Nationalstaat sind Produkte der Französischen Revolution. Die Übersetzung des französischen Begriffes ›*nation*‹ mit ›*Umma*‹ ist eine islamische Adaption, die auf einer Neuinterpretation basiert. Diese Problematik führt uns in die Gegenwart: die Konfrontation des Islam mit dem expandierenden Europa. Die *Umma* muss in diesem historischen Kontext neu bestimmt werden. Der Wandel besteht unter anderem darin, dass die muslimische *Djihad*-Herausforderung an Europa (arabischer und dann osmanischer *Djihad*) von der Herausforderung abgelöst wird, die die militärische Revolution und die durch sie hervorgetretene europäische Expansion an *Dar al-Islam* stellt.[67]

Die geschichtliche Umkehrung: Von der islamischen zur europäischen Herausforderung

Meine Einladung in die islamische Geschichte wird in diesem Kapitel als ein Grundriss begonnen. Meine Würdigung des großen amerikanischen Islam- und Welthistorikers Marshall Hodgson (zitiert in Anm. 17) bezieht sich auf seine Worte, dass ein Außerirdischer vom Mars bei einem Besuch der Erde im 16. Jahrhundert den Eindruck gewonnen hätte, die gesamte Welt sei im Begriff, islamisch zu werden. Bereits im 17. Jahrhundert änderte sich jedoch dieses Bild. Derselbe Historiker Hodgson schreibt: Mit dem Aufstieg des Westens und seinen neuen industriellen Waffen

> »befanden sich die Europäer in der Position, jede andere Macht militärisch zu schlagen … Um 1800 erreichten die Europäer zudem einen entscheidend höheren Grad an *sozialer Macht*, als man ihn irgendwo sonst auf der Welt finden konnte.«[68]

Das neue, sich nicht mehr primär als christliches Abendland, sondern als Westen der Aufklärung und der Französischen Revolution definierende Europa hatte nämlich nicht nur die überlegene Waffentechnologie der »militärischen Revolution« (vgl. Anm. 67), sondern auch die kulturelle Moderne hervorgebracht. Die islamische Zivilisation war fortan beidem ausgesetzt. Im positiven Sinne spricht Bernard Lewis von *The Muslim Discovery of Europe*[69], die mit großer Faszination verbunden war. Es gab aber auch die militärische Bedrohung, in deren Verlauf sich die Waage zugunsten Europas neigte. Christen kamen schon einmal als zivilisatorisch unterlegene Kreuzzügler in das *Dar al-Islam*; die Muslime der neueren Geschichte haben Probleme, Kreuzzüge und Kolonialeroberungen auseinanderzuhalten, weil sie den Wandel des christlichen Abendlandes zu einem säkularen Westen nicht verstehen.[70] Deshalb sehen sie die europäische Expansion im Lichte der Kreuzzüge und begreifen somit den wesentlichen Unterschied zwischen Kreuzzüglern und Kolonialeroberern nicht. Die ersten waren den Muslimen zivilisatorisch unterlegen, die letzteren überlegen.

Die Französische Revolution und die durch sie erfolgte Legitimierung der Nation als eine nationalstaatliche Organisationsform erfassten und beeinflussten auch das Osmanische Reich, ja trugen zu seiner Auflösung bei. Auch diese als »*Ghazu fikri* / geistige Eroberung« wahrgenommene historische Erscheinung wird heute als ein Bestandteil der Kreuzzüge eingeordnet.[71] In den Folgeprozessen der Wirkung der Französischen Revolution lösten sich die klassischen Imperien Europas zugunsten des modernen Nationalstaates auf, erst später, gegen Ende des 19., Anfang des 20. Jahrhunderts wird auch die außereuropäische Welt von diesem historischen Prozess erfasst. Denn Europa hatte zwar seine inneren Reiche aufgelöst, jedoch neue, äußere Kolonialreiche im Rahmen seiner Eroberung der Welt etabliert. Die Welt des Islam wurde Teil der europäischen Kolonialreiche. Nach Norbert Elias dienten die Produkte des europäischen Prozesses der Zivilisation den kolonisierenden Europäern als »wichtige Instrumente ihrer Überlegenheit über andere; sie gehören zu den Prestige gebenden Kennzeichen ihrer Stellung als Oberschicht«[72] der neuen, europäisch beherrschten Weltordnung. Doch breiteten die Europäer – nach der Argumentation Elias' –

»auf der anderen Seite mit ihren Gesellschaftsformen auch ihre Verhaltensformen und Institutionen dorthin aus. Sie arbeiten ... ohne es zu wollen, in einer Richtung, die früher oder später dazu führt, dass sich die Unterschiede der gesellschaftlichen Stärke sowohl wie die des Verhaltens zwischen Kolonisatoren und Kolonisierten verringern.«[73]

Die Geltung des islamischen Konzepts der *Umma* wird bedroht von der Faszination, die die europäische Nationsidee ausübt. Die Universalisierung der Nationsidee als staatliches Organisationsprinzip können wir als Folgeprozess der von Elias beschriebenen Ausbreitung des europäischen Zivilisationsprozesses deuten. Die Europäer eroberten die außereuropäische Welt und kolonisierten sie; die Angehörigen jener Welt beriefen sich dann aber gerade auf eine Errungenschaft ihrer Eroberer, nämlich auf das Prinzip der Volkssouveränität, um die europäische Kolonialherrschaft mit ihren eigenen Waffen zu bekämpfen. Dies war historisch die Hegelsche »List der Vernunft«.

Ohne es zu wollen, haben die Europäer durch ihre Welteroberung dazu beigetragen, dass die Säkularisierungsprozesse, die im Gefolge der Französischen Revolution in Europa stattfanden, im Rahmen des Prozesses der Dekolonisation einen universellen Stellenwert bekommen haben. Das war – wie eben angemerkt – die »List der Vernunft«, was natürlich nicht bedeutet, dass die europäische Säkularisierung qua Geschichtsprozess in Asien und Afrika wiederholt bzw. nachgeholt worden wäre. Denn dort fehlten und fehlen immer noch die strukturellen Voraussetzungen dafür. Und niemals wiederholt sich die Geschichte in denselben Formen. Zudem ist es wichtig zu erkennen, dass der Rückgriff auf die europäische säkulare Nationsidee auch in islamischen Ländern als Legitimation im Dekolonisationsprozess gedient hat. Doch nur zum Teil wurde diese Idee in ihrer ursprünglichen säkularen Form vertreten, denn teilweise wurde sie mit religiösen, z.B. mit panislamistischen oder sonstigen archaischen Gehalten (z.B. in der *Négritude*-Ideologie) vermengt. Auf diese Weise reagierten Nicht-Europäer in Asien und Afrika[74] auf die europäische Herausforderung.

Die Reiche im Innern Europas zerfielen unter dem Einfluss der Französischen Revolution im Rahmen der Europäisierung des französischen Projekts. Die von Europa aufgebauten Kolonialreiche lösten sich als Folge der Universalisierung der Ideen jener Revolution im Rahmen des Dekolonisationsprozesses auf. Seit dem Ende des Zweiten Weltkrieges, genauer seit der großen Dekolonisationswelle in den sechziger Jahren, existieren diese Kolonialreiche nicht mehr. Die außer-europäischen Völker griffen auf die europäische Idee der Nation zurück und beanspruchten deren Gültigkeit für sich als Basis der Legitimität ihrer neugegründeten Staatsgebilde. Die Welt des Islam war im Zeitalter des Nationalismus keine Ausnahme. Hat dieser Prozess der Europäisierung der Welt *Dar al-Islam* zivilisatorisch verändert?

Unmittelbar betroffen von dem Aufstieg Europas zur Weltmacht und auch von der sich von dort ausbreitenden nationalstaatlichen Organisationsform war das letzte islamische Gottesreich. Das Osmanische Reich, legitimiert durch seine Imperialdoktrin des kosmischen Auftrags der Universalherrschaft, befand sich bereits seit der zweiten Hälfte des 17. Jahrhunderts in einer Stagnationsphase; es konnte seine *Djihad*-Eroberungen nicht länger erfolgreich fortführen. In diesem Zustand musste es die Konfrontation mit dem aufsteigenden Europa aufnehmen. Die Konsequenz war, dass das Ziel der göttlich legitimierten Weltherrschaft abgeschwächt wurde. Unter europäischen Einflüssen bildeten sich überall im Reich politische Bewegungen, die auf die Nationsidee zurückgriffen und gegenüber dem islamischen Kalifat entsprechende politische Forderungen formulierten. In diesem Rahmen entstand der europäisch beeinflusste islamische Reformismus. Nach seinem Scheitern wurde er von säkularen, gegen die islamische Legitimation des Staates gerichteten Nationalismen abgelöst. Alles in allem, das Projekt der Islamisierung der Welt bestand nach der europäischen Expansion nicht mehr. Eine historische Umkehrung hat stattgefunden und die islamische Zivilisation betrachtet sich als Hauptopfer des »Aufstiegs des Westens«. Der Grund hierfür: Der Westen hat zwar die gesamte Welt erobert, aber nur einen Universalismus abgelöst, den des Islam!

Die Abschaffung des Kalifats und die Folgen

Das Osmanische Reich versuchte durch Reformen und Modernisierung, vor allem durch den »Import der europäischen Armee«, sich an westliche Standards anzupassen, allerdings ohne Erfolg.[75] Im Rahmen seiner Reformierung und der hierdurch erfolgten Verwestlichung des Osmanischen Reiches breitete sich die europäische Nationsidee aus. Die Entstehung und Wirkung der Bewegung der Jungtürken[76] dokumentiert diesen historischen

Trend. Ein Höhepunkt dieses Prozesses war die kemalistische Revolution, die ebenfalls Ausdruck eines Versuchs der Säkularisierung der Politik und der Anpassung an Europa war. War sie ein historisches Modell für die gesamte Welt des Islam?

Unter dem Einfluss der europäischen Idee einer Trennung von weltlicher und geistlicher Autorität wurde zunächst 1922 das Kalifat in ein ausschließlich religiöses Amt verwandelt. Kemal Atatürk (Mustafa Kemal, 1881–1939) schaffte zunächst das Sultanat, d.h. das religiös-politische Amt des Herrschers ab; er tat dies im Jahre 1922 nach dem Sieg der von ihm angeführten türkischen Revolution bzw. nach der Flucht des letzten osmanischen Kalifen Mehmed VI. Vahideddin (1918–1922). Atatürk beließ zunächst jedoch die nur auf das Geistliche beschränkte Institution des Kalifats. Die türkische Nationalversammlung wählte 1922 Abdülmejid II. (1922–1924) zum Kalifen als geistlichen Führer; jede politische Autorität wurde ihm jedoch abgesprochen. Diese Komödie dauerte nur zwei Jahre. Als der problematische Charakter des auf die Domäne des Spirituellen beschränkten Kalifenamtes allen Beteiligten klar wurde, wurde im Jahre 1924 auch das Kalifat abgeschafft und die türkische Republik ausgerufen, die die erste europäisch-säkulare Ordnung im *Dar al-Islam* war. Heute wird sie durch den Islamismus herausgefordert.

Seit der Abschaffung des Kalifats im Jahre 1924 verlor der islamische Universalismus seine letzte staatliche Entsprechung. Seitdem kennt die Gemeinschaft der Muslime (die *Umma*) keine universelle staatliche Organisation mehr, die für sich beansprucht, ein Gottesreich zu sein. Kein islamischer Staatschef, sei er ein König oder ein Präsident, nennt sich seitdem mehr Kalif. Der einzige islamische Kalif, den es Anfang des 3. Millenniums gibt, ist eine fundamentalistische Karikatur namens Kaplan, der vom christlichen Köln aus die säkulare türkische Republik herausfordert. Die Deutschen, die große Probleme bei der historischen Aufarbeitung haben, verwechseln Toleranz mit der Duldung von Totalitarismus und lassen die Islamisten im Namen »verordneter Fremdenliebe« gewähren.

Bleiben wir aber beim Kern der Welt des Islam im post-osmanischen Zeitalter. Nachdem das Territorium des aufgelösten Osmanischen Reiches unter den Kolonialmächten aufgeteilt worden war – bereits im 19. Jahrhundert hatte das islamische Gottesreich einen Großteil seiner bisherigen Gebiete, vor allem in Nordafrika, das seinerzeit von Frankreich und England kolonisiert wurde, verloren –, gingen aus jenen Kolonien die heutigen arabischen Nationalstaaten hervor. Abgesehen von den in Europa eroberten Gebieten hatte das islamische Reich der Osmanen nicht die territoriale Ausdehnung, die die beiden ihm vorausgegangenen islamischen Imperien, das Omaiyyaden- und Abbasidenreich einst besaßen. Eine der Regionen, die sowohl zum ersten islamischen Gottesreich (dem Imperium der Omaiyyaden von Damaskus) als auch zum Abbasiden-Kalifat von Bagdad gehörte, nicht aber zum Territorium des Osmanischen Reiches, ist der nicht-arabische Iran, der sich bereits unter den Safawiden (1501–1722) verselbständigt hatte. Es sei hier darauf hingewiesen, dass das Kalifat eine sunnitische, von den Schi'iten beanstandete Ordnungsform im Islam ist.

Zwei Jahrzehnte vor Beginn des 21. Jahrhunderts entfaltete sich ein neuer Prozess in der Welt des Islam. Denn am 1. April 1979 löste der schon im Februar jenes Jahres nach Iran zurückgekehrte Geistliche Ayatollah Khomeini das kleine »Reich« der Pahlawi-Dynastie (1925–1979) auf, indem er dort die »Islamische Republik« ausrief.[77] Der damalige sozialdemokratische Abgeordnete Norbert Gansel war, wie viele linke Europäer, von der islamischen Revolution fasziniert und verglich sie mit der Französischen Revolution. Andere hingegen fühlten sich von ihr bedroht. Das europäische Geschichtsverständnis wurde hier mit einem hohen Maß an Ignoranz auf den Islam übertragen.

Beide, Atatürk und Khomeini, lösten Reiche auf, wobei das eine ein Weltreich, das andere praktisch nur ein Nationalstaat war. Auch proklamierten beide die Republik. Atatürk aber gab den Islam als Quelle politischer Legitimität auf und wollte der Türkei den Anschluss an Europa ermöglichen, wohingegen Khomeini das – allerdings gescheiterte – Experiment der Pahlawis, die europäische Entwicklung durch Verwestlichung nachzuholen, beendete und zum Islam zurückkehrte. Hatte Atatürk den islamischen Universalismus durch die Auflösung des Kalifats aufgegeben, so griff Khomeini gerade auf den universalistischen islamischen Anspruch zurück und erhob ihn – zumindest ideologisch – zur Richtschnur der Außenpolitik der Islamischen Republik Iran. Khomeini betrachtete seine »Revolution« als für den Export bestimmt. Ohne Umschweife verkündete er einer Gruppe iranischer, ins Ausland entsandter Aktivisten:

> »Wir müssen heute den Islam dadurch stärken, dass wir ihn überallhin exportieren. Sie müssen den Islam in alle Länder exportieren, und zwar dieselbe Version des Islam, die gegenwärtig in Ihrem Land dominiert.«[78]

Dieser proklamierte Revolutionsexport hatte jedoch nichts mit dem Kalifat zu tun. Niemand redet heute noch über diese islamische Ordnung. Khomeini sprach von der »Islamischen Republik«. Bekanntlich ist die *res publica* eine westliche Vorstellung. Die Welt hat sich seit der europäischen Expansion massiv verändert! Auch die Islamisten reden nicht mehr von dem universellen Kalifat; ihre Sprache ist europäisch und ihre Begriffe lauten »islamisches System«, »islamische Weltordnung«.[79]

Vom Kalifat zur modernen Nation

Bei der Europäisierung der Welt machen auch die iranischen Islamisten keine Ausnahme; sie verstehen unter der »Islamischen Republik« eher eine Nation. Der Versuch der Mullahs, ihre Revolution in die benachbarten arabo-islamischen Länder, die die Hauptadressaten waren, zu exportieren, scheiterte (vgl. Anm. 51). Trotz der Berufung auf den islamischen Universalismus orientierte sich die islamische Ideologie des Ayatollah Khomeini und seiner Nachfolger an schi'itischen Vorstellungen, die für sunnitische Muslime als sektiererisch gelten. Modern an den Ansprüchen der iranischen Revolution ist ihr islamischer Internationalismus, der sich an die gesamte islamische *Umma* richtet; er ist nicht mehr der traditionelle Universalismus islamischer Kalifate und geht auf europäische Einflüsse zurück.

Mit seiner Neufassung der Lehre des *Wilayat-e-faqih* / Wächterschaft der Sakraljuristen modifizierte Khomeini die zwölfer-schi'itische Lehre, derzufolge jede Herrschaft während der Abwesenheit des zwölften Imam illegitim ist. Khomeini lehrte, dass der Imam während seiner Abwesenheit durch die Rechtsgelehrten, die *Faqihs*, vertreten werden könne.[80] Dennoch bleibt dies eine schi'itische, für Sunniten inakzeptable Lehre. Aber weder Sunniten noch Schi'iten reden heute vom Kalifat. Die moderne Nation steht im Mittelpunkt.

Im Iran gibt es sogar ein gewähltes Parlament – ebenfalls eine europäische Anleihe!

Nach der sunnitischen politischen Doktrin des Kalifats muss das Staatsoberhaupt der islamischen *Umma* ein Araber sein, der aus Quraisch kommt, d.h. von der Ethnie des Propheten abstammt. Diese Voraussetzung erfüllten gleichermaßen die Omaiyyaden von Damaskus und ihre späteren

Widerstreiter, die Abbasiden von Bagdad, die sie 750 ablösten. Auch die türkischen Osmanen haben diese Doktrin indirekt dadurch anerkannt, dass sie ihre Hofhistoriker, wie bereits gezeigt worden ist, zu der Aussage veranlasst haben, dass der osmanische Sultan Selim I. von dem letzten überlebenden Abbasiden-Kalifen das Kalifat im Jahre 1517 übertragen bekommen hätte. Seinerzeit herrschte in Ägypten die Militärkaste der Mamluken hinter der Fassade eines abbasidischen Kalifen. Der Übermittler der Kalifenwürde an die Osmanen war der Nachkomme der letzten Abbasiden von Bagdad, die dem Blutbad der Mongolen, die 1258 Bagdad erobert hatten, entkommen und nach Ägypten geflohen waren. Die heutigen Islamisten in der Türkei reden zwar nicht mehr vom Kalifat, beleben jedoch das Kollektivgedächtnis an das osmanische Reich von neuem und pflegen eine neoosmanische Nostalgie. Doch auch für sie steht die Nation im Vordergrund. Als ihr einstiger Führer Erbakan 1996/97 Ministerpräsident wurde, wähnte er, die Führung der islamischen *Umma* durch die türkische Nation als Vorstufe zur Wiederherstellung der osmanischen Größe zu übernehmen.

Die heutigen Neo-Osmanen kultivieren die Erinnerung an den Ägyptenoberer Sultan Selim I.; dieser kehrte 1517 als Sultan-Kalif an seinen Hof zurück. Iran blieb außerhalb dieses Prozesses und das Kalifat ist ein Bestandteil der Geschichte des sunnitischen, nicht des schi'itischen Islam. Seit dem islamischen Schisma in Sunna und Schi'a im siebten Jahrhundert wirkte der schi'itische Islam im Untergrund. Sowohl aus historischen (Dominanz der Araber) als auch aus religiösen Gründen (die Lehre von der Verborgenheit des zwölften Imam) hat der schi'itische Islam bis auf die Ausnahme der Safawidenzeit und bis auf die seit 1979 herrschende Mullahkratie in Iran keine offenen politischen Herrschaftsformen entfaltet. Alle drei islamischen Gottesreiche vom siebten bis zum zwanzigsten Jahrhundert waren sunnitische Reiche, auf deren Tradition die Ideologie des Khomeinismus nicht zurückgreifen kann. Die moderne Nation löst diese Tradition ab; sie gilt gleichermaßen für Sunniten und Schi'iten.

Religion und Politik im Islam waren geschichtlich von Beginn an miteinander verquickt. Dennoch gehört dies nicht zum islamischen Glauben. Ich wiederhole: Die Entsprechung wuchs in der Geschichte. In der Formierungsphase des Islam ging es dem Propheten Mohammed, der zugleich Richter und Vermittler war, um die Vereinigung der sich mit Gewalt bekämpfenden arabischen Stämme der arabischen Halbinsel mittels ihrer Integration unter einer Zentralinstanz. Die islamische Religionsstiftung war deshalb auch mit der Gründung einer neuen Ordnung verbunden. Zu Recht argumentiert der große Islamwissenschaftler W. Montgomery Watt, dass der unter der Führung Mohammeds neugegründete islamische Staat eine »Föderation der arabischen Stämme« war. Es handelte sich um eine *pax islamica*. Diese kannte keine Grenzen, obgleich sie in einem Zeitalter der Großen Reiche inmitten zweier solcher gestiftet und etabliert wurde: dem der persischen Sassaniden und dem von Byzanz. Es gibt heute Islamisten, die die Illusion pflegen, diese alten Strukturen wiederherstellen zu können, ihr Denken bleibt jedoch dem Phänomen, das sie ablehnen, nämlich der Nation, verhaftet. *Umma* ist keine Nation, obwohl heute Nation mit *Umma* übersetzt wird.

Das Phänomen der Nation ist die größte kulturelle moderne Herausforderung an den Islam. Seit dem 19. Jahrhundert werden ›Nation‹ und ›*Umma*‹ von muslimischen Denkern gleichgesetzt, um diese Herausforderung kulturell bewältigen zu können. Dadurch wurde der islamische *Umma*-Begriff praktisch säkularisiert. Im Arabischen, der Sprache des Islam, gibt es kein Äquivalent für den Begriff der modernen ›Nation‹. Die Übersetzung dieses Begriffes mit *Umma* bleibt aber problematisch, weil zweideutig. Denn mit *Umma* wird im Islam die ›Gemeinschaft‹ umschrieben. Die *Umma Islamiyya*, d.h. die Gemeinschaft der Muslime, kennt keine nationalstaatlichen Grenzen. Sie umfasst alle Muslime, gleich auf welchem Erdteil sie leben; sie ist zugleich beschränkt auf die Gemeinschaft der Muslime und universell, weil sie beansprucht, potentiell die gesamte Menschheit zu umfassen. Der Übersetzung von ›Nation‹ mit ›*Umma*‹ liegt eine modernistische Islam-Interpretation zugrunde, die zwischen Religion und Politik unterscheidet. An diesem Gegenstand lassen sich inter-kulturelle Verständigungsprobleme veranschaulichen!

Das Verständnis der *Umma* als Nation kommt der Auflösung der bereits angeführten Einheit der islamischen Geschichte gleich. Die säkulare Bestimmung der *Umma,* wie etwa die Erklärung der Araber – unabhängig vom Islam – zur arabischen Nation als *Umma Arabiyya*, die die anderen, nicht-arabischen Muslime nicht mehr umfasst, befindet sich jedoch heute angesichts des Erstarkens fundamentalistischer Ideologien in einer Legitimitätskrise. Wichtig ist, dass die Nation nicht nur eine Idee ist, sie ist auch eine staatliche Organisationsform, also auch die Realität, nach der die moderne Weltordnung gestaltet ist, in welche alle außereuropäischen zivilisatorischen Regionen und somit auch die Welt des Islam integriert worden sind. Die Revitalisierung des Sakralen in der Welt des Islam ist ein Ausdruck des Widerstandes gegen diese nationalstaatliche Ordnung und zugleich einer neuen geschichtlichen Strömung, die ich als Entwestlichung[81] der Welt als zeithistorische Gegenoption zur erfolgten Europäisierung beschreibe.

Nation hat gleichermaßen mit Modernisierung und mit Säkularisierung zu tun. Doch die Gleichsetzung beider muss heute in Bezug auf den Islam beanstandet werden. Das modernisierungstheoretische Postulat, dass Säkularisierung als eine quasi-automatische Folge der Modernisierung eintritt, wird nicht mehr akzeptiert. Die Neubelebung des Sakralen und auch seine Politisierungsformen zwingen in unserem 3. Millennium zu neuem Denken. Ein differenziertes Verständnis der Bedeutung der Religion in den Prozessen des sozialen Wandels und die Anerkennung der Wechselwirkung von sozialem und kulturellem Wandel führt zu einer neuen Bestimmung der Religion als kulturelles System mit einer zentralen Bedeutung in der Geschichte.

Zeitgeschichtlich steht die Wiederkehr der Religion in den meisten islamischen Gesellschaften im Kontext einer zunehmenden Verflechtung dieser Gesellschaften mit dem modernen Weltgefüge. Traditionelle Norm- und Wertesysteme verändern sich aber nicht analog und in jener Geschwindigkeit, die die Wandlungen der bisherigen Sozialstrukturen aufweisen. Im Gegenteil: In dieser Situation werden sogar autochthone kulturelle Symbolsysteme reaktiviert, um – zumindest sozialpsychologisch – die Folgen dieses rapiden sozialen Wandels abzuwehren. Die Sehnsucht nach dem goldenen Zeitalter des islamischen Kalifats und der historischen Größe des Islam sind somit ein sozialpsychologisch-soziokulturelles Phänomen unserer Zeit. Der Angriff auf den Nationalstaat und seine Erhebung zur Zielscheibe der vorhandenen Frustrationen und Aggressionen hängt mit dem Scheitern seines Bestrebens zusammen, die anstehenden Entwicklungsprobleme zu bewältigen, bzw. sie zu lösen. Als Alternative zu ihm wird auf das islamische Gottesreich im Rahmen einer »Erfindung von Tradition«[82] (Hobsbawm) zurückgegriffen, um eine Nostalgie von der Größe der Muslime und ihrer Dignität zu kultivieren. Ich habe bereits auf das Beispiel des Neo-Osmanismus als Nostalgie der türkischen Muslime hingewiesen. Mit solchen Konstrukten erfolgt in unserer Gegenwart mit Hilfe von Symbolen, die glorreiche Tage islamischer Geschichte neu beleben, eine voluntaristische »Setzung«, die die neuere Geschichte sowie aus ihr hervorgetretene bestehende Realitäten abschaffen will. Auch im Diaspora-Islam gedeihen solche Erfindungen historischer Märchen. Diese Einladung in die islamische Geschichte richtet sich daher nicht nur an christliche Deutsche, sondern auch an Deutsche muslimischen Glaubens, die hier als Kinder von Migranten geboren sind, um sie vor der Mythenbildung des Islamismus zu schützen und sie für demokratische Optionen zu gewinnen.

Erste Konklusion: Einheit und Vielfalt in der islamischen Geschichte. Lokal-kulturelle und gesamt-zivilisatorische Identitäten

Um den Stellenwert des Islam im 3. Millennium bestimmen zu können, ist das Verständnis islamischer Geschichte sowie ihrer Kontinuität unentbehrlich. Die Formen der Revitalisierung des Sakralen und dessen Politisierung im zeitgenössischen Islam – aber auch in anderen Religionen – sind Zeichen unserer Zeit. In diesem Zusammenhang steht der zentrale islamische Begriff der *Umma* in einer neuen, zu einer sozialen Bewegung erhobenen politischen Strömung, als Ausdruck der Einheit islamischer Zivilisation und ihrer Geschichte. Es handelt sich hierbei eindeutig um eine »Erfindung von Tradition«.

Bisher habe ich mich auf den inhaltlichen Wandel des islamischen *Umma*-Begriffs in der neueren Geschichte konzentriert und gezeigt, wie er äußerlich dadurch säkularisiert wird, dass man ihn mit dem Inhalt des französischen Terminus ›*nation*‹ neu gefüllt hat. Die zeitgenössische Re-Politisierung des Islam zielt darauf ab zu de-säkularisieren, also die möglicherweise erfolgte Säkularisierung in der islamischen Zivilisation durch Entwestlichung rückgängig zu machen. Die klassische Bedeutung des *Umma*-Begriffes wird nicht nur verlebendigt, sondern auch mit neuem Inhalt gefüllt. Um den Stellenwert dieser Bestrebung zu erkennen, müssen wir fragen, inwiefern die Muslime qua *Umma* nach wie vor eine politische Gemeinschaft im präzisen Sinne bilden und welche Merkmale es sind, die eine solche Zugehörigkeit prägen, sollte sie überhaupt existieren. Bisher haben wir deutlich genug gesehen, dass *Umma* sowohl ein religiöser als auch ein religio-politischer Begriff ist und als Grundlage des Kalifats diente, das die Einheit islamischer Geschichte untermauerte. Bezogen auf die Gegenwart betrifft diese Frage die zivilisatorische Einheit des Islam als *Umma* sowie ihre Vielfalt durch Unterteilung in Nationen. Gibt es noch eine islamische Geschichte oder ist diese heute ein Teil der Global-Geschichte / *Global History*?[83] Sind die Begriffe *Umma* / Gemeinschaft und Zivilisation im Islam von ihrem Inhalt her synonym?

Schon vor der Aufnahme moderner Inhalte, d.h. vor der Übersetzung von ›*Umma*‹ mit ›*nation*‹, wodurch das universelle islamische *Umma*-Konzept aufgelöst wird, haben zwei große Denker der klassischen islamischen Philosophie den *Umma*-Begriff im politischen Sinne säkular verwendet. Al-Farabi (870–950) hat in seiner Schrift *al-Madina al-fadila* / Der Musterstaat die *Umma* im klassisch-griechischen Sinne von Polis definiert.[84] Auch Ibn Khaldun (1332–1406) hat in seinem großen Werk *al-Muqaddima* / Prolegomena[85] *Umma* im Sinne einer auf Solidarität und *esprit de corps* basierenden politischen Gemeinschaft verwendet. Der Ibn Khaldunsche Begriff der *Asabiyya* umfasst all diese Inhalte. Der universell religiopolitische Begriff der *Umma*, so wie er im Koran vorkommt, basiert ausschließlich auf der Zugehörigkeit zur Religion des Islam[86]; die Implikation ist, dass der Islam für die gesamte Menschheit gilt. Im täglichen Gebet vereinigen sich die Muslime symbolisch und einmal im Jahr, während der Pilgerfahrt, versammeln sie sich – mehr als symbolisch – um den schwarzen Stein (die *Ka'bah*) der großen Moschee von Mekka. Aber reicht das aus, um daraus eine staatsbildende, politische Gemeinschaft im modernen Sinne zu konstituieren? Wie können im Islam Staat, politische Gemeinschaft und Zivilisation als korrespondierende Einheiten kongruieren?

In meiner Konklusion möchte ich als Antwort auf die gestellten Fragen Gedanken darüber entfalten, ob Religion als ein gemeinsames Identitätsmerkmal wirken kann, das die Loyalität zu einem Gemeinwesen bestimmt und ein hiermit korrespondierendes Verhalten fördert. Diese Frage erwächst aus der Diskussion über die mögliche Kohäsivität einer auf einer Religion basierenden politischen Gemeinschaft. Ein anderer, indirekt damit zusammenhängender Gegenstand ist das geschichtliche Verhältnis zwischen Religion und Kultur. Kultur ist stets lokal und eine Einheit namens islamische Zivilisation ist eine Gruppierung zahlreicher durch Vielfalt gekennzeichneter Kulturen. Diese Differenzierung betrifft die Frage, ob eine Religion, die von verschiedenen Kulturen geteilt wird, kohäsivitätsstiftende Elemente hervorruft. Gibt es beispielsweise eine zivilisatorische Einheit der zahlreichen islamischen Kulturen, die sie im Namen des

Islam aneinander bindet und somit die Grundlage einer islamischen Zivilisation bildet? Oder ist der Begriff islamische Zivilisation nur eine Abstraktion ohne eine konkret-historische Relevanz?

Im vorliegenden geschichtswissenschaftlichen Werk über den Islam sehe ich eine enge Verknüpfung zwischen Kultur, Zivilisation und Geschichte. In diesem Sinne greife ich auf Clifford Geertz' interpretative Bestimmung der Kultur als »*social production of meaning* / sozial bedingte Sinnproduktion« zurück. Damit ist ein Prozess der Füllung auch schriftlich fixierter Symbole mit neuen, gesellschaftlich produzierten Inhalten gemeint. Diese Deutung scheint mir für das Verständnis islamischer Geschichte hilfreich zu sein. Religion, definiert als ein kulturelles System[87], ist für jede politische Gemeinschaft von Bedeutung, weil sie – stets in lokalem Rahmen – sinnstiftend wirkt. Von dieser Religions-Kultur-Bestimmung ausgehend ist jede politische Gemeinschaft auf einen lokalen Rahmen der entsprechenden sozialen Sinnproduktion beschränkt. Ich wiederhole es: als Sinnproduktion kann Kultur nur lokal sein. Auf den Islam übertragen bedeutet diese Erkenntnis, dass die islamische *Umma* aus zahlreichen kulturellen Gemeinschaften besteht, die alle formal dieselben Symbole teilen, sie dennoch mit oft sehr voneinander abweichenden Inhalten füllen, weil diese in sozial voneinander unterschiedenen Kontexten produziert werden. Daraus können wir folgern, dass es keine gesamt-zivilisatorische einheitliche Sinnproduktion geben kann, die einer unitären islamischen *Umma* zugrunde liegen könnte. Dennoch bilden die Muslime eine Einheit, die historisch als Zivilisation zu definieren ist. Eine Zivilisation besteht in diesem Verständnis aus einer Gruppierung sich ähnelnder Kulturen, und dies gilt auch für den Islam, nicht nur in Bezug auf die Symbole und Anschauungen, sondern auch bezüglich der Geschichte.[88] Kurz: Eine Zivilisation ist eine historische Größe und keine Abstraktion. Aber eine Zivilisation ist keine politische Gemeinschaft.

Ein Geschichtsbewusstsein, das mit der Identifikation mit einem politischen Gemeinwesen korrespondiert, ist die zentrale Voraussetzung für die Loyalität der Menschen, die in seinem Rahmen leben und wirken. Die jeweils vorhandene bzw. fehlende Identifikation bestimmt das Verhalten dieser Menschen und gilt als Indikator für ihre mögliche Loyalität. Aus der gegenwärtigen Forschung wissen wir, dass dieser Ansatz auch für den islamischen Orient relevant ist. Denn auch für Muslime gilt die Aussage:

> »Im Lichte der Tatsache, daß viele Religionen nach Universalität streben, neigen die Mitglieder der auf dieser Basis vereinigten religiösen Gemeinschaften dazu, Spannungen bezüglich ihrer nationalen und religiösen Gemeinschaftsidentitäten aufzuweisen.«[89]

Die angesprochene Spannung zwischen universellen Weltbildern und tatsächlichen Lokalidentitäten ist charakteristisch für die islamische Geschichte; diese liefert zahllose Beispiele für hiermit zusammenhängende Konfliktpotentiale, an deren oberster Stelle der schon angeführte Konflikt zwischen den arabischen und den nichtarabischen Muslimen / *Mawali* steht. Gleichermaßen in der klassischen und neueren Geschichte unterminiert dieser Konflikt den Anspruch auf ein einheitliches zivilisatorisches Bewusstsein.

Zweifelsohne bietet der Islam einen geeigneten Rahmen für große Solidarität unter seinen Gläubigen. Daraus folgt, dass mehrschichtige Identitäten vorhanden sind, einerseits geprägt von der Zugehörigkeit zur islamischen *Umma* und andererseits von der Identifikation mit der lokalen Gemeinschaft. Zwischen beiden besteht eine Spannung. Die psychosoziale Bindung der Muslime an den Islam ist gewiss außerordentlich stark und stellt die Basis ihres Geschichtsbewusstseins dar. Diese historische Bindung ist religiöser und zivilisatorischer Natur, hat jedoch nur eine geringe politische Wirkung. Im Zeitalter der Globalisierung aber werden zwar zivilisatorische, kulturübergreifende und dennoch partikulare Identitäten bedeutsam. Auch bringen sie ein historisch vermitteltes Zivilisationsbewusstsein zum Ausdruck. Dennoch ist Leonard Binder generell zuzustimmen, wenn er hervorhebt,

> »dass das *Umma*-Konzept durch die islamische Geschichte hindurch als ein Bezugspunkt für die Bildung von Identität für die muslimischen Individuen diente. Aber … Identität war bis unlängst eine religiöse und keine politische Angelegenheit. Die Politisierung der Identität geht einher mit dem Aufwerfen der Frage nach der individuellen und der politischen Gemeinschaft. In diesem Rahmen erwächst die Aufgabe, Islam und Politik in einem neuen Rahmen miteinander zu versöhnen.«[90]

Die von Binder in der zitierten Stelle vorgenommene Differenzierung zwischen religiöser und politischer Identität in einer politischen Gemeinschaft trifft zu, muss aber durch den Hinweis auf Zivilisationsbewusstsein ergänzt werden. Im Zeitalter der »Revolte gegen den Westen« und der aus ihr erwachsenen neuen historischen Strömung der Entwestlichung propagieren Islamisten gesamt-islamische, keine lokal-kulturellen Identitäten. Und dennoch verschwinden letztere nicht, ja sie bleiben prägend. Die Taliban-Islamisten in Afghanistan werden stets von der Identität ihres Paschtun-Stammes geprägt bleiben. Ihre gesamt-islamische Rhetorik ist substanzlos. Und doch ist dies kein Argument gegen die historische Einheit der islamischen Zivilisation.

Zweite Konklusion: Was westliche Historiker nicht verstehen! Die Spannung zwischen religiösen Vorschriften und historischen Realitäten im Islam

In westlichen Werken über die klassische oder neuere islamische Geschichte fällt auf, dass immer wieder auf konstruierte oder wirklich vorhandene islamische Doktrinen oder religiöse Vorschriften zurückgegriffen wird, um schriftgläubig historische Situationen bzw. das Verhalten der Muslime – gleich ob in Vergangenheit oder Gegenwart – zu erklären. Hierbei wird ein zentrales Problem in der Geschichte des Islam nicht verstanden, nämlich, dass Muslime sich *nicht* wie Roboter gemäß der Doktrin verhalten. In meiner kultursoziologischen Studie über die kulturelle Bewältigung des sozialen Wandels[91] im Islam habe ich mehrfach auf die Kluft zwischen der verbalen Beteuerung des geglaubten Dogmas und dem tatsächlichen Verhalten von Muslimen hingewiesen. Der einst in Princeton lehrende John Waterbury (jetzt Präsident der American University of Beirut) gehört zu den wenigen westlichen Wissenschaftlern, die dieses Problem verstanden haben. Vor dem Hintergrund seiner mit dieser Beurteilung korrespondierenden, im Feld – vor allem in Marokko – gewonnenen empirischen Erfahrungen hebt er hervor, man müsse sich in seiner Forschung darauf konzentrieren, was die Menschen wirklich tun, und nicht untersuchen, was sie zu tun glauben.[92]

In Bezug auf die angesprochene Kluft und der mit ihr einhergehenden Problematik kommt Richard Cottam am Beispiel Irans zu Ergebnissen, die die von Waterbury gemachte Beobachtung bestätigen: So

»verleugnen Iraner unter Khomeini explizit ihren Nationalismus. Aber ihr Verhalten kann trotz dieser Beteuerung als nationalistisch identifiziert werden. Die Antwort der Iraner auf den irakischen Angriff (1980, B.T.) steht in vollem Umfang im Einklang mit dieser Feststellung.«[93]

Das angeführte Muster der schriftgläubigen Geschichtsdeutung, die im Widerspruch zu den historischen Realitäten steht, lässt sich am politisierten Islam, der älter ist als der Khomeinismus und die iranische Revolution, veranschaulichen. Die *Spillover*-Effekte der iranischen Revolution haben die iranische Spielart des islamischen Fundamentalismus über Iran hinaus zu einem internationalen zeitgeschichtlichen Gegenstand gemacht. Das bestätigt den realhistorischen Stellenwert des islamischen *Umma*-Konzeptes. Die These von der Einheit in der islamischen Geschichte hat durch die iranische Revolution einen neuen Impuls bekommen. Die Fragen, die sich in diesem Kontext stellen, lauten: Kann der als islamischer Internationalismus neu aufgetretene Universalismus die scheinbar beendete Geschichte der islamischen Weltordnung neu beleben? Erinnern wir uns, dass zwischen 661 und 1924 die drei Gottesreiche der Omaiyyaden, Abbasiden und schließlich der Osmanen die islamische Geschichte bestimmten; alle waren exklusiv sunnitisch. Der iranische Internationalismus ist aber weder sunnitisch noch arabisch, er ist schi'itisch und persisch. Dies spiegelt die große Vielfalt der islamischen Geschichte wider, die im Widerspruch zu der schriftgläubigen Geschichtsauffassung von der *Umma*-Einheit steht.

Meine Kritik an der westlich-euroarroganten Herausnahme des Islam aus der Geschichtswissenschaft muss ich in diesem Zusammenhang auf die Muslime selbst erweitern. Die islamische *Fiqh*-Orthodoxie lässt kein historisches Verständnis des Islam zu. Der Islam sei eine unveränderbare Essenz, er unterliege keinem Wandel. Muslime können sich verändern – dies wird oft als Abweichen von der Doktrin verfemt – aber der Islam selbst ist von Gott offenbart und wandelt sich nicht. Die Spannung zwischen dem Anspruch auf essentielle Geltung der Doktrin und den davon abweichenden Realitäten ist in diesem Licht zu sehen. Zwischen beiden besteht eine krasse Diskrepanz. Ich möchte dies wiederum am Gegenstand der historischen Beziehungen zwischen Arabern und Nicht-Arabern im Islam veranschaulichen. Die klassische arabisch-persische Rivalität wurde von einem zeitgenössischen arabischen Historiker und Juristen, Abdalhadi al-Fakiki, auf die *Schu'ubiyya* zurückgeführt. In der Sprache des arabischen Nationalismus missdeutet er das historische Phänomen so:

> »Die Schlangen des Hasses der *Schu'ubiyya* / Ausländerei breiten sich aus und verspritzen ihr Gift. Die Träger dieser Ausländerei (*Schu'ubiten*), die hasserfüllt auf die Araber sind, ... behalten insgeheim die Religion ihrer Urväter ... Die zoroastrischen Einflüsse in Iran sind ein Beleg dafür ... Das Ketzertum (*Zandaqa*) ist in der Tat das angestrebte Ziel der *Schu'ubiten* ..., um das arabische Dasein zu zerstören.« [94]

Die Geschichte ist stets ein Reservoir für das Kollektivgedächtnis. Die arabische Erinnerung an das persisch-schi'itische Buyiden-Haus während der Schwächeperiode der Abbasiden-Kalifen hält bis heute an. Die Buyiden stiegen ins Zentrum der Herrschaft in Bagdad (945–1055) auf. Der buyidische Ober-Wezir war damals der tatsächliche Herrscher; der nominelle Herrscher, der arabisch-abbasidische Kalif, durfte lediglich der Entscheidung des Ober-Wezirs mit der religiösen Autorität des Kalifats den Segen erteilen. Kalifen, die dies verweigerten, wurden die Augen ausgestochen. An diese Geschichtsperiode erinnert die Studie eines Professors, der an der Universität eines hunderprozentig sunnitischen Landes, Tunesien, lehrt. In dem 1980 in Tunis erschienenen Buch *al-Schi'a fi Iran* (Die Schi'a im Iran)[95] verlebendigt Professor al-Schabi die angeführten historischen Erinnerungen. Hier sehen wir die Spannung zwischen Doktrin und historischer Realität. Dies will ich am Beispiel der persisch-arabischen bzw. schi'itisch-sunnitischen Beziehungen und der darin manifestierten Diskrepanz zwischen doktrinärer Beteuerung und historischer Realität erläutern. Das Scheitern der iranischen Revolution als Modell veranschaulicht die angesprochene Kluft und betont die historischen Grenzen des islamischen Universalismus.[96]

Schluss: Lehren aus der islamischen Geschichte für die Deutung der Gegenwart

Von Europa aus gesehen wird von manchem Historiker, der dem Islam einen geschichtlichen Rang zuordnet, die Frage nach der historischen Einheit der Welt des Islam gestellt. Äußerlich betrachtet schien die Spaltung des Islam in Sunna und Schi'a eine rein innerislamische religionsgeschichtliche Angelegenheit zu sein, die die Einheit der islamischen Zivilisation nicht in Frage stellt. Das islamische Schisma in Sunna und Schi'a fand bereits im 7. Jahrhundert statt, also im selben Jahrhundert wie die islamische Religionsstiftung selbst. Seitdem wirkten die Schi'iten, *Taqiyya* betreibend (den eigenen Glauben verbergen), im Untergrund.[97] Islamische Herrschaft war stets eine sunnitische Herrschaft, auch als die Buyiden hinter der Fassade des Kalifen von Bagdad herrschten. Einzige Ausnahme war der iranische Safawidenstaat der Jahre 1501 bis 1722, dessen Legitimation schi'itisch war.[98] Die ebenso schi'itischen Fatimiden hatten zuvor in Kairo keinen schi'itischen Staat, sondern lediglich ein lokales Kalifat aufgebaut. Mit anderen Worten: Der dominierende Kurs der islamischen Zivilisation und ihre Geschichte war stets sunnitisch und ist es trotz der iranischen Revolution bis zum heutigen Tag.

Als die schi'itischen Safawiden im Iran ihren Staat errichteten, war die sunnitisch-osmanische und schi'itisch-safawidische Geschichte eine Geschichte des Krieges. Die Schi'iten hielten sich stets für das Zentrum der Welt, die Realität war jedoch stets genau das Gegenteil. Angesichts ihrer Verfolgung durch die herrschenden Sunniten haben Schi'iten die bereits über Jahrhunderte gepflegte Praxis der *Taqiyya* entfaltet. Das Verbergen der eigenen Identität gehört zu den elementaren Bestandteilen des Schi'a-Islam. Die religio-politische Diskriminierung der Schi'iten durch ihre sunnitischen Gegner ist der historische Hintergrund dieser Tradition (vgl. Anm. 97). Islamische sunnitische Fundamentalisten unserer Zeit haben sich diese schi'itische Praxis zu eigen gemacht, sie nennen sie *Iham* / Täuschung der Ungläubigen. Wenn Islamisten in Deutschland öffentlich ihre Treue zum Grundgesetz bekunden, praktizieren sie *Iham*. Was hat dies nun mit dem islamischen Erwachen / *Sahwa Islamiyya* als zivilisatorischer Erscheinung zu tun? Welche Bedeutung hat dies als historische Lehre für die Gegenwart?

Die iranische Revolution[99] stellt eine große geschichtliche Herausforderung dar, aber arabische Muslime reagieren auf den Anspruch des iranischen Khomeinismus, die islamische Führung zu übernehmen, sehr verhalten. Auf einem großen wissenschaftlichen, vom Beiruter *Center for Arab Unity Studies* durchgeführten Kongress über *al-Qaumiyya al-Arabiyya wa al-Islam* (Arabischer Nationalismus und Islam), dessen Verhandlungen in einem 778 Seiten umfassenden Buch veröffentlicht wurden, hat der als Herausgeber der Schriften führender islamischer Denker bekannte Mohammed Imara in seinem Referat den islamischen Führungsanspruch der Araber hervorgehoben:

> »Die arabische Nation, die sich von ihrer sonstigen islamischen Umwelt (*Muhit*) national abhebt, ist aufgerufen und auch prädestiniert dazu, diese islamische Umwelt anzuführen ... Die Stellung der Araber in dieser Religion ist der Grund hierfür. Auch ist der Islam die ewige historische Mission einer unitären arabischen Nation, die ihr gerade auch diese Führungsposition verleiht.«[100]

Der Ägypter Imara ist ein prominenter Vertreter des islamischen Fundamentalismus und er bestreitet jede Spannung zwischen dem universellen Islam und dem nationalen Arabismus; solche Unterstellungen beruhten auf einer kolonialen Verschwörung / *Mu'amarah*, deren Opfer die Araber wären.[101] Ohne solch fundamentalistischem Denken zu verfallen, schreibt der eher säkular und aufklärerisch orientierte syro-libanesische Schriftsteller Muta Safadi in der von ihm herausgegebenen Zeitschrift *al-Fikr al-Arabi al-mu'asir* (Das zeitgenössische arabische Denken), dass der Arabismus die Tatsache des zeitgenössischen revolutionären Islam zur Kenntnis nehmen und in sein Denkgebäude integrieren solle.

> »Der neue revolutionäre Islam ist ein gesundes Merkmal, das sich der Arabismus aneignen wird ... Der Arabismus würde somit die Modernisierung des Islam ermöglichen und zu einer Aufklärung der Massen beitragen, die an den Islam glauben. Nur so kann der Arabismus dem Ziel der Revolution näherkommen.«[102]

Die zitierten Stimmen stammen aus einer Zeit, als die iranische Revolution durch Demonstrationseffekte eine große Wirkung auf ihre islamische Umwelt hatte und eine Neubelebung der universellen islamischen Geschichte zu bewerkstelligen schien. Doch stützen diese Ausführungen die Schlussfolgerung, dass der Universalitätsanspruch des Khomeinismus seine lokalen Grenzen hat. Dies sind zeithistorische Tatsachen. Khomeini stellte seine Revolution überkonfessionell als eine mächtige islamische Geschichtskraft dar. Aber ihm war kein besseres Schicksal als den sunnitischen Formen des Universalismus beschieden.

Der inter-ethnische Konflikt im Islam, zunächst zwischen Arabern und Persern, dann zwischen diesen und Türken als dem dritten Volk des Islam[103], ist sehr alt und reicht bis in das frühe Mittelalter zurück. Der heute in Harvard lehrende Historiker Roy Mottahedeh hat in seiner Princeton-

Zeit eine sehr wertvolle geschichtliche Untersuchung über Loyalität und Führung in der frühen islamischen Geschichte vorgelegt, in der er den Aufstieg der Buyiden als Sub-Dynastie innerhalb des Abbasiden-Reichs von Bagdad beleuchtet. Während diese iranischen Administratoren die tatsächliche Macht in Händen hielten, war der arabisch-sunnitische Kalif aus der Dynastie der Abbasiden nur noch ein Nominalherrscher bzw. ihre Marionette. Die religiöse Doktrin besagt aber, die islamische *Umma* sei »eine Einheit aller Muslime, die durch einen einzigen Imam-Kalifen als Nachfolger des Propheten symbolisiert wird«[104], schreibt Mottahedeh. Mit dieser Erinnerung an jene Vorschrift will er nicht nur die Einheit der islamischen Geschichte, sondern auch die Tatsache erklären, warum die persischen Buyiden sowie die sie im 11. Jahrhundert ablösenden türkischen Seldjuken den religiös legitimierten arabischen Kalifen trotz ihrer Übermacht nicht abgesetzt haben:

> »Die Kalifen unterschieden sich in der Realität natürlich in keiner Weise von Königen; aber ihre legitimatorischen Ansprüche waren gegen die Monarchie gerichtet.« Deshalb konnte die Legitimität des Kalifen – so fährt Mottahedeh fort – »nicht auf die Buyiden und auf ihre Zeitgenossen übertragen werden«.[105]

Sowohl die Buyiden als auch die Seldjuken haben die Legitimation des Kalifen als Imam aller Muslime – aus diesem Grunde – akzeptiert und es bei der Eroberung der realen Macht belassen. Das ist eine Eigenart islamischer Geschichte, die zeigt, dass die Herrschaftslegitimität nicht nur ein religiöses Ornament war.

Trotz aller religiösen, ethnischen und kulturellen Vielfalt besteht eine Einheit der islamischen Geschichte und diese dient heute als Basis für ein Erwachen der islamischen Zivilisation. Die Feststellung, dass wir vom Islam einheitlich als Zivilisation sprechen, bildet den Hintergrund der Darstellung der islamischen Geschichte in diesem Band. Die Einladung, diese Geschichte zu studieren, ist zugleich ein Versuch, unser Zeitalter der Zivilisationskonflikte besser zu verstehen. In unserer Gegenwart handelt es sich beim Islam nicht nur um eine benachbarte Zivilisation, sondern auch um eine, die im eigenen Haus lebt. *Der Islam und Deutschland – Muslime in Deutschland*[106] ist eine die bestehenden Realitäten widerspiegelnde Formel, die die vorliegende Einladung in die islamische Geschichte inhaltlich untermauert. Ich hoffe zudem, mit diesem Buch dazu beizutragen, dass die islamische Geschichte in die Lehre von Schule und Universität Eingang finden wird. Der Dialog der Zivilisationen ist die Alternative zu ihrem Zusammenprall; aber ohne kulturelle Kenntnisse über den Anderen sowie über seine Geschichte kann dieser Dialog keine Früchte zeitigen und würde zu einer zeremoniellen Prozedur verkümmern, die wir oft im Fernsehen unter dem falschen, ja anmaßenden Namen »Dialog der Zivilisationen« beobachten können. Ein genuiner Dialog soll aber nicht das sein, was viele Muslime darunter verstehen, nämlich Da'wa, d.h. Missionierung. Dagegen soll Dialog als eine interkulturelle Kommunikation über *conflict resolution* verstanden werden. Diese Aufgabe kann nur ein Reform-Islam erfüllen.

KAPITEL II

Geschichte zwischen Krieg und Frieden. Der islamische *Djihad* und das Projekt islamischer Expansion

Oft hört man in den Medien, der Islam sei eine Religion des Schwertes. Stimmt das? Nach dem in Kapitel I vermittelten Überblick über die islamische Geschichte, sowie die hiermit zusammenhängenden historischen Fragestellungen, will ich nun Krieg und Frieden in der islamischen Geschichte analysieren. Im Laufe der Untersuchung wird auch die eingangs gestellte Frage beantwortet werden. Zu dieser Antwort gehört auch eine Deutung des islamischen Verständnisses von Krieg und Frieden. Daran wird erkennbar, dass es sich hier um ein zivilisatorisch anderes historisches und begriffliches Verständnis handelt.[1] Es trifft zu, dass der Islam nicht pazifistisch ist und über weite Strecken der Geschichte den *Djihad* in den Mittelpunkt stellt. Doch ist dieser kein »heiliger Krieg« und er wird von Muslimen sogar als Instrument des Friedens gedeutet. Anhand der Orientalismus-Debatte, bei der ich den Beitrag von Edward Said würdigen und mich gleichzeitig von den Auswüchsen der Überstrapazierung seines Ansatzes distanzieren werde, leiste ich die Vorarbeit für die Durchdringung der anstehenden Thematik. Uns begegnen zwei entgegengesetzte Positionen: einerseits die Orientalisierung der islamischen Geschichte, andererseits das Verbot der kritischen Diskussion anderer Kulturen und Zivilisationen. Dies sind die Extreme, die es zurückzuweisen gilt. Es gibt eine Alternative zu beiden; sie besteht in einer geistesoffenen Wahrnehmung des Anderen, die das Recht auf Kritik nicht aufgibt. So lehne ich es einerseits ab, die islamische Geschichte als reine Kriegsgeschichte darzustellen, andererseits bin ich als Muslim auch gegenüber der islamischen Schönfärberei des *Djihad* als Instrument des Friedens sehr kritisch.

Zwischen Orientalisierung und Glorifizierung islamischer Kriegsgeschichte

Die Orientalisierung des Islam drückt sich in einer deformierenden Darstellung der islamischen Geschichte aus. Die Verbreitung des Islam wird als solche des *Djihad*-Schwertes gedeutet. Das Gegenextrem hierzu ist die Glorifizierung der Geschichte des Islam als solche des Friedens / *Salam*. Beide Sichtweisen sind ideologisch beladen und historisch falsch. Gegen beide argumentiere ich, dass die islamische Geschichte die Entfaltung einer Zivilisation zum Ausdruck bringt, bei der *Djihad* zwar eine große Rolle spielte, aber dennoch nicht das Gesamtbild ausmacht. Der islamische Prozess der Zivilisation[2], um einen Begriff von Norbert Elias zu bemühen, ist nicht ausschließlich durch den *Djihad* bestimmt, sondern umfasst ebenso die Entfaltung von Ansätzen einer rationalen Weltsicht und einer Tradition vernunft-orientierten Wissens; beide gaben im Zeitalter der Renaissance[3] wichtige Impulse zur Entwicklung der modernen Wissenschaft[4] in Europa. In der Fachliteratur gilt diese Aussage als gesicherte Erkenntnis.

Und obwohl ich die Formel »Religion des Schwertes« als westliche Sicht vom Islam heftig zurückweise, muss ich als Historiker einräumen, dass *Djihad* auch Gewaltanwendung bedeutet, wenngleich Muslime die Übersetzung des Begriffes mit »Krieg / *Harb*« vom 7. Jahrhundert bis heute ablehnen. Ihr Argument lautet, dass der Islam das Ziel der globalen Verwirklichung des Friedens verfolge, sie verschweigen aber, dass die islamische Lehre vom Frieden Kampfhandlungen / *Qital* als Mittel zur Verbreitung des Islam zulässt. Als Muslim, zugleich aber als Rationalist und kultureller Pluralist, kann ich Krieg als Mittel zum globalen Frieden ebenso wenig akzeptieren, wie die Lehre, dass Weltfrieden nur unter dem Banner des Islam möglich sei. Ein Azhar-Professor entgegnete mir bei einer öffentlichen Diskussion in Kairo im März 2000, dass der Islam »kein Buffet« sei, aus dem man auswählen könne, was einem gefalle und den Rest zurücklasse; der Islam sei als Einheit zu nehmen oder abzulehnen. Diese totalitäre Denkweise, nach der es »nur Muslime, keine liberalen oder orthodoxen Muslime« geben könne, kann ich nicht teilen. Als islamischer Historiker mit liberal-pluralistischem Geist nehme ich für mich in Anspruch, Frieden und Krieg in der islamischen Geschichte kritisch aufzuarbeiten, d.h. auch die islamische Lehre hierzu weder *in toto* anzunehmen noch als Ganzes zu verdammen. Geschichte bietet sich schwerlich für Schwarz-Weiß-Malerei an.

Die Thematik Krieg und Frieden im Islam ist ein Gegenstand der Weltgeschichte, weil die islamische Expansion viele Erdteile umfasst. Indem ich *Djihad*, von den historischen Fakten ausgehend, in die Weltgeschichte von Krieg und Frieden einordne, werde ich manch traditionellen Historiker überraschen. Der Grund für diese Vermutung ist nicht etwa Zweifel an den historischen Fakten, sondern vielmehr die Tatsache, dass die Beschäftigung mit dem Islam bekanntermaßen nicht zur deutschen Geschichtswissenschaft gehört. Meine Leser wissen bereits, dass es an der deutschen Universität eine Wissenschaftsdisziplin gibt, die sich mit dem Islam befasst; sie heißt Islamkunde und gilt als klassische Philologie.[5] Der bereits zitierte, aufgeklärte, einst in Berlin lehrende deutsche Islamkundler Baber Johansen hat in einem Forschungsbeitrag zu einem internationalen Projekt unverblümt erklärt, warum die deutsche Islamkunde nicht zur Geschichtswissenschaft gehört: Islamische Geschichte habe nach dem Verständnis der deutschen Geschichtswissenschaft keinen ausreichenden Status, um dieser deutschen Wissenschaftsdisziplin zugeordnet zu werden. In Kapitel I habe ich Johansen bereits zitiert, der die Realität kritisiert, dass Studenten der Geschichte an deutschen Universitäten sich allein mit den germanischen und romanischen Völkern einschließlich der Vereinigten Staaten befassen.[6] Auf diese Weise wird die Geschichte des Orients zu einer Rarität herabgestuft, die man in die Orchideenfächer der Orientalistik verbannt.

Baber Johansen gehört zu den wenigen deutschen Orientalisten, die die Provinzialität ihres Faches in Deutschland nicht ertragen konnten, er musste an der FU-Berlin Anfeindungen und Intrigen erdulden und verließ jene Universität schließlich, um nach Paris überzusiedeln. Dort konnte er dem Studium der islamischen Geschichte besser nachgehen, womit ich nicht sage, dass in Frankreich kein Eurozentrismus herrscht. Doch sind die Unterschiede sehr groß, ja größer, als man denkt. Heute lehrt er in Harvard.

Meine Leser sind mit meiner Klage vertraut, dass an keiner deutschen Universität ein Lehrstuhl für islamische Geschichte existiert, obwohl Politiker lautstark und zugleich ignorant fordern, dass der längst überfällige Islam-Unterricht an deutschen Schulen nur von Lehrern erteilt werden dürfe, die an der deutschen Universität ausgebildet worden sind.[7] Aber wo sollen diese ihr Handwerk lernen, wenn doch nirgendwo in Deutschland islamische Geschichte studiert werden kann. Wie angeführt, gibt es im Gegensatz hierzu am Entstehungsort dieses Buches, der Harvard University, am *Department of History* nicht weniger als drei Lehrstühle für islamische Geschichte. Auch an vielen europäischen Universitäten gehört das Studium islamischer Geschichte zur akademischen Lehre in der Geschichtswissenschaft.

In Deutschland – auch hier *Die verspätete Nation* (Helmuth Plessner) – pendeln wir zwischen Orientalismus und Glorifizierung des Islam. Ich wünsche mir parallel zur deutschen Debatte über die Vergangenheit und ihrer Bewältigung eine Orientalismus-Debatte innerhalb der deutschen Geschichtswissenschaft, die den Weg zur Entorientalisierung des Islam parallel zu seiner Historisierung an Schule und Universität sowie in den Medien ebnet. In diesem Kapitel will ich am *Djihad*-Gegenstand diese Arbeit exemplarisch leisten.

Islamische Geschichte, ja, aber kein historischer Universalismus

Meine Einladung in die islamische Geschichte ist von dem Anspruch auf Anerkennung des Anderen geleitet, räumt aber ein, dass die großen arabischen Historiker, etwa al-Tabari[8] für den Früh-Islam, Ibn al-Athir[9] für das frühe Mittelalter und al-Djabarti (al-Gabarti)[10] für die neuere Zeit die Geschichte anders lesen als Europäer und auch anders über sie schreiben. Bei der Lektüre ihrer großen Werke wird man erkennen, dass diese Gelehrten eine andere Sichtweise, ja andere Weltbilder als europäische Historiker haben. Dies gibt Anlass, die Annahme eines universell gültigen Musters für den Verlauf der Geschichte und für deren Studium zu hinterfragen.

Die Tatsache, dass wir zu Beginn des neuen Millenniums auf dem Höhepunkt der Entwestlichung einer zuvor angeblich bereits verwestlichten Welt Zeugen des Zeitalters der Zivilisationskonflikte sind (vgl. Anm. 1) sollte uns skeptisch gegenüber jedem Universalismus werden lassen. Europäer, aber auch Muslime müssen lernen, die Geschichte als eine solche unterschiedlicher Zivilisationen anzuerkennen, wodurch jeder Anspruch auf Zentralität hinfällig wird. Es gibt nicht nur die europäischen, sondern auch die nicht-europäischen Zivilisationen[11] und diese haben ein Anrecht auf Geltung, jedoch nur in einem kulturell-pluralistischen Rahmen. Diese Beschränkung gilt gleichermaßen für den Westen und den Islam, weil beide Zivilisationen die einzigen sind, die seit jeher ungebrochen einen Universalismus kultivieren.

Die Anerkennung der Weltgeschichte als Geschichte unterschiedlicher Zivilisationen beinhaltet gleichzeitig, die Tatsache zu akzeptieren, dass das islamische Verständnis der Geschichte ein anderes ist. Bei ihren Eroberungen glaubten die Muslime, *Djihad*, nicht aber Krieg zu betreiben[12], und dass dies zudem dem Frieden diene. Im Islam bedeutet *Djihad* nach dem eigenen Verständnis nicht Krieg, schon gar nicht »heiliger Krieg«.[13] Nur die anderen, also Nicht-Muslime, führen nach islamischem Verständnis Krieg, weshalb die außer islamische Territorialität *Dar al-harb* / Haus des Krieges genannt wird. Diese Einstellung ist bis heute noch nicht revidiert worden; sie besteht fort.[14]

Muslime beanspruchen für ihre Welt den Begriff *Dar al-Islam* / Haus des Islam, das mit dem Haus des Friedens / *Dar al-salam* gleichgesetzt wird. Die Erweiterung der islamischen Territorialität dehnt die Sphäre des Friedens aus. Im Koran heißt es, »Religion ist für Gott nur der Islam« (Sure 3/Vers 19). Und die Aufforderung, dieser Religion beizutreten, lautet, »Allah lädt euch ein, dem Haus des Friedens anzugehören« (Sure 10/Vers 25). Daraus folgt, dass *Salam* das Selbstverständnis des Islam prägt. Andere mögen dieses Verständnis nicht teilen und dennoch ist die westliche Übersetzung von *Djihad* mit »heiliger Krieg« falsch. Diese Korrektur rührt nicht an die Kritik am islamischen Universalismus. Weiterhin: Trotz des islamischen Selbstverständnisses dürfen wir die Tatsache nicht übersehen, dass Muslime ihren *Djihad* geschichtlich als Krieg zur Verbreitung des Islam betrieben haben. Mit dieser nuancierten Deutung bin ich um Anerkennung des islamischen Selbstverständnisses und gleichzeitig um historische Objektivität bemüht. Diese erfordert, zwischen der zivilisatorischen Wahrnehmung und der historischen Faktizität streng zu unterscheiden.

Historisch und philologisch geht der Begriff »heiliger Krieg« auf die christliche Unterscheidung zwischen gerechtem und ungerechtem Krieg zurück.[15] Hieraus geht deutlich hervor, dass Muslime etwas anderes unter Krieg verstehen als Menschen anderer Zivilisationen. Der kulturelle Pluralismus gilt auch für die unterschiedliche Bestimmung der Geschichte. Die Berücksichtigung dieser Tatsachen führt zu der Frage nach der angemessenen Methode für das Studium islamischer Geschichte und danach, ob es möglich ist, eine Zivilisation historisch mit Begriffen zu studieren, die einer anderen Zivilisation entstammen. Diese Frage schließt natürlich nicht ein, dass man kulturrelativistisch andere Interpretationen gelten lassen müsse.

Im Zeitalter der Zivilisationskonflikte und der daraus hervorgehenden Bestrebung nach einer Entwestlichung der Welt sind wir mit der soeben gestellten entscheidenden Frage konfrontiert. Im Gegensatz zum Kulturrelativismus lässt meine Anerkennung der Unterschiede keine Rechtfertigung einer Fragmentation der Menschheit zu. Auf die Problematik Krieg bezogen bedeutet dies, dass jede organisierte Gewaltanwendung einer Gruppe gegen eine andere als Krieg gilt, unabhängig davon, wie einzelne Zivilisationen solche Akte deuten. So gesehen haben Muslime und Christen sowohl reale als auch perzeptuelle Kriege in Form von *Djihad* und Kreuzzug gegeneinander ausgetragen (vgl. Anm. 3). Auf der Basis der Annahme eines universell gültigen, vernunftorientierten Wissens ist es möglich, zu dieser gleichermaßen für Christen und Muslime gültigen Erkenntnis zu gelangen. Es muss klargestellt werden, dass Pluralismus nicht postmoderne Abschaffung des Primats der Vernunft und der Objektivität bedeutet. Gegen die Kulturrelativisten argumentiere ich, dass diese Objektivität für alle Zivilisationen gilt (vgl. Anm.1, dort Kapitel 5). Aber die Gleichsetzung von Objektivität und europäischer, ja eurozentrischer Weltsicht bleibt zu beanstanden.

Auf der Basis der skizzierten Ausgangsposition ist festzustellen: auch Muslime haben Krieg gegen andere geführt.[16] Zu Zeiten von *Djihad* und Kreuzzug haben Muslime und Christen sich gegenseitig bedroht (vgl. Anm. 3). Und doch gibt es in der Beziehung zwischen beiden parallel zu dieser Bedrohung Momente, ja ganze historische Epochen der Faszination. Ich habe bereits die Renaissance als historischen Beleg für diese Aussage angeführt und möchte darüber hinaus den Höhepunkt der islamischen Zivilisation erwähnen, der aus der Hellenisierung des Islam hervorgegangen ist. Muslimische Philosophen haben den Geist des Hellenismus neu durchdacht und dennoch haben sie nie die Geltung der Einheit der Vernunft für alle Zivilisationen in Frage gestellt; sie taten dies

> »in anderer Zeit und Lage, (das Neudurchdachte) war nicht mehr dasselbe … (Die) großen morgenländischen Denker … haben das griechische Licht zugleich gerettet und verwandelt«[17],

und dennoch war dies eine inter-zivilisatorische Rationalität.

Aus der Hellenisierung des Islam (9. bis 12. Jahrhundert) ging eine – leider abgebrochene – islamische Aufklärung hervor[18], durch die eine Befruchtung Europas am Vorabend der zivilisatorischen Epoche der Renaissance erfolgte. Diese historische Erscheinung gehört zu den weltgeschichtlich bedeutsamen Begegnungen zwischen den Zivilisationen, die uns einen Beweis dafür liefern, dass solche, universelles Wissen[19] voraussetzende Wechselwirkungen möglich sind. Auch zeigen sie, dass die historischen europäisch-islamischen Beziehungen nicht auf eine Kriegsgeschichte beschränkt werden dürfen.

In meinen Überlegungen über Krieg und Frieden im Islam gehe ich vom Geist inter-zivilisatorischer Befruchtungen, nicht vom *Djihad* aus. Mein methodischer Ausgangspunkt bei der Bestimmung meines Gegenstandes bezieht sich nicht auf den Text der Offenbarung, auch nicht auf die islamisch-zivilisatorische Perzeption der Geschichte / *turath*; vielmehr verfahre ich wie die islamischen Philosophen des hellenisierten Mittelalters, indem ich – wie Ibn Ruschd – zwischen religiöser und vernunftorientierter Wahrheit unterscheide und der Vernunft den Vorrang einräume.[20] Der letzte große islamische Philosoph und Historiker, der im 14. Jahrhundert lebende Ibn Khaldun[21], unterscheidet bei seiner Geschichtsdeutung ebenfalls zwischen der religiösen und rationalen Sichtweise. In seiner *Muqaddimah* / Prolegomena, für die der Welthistoriker Arnold Toynbee das höchste Lob fand, entwirft Ibn Khaldun ein geschichtsphilosophisches Muster für das Studium der Geschichte; er schreibt:

> »Wisse, daß die Wissenschaften … von zweierlei Art sind … Die erste Art umfaßt die weisheitlich-philosophischen Wissenschaften … Die zweite Art umfaßt die auf Überlieferung und Konvention beruhenden Wissenschaften … Der Intellekt hat in den letzteren keinen Platz … Die Grundlage all dieser auf Überlieferung beruhenden Wissenschaften sind die gesetzlichen Grundsätze aus dem Koran und der Sunna, die uns von Allah und seinem Gesandten offenbart worden sind … Sie betreffen speziell die muslimische Umma und ihre Angehörigen … Die rationalen Wissenschaften (dagegen) … werden Wissenschaften der Philosophie und Weisheit genannt … Ihr Nutzen liegt darin, dass der Mensch (mit ihrer Hilfe) Falsches von Richtigem unterscheiden kann, so daß er dank der Denkfähigkeit in der Lage ist, die Wahrheit … zu erkennen … Ihr Schaden für die Religion ist groß … Sie behaupten, daß die Erkenntnis dem Menschen auch ohne religiöses Gesetz … möglich sei, da der Mensch Vernunft besitze.«[22]

Der letzte Satz in dem angeführten Zitat hat nur eine Schutzfunktion. Denn in seiner Geschichtsphilosophie geht Ibn Khaldun selbst von der vernunftorientierten Erkenntnis aus, er verfährt nicht skripturalistisch, also nicht schriftgläubig. Ibn Khalduns Geist prägt aus diesem Grunde das methodische Verfahren bei den folgenden historischen Erläuterungen über Krieg und Frieden im Islam. Gleichermaßen ein Rationalist und ein Vertreter der *cultural analysis*[23] in Geschichts- und Sozialwissenschaft übersehe ich jedoch nicht die Differenzen zwischen verschiedenen Zivilisationen; diese beziehen sich auf kulturelle Implikationen und die mit ihnen verbundenen Perzeptionen der Geschichte, etwa durch Muslime. Wie bereits hervorgehoben, trete ich für Universalität des Wissens gegen den Kulturrelativismus der Postmoderne ein. Ebenso wie dies nicht zu einer Ideologie des Universalismus verkommen muss, ist Vernunft nicht mit Vernunftglauben identisch. Dementsprechend gehe ich kartesianisch von der Annahme aus, dass Wissen universell gelten kann, wenn es auf rationaler, kulturübergreifender Basis begründet wird. Doch das Verhaftetsein in kulturellen Differenzen beeinträchtigt die Fähigkeit zu einer solchen Erkenntnis, weil es den Blick verstellt.

Die Skepsis erlaubt es jedoch nicht, die Grenzen rationaler Erkenntnis, die sich aus den bestehenden kulturellen Differenzen ergeben, zu übersehen. Diese Einsicht steigere ich jedoch niemals und an keiner Stelle zu Huntingtons Bruchlinien![24] Diese können – etwa durch Fundamentalismus und Ethno-Nationalisten konstruiert werden, sie bestehen aber nicht per se. Weltfrieden im 3. Millennium heißt die Fähigkeit erwerben, mit den zivilisatorischen Unterschieden konfliktlösend umgehen zu können; dies erfordert Brücken statt konstruierter Bruchlinien.

Krieg, Djihad und islamische Welteroberung als Mittel zur Verbreitung des Islam

Im Sinne der vorangegangenen Ausführungen stelle ich fest, dass *Djihad* nach muslimischer Wahrnehmung zwar kein Krieg ist, da er der globalen Verbreitung des Friedens dienen soll, nach den Maßstäben der objektiven Vernunft aber natürlich der Definition von Krieg als organisierter Gewaltanwendung entspricht. In diesem Sinne haben Muslime bei ihrer Verbreitung des Islam doch Kriege geführt, auch wenn sie ihren *Djihad* nicht als

Harb / Krieg, wie er von Nicht-Muslimen geführt wird, verstehen. Warum sollen Muslime nicht ähnlich wie der Papst im März 2000 für die Kreuzzüge eine Entschuldigung für die *Djihad*-Eroberungen in Spanien und dem Balkan liefern? Orthodoxe Muslime behaupten, *Djihad* sei eine göttliche Mission, Kreuzzug dagegen Ausdruck reiner Aggression.

So lassen sich keine Brücken zwischen den Zivilisationen schlagen!

Im Islam findet sich ein funktionales, an Regeln gebundenes Verständnis von Krieg, auch wenn die Muslime – wie eben gesagt – für ihre gewaltbezogenen Handlungen nicht diesen Begriff verwenden.[25] Und noch eine Differenzierung: Von Muslimen ausgeübte kriegerische Gewalt heißt im Koran *Qital*, nicht *Djihad*. Im Islam dient Gewaltanwendung nur dem Ziel, die Welt zu islamisieren; Töten und Vernichtung sind kein Selbstzweck, geschweige denn ein Ziel des Krieges. Muslime glauben, wie eben angeführt, die göttliche Mission zu haben, den Islam in alle Welt zu tragen; sie rufen die anderen im Sinne des zitierten Koran-Verses dazu auf, dem Islam beizutreten – und im Rahmen dieses Aufrufs ist Gewaltanwendung legitim.

Das ist der Grund, weshalb die Muslime weiterhin zu ihrem *Djihad* stehen und keinen Anlass für eine historische Entschuldigung – so wie der Papst sie gab – sehen. Der Aufruf zum Islam / *Da'wa* erfolgt zunächst friedlich. Wird ihm jedoch nicht Folge geleistet, dann greifen Muslime zur Gewaltanwendung, sehen in ihrem Angriff allerdings einen defensiven Akt, sozusagen eine Notwehrsituation. Mit anderen Worten: *Qital* betreiben die Muslime nur in einer Situation, in der sie sich gezwungen sehen, nicht-friedliche Mittel für die Verwirklichung ihrer »Friedensmission« anwenden zu müssen. Da Muslime glauben, den göttlichen Auftrag zu haben, die gesamte Welt zu islamisieren, haben sie sich historisch nie die Frage gestellt, ob Nicht-Muslime das Grundrecht haben, dem Islam nicht beizutreten; sie gegen ihren Willen mit Gewalt in die Sphäre des Islam zu bringen, ist wohl eher aggressiv als defensiv!

Eigenartig muss für einen Westler die Tatsache erscheinen, dass Muslime ihre Gewalt bei der Verbreitung des Islam als defensiv, nicht als Aggression gegen andere begreifen; obwohl sie als Eroberer die Angreifer sind. Die Defensive besteht nach diesem Verständnis darin, dass sie sich an der Verbreitung des Islam gehindert fühlen, sie sich also bei der Erfüllung ihre Mission nur verteidigen. Tatsächlich ging es jedoch nicht nur um die Verbreitung des Islam, sondern häufig auch um die Erschließung von Ressourcen und Siedlungsgebieten.

Für die Erläuterung des islamischen Selbstverständnisses sind die beiden im folgenden zu zitierenden Koran-Verse wichtig; sie scheinen einander zu widersprechen, werden aber komplementär zueinander interpretiert. Im Koran steht über *Qital* / Kampf zu lesen, es sei eine religiöse Verpflichtung:

> »Und kämpft um Gottes willen gegen diejenigen, die gegen Euch (die Muslime; B.T.) kämpfen« (Sure 2/Vers 190).

Das bedeutet, dass Muslime gegen diejenigen, die sie daran hindern, den Islam zu verbreiten, Gewalt anwenden dürfen. Aber im Koran wird verkündet:

> »Doch greift nicht an, denn Allah liebt diejenigen nicht, die Aggression betreiben« (ebd.).

Warum befiehlt derselbe offenbarte Text, für den Islam zu kämpfen und verbietet dann anzugreifen? Zunächst ist es wichtig zu verstehen, dass der arabisch-koranische Begriff für kriegerische Gewalt *Qital* lautet, und dieser ist eine Unterkategorie des *Djihad.* Muslime begreifen ihre *Djihad*-Kriege als Verteidigung, nicht als Angriff.

Apologetische Muslime, Konvertiten sowie islamophile Autoren im Westen streuen Sand in die Augen ihrer Gesprächspartner, wenn sie den Islam von der Gewaltanwendung freisprechen; sie tun dies, indem sie *Djihad* richtig, aber einseitig mit »Anstrengung« übersetzen. Historisch, aber auch im Geist des Koran, schließt *Djihad* als »Anstrengung« jedoch auch die *Qital*-Kampfhandlungen ein. Er ist jedoch nicht darauf beschränkt; man kann *Djihad* auch in Frieden betreiben. *Qital* wird für die Verbreitung des Islam zugelassen, allerdings nur als vermeintliche Verteidigungstat, Aggression dagegen wird verboten.

Die expansiven *Djihad*-Kriege gegen Nicht-Muslime begannen nach dem Tod des Propheten Mohammed 632 n.Chr. Zu Lebzeiten des Propheten, vor allem während der Gründung des islamischen *Umma*-Gemeinwesens in Medina (622–632) richteten sich die Anstrengungen des Islam – auch wenn sie gewaltförmig waren – nach innen, also gegen die arabischen

Stämme, um sie der islamischen Ordnung unterzuordnen und einzugliedern. Der britische Islam-Historiker W. Montgomery Watt sieht in der Gründung der islamischen *Umma* als »*super-tribe*« die Hauptleistung des Propheten; das Ergebnis sei »die Föderation der arabischen Stämme« gewesen.[26] Die Frage, ob ein Stamm eine Ethnie ist, sowie die Problematik der Ethnizität werden uns in diesem Kapitel noch näher beschäftigen. Es genügt hier vorläufig festzuhalten, dass der Krieg in den Jahren des Propheten noch immer die Islamisierung der arabischen Stämme zum Ziel hatte. Die Araber ähneln einander sprachlich und kulturell, waren aber in zahlreiche ethnisch verfeindete Stämme fragmentiert, die gegeneinander *Ghazu*-Krieg führten, d.h. einander auf Raubzügen überfielen. Der Islam hat diese Anarchie beendet, in dem er die Gewalt regulierte und von innen nach außen lenkte.

Von seinem Ursprung her ist der Islam arabisch, von seinem Anspruch her jedoch universalistisch, d.h. als Religion beansprucht er, für die gesamte Menschheit zu gelten. Auf dieser Doktrin baut das Projekt der islamischen Expansion auf, das seit dem Tod des Propheten und der Vereinigung der arabischen Stämme zu einer stammesübergreifenden *Umma* verfolgt wurde. Das Mittel der islamischen *Futuhat*-Expansion[27] war der Krieg. Das erste islamische Imperium, das Kalifat der Omaiyyaden von Damaskus (661–750), war daher – wie der zum Islam übergetretene Historiker Khalid Yahya Blankinship es nennt – ein »*Djihad*-Staat«.[28] Die islamischen Expansions-Kriege erfolgten zwischen 661 und 750 an drei Fronten:

- → im Norden gegen Byzanz,
- → im Osten gegen die Perser und
- → im Westen gegen die Berberstämme in Nordafrika sowie später und im Jahre 711 erfolgreich gegen die Westgoten in Spanien.

Der Sammelbegriff für die islamischen Eroberungskriege lautete *Futuhat* (wörtlich: Öffnungen). Ein Land zu erobern bedeutet nach islamischen Verständnis, es »dem Islam zu öffnen / *Fataha*« (vgl. Anm. 27). Daher war jeder muslimische Feldherr ein *Fatih* / »Öffner« der eroberten Gebiete für den Islam. Es ist kein Abschweifen, sondern ein Aufklären über eine kulturell andere Denkweise, anzuführen, dass ein Muslim eine Jungfrau nach der Vermählung »öffnet / *Fataha*«, d.h. defloriert. Dieser Akt ist nach islamischem Recht *Halal* / erlaubt im Gegensatz zu *Haram* / verboten. Plünderung und Aggression sind ebenso *Haram* wie *Zina* / nicht-ehelicher Geschlechtsverkehr. Die *Futuhat*-Kriege / Öffnungen dienten nach dieser Logik der Doktrin nur der Verbreitung des Islam und waren als Öffnungen / *Futuhat* deshalb *Halal*, ebenso wie die Ehe mit einer Jungfrau und die anschließende Defloration. Vergegenwärtigt ein Westler diese Zusammenhänge nicht, scheitert er dabei, die islamische Denkweise zu verstehen!

In den Anfängen der islamischen Expansion gab es vier Wellen der *Futuhat*-Kriege, die in der Omaiyyaden-Zeit bzw. zuvor während der Periode zwischen dem Tod des Propheten 632 und der Gründung des Reichs von Damaskus 661 geführt wurden. Diese letztgenannte Periode gilt für orthodoxe Muslime als das goldene Zeitalter der rechtgeleiteten bzw. wahren Imame des Islam. Die vier *Raschidun*-Kalifen, Abu Bakr, Omar, Othman und Ali, gelten sämtlich als wahre Imame. Dennoch steht die Tatsache, dass drei von ihnen ihr Leben durch Mord verloren im Widerspruch zu dieser glorifizierenden Darstellung jener Zeit; sie war nicht gewaltfrei. Innerislamische Gewalt, die eine weitere Kategorie des Krieges im Islam darstellt, beginnt gerade in dieser *Raschidun*-Epoche. Und doch wird sie in islamischer Terminologie wiederum nicht als solche bezeichnet. Ehe ich mich im folgenden Abschnitt mit innerislamischer Gewalt beschäftige, möchte ich die vier Wellen der islamischen *Futuhat*-Kriege anführen: Die erste Welle 632–661 fand unter den *Raschidun*-Kalifen statt; die darauffolgenden drei Wellen 683–692 und 692–718 sowie schließlich 720–740 erfolgten unter der Herrschaft der Omaiyyaden-Kalifen von Damaskus. Natürlich gab es auch in der folgenden Geschichte weitere islamische *Djihad*-Kriege, aber sie waren von Umfang und Kontinuität nicht mehr so groß angelegt, dass es gerechtfertigt wäre, von *Djihad*-Wellen zu sprechen. Erst im osmanischen Zeitalter islamischer Geschichte wird der *Djihad* in großem Umfang erneut aufgenommen. Historisch gehören der arabische *Djihad* (7. bis 8. Jahrhundert) und der türkisch-osmanische *Djihad* (14. bis 16. Jahrhundert) zu völlig unterschiedlichen Epochen islamischer Geschichte.[29]

Innerislamische Kriege: Die *Riddah*- und *Fitna*-Kriege

Nach der koranischen Offenbarung verbietet der Islam sehr strikt jede Gewalt unter den Muslimen selbst. Doch hatten direkt nach dem Tod des Propheten einige Beduinenstämme ihre Zugehörigkeit zum Islam aufgekündigt und somit die islamische *Umma*-Gemeinde verlassen. Hierfür wurde der Begriff *Riddah* / Apostasie geprägt. Dieser Widerstand rief Gewalt innerhalb der Islam-Gemeinde hervor. Der erste, als »rechtgeleitet / *Raschidun*« qualifizierte Kalif im Islam, Abu Bakr (632–634) war mit diesem Abfall vom Islam konfrontiert und entschied sich für die Gewaltanwendung gegen die von der Religion Abgefallenen. Der erste *Riddah*-Krieg dauerte zwei Jahre, von 632 bis 634, erstreckte sich also über das gesamte Kalifat Abu Bakrs. Konversion vom Islam zu einer anderen Religion oder schlicht das Verlassen der Glaubensgemeinschaft sind nicht erlaubt. Somit gilt seitdem als entschieden: Es gibt keine Glaubensfreiheit. Dies steht nicht im Koran, aber nach der *Schari'a*, dem islamischen Gesetz wird der individuelle Apostat / *Murtad* hingerichtet, bei einem kollektiven Austritt aus dem Islam besteht Grund zur Kriegshandlung gegen die vom Glauben abgefallene Gruppe, die dann als *Riddah*-Krieg bezeichnet wird.[30] Obwohl nur wenige Muslime diese Tatsache akzeptieren, ist die *Schari'a* ein postkoranisches Konstrukt; sie setzt einen Standard im Islam, der Glaubensfreiheit auf allen Ebenen negiert und damit die islamische Geschichte belastet.

Eine weitere historische Belastung und Quelle von Gewalt im Islam ist die Erklärung / *Takfir* zum Ungläubigen. Damit verbunden ist der Mord an Personen, die verdächtigt werden, ungläubig zu sein. Im Gefolge eines Aufstandes einiger Muslime gegen den herrschenden Imam Othman (644–656), der nach einer *Takfir*-Anschuldigung ermordet wurde, entstand ein neuer Kriegstyp. Die *Umma* ist nach islamisch-religiöser Doktrin einheitlich und durch inneren Frieden gekennzeichnet. Mit *Fitna* (wörtlich: Verführung, innere Unruhe) ist ein Begriff im Islam entstanden, der einen Zustand umschreibt, durch den der innerislamische Frieden gefährdet ist; es kommt zur Gewaltanwendung unter Muslimen, die *Fitna*-Krieg genannt wird. Der erste *Fitna*-Krieg erfolgte 656 innerhalb der Familie des Propheten selbst. Nach dem Mord am Kalifen Othman forderte die Lieblingsfrau des Propheten, A'ischa[31], dass die Mörder von Othman der islamischen

Qasas-Strafe (*lex talionis*) unterzogen werden; der vierte Kalif, Ali (656–661), kam dieser Aufforderung nicht nach, woraufhin ihm Aischa den Krieg erklärte. Die berühmte Kamelschlacht 656 endete mit dem Sieg Alis (vgl. dazu Anm. 12, dort S. 73ff.). Ali wurde jedoch 661 selbst ermordet, was zugleich das Ende der *Raschidun*-Periode im Früh-Islam (632–661) und den Beginn des innerislamischen Schismas in Sunna und Schi'a markierte.[32] Die angeführten innerislamischen Kriege belasten die islamische Geschichte bis heute (Algerien, Afghanistan) und drücken ihr ihren Stempel auf.

Im Jahre 661 etablierte ein Clan des Stammes von Quraisch, nämlich die Omaiyyaden, eine eigene Dynastie in Damaskus. Das Kalifat der Omaiyyaden schien zunächst die innerislamische Gewalt zu beenden, es bestand aber nur wenig mehr als ein Jahrhundert. Mit dem Abbasiden-Aufstand von 749–750 fand das erste dynastische Kalifat sehr gewaltförmig sein Ende. Die Abbasiden, deren Reich von 750 bis 1258 bestand, waren ebenso wie die Omaiyyaden Quraischiten, also aus dem Stamm des Propheten Mohammed. Während dieser beiden Kalifate gab es keinen innerislamischen Frieden; drei weitere große *Fitna*-Kriege fanden statt, die sämtlich sehr blutig verliefen, obwohl der Koran jedes Blutvergießen unter den Muslimen streng verbietet (Sure 4/Vers 92). Beim Studium der islamischen Geschichte ist es wichtig, zwischen der Lehre des Islam und der realen Geschichte zu unterscheiden. Die Philologie deutscher Orientalisten und die Betonköpfe orthodoxer Muslime helfen nicht, diesen Unterschied wahrzunehmen.

Zusammenfassend lässt sich festhalten, dass folgende Kriegsmuster im Islam existierten:

- → der *Djihad*-Krieg (auch *Qital*) löst durch seine religiöse Motivation die vorislamischen Überfälle auf Handelskarawanen ab;
- → *Ghazu* / Raubüberfall der Beduinen ist vorislamisch;
- → *Harb* ist der Krieg der Ungläubigen;
- → *Fitna*-Krieg ist innerislamisch;
- → *Riddah*-Krieg richtet sich gegen die vom Glauben Abgefallenen, also gegen kollektive Apostasie.

Der *Djihad*-Krieg verfolgt nach der islamischen Doktrin das Ziel, die Menschheit unter dem Islam zu vereinigen, um so den Weltfrieden herzustellen und alle Kriege abzuschaffen. Um in ihren *Futuhat* / Öffnungen erfolgreich sein zu können, müssen die Muslime unter sich einheitlich und geschlossen sein. Die *Umma* darf keine inneren Spaltungen zulassen und keinen Abfall vom Glauben dulden. Pluralität innerhalb der Islam-Gemeinde wird mit Sektenbildung gleichgesetzt und entsprechend inkriminiert. *Hizb* ist im Früh-Arabischen zugleich die Bezeichnung für Partei und Sekte, wofür auch der Begriff Schi'a steht. *Schi'at Ali* bedeutet nichts anderes als »Partei Alis« und Schi'it dementsprechend Partisan Alis. Bis heute wird der Begriff *Hizb* – außer von Säkularisten – nur von Schi'iten im Islam verwendet, wie z.B. *Hizb Allah* (Hizbullah) im Libanon. Die Terrororganisation Hizbullah in der Türkei ist sunnitisch, aber nicht typisch für den sunnitischen Islam.

Obwohl viele orthodoxe Muslime – anders etwa als die großen Historiker Tabari oder Ibn Khaldun – Geschichte und religiöse Dogmen oft verwechseln, verlief die Realgeschichte nicht nach dem von der Doktrin vorgesehenen Muster. So haben die *Djihad*-Kriege nicht nur der Verbreitung des Islam gedient. Der Islam hat den Beduinen die *Ghazu*-Überfälle auf Handelskarawanen in Arabien verboten, was den Ausfall einer zentralen Ressource für die Reproduktion ihrer Lebensbedingungen zur Folge hatte. Die Gewalt der Beduinen musste nach außen kanalisiert werden, um einerseits innerislamischen Frieden zu ermöglichen, andererseits, um die durch das Verbot von Überfällen auf Handelskarawanen verlorene Beute durch den *Djihad* zu kompensieren. Kurz, die beim arabischen *Djihad* des 8./9. Jahrhunderts erzielte Beute war realhistorisch ebenso wichtig wie die *Da'wa* / der Aufruf zum Islam. In Friedenszeiten er setzte die Kopfsteuer, die die Juden und Christen der eroberten Gebiete zahlen mussten, die Kriegsbeute. Diese Aussage gilt auch für die osmanische Epoche des *Djihad* seit dem 14. Jahrhundert.

Auch die doktrinäre Vorstellung eines dauerhaften und stabilen innerislamischen Friedens entsprach nicht den historischen Realitäten! Der *Riddah*-Krieg von 632–634 und die vier großen *Fitna*-Kriege im 7. und 8. Jahrhundert dokumentieren Muster innerislamischen Krieges. Historisch konnte die islamische Zivilisation ihre Utopie des Weltfriedens noch nicht einmal im *Dar al-Islam* / Haus des Islam selbst verwirklichen! Die Gleichsetzung der Verbreitung des Islam mit der islamischen Utopie von *Dar al-salam* (Haus des Friedens) stimmt weder nach innen noch nach außen mit der realen islamischen Geschichte überein.

Innerislamische Kriege zwischen den arabischen Stämmen / *Qaba'il* und den nicht-arabischen muslimischen Völkern / *Schu'ub*

Nach dieser historischen Klärung des Verhältnisses von Krieg und Frieden im Islam gleichermaßen in Doktrin und realer Geschichte, möchte ich nun einen Blick auf die innere Verfassung der islamischen *Umma* werfen. Das Stichwort heißt Ethnizität. Die Frühgeschichte des Islam war vorwiegend arabisch. Die Araber jener Zeit wurden in Stämme / *Qaba'il* und die Stämme in Clans / *Aschira* unterteilt. Unter dem Propheten wurde die Vereinigung aller arabischen Stämme unter dem Banner des Islam zu einer *Umma* angestrebt. Der *Djihad* war ein Mittel hierzu. Nach dem Tod des Propheten wurde der *Djihad* als Welteroberungsprojekt über die Grenzen Arabiens hinaus ausgedehnt. Dies hatte zur Folge, dass nicht-arabische Völker dem Islam beitraten und die *Umma* multikulturell wurde, um einen modernen Begriff zu verwenden. Geschichtlich sind die wichtigsten Völker, die neben den Arabern zum Islam kamen, die Perser[33], die bereits nach der Eroberung des Sassaniden-Reichs im 7. Jahrhundert zum Islam konvertierten, und die aus Zentralasien stammenden Türken[34], die erst im 9. Jahrhundert islamisiert wurden. Die Araber pflegten trotz der Doktrin der übertribalen *Umma* ihre Stammesidentität und betrachteten Nicht-Araber als *Schu'ub* / Völker, deren Angehörigen sie als *Mawali*, sozusagen Muslime zweiter Klasse diskriminierten.

Im islamischen Weltbild erfolgt nach Koran und *Hadith* / Überlieferung der normsetzenden Tradition des Propheten die Unterteilung der Menschheit in Araber und Nicht-Araber. Wie angeführt unterteilen sich Araber in Stämme / *Qaba'il* und die Nicht-Araber, die dem Islam beitreten, in Völker / *Schu'ub*. Der Prophet und die Araber des Früh-Islam kannten als Völker aus ihrer Umgebung nur die *Adjam* / Perser, *Rum* / Römer und *Ifrandj* / Franken. Andere (z.B. Asiaten) kannten sie nicht. Die Afrikaner / *Zundj* betrachteten sie als Sklaven / *Abid*, nicht als Volk. Die Perser / *Adjam* wurden – wie gesagt – bereits im 7. Jahrhundert zu Muslimen, und der Prophet predigte:

> »*La farqa bain Arabi wa Adjami illa bi al-taqwa* / Es gibt keinen Unterschied zwischen Arabern und Persern außer im Bereich der Frömmigkeit« (*Hadith*).

Die wichtigste Stelle im Koran zur Beschreibung der Menschheit ist in der Sure *al-Hudjurat* enthalten, die ebenso tolerant ist:

> »*Wa djalnakum schu'uban wa qaba'ilan li ta'arufa* / Und wir haben euch als Stämme und Völker erschaffen, damit ihr euch untereinander kennen lernt« (Sure 49/Vers 13).

Beide zitierten, höchst autoritativen, weil in Koran und *Hadith* vorgeschriebenen Gebote haben in der Realgeschichte des Krieges keine Beachtung gefunden. Einmal wurde die verordnete Einheit der arabischen Stämme als einheitliche *Umma* missachtet. Selbst innerhalb des Stammes des Propheten, Quraisch, galt die Unterteilung in Clans und ihre entsprechende Solidarität mehr als die egalitäre Eingliederung in die *Umma*. In Kapitel I habe ich den Tübinger Islamkundler Josef van Ess zitiert, der in seinem mehrbändigen Werk über den Früh-Islam berichtet, dass arabische Muslime damals im Kollektiv dachten. Dabei handelte es sich vorwiegend um die soziale Gruppe, der man gerade angehörte. Van Ess ist der Meinung, dass der *Umma*-Begriff, der heute hochgeschätzt wird, damals kaum eine Rolle spielte; er führt an, dass die Stämme jeweils ihre eigene Moschee hatten: »Man wollte nicht hinter jemanden das Gebet verrichten, mit dem man … nicht übereinstimmte.«[35]

Der erste inner-quraischitische *Fitna*-Krieg sowie die ihm nachfolgenden Auseinandersetzungen, besonders aber das Blutbad der quraischitischen Abbasiden an den ebenso quraischitischen Omaiyyaden 749–750 sind bedenkliche Zeugnisse innerislamischer Gewalt. Gegen die verbindliche *Hadith*-Vorschrift, dass nicht-arabische Muslime nicht diskriminiert werden dürfen, wurden diese – wie angeführt – als *Mawali* und damit Muslime zweiter Klasse behandelt und besonders unter den Omaiyyaden massiv ausgegrenzt. Wenn orthodoxe Muslime Egalität und Nicht-Diskriminierung als zentrale Merkmale des Islam anführen, berufen sie sich ausschließlich auf den Text und lassen den historischen Kontext, d.h. die Realgeschichte außen vor. Das ist unredlich. Es gab sogar Jahre, in denen Perser – obwohl Muslime – Kopfsteuer zahlen mussten. Das war der Nährboden der Abbasiden-Revolution[36]; sie wurde zwar von einem Quraischiten-Clan gegen einen anderen ausgetragen, aber ihr Fußvolk waren die *Schu'ub*-Völker der *Mawali*, besonders die *Adjam* / Perser.

Die Omaiyyaden hatten ihre *Djihad*-Armee ethnisch ausschließlich auf dem arabischen Element aufgebaut. Solange der *Djihad* genügend Beute erbrachte, war die Einheit der im Kern arabischen *Umma* gewährleistet. Die geschichtliche Phase, die der Historiker Blankinship »Krise des *Djihad*-Staates« nennt, umfasste einerseits eine Stagnation der islamischen Expansion durch nur noch geringe Erfolge des *Djihad*-Krieges, andererseits – und damit zusammenhängend – das dramatische Zurückgehen der Kriegsbeute. Die Omaiyyaden-Armee bestand aus den Stämmen Arabiens sowie aus Jemeniten und Syrern; ihre Einheit zerbrach in der Krise, parallel zum Ausfall der Revenuen, wodurch sich die Kampffähigkeit der *Djihad*-Krieger verringerte[37] und der tribale Zwist unter ihnen seinen Lauf nahm.

In der Abbasiden-Zeit wurde die Politik der Rekrutierung der *Djihad*-Truppen dahingehend geändert, dass nicht-arabische Elemente in die Armee aufgenommen wurden. Vom Beginn dieses neuen Imperiums an, also seit Mitte des 8. Jahrhunderts, wurden Perser, die im Sassaniden-Reich eine vielschichtige Administration aufgebaut hatten, mit hochrangigen Verwaltungsaufgaben betraut. Den persischen Buyiden gelang es später, die wichtigsten *Waza'ir* / Ministerämter für sich zu monopolisieren.[38] Ab Ende des 9. Jahrhunderts wurden die aus Zentralasien in das Reich strömenden Turkstämme in die Armee aufgenommen, die nicht mehr *Djihad*, also Expansion, betrieb. Der Kampf wandte sich nach innen und es hat nicht sehr lange gedauert, bis die türkischen Heeresoffiziere mächtiger als der arabische Kalif selbst geworden waren, ja ihn sogar bevormundeten.

Während der späten Abbasiden-Geschichte avancierten die türkischen Seldjuken zur Soldateska des Reiches von Bagdad. Diese Unterteilung der islamischen *Umma* in Araber, Perser, Türken u.a. führt uns zur Problematik der Ethnizität, die die Einheit der islamischen Zivilisation zerstörte.[39] Die Kalifen waren Araber, die Administratoren Perser und die Krieger Türken. In der religiösen Doktrin stand die *Umma*-Identität an höchster Stelle. In der Realgeschichte war die ethnische Solidarität die solideste. Selbst die Araber desselben Stammes, Quraisch, waren in zwei verfeindete Zentren der islamischen Zivilisation, Bagdad und Cordoba, zerstritten, die je einen Kalifen stellten.

Ethnizität in der islamischen Geschichte

In seinen Lehren predigt der Islam Universalität und lehnt Ethnizität und Tribalismus ab; beide waren aber in der islamischen Geschichte vorrangig, obgleich sie nicht identisch sind. Die aufgeführten innerarabischen und innerislamischen, zunächst als ethnisch zu bezeichnenden Unterteilungen sind entscheidend für das Verständnis des Krieges in der islamischen Geschichte sowohl innerhalb der *Umma* als auch für die Handlungen der Muslime gegen Nicht-Muslime. Aber wir können – auch angesichts der bereits angeführten Debatte über die universelle Gültigkeit von Begriffen (vgl. Anm. 19) – der Frage nicht entkommen, ob es korrekt ist, von Ethnizität im Islam zu sprechen. Der Grund hierfür ist folgender: Es handelt sich bei »Ethnizität« um einen modernen Begriff, der in keine der orientalischen Sprachen übersetzbar ist. Im modernen Arabisch wurde der Begriff einfach arabisiert. Wie Demokratie in *Demokratiyya* verwandelt wird, ist für Ethnizität *Ethniqiyya* geprägt worden. Doch war der Inhalt dieses Begriffes in der islamischen Geschichte allgegenwärtig.

Ethnizität ist eine Ableitung des Begriffes *Ethnos* / Volk. Im Arabischen ist das Wort hierfür *Scha'b* (Singular des bereits oben eingeführten Wortes *Schu'ub* / Völker). Wie wir gesehen haben unterteilt der Koran die Menschheit in Stämme (bezogen auf die Araber) und Völker / *Schu'ub* (bezogen auf Nicht-Araber). Im Einklang mit der arabozentrischen Deutung des Islam haben Araber ihre Abneigung gegenüber nicht-arabischen Muslimen mit dem Begriff *Schu'ubiyya* (Ausländerei, feindliche Einstellung der nicht-arabischen Muslime gegenüber den Arabern) artikuliert. *Schu'ubiyya* kommt von *Scha'b / Ethnos* und ist eine Bezeichnung für nicht-arabische Ethnizität im Islam; sie richtet sich gegen die Infragestellung der arabischen Zentralität in der islamischen Zivilisation, wie sie vorwiegend von Persern (Buyiden) und Türken (Seldjuken und später die Osmanen) zum Ausdruck gebracht wurde. Heute sind von 1,3 Milliarden Muslimen nicht mehr als ca. 300 Millionen arabisch, dennoch bestehen die Araber nach wie vor auf der Zentralität des Arabertums für den Islam. Auch ein nicht-arabischer Muslim hat in der Regel einen arabischen Namen und muss den Koran auf Arabisch rezitieren.

Bleiben wir jedoch bei der Zeit der Abbasiden (750–1258), während der die islamische Expansion, jedoch nicht mehr im Selbstverständnis des »*Djihad*-Staates« (vgl. Anm. 28), fortgesetzt wurde; sie richtete sich vor allem gegen Byzanz.[40] Der größte Kalif von Bagdad, Harun al-Raschid[41], hatte die Hoffnung nie aufgegeben, Konstantinopel für den Islam einzunehmen. Der Kontakt, der zwischen Harun und Karl dem Großen entstand, wurde von dem US-Historiker F. W. Buckler als islamisch-christliches Bündnis gegen Byzanz gedeutet (vgl. Anm. 42). Doch hat Blankinship recht, wenn er den Untergang des Omaiyyaden-Kalifats als das »Ende des *Djihad*-Staates« deutet. Denn *Djihad*-Kriege besaßen niemals einen zentralen Stellenwert im Abbasiden-Reich.

Mit dem Bruch des arabischen Herrschaftmonopols durch das Eindringen der Ethnizität in die Politik, besonders in der späten Abbasiden-Zeit, wird die islamische Zivilisation auch politisch fragmentiert. Die Provinzen des Reichs verselbständigen sich, und die Kämpfe werden nach innen gewandt, man kann also eher von *Fitna* als von *Djihad* sprechen. Zudem fallen in diese Zeit auch die sieben christlichen Kreuzzüge.[42] Bis zum Aufstieg der Osmanen und der Wiederaufnahme des islamischen *Djihad*-Krieges als Instrument islamischer Expansion – diesmal in den Südosten Europas (im Gegensatz zur vorangegangenen Eroberungswellen im Südwesten) – wurde der im frühen Mittelalter expansive Islam unter den späten Abbasiden eher defensiv.

Die Tatenlosigkeit des Kalifen gegen die Kreuzzüge[43] bringt die Schwäche islamischer Kalifen der späten Abbasiden-Zeit zum Ausdruck. Die osmanische Expansion ging wiederum in die Offensive über, doch obgleich sie mehrere Jahrhunderte währte, war auch sie nicht auf Dauer aufrechtzuerhalten. Ich gehe auf die osmanischen *Djihad*-Kriege deshalb nicht näher ein, weil mein Buch *Kreuzzug und Djihad* eine umfassende Darstellung der türkisch-osmanischen Zeit enthält. Der Aufstieg des Westens durch die sich dort vollzogene militärische Revolution[44] und die Industrialisierung des Krieges beenden endgültig das *Djihad*-Zeitalter islamischer Geschichte; sie ließen die Waagschale zugunsten Europas ausschlagen.[45] Das osmanische Reich geriet in eine strukturelle Krise und versuchte, sich durch die Modernisierung seiner Armee zu verwestlichen.[46] Doch die *Djihad*-Geschichte im Islam war unwiederbringlich zu Ende. Das Zeitalter der islamischen Expansion wurde durch die europäische Expansion abgelöst. Europäische Historiker scheinen diese Zusammenhänge nicht zu kennen, und deshalb verstehen sie den islamischen Hass auf den Westen nicht: Muslime denken – nicht zu Unrecht –, dass die europäische Expansion ihr Welteroberungsprojekt beendet hat.

Vom *Djihad*-Krieg zur Defensive – Von der islamischen Welteroberung zur Neubestimmung des *Djihad* als antikolonialer Widerstand. Eine historische Bilanz, aber kein Ende der Geschichte

Bis zum Aufstieg des Westens war der Islam die dominierende Zivilisation im Mittelmeerraum. Das *mare nostrum* der Römer verwandelten islamische *Djihad*-Krieger in ein islamisches Meer. Die islamischen *Djihad*-Kriege gehören – wie bereits angeführt – in zwei unterschiedliche Epochen der muslimischen Geschichte und lassen sich ethnisch unterteilen: in die Zeit der *Raschidun*-Kalifen und der Omaiyyaden-Dynastie, also 632–750. Diese Zeit war die Epoche des ethnisch exklusiv arabischen Islam. Die Türken waren nach den Persern das zweite große nicht-arabische Volk, das zum Bestandteil der islamischen Zivilisation wurde. Wir haben gesehen, wie arabische Muslime beide Völker mit dem *Schu'ubiyya* / Ethnizitäts-Vorwurf im Sinne anti-arabischer Einstellung belegt haben. Schon unter den späten Abbasiden konnten die Türken praktisch die Macht an sich reißen und die arabischen Kalifen zu Nominalherrschern degradieren. Die Osmanen, die in der dritten türkischen Migrationswelle von Zentral- nach Westasien kamen, haben die zweite Epoche islamischer *Djihad*-Kriege weit ins Innere Europas getragen. Der türkische Historiker Inalcik beschreibt dies so:

> »Die Osmanen bekannten sich zu der Führung der islamischen Welt, indem sie Militanz gegenüber dem kreuzzüglerischen Christentum zur Schau stellten … Die osmanischen Sultane haben ihren Herrschaftsbereich auf das Kerngebiet Europas ausgedehnt, als sie Ungarn einnahmen (1526–1699), die Slowakei (1596–1699) annektierten und Südpolen besetzten.«[47]

Wie einst das Kalifat der Omaiyyaden geriet auch das Osmanische Reich in seiner Spätphase in die Defensive, weil es seinen *Djihad*-Krieg nicht mehr betreiben konnte. 1924 wurde das letzte islamische Kalifat abgeschafft. Die heutige Welt des Islam ist in 55 Nationalstaaten unterteilt, die alle der UNO angehören, deren Charta jeden Expansionskrieg – also praktisch auch den *Djihad* – verbietet. Daher stellt sich die Frage: Gehört der *Djihad* der Vergangenheit an, und ist er somit allein Gegenstand der geschichtswissenschaftlichen Forschung, ohne Aktualität für unsere Gegenwart?[48] Als Expansionskrieg ist der *Djihad* unwiderruflich zu Ende, doch als Gewaltanwendung ist er noch in neuer Gestalt präsent. Im Zeitalter des

Kolonialismus rief der islamische Erneuerer Afghani zum *Djihad* als Antikolonialismus auf. Heute hat der *Djihad* zwei Bedeutungen: eine friedliche und eine terroristische.

In einem autoritativen, zweibändigen Handbuch zur Anleitung der Muslime, das der ehemalige Scheich von al-Azhar veröffentlich hat, wird zwischen dem bewaffneten *Djihad* und *Djihad* als Selbstanstrengung unterschieden; beide dienen der Verbreitung des Islam. Nach Auffassung von Scheich Djadul-Haq Ali Djadul-Haq gehört der bewaffnete *Djihad* der Vergangenheit an. Er führt zur Begründung an:

> »In frühen Zeiten war das Schwert notwendig, um den Weg der *Da'wa* zu sichern. In unserer Zeit jedoch hat das Schwert seine Bedeutung verloren, obwohl der Rückgriff darauf immer noch wichtig ist: für den Verteidigungsfall gegen diejenigen, die wünschen, dem Islam und seinen Menschen Böses anzutun. Für die Verbreitung der *Da'wa* gibt es heute jedoch eine Vielzahl von Möglichkeiten …, diejenigen die sich in unserer Zeit auf Waffen konzentrieren, sind von schwachen Werkzeugen in Besitz genommen.«[49]

Diese friedfertige und ausbalancierte neue Deutung des *Djihad* und die sachliche Zurkenntnisnahme der veränderten Weltzeit gibt Anlass zur Beruhigung. Aber teilt die Mehrheit der Muslime oder mindestens die Aktivisten unter ihnen diese neue Sicht? Erst eine Antwort auf diese Frage gibt Hoffnung auf Frieden: inner- und außer islamisch!

Als ein aufklärerischer islamischer Historiker kann ich nicht verschweigen, dass lange bevor der zitierte – obgleich konservative – Reform-Rektor der Azhar seinen Versuch einer Neudeutung des *Djihad* unternommen hatte, der Begründer der ersten fundamentalistischen Bewegung im Islam, der Muslimbruderschaft, Hassan al-Banna, in einem Essay über den *Djihad* schrieb, dass jede Leugnung des *Djihad*-Krieges Schaden für den Islam bedeute, was zurück zuweisen sei.[50] Al-Banna unterscheidet in dieser Abhandlung zwischen dem großen und dem kleinen *Djihad*. Der bewaffnete *Djihad* behält seine Priorität als *Djihad akbar* / Großer *Djihad*. Für al-Banna ist jeder Muslim, der diese Gewaltförmigkeit beanstandet, abtrünnig. Ein abtrünniger Muslim ist ein *Murtad* / Apostat und riskiert, getötet zu werden. Selbst al-Banna ist 1948 ermordet worden.

Armeen sind in der heutigen Welt des Islam Armeen von Nationalstaaten. Anders formuliert: es sind staatlich organisierte und keine *Djihad*-Armeen. Obwohl ein jordanischer Offizier einen Entwurf für eine *Djihad*-Organisation islamischer Armeen entwickelt hat,[51] hat der traditionelle

Djihad für diese Armeen keine Bedeutung mehr. Der *Djihad* ist anders als der zwischenstaatliche Krieg Clausewitzscher Prägung. Aber selbst dieser scheint zu Beginn des neuen Millenniums obsolet. Hierdurch wird der *Djihad* als irregulärer Krieg neu belebt.[52] Es gibt prominente Kriegsforscher – wie z.B. Kalevi Holsti und Martin van Creveld – die von der Unwahrscheinlichkeit des klassischen Krieges nach dem Ende der Bipolarität sprechen.[53] Gewalt wird heute nicht mehr von Armeen, sondern von irregulären Kriegern ausgeübt; die Islamisten rangieren hierbei an vorderster Stelle.[54] Islamische Fundamentalisten nennen ihren Terrorismus *Djihad.*[55] Diese Islamisten scheint es offensichtlich nicht zu interessieren, dass die Doktrin des *Djihad* terroristische Angriffe aus dem Hinterhalt verbietet. Mit anderen Worten: Nach der Doktrin kann sich der Terrorismus nicht als *Djihad* legitimieren.

Im Rahmen des Terrorismus erfährt der *Djihad* dennoch eine Neubelebung als irregulärer Krieg gegen bestehende Nationalstaaten und führt zu einer neuen Welt*un*ordnung.[56] Der israelische Islam-Historiker Emmanuel Sivan spricht in diesem Zusammenhang von einer Kombination von »moderner Politik und mittelalterlicher Theologie«.[57] Lange vor ihm, allerdings ohne Bezug auf den Islam, sprach der bisher größte Professor für Internationale Beziehungen (Oxford), der 1985 verstorbene Hedley Bull, vom *new medievalism*[58] als Begleiterscheinung der Krise des Nationalstaats und der Suche nach alternativen Ordnungsvorstellungen in unserer gegenwärtigen *Anarchical Society.*

Die Neubelebung des *Djihad* läßt sich als eine aktuelle Erscheinungsform dieses *new medievalism* deuten. Die islamischen Fundamentalisten sprechen offen davon, dass der *Djihad* die Substanz ihrer Strategie ausmacht. Als der neue König Jordaniens, Abdullah II., die Hamas-Organisation verbat, reagierte der Chef der jordanischen Muslimbrüder, Abdulmadjid Dhanbiyyat, mit einem Angriff auf den König mit der Parole:

> »Das Ziel ist doch nicht die Entfernung der Hamas-Führung, sondern die Behinderung der Muslimbrüder daran, zum *Djihad* aufzurufen / *Da'wat li al-djihad.*«[59]

Bisher konnten Islamisten als irreguläre *Djihad*-Krieger nirgends etwas Positives, z.B. neue politische Gebilde hervorbringen. Eine Ausnahme bilden vielleicht die afghanischen Taliban, die – was hier natürlich nicht als positive Errungenschaft beurteilt werden soll – es mit ihrem *Djihad* geschafft haben, große Teile des Landes zu erobern, ohne damit jedoch ein

Ende der Fragmentation zu erreichen.[60] Im afghanischen Fall stellen wir eine zeitgenössische Verbindung von *Djihad* und Ethnizität fest, diesmal jedoch ohne die Dichotomie arabischer Islam / nicht-arabische Muslime. Afghanistan wurde im Rahmen der *Futuhat*-Kriege von den Arabern islamisiert, aber alle (ca. 60) afghanischen Stämme behielten ihre tribalen Strukturen und wurden ethnisch nicht arabisiert. Die tribale Verfassung des Landes prägt den Aufstieg des modernen Afghanistan.[61]

Wie im Früh-Islam Quraisch die anderen arabischen Stämme durch *Djihad* zur Schaffung einer *Umma* bewegen wollte, versuchen beispielsweise die Taliban, die alle aus dem Stamm der Paschtunen kommen, ihr tribales Gesetz, *Paschtunwali*, als *Schari'a*-Ordnung den anderen Stämmen aufzuzwingen – jedoch ohne Erfolg. Als sie nach ihrer *Djihad*-Eroberung von Kabul ihren eigenen Imam Mohammed Omar zum *Amir al-mu'minin* / Oberhaupt aller Gläubigen erklärten, war klar, dass seine Autorität noch nicht einmal für den gesamten Territorialstaat Afghanistan gelten würde, geschweige denn für die gesamte *Umma*. Doch von Afghanistan aus wird der islamische *Djihad* – etwa durch Bin Laden[62] – in die ganze Welt getragen. Globalisierung heißt auch Globalisierung des Terrorismus sowie des Handels mit Drogen, mit dem dieser finanziert wird.

Auf diese Weise behalten *Djihad* und Ethnizität ihre Aktualität auch im 21. Jahrhundert; aber ohne die historischen Ursprünge dieses Gegenstandes im islamischen Mittelalter zu kennen, bleibt die Gegenwart der Welt des Islam unverständlich. Die vorliegende Einladung in die islamische Geschichte möchte zu einem solchen Verständnis beitragen.

Zum Abschluss dieses Kapitels möchte ich wiederholen: Angesichts der Tatsache, dass der Islam nicht nur durch die Nachbarschaft im Mittelmeerraum, sondern auch durch Migrationsschübe (z.Z. leben 15 Millionen Muslime in Westeuropa, bis 2025 wird sich diese Zahl verdoppelt haben) eine zunehmende Relevanz für Europa gewinnt, wird die deutsche Geschichtswissenschaft nicht länger an der islamischen Geschichte vorbeigehen können. In meiner Geschichte der islamisch-christlichen Beziehungen *Kreuzzug und Djihad* habe ich gezeigt, dass die Muslime durch *Djihad*-Krieg im 7. und 8. Jahrhundert vom Südwesten und im 14. bis 17. Jahrhundert vom Südosten nach Europa eindrangen. In unserer Zeit kommen die Muslime nicht als *Mudjahidin-Djihad*-Krieger, sondern als *Muhadjirun* (was sich von *Hidjra*, der Migration des Propheten 622 von Mekka nach Medina, ableitet) nach Europa. Ich kann nicht verschweigen, dass manche unter ihnen ihre *Hidjra* als eine Form des *Djihad* verstehen.[63] Im Interesse des Friedens muss der Dialog zwischen den Zivilisationen den *Djihad* ersetzen und hierfür ist die geschichtswissenschaftliche Aufarbeitung der Problematik von Krieg und Frieden im Islam eine unerlässliche Vorarbeit. Frieden mit dem Islam heißt heute, angesichts einer Wohnbevölkerung von 30 Millionen Muslimen in Westeuropa und 12 Millionen auf dem Balkan, auch Frieden innerhalb Europas. Unter den fundamentalistischen Migranten der islamischen Diaspora gibt es so manchen Ignoranten, der die in diesem Kapitel erläuterten Zusammenhänge nicht versteht und daher glaubt, auch im Europa des 3. Millenniums *Djihad* betreiben zu können. Egal was diese Islamisten konkret unter *Djihad* verstehen, erscheint es mir gefährlich, über diese Thematik der intendierten Islamisierung Europas Schweigen zu verordnen. Zum Ethos des Historikers gehört, um keinen Preis zu schweigen.

KAPITEL III

Die islamische Zivilisation – eine geschichtliche oder eine »rassenpsychologische« Erscheinung?

Die islamische Geschichte gehört zur Weltgeschichte; dennoch ist sie keine Universalgeschichte[1], wie sie – ebenso wie die westliche – für sich beansprucht. Muslime schreiben zu Beginn des dritten, universell, d.h. für alle Zivilisationen gültigen Millenniums noch das Jahr 1438 und verdeutlichen damit, dass ihre Zivilisation über eine eigene Zeitrechnung verfügt. Die islamische Zeit stellt die Basis für ein eigenes Zivilisationsbewusstsein dar. Wie ist islamische Geschichte zu deuten und welchen Rang hat sie in der Geschichtswissenschaft? Darüber hinaus ist aus zeitgeschichtlicher Perspektive zu fragen, wie diese Geschichte in die von der Globalisierung durchgesetzte *Weltzeit* eingebettet ist. Diese *Weltzeit* ist aus der europäischen Expansion hervorgegangen und basiert daher auf der europäischen und nicht auf der islamischen Zeit. Muslime empfinden, dass dies auf ihre Kosten geschehen ist; sie haben bei ihrer islamischen Expansion den Anspruch gestellt, ihre Zeit sei *Weltzeit*. Aber die Verwirklichung dieses Anspruchs blieb der westlichen Zivilisation vorbehalten. Berechtigt dies zur westlichen Einstellung der Superiorität und des ihr zugrundeliegenden Ethnozentrismus, der zu Rassismus gesteigert wird?

Die zentralen Fragen – und der Geist, der dahinter steht

Die frühen Muslime des ersten *Hidjra*-Jahrhunderts (7. Jahrhundert der christlichen Zeitrechnung) waren einfache Menschen, unterteilt in eine Mehrheit von Beduinen und eine Minderheit von Städtern in Mekka und Medina; sie hatten keine eigene Zeitrechnung und somit keine Zivilisation. Der Prophet selbst war ein Mekkaner, die von ihm gestiftete Religion richtete sich als ein städtisches Phänomen der Kaufleute gegen die wilden Beduinen; sie wurden im Rahmen der islamischen Religionsstiftung und der mit ihr entstehenden Zivilisation gezähmt und durch ihre Einbindung in sie befriedet. Die für das sich damals entfaltende Gemeinwesen potentiell gefährlichen Kräfte der Beduinen wurden im Dienste der islamischen Expansion nach außen kanalisiert. Diese Entwicklung habe ich in den Kapiteln I und II erläutert und gezeigt, dass die islamische Religionsstiftung zugleich ein Projekt islamischer *Djihad*-Expansion war. Dies änderte sich unter den Abbasiden seit Mitte des 8. Jahrhunderts, als die islamische Zivilisation nicht mehr durch den *Djihad* bestimmt war, sondern eine Konzentration auf die innere Entwicklung erfolgte, die eine entsprechende zivilisatorische Blüte hervorbrachte. Erst die türkischen Osmanen griffen als Legitimation für ihre eigene expansive Weltanschauung das *Djihad*-Konzept wieder auf, um ihre Eroberungen religiös zu rechtfertigen.

Zwischen dem 9. und 12. Jahrhundert des gregorianischen Kalenders erreichte der Islam unter den Abbasiden in Bagdad und unter den Omayyaden in Cordoba seinen zivilisatorischen Höhepunkt. Aber diese Blüte war nicht von Dauer. Deshalb stellen die Historiker sich die Frage, warum die angegebene zivilisatorische Entwicklung im Islam mit einem Niedergang endete. Waren die Gründe intern oder extern bedingt? Hat dies mit dem Islam selbst zu tun oder lässt sich diese Entwicklung vor allem strukturgeschichtlich deuten? Diese Fragen geben zugleich Inhalt und Gegenstand dieses Kapitels an, in welchem ich Übungen in historischem Denken über die in der Weltgeschichte größte außerwestliche Zivilisation betreiben werde.

Zu einer Deutung der islamischen Geschichte gehört eine historische Interpretation ihrer Entfaltung. Gleichzeitig ist aber auch zu fragen, warum sich die islamische Zivilisation welthistorisch nicht durchsetzen konnte. Vergegenwärtigen wir uns zunächst die historischen Fakten: Die islamische Expansion hatte eine arabische und eine türkische Komponente. Die letztere koinzidierte zwischen 1500 und 1800 mit der sich stufenweise entfaltenden westlich-europäischen Expansion, bis sie schließlich von dieser abgelöst wurde. Heute gehören die Muslime zu den Völkern der »Dritten Welt«, d.h. zu der Sphäre der Menschen, die Gegenstand der westlichen Entwicklungspolitik sind, sich also noch zu »entwickeln« haben. Gibt es einen Zusammenhang zwischen diesem zeithistorischen Zustand und der kolonialen Eroberung durch die Europäer? Muslimische Geschichtsdeutungen bejahen diese Frage; sie glauben, ohne den Aufstieg des Westens wäre die Welt heute unter islamischer Herrschaft. In Damaskus habe ich im Geschichtsunterricht gelernt, dass – neben den zuvor erfolgten Kreuzzügen und der Mongolen-Invasionen – die europäische Welteroberung die Erklärung für unsere Unterentwicklung ist.

Solche apologetischen Geschichtserklärungen selbstherrlicher Muslime lehne ich ebenso ab, wie die inferiorisierenden Deutungen, die europäische Historiker über andere Zivilisationen abgeben. Die Frage, warum die islamische Zivilisation das zwischen dem 9. und 12. Jahrhundert erreichte zivilisatorische Niveau nicht halten konnte und es im Verlaufe der nachfolgenden Entwicklung eingebüßt hat, lässt sich nicht mit einfachen Erklärungen, erst recht nicht mit monokausalen Deutungen beantworten. Die Zusammenhänge stellen eine Herausforderung für seriöse Historiker dar. Was steht hinter der Kontinuität und Diskontinuität islamischer Geschichte? Diese Fragen sind sehr komplex und auch ich kann keine befriedigende Antwort darauf geben. Aber ich kann doch Denkübungen auf dem langen Wege der Suche nach Erklärungen vornehmen.

Beginnen möchte ich mit einer Feststellung und einer Bestandsaufnahme. Das Studium der Geschichte ist der einzige Weg, der eine vorurteilslose Antwort auf die gestellten Fragen verspricht. Die tradierten Begründungen, gleich ob sie von Muslimen oder von Europäern stammen, sind zahlreich und doch erscheint mir keine davon überzeugend, weil sie nur »traditionelle Weisheiten« vermitteln und Vorurteile wiederholen. Ich habe bereits mehrfach, zugegebenermaßen auch mit Empörung, die Aussagen des Begründers der institutionellen deutschen Islamkunde C. H. Becker zu rückgewiesen, der uns in überheblicher Art belehrt, dass die Antwort auf die Frage der Rückständigkeit der Muslime »in rassenpsychologischen Tatsachen zu suchen«[2] sei. Heute kann eine solche Geschichtsdeutung nur noch als impertinent, ja rassistisch bezeichnet werden.

Nach Beckers Logik ist es nicht die Geschichte, sondern die Rassenlehre, die uns den Islam erklären kann; Muslime können europäische Standards nicht erreichen, weil »eben schließlich doch in letzter Linie (bei ihnen) ein anderer Geist dahinter steckt als in Europa« (ebd.). Die Lehre von der Zentralität Europas, d.h. der Eurozentrismus, scheint bis heute in Zusammenhang mit dem Islam mehr oder weniger dem angeführten Denken C. H. Beckers verhaftet, auch wenn dies nicht offen ausgesprochen wird. Die Euroarroganz dominiert.[3] Die schon in der Überschrift enthaltene zentrale Hypothese dieses Kapitels besteht dagegen in der Annahme, dass die zur Untersuchung anstehende Entwicklung rational und historisch, nicht aber »rassenpsychologisch« zu deuten ist. Manch Leser mag entgegnen, dies sei Schnee von gestern und überflüssig. Ich antworte darauf, dass eine solche Auseinandersetzung in Bezug auf die islamische Geschichte erforderlich ist, da diese in Deutschland noch nie geführt wurde; sie steht immer noch aus!

Das Gegenextrem zur »rassenpsychologischen« Herabstufung der Muslime ist die von diesen betriebene Selbstverherrlichung. Meine Hypothese ist auch gegen diese Auffassung gerichtet. Islamische Autoren suchen die Schuld stets bei den anderen und sind kaum bemüht, die Ursachen im Geschichtsprozess selbst zu verorten.

Im 14. Jahrhundert analysierte Ibn Khaldun gleichermaßen als Historiker und als der letzte große Geist der islamischen Zivilisation deren Niedergang und versuchte mit seiner zyklischen Deutung der Geschichte – Aufstieg und Niedergang der Zivilisationen – eine Erklärung hierfür zu bieten.[4] Es ist hier nicht der Platz, die z.B. von Arnold Toynbee mit großen Worten gelobte Geschichtstheorie Ibn Khalduns zu diskutieren; es muss ausreichen anzumerken, dass für unser heutiges historisches Verständnis zyklische Deutungen der Geschichte nicht mehr akzeptiert werden. Anders formuliert: Die Würdigung des historischen Denkens Ibn Khalduns muss nicht unbedingt mit einer Übernahme seiner Geschichtszyklen einhergehen. Anders als Ibn Khaldun, der um historische Objektivität bemüht war, erklären heutige Muslime den Niedergang ihrer Zivilisation oft apologetisch und leider auf einem sehr niedrigen Niveau der Schuldzuweisungen an andere; ebenso erklären sie die Nicht-Übereinstimmung von Geschichte und religiöser Doktrin durch eine vermeintliche Abweichung vom Islam, der über der Geschichte stehen soll, ja essentialisiert wird. Ich möchte diesen, vor allem in der arabischen Welt anzutreffenden Umgang mit der Geschichte in drei gängigen Erklärungen erfassen, die viele Muslime unserer Gegenwart in ihren Schriften als Deutung für den Niedergang der islamischen Zivilisation bieten:

→ Die Mongolen-Invasion und der Niedergang Bagdads durch diesen externen Faktor.
→ Die christliche Verschwörung gegen den Islam, die von den Kreuzzügen bis zu den westlichen Kolonialeroberungen bzw. bis zur Globalisierung in unserer Gegenwart anhalte.

→ Das Eindringen der »Ausländer / *Schu'ubiten*« (Perser und Türken) unter islamischer Tarnung und ihre Entarabisierung des Islam, worauf der Niedergang der islamischen, von Arabern getragenen Zivilisation folgte.

Die erste und die zweite Deutung werden von vielen Muslimen geteilt, wohingegen die dritte vorwiegend bei arabischen Muslimen vorzufinden ist. Jedoch ist von allen drei Mustern nur das erste ernst zu nehmen, wenngleich es aufgrund seiner Monokausalität fragwürdig bleibt, weil es die innere Entwicklung der islamischen Zivilisation völlig außer Acht lässt und auf externe Faktoren fokussiert. Wäre das Zentrum dieser Zivilisation im 13. Jahrhundert nicht schon von innen so weitgehend geschwächt gewesen, hätte die Mongolen-Invasion gar nicht in jenem Ausmaß erfolgreich sein, ja sie hätte abgewehrt werden können. Zudem hat der Niedergang der wissenschaftlichen Tradition im Islam nichts mit externen Faktoren zu tun. Die Mongolen haben zwar ganze Bibliotheken in Tigris und Euphrat geworfen, zuvor aber hatte die islamische Orthodoxie die Bücher der islamischen Rationalisten und Aufklärer verbrannt und die Verbreitung ihres Denkens verhindert, indem sie seinen Zugang zu den *Medressen* (Bildungsstätten) nicht zuließ.

In Kenntnis meiner Grenzen räume ich gleich zu Beginn des Kapitels ein, dass ich, wenngleich ich bestehende Erklärungen zurückweise, mir nicht anmaße, die benötigten Antworten auf die gestellten Fragen bieten zu können; sie sind zu komplex und von einem Historiker allein nicht zu durchdringen. Mein wiederholter Hinweis auf die Komplexität, der ich nicht gewachsen bin, ist aufrichtig und keine Rhetorik. Und dennoch ist es keine Anmaßung, mir zuzutrauen, über den historischen Gegenstand nachdenken und hypothetisch Antworten auf anstehende Fragen vorschlagen zu können. Meine Annahme lautet, dass die Ursachen in der Wirtschafts- und Sozialgeschichte und gleichermaßen in der kulturellen Domäne zu suchen sind. Die kulturelle Analyse stellt eine interdisziplinäre Bereicherung der historischen Arbeit dar. In einem früheren Hauptwerk, *Der wahre Imam*, habe ich die Hypothese entfaltet, dass der Sieg der *Fiqh*-Orthodoxie über den islamischen Rationalismus und die von diesem angestrebte Aufklärung den Niedergang der islamischen Zivilisation beschleunigt hat. Zu dieser kulturellen Analyse kommt die Sozialgeschichte hinzu. Anders formuliert: Es waren nicht allein strukturelle Faktoren, sondern auch kulturelle, die den Niedergang der islamischen Zivilisation bedingten. In dieser Hervorhebung unterscheidet sich meine Deutung von der Rodinsons, dem ich in diesem Kapitel oft folgen werde. Kurz: Das Studium der Sozial- und Wirtschaftsgeschichte muss mit der kulturellen Analyse verbunden werden, um eine Erklärung dafür zu finden, warum die islamische Zivilisation stagnierte und nach ihrem Zenit keinen Take-off unternehmen konnte, was später der westlichen Zivilisation vorbehalten blieb.

Die Deutung der islamischen Geschichte, die hier zugrunde gelegt wird, ist eine andere als die zur Zeit nur äußerlich sympathischen Moden des Verbots des kritischen Denkens über andere Kulturen im Rahmen des postmodernen Kulturrelativismus. Dies ist mir fremd und als Muslim lasse ich mir weder von europäischen PC-Wächtern noch von Islamisten oder anderen Zensoren bzw. Sittenwächtern verbieten, kartesianisch über den Islam nachzudenken. Auch über Maxime Rodinson gehe ich hinaus, indem ich die »*cultural analysis*« einführe – natürlich stets im Bewusstsein meiner individuellen Grenzen. Mein Versuch ist nur lautes Nachdenken über islamische Geschichte und ich weiß, dass jede wissenschaftliche Reflexion nur hypothetisch sein kann. Meine diesem Kapitel zugrunde liegende Hypothese ist, dass der islamische Prozess der Zivilisation eine komplexe geschichtliche Erscheinung ist, deren Kontinuitäten und Diskontinuitäten sozial-wirtschaftsgeschichtlich und zugleich kulturell zu deuten sind.

Die Wahrnehmung der islamischen Geschichte

Mein Ausgangspunkt ist die Annahme, dass die islamische Religionsstiftung im 7. Jahrhundert über ein rein spirituelles Offenbarungsgeschehen hinausgeht. Im Gegensatz zum Christentum war das Auftreten des Islam zugleich der Beginn einer neuen geschichtlichen Erscheinung, die im ersten islamischen Jahrhundert mit der Gründung einer neuen Zivilisation verbunden war. Bereits im zweiten islamischen Jahrhundert, d.h. im 8. Jahrhundert christlicher Zeitrechnung gelang es dieser Zivilisation, sich im Mittelmeerraum als damaligem Zentrum der Weltgeschichte durchzusetzen; sie veränderte zugleich die mediterrane Welt jener Zeit radikal und drang in den darauf folgenden Jahrhunderten weiter nach Asien und Afrika vor. Der islamische Universalismus nahm die Form eines Projekts islamischer *Djihad*-Expansion[5] an. Im Vorgriff möchte ich kurz darstellen, wie gleichermaßen Europäer und Muslime diese Geschichte wahrnehmen und welche Vorstellungen sie voneinander haben.

Das zentrale Problem der Muslime und der Europäer besteht darin, dass beide sich jeweils im Rahmen ihrer universalistischen Weltbilder in das Zentrum des Weltgeschehens setzen. Wir haben es also nicht nur mit Euro-, sondern auch mit Islamo-Zentrismus zu tun. Wenn ein Historiker nur eines von beidem sieht, ist er entweder auf einem Auge blind oder ignorant. Beiden Weltanschauungen liegt je ein absoluter, weltweite Geltung beanspruchender Universalismus zugrunde. Solche Universalismen vertragen sich nicht miteinander, die Geschichte veranschaulicht dies. In unserem Zeitalter verwandelt sich dieser Universalismus bei einem Teil der Europäer in einen Kulturrelativismus (Selbstverleugnung) und bei den meisten Muslimen in einen Neoabsolutismus (Fundamentalismus). Bei den universalistisch denkenden US-Amerikanern wird wiederum der klassische europäische Universalismus in eine »*Mc-Culture*« als »*American way of life*« pervertiert, der dem Rest der Menschheit verschrieben wird. Globalisierung dient hierfür als ein Vehikel. Als Alternative zu diesen Irrwegen plädiere ich für einen inter-zivilisatorischen Dialog. Dieser ist nicht bloß ein geistiger Austausch, sondern ein adäquates Mittel auf der Suche nach einem Frieden der Zivilisationen im Rahmen eines inter-zivilisatorischen Konsens als Substanz internationaler Moralität.

Die Geschichte des Anderen zu kennen und sie zu verstehen, ist eine Grundvoraussetzung für den Dialog als Instrument für ein friedliches Miteinander der Zivilisationen. Menschen müssen ihren Universalismus ablegen und ihre Wahrnehmung von den Belastungen dieser Weltsicht befreien. Als kulturübergreifend arbeitender Historiker, der zugleich ein Grenzgänger ist, sehe ich mich hierbei in der Rolle des Vermittlers. In Kapitel IV werde ich mich mit der kulturellen Wahrnehmung des Islam im Rahmen der Orientalismus-Debatte auseinandersetzen. Hier werde ich mich dem Islamo-Zentrismus in meiner eigenen Zivilisation zuwenden. Eben weil ein Vermittler unparteiisch sein muss, darf ich auch diese islamische Erscheinung als Quelle von Feindbildern und Konflikten nicht übersehen, also nicht Europa alleine die Schuld zuweisen. Die starke Belastung der Beziehungen zwischen Europa und der Welt des Islam hat auf beiden Seiten, die jeweils einen Universalismus vertreten, ihre historischen Ursachen.

Die Wahrnehmung des Anderen im Rahmen von Orientalismus oder Islamo-Zentrismus ist zugleich Ausdruck einer zivilisatorischen Weltanschauung. Über den Orientalismus als eine kulturell inferiorisierende Wahrnehmung des Anderen werden meine Leser in Kapitel IV mehr erfahren, ich will hier nicht vorgreifen. Nur einen Aspekt des Orientalismus möchte ich im vorliegenden Zusammenhang dieses Kapitels thematisieren, nämlich die Unterstellung, die Orientalen verfügten weder über Rationalität noch über die Kraft zu Präzision und Disziplin. Hinter diesen Mängeln – so wird unterstellt – stehe letztlich alleine die Religion des Islam. In der Rassenpsychologie wird in einer eigenartigen Weise die Zugehörigkeit zum Islam mit der Zugehörigkeit zu einer »Rasse« gleichgesetzt. So fallen z.B. ein senegalesischer Afrikaner und ein indonesischer Muslim, die in vieler Hinsicht unterschiedlich sind, in die Kategorie des *homo islamicus*. In der Auseinandersetzung mit dieser Wahrnehmung werde ich den Islam als eine geschichtliche Erscheinung vorstellen und hierbei die Frage stellen, ob man alle Vorgänge in der Geschichte der Muslime mit einem Hinweis auf eine »rassenpsychologische« Deutung dieser Religion erklären kann. Ich möchte hierbei den Platz des Islam und seiner Lehren in dieser geschichtlichen Bestimmung ausmachen. Gleich wie man zu der »Rassenlehre« steht und unabhängig davon, dass »Rasse« eine ideologische Konstruktion ist, können Muslime als eine Religionsgemeinschaft schon allein deshalb keine »Rasse« bilden, weil Europäer, Asiaten oder Afrikaner gleichermaßen dem Islam angehören können. Daran sieht man die Absurdität der Argumentation von C. H. Becker, die aus der religiösen Islam-Gemeinde eine »Rasse« macht.

Die Frage, die sich im Zusammenhang der Thematik dieses Kapitels stellt, ist, ob der Islam ein Prokrustesbett sei, in welchem die Menschen nach einem unveränderten Muster gleichsam »rassenpsychologisch« oder auch anders geprägt werden und geschichtslos entsprechend monolithisch agieren. Gegen diese schematische Anthropologisierung, ja rassenmäßige Zuordnung und Essentialisierung der Muslime führe ich die Historizität der Menschen an, d.h., dass sie von ihrer sich stets wandelnden Geschichte bestimmt werden. Generell wird im Westen und gleichermaßen im orthodoxen Islam der »gute Muslim« als Mensch mit spezifischen und unveränderbaren Merkmalen dargestellt. Daraus entstand das bereits angeführte europäische Stereotyp vom *homo islamicus*. Nicht nur die Europäer betreiben eine solche Essentialisierung; auch die Muslime haben ihre stereotypen Anschauungen über sich selbst sowie über die Anderen. Als ein der Reflexivität verbundener Muslim muss ich neben dem Orientalismus den Islamo-Zentrismus als Belastung anführen und mich damit auseinandersetzen. Dieser geht auf die in der islamischen Doktrin verankerte Vorstellung zurück, dass die Muslime »*Khair umma*« seien, das heißt »die beste je von Gott erschaffene Gemeinschaft auf Erden« (Koran, 3/110). Die Muslime würden demnach unverändert in ihrer Gesamtheit eine einheitliche Gemeinschaft / *Umma* bilden, die allen anderen überlegen sei und die Pflicht habe, die gesamte Menschheit unter dem Banner des Islam in dieser islamischen *Umma* zu vereinigen. Das ist die islamische Friedensutopie. Die Geschichte wird essentiell als eine Folge von Offenbarungen gedeutet, deren Abschluss und Höhepunkt im Islam stattgefunden habe. Aus diesem Grund stehe der Islam über der Geschichte, sei die einzig wahre Religion (Koran, 3/19) und somit allen anderen überlegen. Die Nicht-Muslime seien die Anderen, sie können positiv als *Dhimmi* / Schutzbefohlene, negativ als *Kuffar* / Ungläubige bestimmt werden, aber in beiden Fällen stehen die Muslime über ihnen.

Die religiös-weltanschauliche Dogmatik, die dem islamischen Weltbild zugrunde liegt, hat im Verlauf der islamischen Geschichte dazu gedient, die *Djihad*-Eroberungen zu rechtfertigen und einen ideologischen Herrschaftsanspruch zu zementieren. So kultivieren die meisten Muslime traditionell eine islamo-zentrische Haltung, indem sie sich als eine Gemeinschaft wahrnehmen, die im Zentrum der Weltgeschichte steht und allen anderen überlegen ist; das ist das Selbstbild der Muslime.[6] Die Historisierung des Islam, für die ich in diesem Buch eintrete, richtet sich somit gleichermaßen gegen alle Zentrismen als Wahrnehmung, gleich ob westlicher Orientalismus oder Islamo-Zentrismus. Wenn der Islam und der Westen nicht auf ihre Ansprüche auf Zentralität und den damit korrespondierenden Universalismus verzichten, kann es niemals zum Frieden zwischen beiden Zivilisationen kommen, und dann wäre ihr Zusammenprall nicht aufzuhalten.

Wie euro-arrogante Europäer zwischen sich als den »Zivilisierten« und den »Barbaren« unterscheiden, so unterteilt die religiöse Doktrin des Islam die Menschheit in Muslime und Nicht-Muslime. Nicht-Muslime können *Kuffar* / Ungläubige oder Andersgläubige (*Ahl al-kitab* / Leute der Heiligen Schrift, d.h. nur Juden und Christen) sein. Letztere werden als Monotheisten – wenngleich zweitrangig – immerhin als Gläubige eingestuft. Die islamischen Fundamentalisten unserer Gegenwart erweitern jedoch willkürlich die Kategorie der Ungläubigen / *Kuffar* und wenden den Begriff auch – gegen das koranische Verständnis – auf Juden und Christen, ja sogar auf säkulare Muslime, die Religion und Politik voneinander trennen, an. Der Koran verbietet jedoch einem Muslim, anderen den Glauben aufzuzwingen (Koran, 10/99).

Die erläuterten Wahrnehmungen werden essentialisiert. Der modische Begriff der Essentialisierung wird von Postmodernisten und Kulturrelativisten als Vorwurf gegen die Beschreibung einer Kultur mit fixen, also unveränderbaren Merkmalen verwendet. Allerdings wird der Islam gleichermaßen von europäischen Orientalisten und orthodoxen Muslimen essentialisiert. Die Selbst- und die Fremdbilder der Muslime und der Europäer werden nicht als geschichtsbedingt betrachtet. Leider prägen sie bis in unsere Gegenwart die Menschen beider Zivilisationen. Trotz der Tatsache, dass die Muslime seit der Kolonisierung der Welt durch die Europäer alles andere als eine führende Zivilisation im modernen Zeitalter sind, pflegen sie weiterhin ihre Wahrnehmung von sich als eine den Europäern überlegene *Umma*. Der hier mögliche Vorwurf der Essentialisierung sollte nicht mir, sondern jenen Muslimen, die diese Sicht ahistorisch pflegen, gemacht werden.

Die Kluft zwischen dem ideologischen, religiös begründeten Dominanzanspruch und der Realität führt zu Widersprüchen; diese rufen Hass und Aggression hervor. Frustrationen bei der Begegnung mit der Wirklichkeit tragen nicht zu einer rationalen Verarbeitung der Situation bei. Die religiöse Doktrin wird nicht historisch hinterfragt. Ahistorisch wird die Ursache für die reale Unterlegenheit der Muslime in einer Abkehr vom islamischen Glauben, d.h. der islamischen Essenz vermutet und als *Kufr* / Unglauben verdammt. Ohne diesen Hintergrund ist die Bedeutung des *Kufr*-Begriffs in den aktuellen Auseinandersetzungen nicht zu verstehen. Schriftgläubigkeit ersetzt ein differenziertes Geschichtsverständnis und rangiert höher als die korrekte Wahrnehmung bestehender Realitäten. Die Alternative zu diesen Irrwegen kann nur in einer geschichtlichen Deutung des Islam bestehen. Somit ist diese Einladung in die islamische Geschichte auch an deutschsprachige Muslime gerichtet, im Bemühen, den Islam als eine geschichtliche Erscheinung zu verstehen. Ich denke, eine

Historisierung des Islam würde es den Muslimen erleichtern, sich in dieser Welt zurecht zu finden und auch in der Diaspora der Migration angemessene Lösungen zu entwickeln.

Geschichtlich waren und sind Orientalismus und Islamo-Zentrismus Hürden auf dem Weg zu einer besseren Beziehung zwischen beiden Zivilisationen. In Europa ist die Orientalismus-Debatte und die Debatte über die »Entkolonisierung der europäischen Fremdbilder« ein wichtiger Beitrag zum Abbau stereotyper Vorstellungen von den Anderen. Dieser Fortschritt gilt nicht für Deutschland, wo eine diskursive Diskussion bisher – wie ich in Kapitel IV zeigen werde – blockiert worden ist. Ich hoffe, mit diesem Buch einen Beitrag zu ihrer dringend notwendigen Aufnahme zu leisten. Auf islamischer Seite können Bemühungen um ein modernes Verständnis des Islam bzw. die rationale Aufarbeitung der Kolonialismus-Erfahrung jenseits von Hass und Aggressivität einen Beitrag zu einem besseren Bild von sich und den anderen leisten. Ich denke, die Historisierung des Islam ist eine Herausforderung an die Muslime, an der sie nicht vorbeigehen können; sie müssen sich ihr stellen und zugleich eine gemeinsame Anstrengung im Gespräch mit Christen unternehmen, um die Hürde der oben beschriebenen Wahrnehmungen zu überwinden. Dies ist ein Projekt für das neue Millennium, weil die bisherigen Dialogforen die Voraussetzung der Offenheit und Aufrichtigkeit ermangelten.

Kurz, die Vorleistung, die erbracht werden muss, besteht in einer geschichtlichen Aufarbeitung, die auf beiden Seiten fehlt. Die Deutung des Islam als eine geschichtliche Erscheinung ist ein Schritt in diese Richtung, der sich gleichermaßen gegen den Anspruch beider Zivilisationen auf Zentralität und Exklusivität richtet und von Europäern und Muslimen zu bejahen ist.

Es gibt einen Unterschied zwischen ideologisch beanspruchter Zentralität und tatsächlichen Zentren. Die Kritik an Ideologien macht mich nicht blind hinsichtlich der Realitäten, dass sich auch im dritten Millennium das Zentrum der Wissenschaft, auch der Geschichtswissenschaft, im Westen, wenngleich leider nicht in Deutschland, befindet. In Kenntnis dieser Tatsachen denke ich, dass eine geschichtliche Aufarbeitung der europäisch-islamischen Beziehungen pionierhaft an europäischen Universitäten erfolgen muss. Dies ist mühsam, und der Prozess kann nur langsam und nur unter behutsamer Überwindung von alten Tabus vorangetrieben werden.

Die Ergebnisse können in den Dialog zwischen beiden Zivilisationen eingehen. Hierbei können Anstrengungen unternommen werden, die ideologisch beladenen Wahrnehmungen voneinander gemeinsam abzubauen. Als Aufgabe dieses Kapitels habe ich die Deutung des Islam als eine geschichtliche Erscheinung genannt; in diesem Rahmen will ich bestehende Belastungen ansprechen und vor allem offen, d.h. tabufrei und ohne die Zensur der aus Amerika importierten *political correctness*, näher beschreiben.

Zu meiner Arbeit als Vermittler im Rahmen einer Diskussion über den Islam gehört auch herauszufinden, was Deutsche über diese Religion und ihre Zivilisation denken, zumal dieses Buch als eine Einladung an deutsche Leser in die islamische Geschichte gedacht ist. Ich bedauere, dass die Religion des Islam den Deutschen, trotz einer muslimischen Wohnbevölkerung von 6,5 Millionen Menschen unter ihnen, immer noch fremd geblieben ist. Nicht nur den Deutschen, auch den Muslimen laste ich dies an, weil ihre Ghettobildung sowie bestimmte Einstellungen und Verhaltensweisen[7] das Fremdsein des Islam fördern, statt beseitigen. Eine verschleierte Muslimin bleibt fremd, ebenso wie ein muslimischer Mann, der die kulturelle Moderne von sich abweist!

Das europäisch-deutsche Islam-Bild

Als ein um Objektivität bemühter Historiker und als Vermittler halte ich es für falsch, hier lediglich die Deutschen anzuprangern. Wie die Deutschen, so haben auch die anderen Europäer größtenteils negativ befrachtete Vorstellungen über den Islam. Im folgenden will ich diese Anschauungen näher erläutern. Die Vorurteile, die das europäische Islam-Bild bis heute prägen, lassen sich in vier Schwerpunkten zusammenfassen; sie sind nur durch eine geschichtliche Aufklärung über den Islam zu beheben, die diese Einladung in die islamische Geschichte zu leisten beansprucht. Die vier Quellen der Vorurteile sind nach der autoritativen Fachliteratur[8] folgende:

→ *Die traditionelle, vorurteilsbeladene christliche Theologie und ihre gegen den Islam gerichteten Polemiken*: Diese heute seltener vorzufindende Haltung lehrt, dass der Islam »eine Irrlehre und eine absichtliche Verdrehung der Wahrheit« (ebd.) sei. Im Mittelalter kannte das Christentum keinen Pluralismus und es gab keinen Platz für andere. In christlichen Polemiken gegen den Islam wurde allgemein unterstellt, dass der islamische Prophet Mohammed ein »Lügner« gewesen sei, der seine eigene Botschaft als eine göttliche Offenbarung ausgegeben habe. Aus diesen Vorstellungen rührt die bis heute anhaltende falsche Bezeichnung »Mohammedaner« für die islamischen Gläubigen, statt »Muslime«, wie sich die Angehörigen der islamischen *Umma* selbst nennen. Dieses europäische Vorurteil unterstellt, dass das heilige Buch der Muslime, der Koran, von Mohammed selbst und nicht von Gott stamme. In Wirklichkeit sind die Muslime keine Anhänger Mohammeds als Person, sondern glauben exklusiv an die göttliche Botschaft des Islam, die er als *Rasul* / Gesandter Gottes qua Offenbarung empfing und übermittelt hat; im Islam ist Mohammed nur ein Mensch, kein Heiliger!

→ *Die falsche Darstellung der Geschichte*: Der Islam sei »eine Religion der Gewalt und des Schwerts«. Die frühen islamischen *Djihad*-Eroberungen, aber vor allem die militärische Expansion des osmanischen Reiches in Europa wurden von Europäern herangezogen, um dieses Vorurteil mit einer falschen Darstellung des Geschichtsverlaufs zu untermauern. Damit will ich nicht sagen, dass es keine islamischen Eroberungen gegeben hat, die mit dem Schwert erfolgten. Leider tragen manche Muslime mit ihrer anachronistischen »Schwert-Rhetorik« selbst zur Aufrechterhaltung und Stärkung dieses anti-islamischen Vorurteils bei. Ein guter Muslim wird symbolisch als *Saif al-Islam* / Schwert des Islam gepriesen. In Kapitel II habe ich ohne Schönfärberei versucht, die hier angesprochene Problematik geschichtlich zu beleuchten und zu zeigen, welchen Platz der *Djihad* in der islamischen Geschichte hatte.

→ *Exotik und sexuelle Projektion*: Der Islam sei »eine Religion der Genusssucht«. Vor allem Polygamie und Konkubinat im Islam riefen sexuelle Phantasien bei den Enthaltsamkeit predigenden, puritanischen Christen hervor. In der Tat gestattet der Islam die Ehe mit vier Frauen; darüber hinaus verbietet er nicht den erotisch-körperlichen Genuss, beschränkt ihn aber auf das *Halal* / Erlaubte, d.h. auf den legalen Harem. Zu Zeiten der Sklaverei war es im Islam erlaubt, zur Befriedigung der sexuellen Bedürfnisse eine unbegrenzte Zahl von Sklavinnen als Konkubinen im eigenen Haus zu unterhalten. Dies erregt die Phantasie unendlich.

Bei dem bestehenden Vorurteil geht es jedoch weniger um die Ehelichung mehrerer Frauen bzw. um die heute nicht mehr vorhandenen historischen Bedingungen des Konkubinats, sondern vielmehr um eben die angesprochenen sexuellen Phantasien der Europäer, die im Mittelalter durch Berichte aus dem Orient entfacht wurden: Harems-Geschichten und entsprechende Phantasien ungehemmter Sexualität von *Tausendundeinernacht* prägen das europäische Islam-Bild bis heute. Montgomery Watt erklärt dies historisch folgendermaßen:

> »Damals fristete die Mehrzahl der Europäer ein hartes und beschwerliches Dasein. Was ihnen vom verfeinerten Lebensstil im islamischen Spanien und Sizilien zu Augen und Ohren kam, erregte ihren Neid« (Watt, wie Anm. 8, S. 21).

Interessanterweise lassen sich dieses Vorurteil und die mit ihm verbundenen sexuellen Phantasien heute in umgekehrter Form in der Beziehung Orient-Okzident feststellen. Viele Muslime, die angesichts leichtbekleideter Frauen die Fassung verlieren, sehen in Europa den Kontinent der Promiskuität und sexueller Freizügigkeit, die es im Orient nicht mehr gibt.

→ *Religiöse Intoleranz und Ablehnung des religiösen Pluralismus*: Schließlich herrschte im mittelalterlichen Europa die Vorstellung, der Islam sei im Gegensatz zum Christentum keine Religion, sondern Häresie. Traditionelle Christen argumentierten, der Teufel habe Mohammed angestiftet, das Christentum, die einzig wahre Religion, ins Wanken zu bringen. Hinter dieser Anschauung stand die Intoleranz gegenüber anderen Religionen, da das traditionelle Christentum keinen religiösen Pluralismus kannte.

Diese beschriebenen Vorurteile sind historisch gewachsen und leider als Wahrnehmungen in das Kollektivgedächtnis eingegangen und tradiert.

Obwohl sie im Laufe der Jahrhunderte unterschiedliche Gestalt angenommen haben, führen sie doch ein zähes Dasein und variieren allenfalls in ihren Erscheinungsformen. Der Islam ist – ebenso wie das Christentum oder Europa – kein essentielles Wesen. Dennoch gibt es keinen Grund zu der Annahme, die beschriebenen Vorurteile seien in der modernen Zeit völlig überwunden worden. Es ist bedauerlich, dass die Exzesse der sogenannten »Islamischen Revolution« unter Khomeini und noch mehr die fundamentalistische Heraufbeschwörung des politischen Islam gegen »die Welt der Ungläubigen« sowie Taten und Rhetorik der *Djihad*-Terroristen und anderer Gotteskämpfer wie der Taliban in unserer Gegenwart westliche Ängste vor einem Vormarsch des Islam schüren. Der Mythos von der bevorstehenden Konfrontation trägt zur Wiederbelebung vieler, schon überwunden geglaubter Vorurteile und Fremdbilder bei. Kurz: Das traditionelle Image vom Islam lebt in veränderter Gestalt fort, und die in diesem Kapitel beabsichtigte Historisierung des Islam als eine geschichtliche Erscheinung ist bitter nötig, um diese Bilder abzulegen.

Eines der schwerwiegendsten europäischen Vorurteile über den Islam in unserer Gegenwart ist seine Essentialisierung mit dem daraus erwachsenden Glauben, er sei nicht reformierbar. Ein deutscher Islamwissenschaftler, Klaus Kreiser, warf mir in seiner Rezension meines Buches *Die Krise des modernen Islams* in der sich als »liberal« verstehenden *Süddeutschen Zeitung* vor, ich würde unterstellen, »daß der rückständige Charakter des modernen Islam nicht in seinem Wesen begründet sei« (*SZ* vom 4. November 1982). Folglich geht Kreiser wohl davon aus, dass die Religion des Islam eine von ihrem sozialen Kontext unabhängige Essenz besitzt, aus der heraus sich das Entwicklungsgefälle zwischen dem Westen und der islamischen Zivilisation erklären lasse. Das ist eines der Beispiele für dieses grobe Vorurteil. Fünfzehn Jahre später hat derselbe Orientalist in derselben sogenannten »liberalen« Zeitung das geistige Niveau noch um eine weitere Stufe gesenkt und meine islamische Aufklärung als »Ein-Mann-Sekte« fremdenfeindlich diffamiert (*SZ* vom 15. Februar 1998) und mich als Muslim vorurteilsbeladen mit »Fußkranken« verglichen. Trotz der Gegnerschaft und Anfeindungen solcher Betonköpfe gebe ich meine Hoffnung auf Aufklärung nicht auf und trete für eine Entkolonisierung[9] des deutschen Islam-Bildes ein; wie notwendig sie ist, werde ich in Kapitel

IV zeigen. Nur nebenbei: In den USA, wo es Anti-Diskriminierungsgesetze gibt und wo ich diese Zeilen schreibe, wäre die zitierte Verfemung ein Gegenstand für eine Millionenklage.

Es besteht kein Zweifel daran, dass der Islam in seiner zeitgeschichtlichen Erscheinungsform reformbedürftig ist und ohne diese noch zu leistende Vorarbeit nicht in Einklang mit den Erfordernissen des dritten Millenniums gebracht werden kann. Doch ist die Vorstellung, die islamischen Länder könnten ihre gegenwärtige Krise, die Folge ihrer Rückständigkeit, nur durch ein Zurückdrängen des Islam bewältigen, nicht nur problematisch, sondern auch ein belastendes Residuum, das aus den alten vorurteilsbeladenen europäischen Fremdbildern über den Islam herrührt. Deswegen bildet die Auseinandersetzung mit der europäischen These, der Islam sei die Ursache der Rückständigkeit und er alleine behindere angeblich die Entwicklung der Muslime, einen Schwerpunkt dieses Kapitels. Die Darstellung des Islam als eine geschichtliche Erscheinung straft diese Anschauung Lügen. Ich muss meine Leser leider erneut mit dem zu seinen Lebzeiten führenden Islamwissenschaftler Carl Heinrich Becker konfrontieren, der zu Zeiten der Weimarer Republik zum preußischen Kultusminister aufsteigen konnte. Dieser schrieb 1924 im Sinne des angeführten Vorurteils:

> »Die Zukunft des Islam kann nur in einer Anpassung an das europäische Geistesleben bestehen; sonst sind seine Tage gezählt.« (wie Anm. 2, Band 1, S. 383)

Die politische Wiedergeburt des Islam seit den 70er Jahren bezeugt genau das Gegenteil dieser fehlgeleiteten Prophezeiung. Der »Scharfsinn« von Wissenschaftlern lässt sich an dem Wahrheitsgehalt der Prognosen, die sie wagen, messen.

Sieht man von Ausnahmen, wie die zitierten Verfemungen in der *Süddeutschen Zeitung* ab, so lässt sich erfreulicherweise feststellen, dass die heutigen deutschen Partner im christlich- bzw. westlich-islamischen Dialog eine solche Position nicht mehr vertreten. Für viele Deutsche ist es selbstverständlich zu akzeptieren, dass Religionssysteme – auch der Islam – nur von innen, d.h. von den Muslimen selbst, reformiert werden können und dass dabei auch eigene Wege möglich sind. Das ist ein wichtiger Schritt der Deutschen auf dem Weg zu partnerschaftlichen Beziehungen zwischen Europa und der Welt des Islam. Bereits in der Vorrede schrieb ich, guter Wille im Bereich der Rhetorik bewirkt noch keine Veränderung der Realität. Es ist aber besser, immerhin guten Willen statt krude Vorurteile, wie die soeben zitierten, zu haben.

Sosehr hier die Notwendigkeit des Wandels des Islam und die erforderlichen inner-islamischen kulturellen Reformen hervorgehoben werden, soll doch nicht verschwiegen werden, dass der religiöse Fundamentalismus im zeitgenössischen Islam weit stärker ist als der liberale Reform-Islam – leider sogar in der Islam-Diaspora auch in Deutschland. Im liberal-reformerischen Islam des 19. und frühen 20. Jahrhunderts konnten muslimische Erneuerer konstruktiv wirken und den Respekt ihrer eigenen Gemeinschaft gewinnen. Heute riskiert ein Muslim sein Leben, wenn er es wagt, die vom islamischen Fundamentalismus heraufbeschworene anti-intellektualistische Schriftgläubigkeit und die aus ihr resultierende Reformfeindlichkeit unter den Muslimen zu kritisieren.[10] Der Mord an dem säkularen muslimischen Schriftsteller Faradj Fuda im Juni 1992 und die Zwangsscheidung des Reformers Nasr Hamid Abu-Zaid von seiner Frau (1995), nachdem man ihn zum *Murtad* / Apostaten erklärt hatte, sind nur zwei von vielen Beispielen hierfür. Das Eintreten für ein informierteres Islam-Bild darf nie dazu missbraucht werden, die Kritik an Fundamentalisten zu verbieten oder gar zu verfemen. Leider wird in der deutschen Debatte sogar die Religionskritik islamischer Reformer in die Ecke des »Feindbild Islam« gerückt und entsprechend in Verruf gebracht. Selbst der Autor dieser »Einladung in die islamische Geschichte«, ein Nachkomme der Damaszener Notabeln-Familie Banu al-Tibi, die laut dem autoritativen Geschichtswerk der Stadt Damaskus von M. A. Taquil-Din al-Husni vom 13. bis 19. Jahrhundert die Muftis und Kadis der Stadt hervorgebracht hat, ist nicht von dem Vorwurf frei geblieben, Angst vor dem Islam zu schüren. Aber nach dem 11. September war u.a. in *News Week* (5. November 2001) und *Times* (24. Dezember 2001) zu lesen, dass ich durch meine Beiträge den Islam seit Jahren vom Ruch des Islamismus befreie.[11]

Es bleibt den Muslimen trotz dieser Unannehmlichkeiten zu wünschen, dass sie diese bedauerliche Situation unserer Zeit überwinden, um durch religiöse Reformen die Probleme des modernen Zeitalters kulturell bewältigen zu können, statt nur defensiv-kulturell auf sie zu reagieren. Gleiches ist auch der Demokratie in Deutschland – und allgemein gesprochen der liberalen Kultur in ganz Europa – angesichts einer stets wachsenden islamischen Gemeinde und einer zunehmend ins Bild der Öffentlichkeit rückenden islamischen Umwelt zu wünschen. Keine Toleranz den Islamisten.

Für ein neues Verständnis der islamischen Geschichte: Der benötigte Paradigmenwechsel

Jede wissenschaftliche Innovation schließt eine Auseinandersetzung mit dem Herkömmlichen ein; hier geschieht sie mit der westlichen Erforschung des Islam. Ich weiß: ich begebe mich als sozialwissenschaftlich arbeitender Historiker auf gefährliches Terrain in Deutschland. Schon vor zwanzig Jahren hat ein süddeutscher Islamkundler wegen kritischer Äußerungen von mir schriftlich verlangt, mich aus dem Beirat der Zeitschrift *Orient* zu entfernen. Ich antizipierte die Ausgrenzung und ging von alleine, meinen orientalischen Stolz bewahrend. In Deutschland kenne ich keinen Islam-Wissenschaftler vom Niveau eines Rodinson, der mir in den folgenden Ausführungen als ein Leitbild dient.

Rodinson tritt nicht nur gegen den Geist des Orientalismus im Saidschen Sinn auf, sondern bahnte auch – wie wir noch sehen werden – einen Paradigmenwechsel in der Orient-Islam-Forschung an. Im Streit mit den Vertretern des überholten Paradigmas des philologischen und anthropogeographischen Orientalismus berufe ich mich auf Thomas Kuhns Werk über den Paradigmenwechsel im Verlauf wissenschaftlicher Revolutionen. In diesem Werk[12] erfahren wir, wie massiv Vertreter der mit Anomalien belasteten überholten Paradigmen auf das Auftauchen von wissenschaftlichen Innovationen reagieren. Maxime Rodinson hat in seinen Werken nicht nur den Mythos vom *homo islamicus* und vom spezifisch islamischen Weg der Entwicklung mit fundierten, auf bahnbrechender Forschung basierenden Argumenten erschüttert. Über die Kritik hinaus hat er als ein wissenschaftlicher Innovator gewirkt. Im Gegensatz zu Edward Said, dem ich nur mit äußerster Vorsicht folge, sehe ich Rodinsons Leistung nicht nur darin, dass er das geistige Gebäude des Orientalismus erschüttert hat und dass er dem islamischen Orient in seiner Forschung »unmittelbare Sensibilität« entgegenbringt. Rodinson versteht unter »*le fin de l'orientalisme*« nicht nur geistige Dekolonisation, sondern auch das Ende einer wissenschaftlichen Tradition, in der die Philologie dominiert. In Kapitel IV werde ich die Grenzen der Orientalismus-Kritik von Said aufzeigen und einige der Rodinsonschen Themen einführen.

Oft wird an Maxime Rodinson und seinem Versuch, ein neues Verständnis der islamischen Geschichte zu entwickeln, ausgesetzt, dass er, der im Jahre 1940 dem NS-Faschismus aus Europa in den Orient entfloh und dort bis 1947 blieb, ein Marxist sei. Das frühe Werk bringt dies zum Ausdruck. Rodinsons Leben im Orient hat sein Denken jenseits des Marxismus für immer geprägt. Er schreibt: »Die Welt des Islams hat mir einen Reichtum an Datenmaterial vermittelt, der mir bei der Reformulierung von Fragen gedient hat, von denen ich früher annahm, sie wären für immer schon durch das Dogma geregelt worden.«[13] Rodinson verließ bald die Kommunistische Partei, jedoch weder um ein Antikommunist wie André Gide zu werden, noch um zum Islam überzutreten, wie Roger Garoudi es in seinen späten Jahren tat. Hier geht es um einen Paradigmenwechsel, aber als Mensch aus dem Orient trenne ich nie zwischen Person und Gegenstand und daher diese Hinweise auf Rodinsons Leben.

Für den anstehenden historischen Versuch ist das Erkenntnisinteresse Maxime Rodinsons, der den Grundstein für den Paradigmenwechsel legte, von zentraler Bedeutung. Dieses kreist um zwei Schwerpunkte: Bei dem geschichtlichen Studium des Islam stehen für Rodinson *»les bases économiques des sociétés«* und *»les idées générales«*[14] als geistige Struktur im Zentrum. Nun ist es entscheidend für die Analyse, in welcher Wechselwirkung beide zueinander stehen. Mit anderen Worten: Der Historiker muss die Interrelation zwischen den entsprechend dominierenden *»idées générales«* und den jeweiligen Sozialstrukturen in der Geschichte bestimmen können, ohne die einen auf die anderen, gleich in welcher Richtung, zu reduzieren. Mit dem traditionellen Rüstzeug der marxistischen Analyse, bei der das Primat der Ökonomie vorherrscht, kommt man beim Studium der islamischen Geschichte nicht weiter. Das Denken in Überbau und Unterbau beruht auf einem Reduktionismus und ist hierbei völlig unbrauchbar. Die Dominanz der islamischen Weltanschauung lässt sich so nicht beleuchten. Rodinson war ein Marxist, denkt hier aber genauso wie ich.

Kaum besser als mit Marxisten verhält es sich mit dem Handwerk des traditionellen Orientalisten und Islamwissenschaftlers. Die philologische Texterschließung ist nur ein wissenschaftliches Hilfsmittel, aber nicht mehr als das. Hier trennen sich die Wege des Historikers und des Orientalisten als Philologen. Dieser Sachverhalt gilt gleichermaßen für das Studium der Geschichte[15] wie dem der Gegenwart, etwa die Geschichte des Nahost-Konflikts im Kontext der europäischen »Judenfrage«.[16] Die vier Bücher Rodinsons über den Islam[17] liefern für die vorliegende Untersuchung wichtige Impulse, für die ich aber meinen eigenen, einleitend anhand meiner Hypothesen skizzierten Bezugsrahmen entwickle.

Die sozialgeschichtlich orientierte Islamologie bietet den Forschungsansatz, den wir für das erforderliche neue Verständnis der islamischen Geschichte benötigen. Für die Analyse der materiellen Lebensbedingungen der Menschen, die die neue religiöse Botschaft im 7. Jahrhundert empfangen haben, ist die historische Rekonstruktion der islamischen Religionsstiftung der Beginn der Arbeit des Historikers. Hier müssen wir das Zusammenwirken »*du psychisme individuel et de l'histoire personelle des individus avec les facteurs proprement sociologiques*«[18], d.h. als solches auch von Ideen, historischen Bedürfnissen und dominierenden sozio-ökonomischen Rahmenbedingungen deuten. Wir dürfen bei dieser Arbeit Philologie und Historiographie nicht wie bei manchen konzeptualisierend arbeitenden Sozialwissenschaftlern über Bord werfen, aber sie auch nicht, wie bei den traditionellen Islamforschern, die in der Regel Philologen sind und bleiben, als Werte für sich heranziehen. Islamologie, die in dieser Einladung in die islamische Geschichte praktiziert wird, zeigt, wie religiöse Weltanschauungen auf die Ökonomie wirken können. Das »*sujet l'influence de la religion sur l'économie*« gerade am Beispiel des Islam dient der Illustration der These, dass religiöse Anschauungen stets analog zu den sozialen und ökonomischen Wandlungsprozessen durch Reinterpretation der textuell stets gleichbleibenden religiösen Quellen neu formuliert werden. Die Schlussfolgerung hieraus lautet, dass nicht allein das Studium der islamischen Quellen, sondern auch das der Sozial- und Wirtschaftsgeschichte des islamischen Orients zum Verständnis der islamischen Gesellschaften beitragen kann. Der Islam-Historiker muss zugleich Kenner der Textquellen und der realen Geschichte sein. Die in den Texten enthaltene religiöse Symbolik wird historisch stets mit neuen Inhalten gefüllt, obwohl die Texte dieselben bleiben.

Wir dürfen bei unserem Gegenstand niemals vergessen: Es gibt keinen konstanten, stets dieselbe Gestalt beibehaltenden Islam. Dies wäre Essentialismus; vielmehr ist die jeweils vorherrschende Islam-Interpretation historischer Ausdruck der strukturellen Bedingungen der betreffenden Epoche sowie ihrer sozialen und wirtschaftlichen Rahmenbedingungen. Und dennoch kann eine Reli gion als Weltanschauung diese prägen. Somit lässt sich der Islam als Rahmen der »*idées générales*« nicht auf die entsprechend vorherrschenden sozialökonomischen Strukturen zurückführen. Gerade eine solche Prozedur verfällt einem kruden Reduktionismus. Denn es ist gerade die islamische Geschichte, die uns lehrt, dass die religiöse Weltanschauung ihrerseits auf die Ökonomie wirken kann. Ideen fallen aber nicht vom Himmel, sie haben ihre sozialen Wurzeln. Bei jedem Versuch, die religiöse Weltanschauung in ihren gesellschaftlichen Kontext einzuordnen, muss der Historiker sich davor hüten, reduktionistisch zu verfahren, sondern vielmehr die Wechselwirkung zwischen Weltanschauungen und Strukturen erkennen und durchdringen.

Rodinson selbst hebt hervor: »Ich unterstreiche offen, dass ich nicht sagen wollte … daß der Einfluß der religiösen Ideen nicht vorhanden wäre.«[19] Beim Versuch, den Islam sozialgeschichtlich zu deuten, darf man nicht übersehen, dass die »*idées générales*« nicht schlicht den Überbau einer sozio-ökonomischen Basis darstellen. Rodinson argumentiert hier ähnlich wie Ernst Bloch in seiner Münzer-Monographie. Dort weist Bloch, der auch ein Marxist war, die materialistisch-reduktionistische Automatik der Basis-Überbau-Lehre, insbesondere in Bezug auf das Phänomen des Religiösen, zurück. Denn nach Bloch lässt sich eine Religion

> »als Ekstase des aufrechten Ganges und des geduldlosen, rebellischen ernstlichen Willens zum Paradies« nicht auf eine »Überbauform« einer ökonomischen Basis reduzieren: »Denn das ökonomische Begehren ist zwar das nüchterne und stetige, aber nicht das einzige, nicht das andauernd stärkste, auch nicht das eigentümliche Motiv der menschlichen Seele, vor allem nicht in religiös erregten Zeiten.«[20]

Auch das Argument Rodinsons, dass die islamische Lehre im Verlaufe der Geschichte ihre Wirkung auf die Ökonomie hatte, erinnert an die Blochsche Vergegenwärtigung der Weberschen These, dass die Gesinnungskomplexe religiöser Art eine soziale Macht haben können; Bloch zufolge können sie geschichtsmächtig werden »dergestalt, dass die Wirtschaftsweise bald genug selber mit Überbau geladen ist, in ihrem selbständigen Vollzug den wirksamen Eintritt kulturell-religiöser Inhalte bedingt, keineswegs aber diese Inhalte ihrerseits allein erzeugt.«[21] Für solche Überbauformen verwendet Rodinson in seinem Werk *Islam und Kapitalismus* den Begriff »*idéologie mobilisatrice*« (mobilisatorische Ideologie). Schon in seiner noch zu würdigenden Mohammed-Biographie entfaltete er diese These der »*idéologie mobilisatrice*« am historischen Material der islamischen Religionsstiftung und legt somit einen Grundstein für ein neues Verständnis der islamischen Geschichte.

An dieser Stelle wage ich zu argumentieren, dass das neue Verständnis der islamischen Geschichte einen Paradigmenwechsel erfordert. Diesen leistet die neue Disziplin der sozialwissenschaftlich-historisch orientierten Islamologie. Die Fragen, die die methodischen und disziplinbezogenen Gegenstände der westlichen Islam-Studien betreffen, werden hierbei auch wissenschaftsgeschichtlich problematisiert. In Kapitel IV über die Orientalismus-Debatte werde ich mich als emanzipatorisch orientierter Wissenschaftler, der die politische Dimension der Wissenschaft und ihre soziale Funktion erkennt, doch in einigen Akzenten von Edward Said distanzieren, weil einige seiner Argumente der Verfeinerung und Nuancierung bedürfen. Im Gegensatz zu ihm will ich die Überwindung des Orientalismus auf einer doppelten Ebene vorantreiben. Edward Said konzentriert sich mit einigem Recht auf eine davon, nämlich auf die der Dekolonisation. Denn die europäischen Islam-Studien gehören ihrer Genese nach zu den Kolonialwissenschaften.

Wie Rodinson lehne ich aber die schdanowsche Schwarz-Weiß-Malerei von Said ab, auch wenn sie emanzipative Absichten verfolgt. Ein Historiker muss den wissenschaftlichen Inhalten verbunden bleiben und darf nicht zugunsten der Gesinnung auf Differenzierung verzichten. Ich kritisiere die europäischen Islam-Studien und will auch – wie Said – den Orientalismus durch eine Dekolonisation der Erforschung außereuropäischer Kulturen überwinden. Ich übersehe jedoch – im Gegensatz zu Said – nicht, dass der Orientalismus auch eine wissenschaftliche Methodik impliziert. Nur wenn wir diese Dimension in die Debatte aufnehmen und ihre Reichweite erkennen, versetzen wir uns in die Lage, einen Paradigmenwechsel in der wissenschaftlichen Durchdringung des betreffenden Gegenstandes zu fordern. Eine rein politische Kritik ist nur ein Schritt. Aber eine substantielle Arbeit für ein neues Verständnis der islamischen Geschichte muss folgen. Die folgende historische Darstellung ist von diesem Geist inspiriert und versteht sich als Alternative zur philologischen Islamkunde.

Die Analyse der Islamologie muss schon bei Prozessen der Formierung der islamischen Zivilisation ansetzen und daher bis in die frühen Epochen zurückgehen.

Die Anfänge: Die islamische Religionsstiftung

Die Verbindung der Untersuchung der sozialgeschichtlichen Transformation Arabiens von der vorislamischen Zeit zu *Dar al-Islam* mit der kulturellen Analyse kann am Beispiel der islamischen Religionsstiftung zeigen helfen, wie eine religiöse Anschauung entsteht, von den Menschen angenommen wird und dann mobilisatorisch wirkt. Das Ergebnis war die Gründung eines Gemeinwesens. Das ist der Ausgang islamischer Geschichte, bei der die Religionsgemeinschaft zur Basis eines Weltreichs wird, das sich von Süd-Europa bis Zentralasien erstreckte. Es ist von entscheidender Bedeutung, die neue zivilisatorische Weltanschauung immanent zu verstehen und in ihren geschichtlichen und sozialstrukturellen Rahmen einzubetten, um die Anfänge des Islam als eine Religionsstiftung, die von der Bildung einer Zivilisation begleitet wird, zu verstehen. Die Islam-Historiker Rodinson und Watt haben hierzu eine Vorarbeit geleistet, die ohne Tabus anzuerkennen verfährt. Rodinson ist in dieser Hinsicht sehr offen und bittet die gläubigen Muslime, die sein Werk lesen, um Verständnis:

> »Mögen die gläubigen Muselmanen, die diese Arbeit lesen, mir meine Offenheit verzeihen … (Ich) achte ihren Glauben. Aber ich teile ihn nicht und will auch nicht wie viele Orientalisten zu zweideutigen Formulierungen Zuflucht nehmen, um meine Ansicht zu vertuschen … Ich will niemanden täuschen. Die Muselmanen haben das Recht, sich zu weigern, dieses Buch zu lesen und vom Denken eines Nicht-Muselmanen Kenntnis zu nehmen.«[22]

Die entsprechende historische Untersuchung über den Früh-Islam erfolgt im Rahmen einer Mohammed-Biographie. Es gibt viele davon. Darunter ragen die Arbeiten, die der große schottische Islamwissenschaftler W. Montgomery Watt über die mekkanischen bzw. medinensischen Jahre des islamischen Propheten vorgelegt hat, besonders heraus. Darin hat Watt das entsprechende historische Material erschöpfend aufgearbeitet.[23] Von islamischer Seite liegt uns die einfache Nacherzählung der Geschichte der islamischen Religionsstiftung in der Biographie des Propheten von Ibn

Ishaq vor.[24] Doch um verstehen zu können, wie eine neue Weltsicht zu einer geschichtlichen Bewegung geworden ist, muss der Historiker über das Narrative hinausgehen. Zu dieser Arbeit gehört, die Strukturgeschichte und die sozialstrukturellen Rahmenbedingungen des vorislamischen Arabiens, d.h. der arabischen Halbinsel, zu rekonstruieren, um zu verstehen, wie es zu dieser Religionsstiftung kam. Parallel hierzu ist der Versuch zu unternehmen, den Islam und seine Offenbarung im Rahmen der kulturellen Analyse von innen zu begreifen. Die individuelle Geschichte des Religionsstifters selbst steht hier im Mittelpunkt.

Vor der Stiftung und Verbreitung des Islam war die Welt der Araber begrenzt auf die arabische Halbinsel, die man Arabien nennt. Ich erinnere daran, dass Arabien und die arabische Welt nicht dasselbe sind. In Südarabien, also in Jemen, gab es zwar vor dem Islam materiell entwickelte und staatlich organisierte Kulturen. Aber die Araber der Peninsula waren vorwiegend Beduinen, deren Niveau im Bereich der materiellen Kultur sehr niedrig war; sie lebten von der Ökonomie des Kamels, weshalb Sprenger sie »Parasiten des Kamels« nannte. Das Kamel bot ihnen nicht nur Nahrung und Material für Kleidung und Obdach (Zelt), es war auch ihr Transportmittel und darüber hinaus, als Reittier, ihr Wüstenschiff, das ihnen bei Raubüberfällen (*Ghazu*) auf die Handelskarawanen militärische Überlegenheit gewährte. Die vorislamischen Araber wurden seinerzeit von den Angehörigen der beiden großen Weltreiche, die die damalige zivilisierte Welt verkörperten – den Byzantinern und den Sassaniden –, als »barbarische Sarazenen« gleichermaßen gefürchtet und als gottlos verachtet.

Gegen Ende des sechsten Jahrhunderts war die historische Situation einerseits von der Entfaltung des regionalen Handels und, parallel dazu, von einer Stärkung des sesshaften Elements charakterisiert. Rodinson beschreibt sie so:

> »Unter den ehemaligen, kaum seßhaft gewordenen Beduinen offenbarten sich Geschäftsleute, die jetzt die Organisation der Karawanen in die Hand nehmen und mit dem Transport der kostbaren Waren Handel treiben konnten … In den Zwischenräumen der Welt der Nomaden entwickelte sich eine merkantile Wirtschaft … Ein Auflösungsprozeß der Stammesgesellschaft begann … Eine intellektuelle und moralische Wandlung begleitete ganz selbstverständlich diesen wirtschaftlichen und sozialen Wandel.«[25]

Die Beduinen waren zu jener Zeit noch das dominierende Element. Selbst noch im 14. Jahrhundert hat der große islamische Historiker Ibn Khaldun die Wörter »Araber« und »Beduinen« synonym verwendet;[26] sie stellten mit ihren Raubüberfällen vor der islamischen Religionsstiftung einen Störfaktor für den Karawanenhandel dar. Eine sie zähmende staatliche Zentralinstanz fehlte in jener regulierten Anarchie. Beduinen unterwerfen sich außerhalb ihrer Stammesgemeinschaft keiner Zentralgewalt. Dies war das größte Hindernis im Früh-Islam, als das historische Bedürfnis bestand, eine solche politische Struktur aufzubauen. Es bedurfte eines Staates,

> »der Arabien zu einen vermochte. Ein solcher Staat könnte die erworbenen Reichtümer und den Handel in Schutz nehmen und die Habgier der besonders mittellosen Beduinen nach außen ablenken, anstatt sie die Handelstätigkeit der Araber selber hindern zu lassen ... Das große Bedürfnis der Epoche bestand in einem arabischen Staat, der von einer arabischen Ideologie geleitet (war) ... der jedoch dem Milieu der Beduinen ... noch nahe genug stand ... Die Wege waren für den genialen Mann geebnet, der es besser als irgendein anderer verstand, diesem Bedürfnis zu entsprechen.«[27]

An dieser Stelle der Erörterung des historischen Prozesses der islamischen Religionsstiftung und der parallelen strukturellen Entwicklung – beide als Prozess der Zivilisation im Eliasschen Sinne zu deuten (vgl. Anm. 30) – möchte ich den Eindruck abwehren, dass die islamische Religionsstiftung eine determinierte Folge der damaligen Strukturwandlungen in Arabien war. Eine solche Sicht der Geschichte wäre in den Worten Rodinsons »primitiv aufgefasster Determinismus ... oder Marxismus von niederem Niveau«[28] und mir selbst, als einem Historiker, der eine ökonomistisch-mechanische Geschichtsdeutung ablehnt, sehr fremd.

In der vorliegenden historischen Skizze kann es nicht darum gehen, die Einzelheiten der islamischen Religionsstiftung, die in zahlreichen Mohammed-Biographien enthalten sind, noch einmal zu unterbreiten. Bei der vorliegenden Übung in einer historisch-sozialwissenschaftlichen Islamologie ist es vielmehr wichtig, »das Zusammentreffen« von historisch adäquaten menschlichen Handlungen (durch die Person des Religionsstifters) und der für eine Veränderung reifen historischen Struktur, die die Entwicklung, die wir als islamische Religionsstiftung und als Islamisierung der Welt kennen, ermöglichten, zu beleuchten. Dieses Zusammentreffen bewirkte, »dass diese Wandlungen der Struktur eines winzigen Kerns von

Individuen im Schoße zweier am Rande der Wüste verlorener arabischer Städte am Ende der zivilisierten Welt eine gewaltige, weltweite Bedeutung erlangte«.[29] Zunächst bestand die zivilisatorische Leistung der islamischen Religionsstiftung darin, dass eine staatliche Zentralinstanz gegründet wurde, die *Pax Islamica*, die eine Integration der Beduinen in ein Gemeinwesen, die *Umma*, einschloss.[30] Wissenschaftlich gesehen beginnt die islamische Geschichte damit und nicht formal mit der *Hidjra* 622.

Auf die religiöse Botschaft folgten die islamischen *Djihad*-Eroberungen der Welt; sie haben es ermöglicht, die Aktivitäten der Beduinen in militärische Aktionen zu kanalisieren: »Mit einem charismatischen Oberhaupt und dessen persönlichen Ratgebern, seiner Armee von Freiwilligen ... funktionierte der Staat nur als ein Gebilde ethnischer Gruppen.«[31] Damit wurde die islamische *Djihad*-Expansion eingeleitet, die als Universalismus lange vor der europäischen Expansion erstmals in der Weltgeschichte ein Welteroberungsprojekt begründete.

Der Stamm (*Qaum*) als soziale Verbindlichkeit für den arabischen Beduinen und die entsprechende Kollektiv-Solidarität wird im Früh-Islam abgelöst von der *Umma*, d.h. der islamischen, alle Stämme umfassenden Gemeinschaft, die nun alle sozialen Umgangsformen auch zwischen den Stämmen nach den Vorschriften der göttlichen Offenbarung für die Muslime, die im Koran enthalten sind, zentral regelt. Ehe eine neue Weltanschauung geschichtliche Bedeutung erlangen kann, muss sie zu einer *idéologie mobilisatrice* avancieren: um die Menschen anzusprechen und sie dann im Geschichtsprozess zu monolithisieren; sie verspricht, ihnen und ihrem Leben »dank der Einbeziehung in ein höheres Gesetz und Werden einen Sinn ... zu verleihen«[32] und es gelingt dem Islam, die Menschen mittels des *Djihad* (vgl. Anm. 5 oben) für das islamische Welteroberungsprojekt zu mobilisieren.

Den Verlauf der früh-islamischen Geschichte kennen die Leser aus Kapitel I. Nach dem Tod des Propheten im Jahre 632 und nach der Periode der vier auf ihn folgenden »rechtgeleiteten Kalifen« (632–661) verlagert sich das Zentrum des Islam parallel zur Wandlung des Kalifats in eine »islamische Form königlicher Herrschaft«[33] von Medina, dem Herzen Arabiens, zunächst nach Damaskus (Omaiyyaden-Dynastie 661–750) und dann später nach Baghdad (Abbasiden-Dynastie 750–1258).[34] Nach und nach entfaltet sich der Islam von einer Religion bzw. einer mobilisatorischen

Weltanschauung zu einem »kulturellen System«, das Muslime verinnerlichen und mit dessen Symbolen sie kommunizieren und sich artikulieren. In dieser Kapazität prägt der Islam in einer großen Vielfalt das kulturelle Alltagsleben seiner Gläubigen. Eine Religion, die zu einem kulturellen System[35] wird, bildet tiefe Wurzeln durch die Durchdringung sämtlicher Lebensbereiche ihrer Gläubigen. Hierauf basiert die islamische Weltanschauung, die alle Muslime teilen; sie hat zwar konstante Grundzüge, die aber doch dem historischen Wandel unterliegen.

Obwohl ich den Begriff »mobilisatorische Ideologie« verwende, unterscheide ich die Religion als Glaubenssystem von Ideologien. In diesem Zusammenhang werde ich als Historiker mit der zentralen Frage konfrontiert, inwieweit eine Religion als kulturelles System die Wirtschafts- und Sozialgeschichte der betreffenden Zivilisation bestimmen kann. Mit dieser Frage stelle ich nicht die Marxsche Analyse auf den Kopf; ich korrigiere sie aber, indem ich eine Wechselwirkung zwischen religiöser Kultur und ihrer materiellen Umwelt annehme. Den Unterschied zwischen einer Wechselwirkung und einem Reduktionismus glaube ich ausreichend erklärt zu haben.

Islamologie als Wirtschafts- und Sozialgeschichte

Den allseits bestehenden Bedarf nach einem neuen historisierenden Verständnis des Islam habe ich bereits in der Sprache von Thomas Kuhn als Bedarf nach einem Paradigmenwechsel in Islam- und Geschichtswissenschaft angesprochen. Im Resultat würde die islamische Geschichte als solche einer nicht-westlichen Zivilisation in die Geschichtswissenschaft aufgenommen, wenn die Barrieren behoben werden. In den Islam-Studien ist dieser Wandel ein solcher von der Philologie zur historisch-sozialwissenschaftlichen Islamologie. Rodinson hat den Grundstein hierfür gelegt und das ist die Ursache dafür, warum er und sein Werk in diesem Kapitel einen zentralen Platz einnehmen. Die Rezeptionsgeschichte des von Rodinson selbst als »Polemik« im Sinne von De-Mystifikation charakterisierten Werkes belegt die Vorahnungen: Fundamentalistische Muslime haben »wegen giftiger rassistischer oder kolonialistischer Hintergedanken« die erwartete Anklage erhoben, und viele europäische Orientalisten, vor allem deutsche, noch wilhelminisch denkende Islamwissenschaftler, haben deren Attacken gegen die von ihnen während einer ganzen Epoche gepflegten europäischen Mythen über den Islam desavouiert.

Die Geschichte vermittelt uns den besten Prüfstein für die Qualität einer Arbeit. Modische Werke und ähnlich gelagerte »Eintagsfliegen« geraten schnell in Vergessenheit, selbst wenn sie nach ihrem Erscheinen einigen Wirbel verursachen und zu sogenannten Bestsellern werden. Große Werke dagegen überleben und etablieren sich als Grundsteine intellektuellen menschlichen Wirkens, selbst wenn sie nach ihrem Erscheinen nur eine geringe Aufnahme finden. Rodinsons *Islam et capitalisme* hat diese Prüfung bestanden; es gilt heute international als das Jahrhundertwerk der europäischen Islam-Forschung, obwohl es immer noch nicht die Anerkennung der Vertreter des schon lange überholten philologischen und anthropogeographischen Paradigmas erlangt hat, die glücklicherweise ihr Dasein am Rande nicht nur des Wissenschaftsbetriebes, sondern auch der Geschichte fristen. Deswegen ist eine solche Anerkennung nicht von Bedeutung und ihr Fehlen tut der Relevanz der entsprechenden Arbeit keinen Abbruch. Das angeführte Werk Rodinsons ist eine Wirtschafts- und Sozialgeschichte des Islam. Seine zentrale Frage lautet, warum sich der Kapitalismus und die hiermit verbundene industrielle Entwicklung nicht ebenso wie in Europa auch in der islamischen Zivilisation entfaltet haben. Eng damit verbunden ist die komplementäre Frage, ob dies damit erklärt werden könnte, dass der Islam als Hindernis gewirkt habe und auch, weil sich die Muslime – um noch einmal C. H. Becker zu zitieren – »rassenpsychologisch« dafür nicht eignen.

Um die angeführten Problembereiche und um die mit ihnen verbundenen Fragen ranken sich viele Mythen. An erster Stelle steht der schon mehrfach angeführte und kritisierte Mythos vom *homo islamicus*, den die europäischen Orientalisten als eine »Erfindung« konstruiert haben. Sie beurteilen den islamischen Orient und seine Menschen essentialisierend, wie Rodinson sagt, »nach der Phänomenologie des *homo islamicus* oder der Dogmatik des Islam. Der mohammedanische Mensch hänge an den geheiligten Werten, denke in anderen als europäischen Kategorien, ignoriere z.B. den ›historisch-teleologischen‹ Begriff der Zeit ...«[36] So stellen europäische Orientalisten den islamischen Menschen dar. Diesen *homo islamicus* hat es aber in den historischen Realitäten nie gegeben; Muslime waren stets Menschen ihrer jeweiligen Geschichte, also sehr unterschiedlich.

Obwohl ich den Mythos der Orientalisten vom Muslim als *homo islamicus* zurückweise, verfalle ich keiner Apologetik und bin bereit, den Anteil des Islam als weltanschauliche Normativität an der sozialhistorischen Entwicklung der entsprechenden Zivilisation zu diskutieren. Diese historische Arbeit muss auf zwei Ebenen verlaufen: Einmal muss die Doktrin selbst untersucht werden; zum anderen muss die strukturgeschichtliche Entwicklung herangezogen werden, um die Verbindung zwischen beiden, d.h. der Weltanschauung und der mit ihr korrespondierenden materiellen Geschichte auszumachen. Hier ist eine interdisziplinäre paradigmenumwälzende Forschungsweise gefragt, die außer einer sprachlichen Vertrautheit mit allen wichtigen islamischen Originalquellen noch die Sachkenntnis und die methodische Arbeitsweise der erwähnten Disziplinen in die Forschung einbringt. Rodinson leistet einen Schritt in diese Richtung und ich selbst wiederhole den Hinweis auf meine Grenzen; ich kann über die Fragen nachdenken, aber keine erschöpfenden Lösungen bieten.

Die erste Stufe der anstehenden Arbeit ist die Koran-Lektüre. Die Textarbeit am Koran, der für alle Muslime die zentrale Orientierungsquelle ihres Denkens und Tuns ausmacht, zeigt, – wie Rodinson in *Islam und Kapitalismus* schreibt – »dass das Ideal des Koran in keiner Weise an die Grundlage des Eigentumsrechts rührte, selbst wenn man glaubt, von einigen seiner Prinzipien eine Begrenzung seines Gebrauchs und Missbrauchs ableiten zu können« (S. 47). Das Studium der Formierungsjahre der frühen islamischen Geschichte zeigt, dass der Islam aus dem kaufmännisch-urbanen Zentrum Arabiens, aus Mekka, hervorging und gegen das Beduinentum gerichtet war bzw. zu dessen Integration in eine staatliche Zentralinstanz beigetragen hat. Die Kaufmannsethik ist auffallend im Koran, in dessen Text der Begriff Rechnung (*Hisab*) selbst bei der Bestimmung des Verhältnisses von Gott-Mensch an zentraler Stelle steht.

Der Prophet Mohammed gründete in Medina das erste islamische Gemeinwesen, das nur der Kern eines sich noch im selben Jahrhundert vom Atlantik bis nach Zentralasien ausdehnenden Weltreiches war. In der Abbasiden-Zeit (750–1258), die historisch als die Epoche des Hoch-Islam gilt, gedieh dieses Reich sozial und wirtschaftlich; »... an erster Stelle (begann) die Entwicklung des Handels. Man kann sagen, dass diese Aktivität im großen und ganzen bis zum Ende des 14. Jahrhunderts gedauert hat, auch wenn hier und da eine Verminderung auftrat. Auf die Kaufleute lassen sich sehr wohl die Weberschen Kriterien der kapitalistischen Aktivitäten anwenden« (Rodinson, S. 58). Warum ist es trotzdem nicht zu einer kapitalistischen Entwicklung ähnlich der Europas gekommen?

Für die Beantwortung dieser Frage folge ich Rodinson, der einige Hypothesen aufstellt, wobei er sich zwar an die Marxsche Methode anlehnt, ohne jedoch wie »Marxisierer, Demi-Marxisten und Pseudo-Marxisten« (S. 14) diesem Ansatz gläubig zu verfallen. Argumente, die die sozio-historischen Hypothesen untermauern, müssen sich »… auf die Fakten stützen … ich bin bereit sie aufzugeben, sobald die Fakten oder die wissenschaftliche Begründung sich als unhaltbar herausstellen« (S. 13). Rein begriffliche und somit »weniger solide und fundierte Hypothesen«, die oft von nicht empirisch arbeitenden Wissenschaftlern formuliert werden, um damit ein »allzu raffiniertes Kategoriensystem« (ebd.) auszuarbeiten, das mit der gesellschaftlichen Realität wenig zu tun hat, ist ein Verfahren, von dem Rodinson und ich sehr wenig halten.

Die sozial- und wirtschaftsgeschichtliche Darstellung der Entfaltung der islamischen Zivilisation zeigt, dass in der mittelalterlichen klassischen islamischen Epoche sowohl ein Markt als auch große Handelsaktivitäten existierten, d.h. dass es durchaus einen kapitalistischen Sektor gegeben hat. Die ersten in diesem Kontext sich stellenden Fragen lauten, warum dieser Sektor nicht dominant geworden ist und warum es nicht zu einer kapitalistischen Akkumulation gekommen ist. Eng mit diesen beiden Fragen korrespondiert eine dritte, nämlich ob der Islam eine solche Entwicklung behindert hat, oder ob es andere Erklärungen gibt.

Zunächst kann man feststellen, dass die orientalische Herrschaftsform es nicht zur Entwicklung einer staatsfreien gesellschaftlichen Sphäre, d.h. einer *civil society*, hat kommen lassen. Ich würde diese Herrschaftsform, die bis heute existiert, als totalen Etatismus bezeichnen. Barrington Moore hat nachgewiesen, dass der europäische Feudalismus Institutionen beinhaltete, die die künftige Trennung von Staat und Gesellschaft als Voraussetzung für die Entstehung der bürgerlichen Gesellschaft ermöglichten. Sehr wichtig war nach Moore

»die Entstehung einer Idee der Immunität gewisser Gruppen und Personen gegenüber der Macht des Herrschers und die Konzeption des Widerstandsrechts gegen eine ungerechte Obrigkeit. Zusammen mit der Idee des Vertrages, einer von freien Partnern eingegangenen Verpflichtung … stellt dieser Komplex von Ideen und Praktiken ein entscheidend wichtiges Erbe der europäischen mittelalterlichen Gesellschaft dar, auf dem die modernen westlichen Konzeptionen einer freien Gesellschaft aufbauen konnten.«[37]

Solche Immunität gegenüber dem Staat gab es nie in islamischen Gesellschaften. Die Herrscher im Islam nahmen sich das Recht, jedem Eigentümer seine Güter zu rauben, obwohl das Eigentum im Koran geschützt wird. Dies erklärt die Position des großen islamischen Sozialphilosophen Ibn Khaldun[38], der unter Reichtum nur Geldreichtum verstand und alle anderen Arten des Vermögens als zweitrangig betrachtete. Denn diese konnten dem Eigentümer zu jeder Zeit vom Herrscher entzogen werden. Zwar belegen die zugänglichen wirtschaftshistorischen Daten die Hypothese, dass die Naturalwirtschaft dominant war: »Aber die zahlreichen Hinweise auf Städte und Gemeinden, deren Produkte dazu bestimmt waren, anderswo verkauft zu werden, zeigen, dass die marktorientierte Produktion doch entwickelt war« (Rodinson, S. 63f.); ihr fehlte jedoch die Immunität und Autonomie gegenüber dem Herrscher und so konnten aus ihr keine zivilgesellschaftlichen Formen entstehen.

Zu den weit verbreiteten Mythen gehört auch die europäische »traditionelle Weisheit«, dass das Zinsverbot im Islam der Ausdehnung einer marktorientierten Wirtschaft im Wege stand. Es trifft zu, dass der Zins (*Riba*) im Koran streng verboten wird, aber jeder Islam-Experte kennt die *Hiyal*-Literatur, d.h. jenes islamische Schrifttum, das die Wege zur legalen Umgehung des Zinsverbotes aufzeigt (*Hiyal* ist pl. von *Hila* und bedeutet: juristische Schliche bzw. Kniffe). Gerade durch die ausgiebig praktizierten *Hiyal* war das Zinsverbot in der Realität praktisch wirkungslos. Rodinson greift auf zentrale islamische Quellen zurück, aus denen deutlich hervorgeht, dass im klassischen Islam »viele Muslime Darlehen gegen Zinsen vergaben« (S. 69, vgl. auch S. 68–76). Hier stellt sich eine sensible Frage, die eine Eigentümlichkeit der islamischen Geschichte und entsprechender Weltanschauungen betrifft: Weshalb verbietet der Islam bestimmte Handlungen, wie z.B. die Erhebung von Zins / *Riba* auf der einen Seite, um dann auf der anderen Wege zur Umgehung dieses Verbots (*Hiyal*) zu öffnen?

Die Antwort hierauf lautet, dass die Vorschriften, die der Islam als organisches Religionssystem für alle Lebensbereiche anbietet, gleichzeitig Strenge und Flexibilität beinhalten. Praktisch darf jede islamische Vorschrift in der Not übergangen werden. Die *Schari'a*-Doktrin hierfür lautet: *al-Darura tubih al-mahzurat* / In der Not werden Verbote aufgehoben. Die islamische, im Koran schriftlich fixierte Offenbarung gilt als ewig gültig und unveränderbar; diese bleibt persistent, obwohl ständig ein sozialer Wandel stattfindet und die Sozialstrukturen sich unentwegt verändern. Ideologiekritik ist hier ein unzulängliches analytisches Instrument, wie ich in meinem eigenen jahrzehntelangen Lernprozess bei der Erforschung des Islam erkannt habe. Die Ideologiekritik der Frankfurter Schule, die ich in meinen jungen Frankfurter Jahren gelernt habe, musste ich in meinen reifen Jahren ablegen. Auch Rodinson erkennt diesen Mangel in der Marxschen Ideologiekritik und hebt gegen Ende seiner Islam-Kapitalismus-Studie hervor: »Einer der schwerwiegendsten Mängel des Marxismus ... besteht darin, dass er das ideologische Niveau oder Relais ungenügend beachtet« (S. 265). Eine durch eine religiös begründete Weltanschauung durchdrungene Zivilisation lässt sich mit solchen Mustern nicht deuten.

Auch Rodinson bietet keine Alternative an, außer dass er den *idées générales* in seiner Forschung mehr Beachtung schenkt und eine ausführlichere immanente Analyse widmet. In der Einleitung zu meinem 1985-Buch *Der Islam und das Problem der kulturellen Bewältigung sozialen Wandels*, das einen Teil dieses Lernprozesses enthält, habe ich die Grenzen der in meinen früheren Büchern praktizierten Methode der Ideologiekritik aufgezeigt und als Alternative bzw. komplementär dazu als Bezugsrahmen für die Deutung der Religion den Begriff des kulturellen Systems vorgeschlagen. Ein solches kulturelles System besteht aus Symbolen, die auch schriftlich fixiert sein können (so wie dies in der islamischen Doktrin der Fall ist). Der Inhalt dieser Symbole verändert sich jedoch stets im Rahmen der entsprechenden sozialen Sinnproduktion[39] (inhaltliche Neufüllung der Symbole parallel zu der sich verändernden sozialen Situation). Damit führe ich die kulturelle Analyse – in Verbindung mit der Sozialgeschichte – in die Islam-Studien ein. Mit diesem methodischen Vorschlag hoffe ich, einen Schritt weiter auf dem langen Weg der Suche nach befriedigenden Antworten zu kommen.

Alle Islam-Historiker, die nicht chronologisch-narrativ, sondern auf einer analytischen Ebene über die klassische islamische Geschichte arbeiten, haben mit dem Problem zu kämpfen, wie Muslime stets zu einer erneuten und im Sinne der Anpassung revidierten Koran-Interpretation Zuflucht nehmen, um mit den veränderten gesellschaftlichen Bedingungen zurechtzukommen. Mit anderen Worten: die Doktrin bleibt, aber die Realität hat sich verändert. Rodinson fasst diese Erfahrungen zusammen:

»Je mehr sich die der Doktrin widersprechenden Praktiken häufen, desto mehr sind die ideologischen Autoritäten, wenn sie nicht nur einen gewissen Einfluss auf, sondern auch eine gewisse Kohärenz mit ihrem intellektuellen System bewahren wollen, genötigt, mit Raffinesse und Scharfsinn zu theoretisieren, Fälle, Ausnahmen, Grade der Strafbarkeit und Unschuld, Mittel, die Fehler mehr oder weniger tilgen, vorauszusehen und die Sanktionen und die Nachsicht abzustufen« (Rodinson, S. 79).

Diese angeführte Erfahrung zeigt, dass die »religiöse Ideologie« (Rodinson) oder »das kulturelle System«, wie ich in meiner in Anlehnung an die von Clifford Geertz[40] verwendete Terminologie lieber sage, stets an die veränderte Realität angepasst wird. Mein Argument ist jedoch, dass mit dem ideologiekritischen Ansatz allein nicht erkannt werden kann, dass diese Anpassung – in der Begrifflichkeit meines zitierten Buches ausgedrückt – ohne eine »kulturelle Bewältigung des sozialen Wandels« (vgl. Anm. 35) erfolgt. Rodinsons sehr differenziertes Verhältnis zur Marxschen Ideologiekritik lässt zwar die Erkenntnis einer möglichen Verselbständigung der ideologischen Gebilde gegenüber der sozio-ökonomischen Basis zu, indem es jeden ideologiekritischen Reduktionismus zurückweist. Doch hat das ideologiekritische Verfahren beim Studium der Wechselwirkung zwischen Religion in der Eigenschaft als kulturelles System und gesellschaftlicher Entwicklung seine Grenzen.[41]

In Bezug auf die Grenzen, die die religiöse Doktrin im Islam der freien Erkenntnis setzt, würde Rodinson argumentieren, dass traditionelle Muslime deshalb den sozialen Wandel kulturell nicht verarbeiten können, weil ihr Denken ideologisch – ich schreibe lieber: weltanschaulich – vorgeprägt sei. Das ist mir als Erklärung zu wenig und ich kann mir die Deutung der Religion allein als religiöse Ideologie nicht aneignen. Zudem kann dies die Frage nach dem Anteil des Islam an der Fähigkeit bzw. Unfähigkeit seiner Gläubigen zu einer »kulturellen Bewältigung sozialen Wandels« nicht befriedigend beantworten. Erst eine Verbindung der ideologiekritischen Methode mit dem religionsanthropologischen Studium der Religionen als kulturelle Systeme scheint fruchtbare Ergebnisse zu versprechen. Im Falle des Islam ist das ideologische Bewusstsein nicht immer gesellschaftlich notwendig oder bedingt. Das ideologisch getrübte Bewusstsein geht auf eine Weltanschauung zurück und entspringt dem entsprechenden kulturellen System. Auf diese Weise bringt es somit eine kulturelle Weltsicht (*worldview*) zum Ausdruck. Um mich vor Missverständnissen zu schützen, räume ich ein, dass Werte und eine Weltsicht sich gleichermaßen wandeln und verselbständigen können. Ich sitze hier keinem Essentialismus auf. Meine mit dieser Erkenntnis korrespondierende Fragestellung betrifft den Anteil der Kultur – hier des Islam – an der gesellschaftlichen Entwicklung. Ich weise den simplizistischen Vorwurf des Kulturalismus zurück, weil die Wechselwirkung von kulturellem und sozialem Wandel ein Bestandteil meines Denkens ist. Wechselwirkung bedeutet auch nicht, die Autonomie der Kultur, d.h. ihre Nicht-Reduzierbarkeit, zu bestreiten.

Die vorliegende Einladung in die islamische Geschichte schließt die kulturelle Dimension der historischen Entwicklung sowie ihre Eigendynamik im Geschichtsprozess ein. Es wäre ein grobes Missverständnis zu argumentieren, mit dieser Denkweise werde der Lehre vom *homo islamicus* Vorschub geleistet, und durch die Hintertür wieder eingeführt. Die These, dass Muslime ihre eigenen spezifischen kulturellen Grundmuster (*patterns*) in ihrer Wirtschaftsund Sozialgeschichte haben, verweist alleine auf die Eigendynamik des kulturellen Systems; sie widerspricht jedoch nicht der Aussage, dass dieses auch eine Weltanschauung beinhalten kann, die die gesellschaftliche Entwicklung zwar zu beeinflussen, niemals aber völlig zu determinieren vermag. Die Weltanschauung (z.B. der Muslime als einheitliche *Umma*) mag äußerlich unverändert bleiben, aber der kulturelle und soziale Inhalt ihrer Symbole wandelt sich stets. Und selbst der *Umma*-Begriff (z.B. Islam-Diaspora als *Umma*) ändert seinen Inhalt.

Mit der Einführung der kulturellen Dimension in meine Geschichtsanalyse entferne ich mich von dem allein auf die Sozial- und Wirtschaftsgeschichte begrenzten Rodinsonschen Bezugsrahmen, ohne jedoch aufzuhören, ihm Respekt für die monumentalen Forschungsergebnisse zu zollen, die die bisher dominierenden »traditionellen Weisheiten« über den Islam ablösen. Sowohl Rodinsons Analyse der religiösen Doktrin des Islam als auch die der islamischen Wirtschafts- und Sozialgeschichte zeigen, dass das Ausbleiben einer dynamisch-kapitalistischen Entwicklung im islamischen Orient *nicht* mit dem Islam selbst erklärt werden kann:

> »Die Ideologie kann die Entwicklung der Gesellschaft, aus der sie hervorgeht und die sie beeinflusst, nicht blockieren« (Rodinson, S. 80).

Diesem Urteil pflichte ich bei, erlaube mir aber dennoch Hypothesen über den Islam als kulturelles System sowie seinen Anteil an dieser Entwicklung zu formulieren. Genau das ist es, was ich unter »cultural analysis« verstehe.

Rodinson bleibt sich treu, wenn er den Anteil des Islam an der Entwicklung der islamischen Gesellschaft aus der historischen Darstellung ausklammert, auch wenn er einräumt, dass sie eine »ideologische Gesellschaft« ist:

> »Wenn die Bourgeoisie ihre Macht nicht von den ersten Jahrhunderten der *Hidjra* an erhalten und entwickelt hat, wenn die von einer Adels- und Militärhierarchie beherrschten Staaten sie daran gehindert haben, in der Politik mitzureden, wenn es der Stadt nicht gelang, das Land hinlänglich zu beherrschen, wenn sich das Industriekapital nicht so wie in Europa oder Japan entwickelt hat, wenn die ursprüngliche kapitalistische Akkumulation niemals das europäische Niveau erreicht hat, ist das die Schuld aller möglichen anderen Faktoren, *aber nicht die der Religion des Islams*« (Rodinson, S. 90f.).

Trotz des Einbringens der kulturellen Analyse bleibt der Kern der sozialwissenschaftlich-historischen Islamologie sozialhistorisch. Dies erfordert eine Auseinandersetzung mit Max Webers (Vor-)Urteilen über den Islam.[42] Ohne Webers Größe anzutasten, müssen wir sagen, dass das Studium seines Werkes belegt, dass er weder in Bezug auf die Doktrin noch auf die Geschichte des Islam über das erforderliche Sachwissen verfügte, um über die islamische Zivilisation fundiert urteilen zu können. In Unkenntnis der mehrfach im Koran wiederholten strengen Abweisung der Magie als »Unglauben« behauptet Weber in seiner *Wirtschaftsgeschichte* zum Beispiel: »Abgesehen von Juden- und Christentum und zwei oder drei orientalischen Sekten (davon eine in Japan) gibt es keine Religion mit dem ausgesprochenen Charakter der Magiefeindlichkeit.«[43] Der Leser kann die Auseinandersetzung mit Max Weber sowie die entsprechende Diskussion der Weberschen Rationalitätsthese in Bezug auf den Islam bei Rodinson in dem Abschnitt »Die Ideologie des Koran« (S. 115–140) nachlesen. Dort findet sich als Abschluss einer ideologiekritischen Textanalyse die Feststellung, dass die Anschauung des Koran dem Vernunftdenken und der Rationalität mehr Platz einräumt als die Ideologie, die sich im Alten und Neuen Testament widerspiegelt, und dass auch die Fatalismus-These unbegründet ist, insofern die Lehren des Koran »zu einer aktiven Orientierung im individuellen und sozialen Leben« ermahnen (Rodinson, S. 140). Natürlich will ich bei dieser Korrektur an Max Weber nicht übersehen, dass es real Magie in der islamischen Geschichte gegeben hat; doch steht hier nur an, ob die Religion des Islam nicht auch die von Weber hervorgehobene Magiefeindlichkeit teilt.

Nicht nur aus den Weberschen Äußerungen über den Islam, sondern auch aus Urteilen der westlichen Islam-Studien erfährt man mehr darüber, wie Europäer über den Islam und den islamischen Orient denken, also mehr über die von westlichen Islamwissenschaftlern »kreierte, d.h. orientalisierte« Weltreligion (Edward Said) als über den Gegenstand selbst. Zu den Aufgaben der Islamologie als Wirtschafts- und Sozialgeschichte gehört, mit den verbreiteten Mythen über den Islam aufzuräumen und über die islamische Zivilisation selbst, nicht über ihre (deutschen) »Feinde und Freunde«[44] zu informieren.

Die islamische Geschichte und Europa: Zwischen Bedrohung und Faszination

Die islamische Geschichte ist älter als die Entstehung Europas als zivilisatorische Größe, die islamische Geschichte beginnt 622, die europäische erst in der Karolingerzeit.[45] Römische Geschichte ist keine europäische, sondern mediterrane Geschichte. Die Euro-Arroganz deutscher Orientalisten gegenüber dem Islam simplifiziert, ja ignoriert diese historischen Zusammenhänge. Die Lektüre von Carl Heinrich Becker (vgl. Anm. 2), einem der Väter der deutschen Islamwissenschaft, bietet ein Reservoir an Zitaten, die die instrumentelle Vernunft dieser kolonial gefärbten Disziplin verraten: Einmal wird eurozentrisch in einer superioren Haltung auf den Islam hinabgeschaut, der nur durch eine »Anpassung an das europäische Geistesleben« (sprich Unterordnung unter die europäische Dominanz) überleben könne; andererseits hob derselbe C. H. Becker, der auf dem Höhepunkt seiner Karriere zum preußischen Kultusminister avancierte, vor einer Gesellschaft französischer Kolonialherren, der *Union Coloniale Française*, lobend die Vorzüge des Islam als Arbeitsethik für die Instrumentalisierung des »Negers« als Arbeiter in der Erdnusswirtschaft für die französische Kolonialherrschaft in Westafrika hervor. Es handelt sich hier keineswegs um eine intellektuelle Inkonsistenz des seinerzeit gewiss sehr gelehrten Carl Heinrich Becker. Vielmehr dokumentieren diese Aussagen die instrumentelle Vernunft der nach ihrem Selbstverständnis »unschuldigen« europäischen Islamwissenschaft. Der Islam ist gut, wenn er den Interessen der Europäer dienlich ist, schlecht, wenn er sie bedroht. Dies genau ist heute auch die Logik der US-Außenpolitik: Die afghanischen Fundamentalisten sind akzeptabel, wenn sie gegen den Kommunismus kämpfen und den US-Konzernen den Zugang zum Öl ermöglichen, aber die Bösewichte, wenn sie den Terrorismus fördern.

Der Bezug Europas zur islamischen Geschichte ist älter als die Islamkunde und zudem gleichermaßen kompliziert und nuancenreich. Diese Differenzierung schützt mich davor, der Saidschen Orientalismus-Kritik in ihrer schdanowschen Zweiteilung der wissenschaftlichen Erkenntnis kritiklos zu folgen. Dennoch stimme ich mit Rodinson darin überein, Said nicht abzusprechen, dass »seine Analyse intelligent, scharfsinnig und oft treffend«[46] ist. Mit Rodinson bedauere ich auch, dass die Orientalisten, statt Selbstreflexion zu betreiben, »auf Saids Buch mit stilkritischen Anmerkungen, mit Hinweisen auf Auslassungen und Irrtümer dieses Autors, der nicht ›dazugehört‹«[47], reagierten. Der Vorsitzende der DMG (Deutsche Morgenländische Gesellschaft), des Berufsverbands der deutschen Orientalisten, Professor Römer, sagte mir einmal lächelnd, Saids Buch sei lediglich »ein Pamphlet«! Ich drehte ihm daraufhin den Rücken zu und lief weg! Dieser Orientalist, der orientalische Sitten kennen müsste, verstand nicht, welchen symbolischen Sinn diese Geste hat!

Bei der Diskussion »Europa und der Islam« steht Rodinson als jüdisch-marxistischer Humanist offen auf der Seite der Entrechteten. Das heißt, dass er auch in der intellektuellen Auseinandersetzung zwischen »*colon*« und »*colonisé*« (der von Fanon konzeptualisierten neueren geschichtlichen Variante des Hegelschen »Herr-und-Knecht«-Verhältnisses)[48] explizit Partei ergreift, ohne jedoch aufzuhören, ein strenger Wissenschaftler zu sein und ohne den Mythen der Menschen, auf deren Seite er hier steht, zu erliegen. Auch Edward Said, der an der Columbia-Universität in New

York lehrt, ist kein Muslim, sondern ein palästinensischer Christ aus Jerusalem. Er verteidigt den Islam nicht als Religion, sondern als kulturelles Symbolsystem der Unterworfenen gegenüber der westlich-europäischen Dominanz. Freilich erliegt er bedauerlicherweise einer »Dritte-Welt-Romantik«, von der Rodinson völlig frei ist. Schon auf der ersten Seite seines Werkes *Islam und Kapitalismus* warnt er vor der »Mystik um die Dritte Welt, wie sie bei den Linken so verbreitet ist«; er fügt hinzu: »ich schlage nicht täglich an meine Brust voller Bedauern darüber, dass ich nicht im Kongo geboren worden bin«.[49]

In seiner späteren Schrift *Die Faszination des Islam* merkt Rodinson kritisch in Anspielung auf Said an: »Viele Intellektuelle in der Dritten Welt ... sind zumindestens der Versuchung erlegen, in die gleiche Richtung [einer manichäischen Dichotomie zweier Wissenschaften, B.T.] zu gehen. Man hat von einer weißen und einer schwarzen Wissenschaft reden hören, von einer Wissenschaft der Kolonisierten und von einer Wissenschaft der Imperialisten.«[50] Manichäisches Denken steht symbolisch für Schwarz-Weiß-Malerei! Hierzu gehört auch die Welt der »Feinde und Freunde des Islam«. Weil ich dies nicht tue, wurde mir vor dem 11. September öfter der Vorwurf gemacht, ich hätte durch meine Vorwarnungen in bezug auf den Islamismus dazu beigetragen, Angst vor dem Islam zu schüren.

Meine Einladung in die islamische Geschichte will zwar den eurozentrischen, sehr oft Herrschaftswissen vermittelnden Orientalisten die Leviten lesen, ist aber von jeder Dritte-Welt-Romantik, also auch von Islamophilie frei. Auf die Stringenz sowie auf die scharfsinnige Reflexion und Differenzierung des strengen Wissenschaftlers will ich nicht verzichten. Auch die perfidesten Orientalisten – z.B. C. H. Becker und seine geistigen Kinder – können wertvolle Arbeiten vorlegen, und nicht jede »Dritte Welt«-Arbeit kann automatisch beanspruchen, richtungsweisend zu sein oder eine bessere Qualität zu haben, ja sie kann das Gegenteil: miserabel sein. Für Rodinson trifft es keineswegs zu, »daß die Untersuchungen von Gelehrten mit einer bewußt oder unbewußt rassistischen Ideologie alle wertlos seien, jene der militanten Antirassisten aber kritiklos hingenommen werden müßten«.[51] Die Etappen und die Produkte der westlichen Islam-Studien müssen jedoch unter Berücksichtigung der Arbeiten ihrer Kritiker sehr genau beleuchtet werden.

Das historische Verhältnis von Bedrohung und Faszination sowie von Wert- und Geringschätzung zwischen Europa und dem Islam kommt auch in den westlichen Islam-Studien zum Ausdruck. Die traditionelle, d.h. philologisch bzw. historiographisch oder anthropogeographisch gebildeten Islamwissenschaftler sind in der Regel nicht in der Lage, die Zusammenhänge zu erkennen, obwohl einige unter ihnen uns wichtiges Wissen vermitteln. Daher ist die Kritik am Orientalismus nicht nur eine Kritik an der Euro-Arroganz. Die

Frage, die Rodinson nach seiner vernichtenden Kritik an seinen Kollegen gegen Ende seiner Analyse stellt: »*La fin de l'orientalisme?*« beantwortet er im höchsten Maße vorsichtig und zugleich bescheiden: »*La question doit être examiner avec beaucoup de nuances.*«[52] Auf rein wissenschaftlicher Ebene mag die Antwort zunächst um einiges leichter sein: das Ende des Orientalismus muss zugleich »*la fin de l'hégémonie de la philologie*«[53] bedeuten. Aber das Ende der Vorherrschaft der Philologen in der Orient-Forschung bedeutet noch nicht das Ende des Orientalismus als eine soziale Erscheinung, d.h. als Ausdruck einer historischen Beziehung Europas und des Islam, die eine vielfältige und strukturell tief verwurzelte Tradition hat. Die Überwindung der Einstellung der Superiorität ist keine einfache Aufgabe und muss parallel zu den erforderlichen sozialen Veränderungen erfolgen. Auch Menschen aus dem islamischen Orient – wie meine Wenigkeit und viele islamische Reform-Mitstreiter müssen in diesen Prozess einbezogen werden. Der Harvard-Historiker für den Islam Roy Mottahedeh[54] stimmte mir im Juni 2000 im Rahmen eines mehrstündigen Gesprächs über den Inhalt dieses Buches (vgl. Vorrede) in Bezug auf diese Forderungen völlig zu.

Im folgenden will ich auf die Grundzüge der Geschichte von Bedrohung und Faszination, die die Beziehungen zwischen dem Islam und der christlichen Welt charakterisiert, eingehen. So wie die vor islamischen Beduinen in den damaligen zivilisierten Reichen als »Sarazenen« gering geschätzt wurden, blieben die Araber auch nach der Religionsstiftung – die ich unter Rückgriff auf Norbert Elias als islamische Variante des Zivilisationsprozesses bezeichnet habe[55] – für Europäer weiterhin »barbarische Plünderer«[56], obwohl der islamische Zivilisationsprozess nach dem konsensuellen Urteil aller Historiker dem des mittelalterlichen Europa weit überlegen war. Bis heute fällt es manch einem deutschen Historiker schwer, die Überlegenheit der islamischen Zivilisation im Hoch-Islam (9.–

12. Jahrhundert) anzuerkennen. Die Europäer waren um eine genauere Kenntnis des von ihnen als eine Bedrohung empfundenen Islam bemüht. Nach Rodinson bestimmten drei Aspekte die europäische Haltung gegenüber diesem »Hauptfeind«:

> »Die Welt des Islams war vor allem ein feindliches politisch-ideologisches Gefüge; überdies war sie eine andere Kultur und eine fremde wirtschaftliche Zone.«[57]

In der »*Division de la terre de outre-mer*« aus dem Jahre 1200 wurde Bagdad, die Hauptstadt des islamischen Kalifats, als Zentrum des »Heidentums« (und Rom als das der Christenheit) klassifiziert.[58] Das vorherrschende Urteil war seinerzeit, dass der islamische Prophet ein Magier gewesen sei. Eben dieser unterstellten »Zauberei und Betrügerei« wegen und auch, weil der islamische Prophet »sexuelle Promiskuität zuließ«, habe Mohammed seine Religion verbreiten können.[59] Nicht besser waren die Vorstellungen über das Judentum, die den Antisemitismus untermauerten!

Die im mittelalterlichen Europa verbreiteten Islam-Bilder haben den Europäern jeden positiven Bezug auf die islamische Geschichte erschwert und somit unmöglich gemacht, sie zu verstehen. Es gab natürlich Europäer, die Kenntnis von der islamischen Philosophie und Wissenschaft hatten und diese waren natürlich vom Islam fasziniert. Im 12. und 13. Jahrhundert gelangte das arabisch-islamisch bereicherte altgriechische Kulturerbe über das arabische Spanien nach Europa. Toledo wurde zur Pilgerstätte für europäische Philosophen und Gelehrte. Es lohnt sich, Rodinsons Beschreibung dieses historischen Prozesses ausführlich zu zitieren:

> »Das Bild der muslimischen Welt als Wiege bedeutender Philosophen, das sich auf diese Weise bei den westlichen Gelehrten herauskristallisierte, widersprach diametral ihrer Vorstellung von dem politischen Gebilde, das von einer feindlichen und irrigen Ideologie beherrscht wurde … Es war nun schwierig, diese beiden Bilder miteinander zu versöhnen … Unter gewissen Aspekten erscheinen die Sarazenen als eine philosophische Nation … Die westlichen Schüler Avicennas – und in der Folge noch mehr jenes Averroës … hatten Schwierigkeiten mit den konservativen Theologen, selbst wenn sie den von außen erhaltenen *Stimulus* … in den … ›avicennischen Augustinismus‹ (integrierten) … Manche (gingen) so weit, einen ›lateinischen Avicennismus‹ … zu begründen und noch andere einen Averroismus.«[60]

An einer anderen Stelle führt Rodinson weiter aus,

»im intellektuellen Bericht wurden die großen muslimischen Autoren, deren Entdeckung ein Element der Neuerung war, allmählich in die gemeinsame Kultur aufgenommen. Jahrhundertelang wurden nun in der Philosophie Avicenna, Averroës und Algazel, in der Medizin Avicenna, Haly und Rhazes ... und in anderen Wissenschaften andere Autoren abgeschrieben, gedruckt und kommentiert ... Die Araber waren neben den Griechen zu Klassikern geworden.«[61]

Die arabisch-islamische Tradition der griechischen Philosophie, die – wie auch Ernst Bloch bestätigt – nicht bloß aus Übersetzungen und Kommentaren der griechischen Philosophen bestand, sondern ihre authentisch-originellen, auf rationale Erkenntnis der Welt bezogenen Fragestellungen besaß,[62] hatte im Mittelalter wesentlichen Einfluss auf die europäische Philosophie. In seiner Skizze der Geschichte der Philosophie konstatiert Roger Bacon: »*Deinde renovata est (philosophia) principaliter per Aristotolem in lingue graeca, deinde principaliter per Avicenna in lingua arabica.*«[63] Zu Deutsch: »Daraufhin wurde die Philosophie vor allem von Aristoteles in griechischer, dann zur Hauptsache von Avicenna in arabischer Sprache erneuert.«

Gewiss, der Kirche war die Verbreitung der Ideen islamischer Rationalisten in Form des avicennischen Augustinismus oder des lateinischen Averroismus keineswegs willkommen. Die kirchliche Haltung lässt sich am Beispiel des gelehrten Kaisers Friedrich II. von Hohenstaufen (1194–1250) illustrieren. Durch die Kreuzzüge war dieser selbst von der aristotelischen arabisch-islamischen Philosophie wie auch von der Medizin Avicennas beeinflusst und er sammelte einen Kreis von Gelehrten um sich, der mit dieser intellektuellen Tradition vertraut war. Der Preis, den er dafür zahlte, war ein Bann, mit dem er vom Papst belegt wurde. Im Jahre 1239 wurde Friedrich II. u.a. wegen seiner Bewunderung für die islamische Zivilisation unter dem Verdacht, ein islamophiler Arabist zu sein, von Papst Gregor IX. exkommuniziert.[64] Man sieht, auch die christliche Kirche hat eine Vergangenheit, die mit den heutigen Auswüchsen der sozialen Erscheinung des islamischen Khomeinismus und anderen Spielarten der religiösen Fanatik vergleichbar ist. Die Europäer mögen sich dies vergegenwärtigen und ihre Geschichte nicht verdrängen oder den Zeigefinger auf andere richten. Die Anfeindung des Vernunftdenkens hat ihre Spielarten gleichermaßen in Islam und Christentum!

Nicht nur Kreuzzug und *Djihad* in der Vergangenheit und Orientalismus in der neueren Geschichte bilden den Bezug Europas zur islamischen

Geschichte. Es gibt auch positive Seiten dieser Geschichte, wie etwa die Hellenisierung des Islam und die arabischislamisch-hellenistischen Impulse, die Europa in seinem Zivilisationsprozess aus diesem Kulturkreis am Vorabend der Renaissance empfing und weiter verarbeitete. Der Islam hat einen entscheidenden Beitrag zur Entwicklung der Wissenschaft in Europa geleistet.[65]

In diesem Kontext werden folgende Fragen aufgeworfen: Hat der Prozess der Übermittlung des arabisch-islamisch bereicherten Hellenismus[66] durch die Araber an das Abendland zu einer Änderung des europäischen Islam-Bildes beigetragen? Und weshalb orientalisieren, d.h. deformieren und destrukturieren bestimmte Europäer die islamische Geschichte in ihren Islam-Studien? Die europäische Bewunderung der arabischen Wissenschaft und Philosophie ging einher mit der Verachtung der Araber als »Sarazenen«. Diese Dualität prägt die westlichen Islam-Studien bis zum heutigen Tage, und das ist auch der Grund, der einen arabisch-amerikanischen Literaturkritiker wie Edward Said veranlasst hat, sein im positiven Sinne polemisches Werk *Orientalism* zu schreiben und die Orientalismus-Debatte[67] durch eine geistige Provokation auszulösen.

Warum befassen sich Europäer mit dem Islam,[68] d.h. mit einer Religion und einer Kultur, von der sie seit dem Mittelalter, so wie Rodinson urteilt, »unverändert ... ein polemisches und ... zu einem Teil verächtliches und verständnisloses Bild«[69] haben? Es lassen sich hierfür die folgenden drei Motive festhalten:

1. Das Interesse an Herrschaft und Eroberung. Man muss seinen Feind kennen und vor allem mit der Region, die man erobern will, wissenschaftlich vertraut sein, indem man sie vorher erkundet. Die Entstehung der europäischen Anthropologie als Wissenschaft zur Erforschung außereuropäischer Kulturen stand im Dienste des europäischen Kolonialismus, wie Gérard Leclerc[70] vorzüglich nachgewiesen hat. Dieser Zusammenhang gilt auch für die europäischen Islam-Studien. Der islamische *Djihad* wird von der europäischen Kolonialeroberung abgelöst; in ihrer Wahrnehmung sehen die Muslime eine Kontinuität zwischen den Kreuzzügen[71] und der kolonialen Expansion.
2. Den Exotismus jener Europäer, die ihre Unzufriedenheit mit der eigenen Kultur durch die Projektion ihrer – nicht minder herrschsüchtigen – Phantasien in andere Kulturbereiche kompensieren.

Das ist eine soziale Erscheinung der exotischen Faszination, deren Blüten uns bis zum heutigen Tage zur Genüge vertraut sind (man denke etwa an den *tiers-mondisme* / Dritte-Welt-Romantik) als eine dieser Spielarten.

3. Das wissenschaftliche Interesse an der Erforschung einer fremden Region. Diese bildet den Hintergrund der Entstehung der Islam-Studien sowie des in ihnen gepflegten Orientalismus. In Deutschland waren diese Studien einst führend, jedoch ohne dass sie zur Aufnahme der islamischen Geschichte in die deutsche Geschichtswissenschaft beigetragen haben, wie dies in anderen westlichen Ländern der Fall war.

Die bisherige historische Darstellung führt zu Schlussfolgerungen, dass vieles sich ändern müsste! Aber wie? Und wodurch?

Steht ein Wandel an? Plädoyer für eine entkolonialisierte Geschichtswissenschaft

Die islamische Geschichte wurde in den mittelalterlichen Polemiken in Europa in erster Linie auf einer religiös-dogmatischen Ebene in theologischen Traktaten[72] abgehandelt. In Deutschland werden die Produkte der neueren Islam-Forschung immer noch außerhalb der Geschichtswissenschaft angesiedelt. In der Kolonialära war das Interesse der »Politiker und … Kaufleute«, die sich wenig für »Religion« interessierten, der Antriebsfaktor.

> »Man analysierte die Sitten nicht mehr unter dem Blickwinkel der mehr oder weniger großen Abweichung von der christlichen Moral. Die politische, administrative und militärische Organisation … war Gegenstand von Betrachtungen.«[73]

Eben aus diesem nicht gerade geschichtswissenschaftlichen Erkenntnisinteresse und »ausgehend von diesen Tendenzen entstand, geschätzt und finanziert von staatlicher Seite, ein organisiertes Netz für den Erwerb und die Verbreitung des Wissens … Diese allgemeinen Faktoren wirkten auch im Bereiche der Orientalistik.«[74] Diese »wissenschaftliche« Orient-Forschung war nicht gerade darauf aus, den Anderen und seine Geschichte kennen zu lernen.

Es gibt natürlich auch das exotische Interesse am Orient. Dieses möchte ich anhand der Phantasien beschreiben, die Rodinson auch bei manchem gelehrten europäischen Islam-Forscher findet:

> »Ein Übermaß an Farbe, Pracht und barbarischer Wildheit, Harems und Serails, abgehackte Köpfe, Frauen, die in Säcken in den Bosporus geworfen werden ... Eunuchen und Wesire ... gefangene Frauen, die den stürmischen Leidenschaften des Siegers preisgegeben sind ...«[75]

und so fort. Die Liste der europäischen exotischen Orientalismen ist zu lang und zu wertlos, um im einzelnen aufgeführt und behandelt zu werden.

Wichtig an dieser Beschreibung ist für unsere Diskussion, dass zwischen diesem schwärmerischen Orient-Exotismus und der kolonialen Beherrschung der nur scheinbar bewunderten Kultur ein Zusammenhang besteht, ähnlich jenem zwischen der wissenschaftlichen Erkundung einer Region und den Maßnahmen zu ihrer militärischen Eroberung. Die zuletzt genannte Verbindung hat eine Tradition, die noch bis heute und nicht nur für die islamische Geschichte gilt. Wissen ist Macht und Herrschaftswissen kann nützlich sein. Aber es gibt noch mehr! So besteht ein Zusammenhang zwischen Herrschaft und Exotismus. So war die islamische Geschichte als die der »wilden Sarazenen« gleichermaßen ein Gegenstand von Verachtung und Furcht. Nach den kolonialen Eroberungen hatten die Europäer für die »Wildheit des Orients«

> »nicht einmal mehr Entrüstung übrig. Es ist leicht und angenehm, dem Feind, der kapituliert, die Ehren zu erweisen. Die Barbarei wurde zu einem Charakteristikum der Sitten, für das man sich gefahrlos begeistern konnte ... So entstand die Vorstellung vom *homo islamicus*, die auch heute weit davon entfernt ist, erschüttert zu werden.«[76]

Der Bedarf an einer Erschütterung dieses Fremdbildes führt uns zu dem Versuch, die islamische Geschichte im Rahmen der Anerkennung des Anderen aufzuwerten. Dies schließt die Beleuchtung der Strukturen der Wissenschaftsgeschichte und Aufarbeitung der Vergangenheit mit ein. Nebenbei wird so mit dem Mythos von der »Unschuld« westlicher Islamwissenschaftler aufgeräumt, die glauben, sie hätten mit den europäischen kolonialen Eroberungen weder direkt noch indirekt etwas zu tun. Aber zugleich müssen die Verschwörungsphantasien[77] der anderen Seite eingedämmt werden.

Die Anerkennung der Islam-Studien als Teil der Geschichtswissenschaft erfordert eine Dekolonisation der westlichen Islam-Studien. Der Orientalismus und seine Überwindung als eine superiore Geisteshaltung gegenüber dem Orient gehört zur Thematik des folgenden Kapitels IV. Hier muss ich es bei dem Hinweis lassen: Der Historiker, der über den Islam arbeitet, muss die Sprachen und die Kultur der Region beherrschen und dazu die Menschen seines Forschungsgegenstandes nicht nur aus dem Archiv, sondern von Feldaufenthalten her kennen. Die Elaborate der Schmalspur-Islam-Soziologen, die nie in der Welt des Islam oder nur als Touristen dort waren, dennoch hemmungslos mit Fremdwörtern gespickte Abhandlungen über den Islam schreiben, sind keine Alternative zu denen der nicht viel mehr geschätzten »Orientalisten, die vorwiegend sprachwissenschaftlich ausgebildet« sind und sich »nie eine spezifisch soziologische Ausbildung«[78] aneignen. Zudem muss man heute auf die internationalen Standards der Islam-Forschung hinweisen. Dies gilt auch für die Historiker, die der islamischen Geschichte einen Platz außerhalb ihres Faches zuweisen, sie haben offenbar noch nicht vernommen, dass Geschichtswissenschaft heute sozialwissenschaftlich und interdisziplinär als Wirtschafts- und Sozialgeschichte im Rahmen der »*Global History*«[79] und »*Historical Sociology*«[80] betrieben wird. Dieser internationale Standard hat leider noch keinen Zugang zur deutschen Geschichtswissenschaft gefunden.

Zum Abschluss möchte ich noch einmal Rodinson zitieren, der hervorhebt:

> »Im ganzen Bereich der Islamstudien zeichnete sich das Bestreben ab, über die rein sprachwissenschaftliche Arbeit hinauszugehen und in Teilbereichen zu synthetischen Vorstellungen zu gelangen, die nicht mehr einfach vom gesunden Menschenverstand … inspiriert waren, sondern von den Ergebnissen, welche Forscher zu einer bestimmen Gruppe von sozialen Erscheinungen vorlegten: Historiker aus verschiedenen Spezialgebieten, Demographen, Wirtschaftler, Soziologen usw.«[81]

Auch der Harvard-Historiker Roy Mottahedeh teilt diese Sicht, die leider in Deutschland von der Mehrheit der Islamkundler abgelehnt wird; an sie richtet sich Rodinson, wenn er offen sagt, »es gibt keine orientalistische ›Wissenschaft‹, deren Grenzen von Gott oder durch die Natur der Dinge festgelegt worden wäre«.[82] Der wissenschaftliche Gegenstand der Orientalistik bzw. der Islamwissenschaft be stehe aus einer »Vielzahl von Fragen, die in den Zuständigkeitsbereich mehrerer Disziplinen fallen und die von verschiedenen Erscheinungen aufgeworfen werden, welche sich in bestimmten Ländern manifestieren«.[83] Gerade in dieser Aussage liegt die Frage, ob es einen »Orient« gibt, in dem ein ganz bestimmter Menschentyp, d.h. der *homo islamicus*, lebt, für dessen Erforschung eine besondere, jenseits der Soziologie, Ökonomie, Anthropologie und Sozial- bzw. Wirtschaftsgeschichte liegende Wissenschaft erforderlich wäre. Diese Frage führt uns in die Orientalismus-Debatte, die ich im folgenden Kapitel aufnehmen und weiter entfalten werde.

KAPITEL IV

Die Orientalismus-Debatte. Warum ist die islamische Zivilisation an der deutschen Universität Gegenstand der philologischen Islamkunde und nicht der Geschichtswissenschaft?

Dieses Buch beginnt in seinem ersten Kapitel mit der Vermittlung der Grundzüge islamischer Geschichte und fährt fort mit der folgenden Diskussion darüber, warum die islamische Geschichte nicht zur deutschen Geschichtswissenschaft gehört. Als ein in Deutschland lebender Fremder höre ich – wie in der Vorrede beklagt – von meinen deutschen Mitmenschen allenthalben die Beteuerung ihres guten Willens, dass sie bemüht seien, sich Anderen, d.h. Menschen aus anderen Kulturen, zu öffnen und die Vergangenheit abzulegen. Ich nehme diese Willensbekundung ernst und freue mich über die Intention, die dahinter steht, meine jedoch, dass sie nicht ausreicht. Sich dem Anderen öffnen, erfordert eine Anstrengung ihn kennen zu lernen, regelrecht ein Programm. Es ist fürwahr nicht mit dem bloßen Willen getan, so gut er auch gemeint sein mag.

Vorrangig ist die Erkenntnis, dass Menschen aus anderen Kulturen und Zivilisationen eine Geschichte besitzen, welche man als solche wahrnehmen muss, wenn man ihr Menschsein anerkennt. Es gibt eine westliche Tradition, die Menschen aus anderen nicht-westlichen Kulturen und Zivilisationen als »People without History« herabsetzt. Der Amerikaner Eric Wolf setzt sich in seinem gleichnamigen Buch (Eric Wolf, *Europe and the People Without History*, California University Press, Berkeley erstmals 1982) kritisch mit dieser Inferiorisierung auseinander. Wie will man Menschen aus anderen Kulturen verstehen, ohne ihre Geschichte anzuerkennen, ihnen noch nicht einmal den Rang zuspricht, überhaupt eine Geschichte zu haben? Von diesen Fragen und Überlegungen ist der folgende Schritt in meiner Einladung in die islamische Geschichte geleitet; er beginnt mit der Feststellung der nackten Tatsache, dass es an keiner Fakultät für Geschichte einer deutschen Universität einen Lehrstuhl für Lehre und Forschung über die islamische Zivilisation gibt. Können wir heute über C. H. Becker schweigen, der den Muslimen die Fähigkeit abspricht, je einen den europäischen Gesellschaften vergleichbaren Rang erreicht zu haben?

Beckers Werk liegt im Neudruck vor und wird immer noch als Lehrbuch gelesen. Sind die Gründe für »Inferiorität« wirklich in »rassenpsychologischen Ursachen zu suchen«, wie Becker behauptet?[1]

Diese Fragen und der dazugehörende Gegenstand bilden den Inhalt der Orientalismus-Debatte, die international, aber nicht in Deutschland in den vergangenen zwei Dekaden geführt worden ist und weiterhin geführt wird. Die Debatte wurde durch das bahnbrechende Buch des palästinensisch-amerikanischen, an der Columbia University in New York Literaturkritik lehrenden Edward Said, das den Titel *Orientalism* trägt und erstmals 1978 erschien, ausgelöst. Dieses Buch wurde in zahlreiche Sprachen übersetzt und inzwischen gibt es umfangreiche Sekundärliteratur über Edward Said. In der jüngsten, in Oxford und Cambridge erschienenen Monographie über Said von Valerie Kennedy (Edward Said, *A Critical Introduction*, Oxford and Cambridge 2000) wird Autor und Werk eine »internationale Bedeutung und signifikanter Einfluss« zugeschrieben. Als Zeichen dieser Größe bringt der britische Verlag *Sage Publications* 2000/01 zentrale Schriften von Said in einer vier Bände umfassenden Ausgabe heraus. Mein Aufsatz über Said von 1984 blieb ein Einzelfall in deutscher Sprache über diesen Gegenstand und die Orientalismus-Debatte.

Was ist *Orientalismus* und welche Inhalte dieser Debatte gehen die vorliegende »Einladung in die islamische Geschichte« an? Die Antwort hierauf bietet der Inhalt dieses Kapitels. Ich greife vor, indem ich in wenigen Sätzen zusammenfasse, was Said sagen will und was er unter Orientalismus versteht.

Said unterstellt, dass der »Orient« eine westlich-europäische Konstruktion sein; hierüber kann man streiten. Weniger streiten wird man über die von Said festgestellte Tatsache, dass Europäer – und er nimmt die Deutschen nicht aus –, die sich zu Orientkennern erheben – also die europäischen Orientalisten –, intellektuelle Herrschaft über die Menschen des Orients ausüben, indem sie sie orientalisieren, d.h. für Said inferiorisieren. Dazu gehört auch, diesen Menschen Geschichtlichkeit abzusprechen.

Die islamische Geschichte und die europäische Ideologie vom *homo islamicus*

Mein Ausgangsargument lautet, dass der Islam eine der großen Weltzivilisationen ist und deshalb auf allen Ebenen eine eigene Geschichte von

Weltrang besitzt; die islamische Zivilisation verdient es somit, einen anderen Zivilisationen gleichwertigen Platz in der Geschichtswissenschaft einzunehmen. In Deutschland wird dem Islam dieser Rang dadurch abgesprochen, dass er an den Universitäten aus der Historie in die Philologie der Islamkunde verbannt wird. Oft berufe ich mich auf den aufgeklärten deutschen Orientalisten Baber Johansen[2], der das Fehlen des Islam in der deutschen Geschichtswissenschaft mit der in dieser Wissensdisziplin institutionell etablierten, nun selbst im 3. Millennium noch nicht hinterfragten Ideologie, dass nur Römer und Franko-Germanen eine Geschichte hätten, erklärt. In der Tat wird heute (mit Ausnahme der osteuropäischen und nordamerikanischen Geschichte) nur diese Geschichte an deutschen Universitäten unterrichtet. Dagegen haben wir im Department of History in Harvard, wo ich dieses Buch schreibe, drei Lehrstühle für islamische Geschichte – ein Standard, den alle Universitäten der Bundesrepublik Deutschland zusammen nicht erbringen! Der Unterschied ist kein Zufall, und er hat seine historischen Wurzeln in der deutschen Geschichte.

Der Rassenwahn in Deutschland hat nicht erst 1933 begonnen; er hat seine Blüten an der deutschen Universität schon zuvor getrieben.[3] Ich freue mich als Fremder in Deutschland über deutsche Gelehrte unserer Gegenwart, wie den Tübinger K. J. Kuschel, die eine bessere, sehr ehrwürdige und vom Rassenwahn freie deutsche Tradition zu beleben versuchen.[4]

Die Vorgeschichte

Es verträgt sich nicht, dass die Europäer der Renaissance vom islamischen Rationalismus fasziniert waren und in Europa Schulen der lateinischen Averroisten gegründet wurden, die islamische Zivilisation aber bis heute dahingehend inferiorisiert wird, dass man Muslime als vermeintliche Knechte aus einer vermeintlich wandlungsresistenten Zivilisation, die Europa unterlegen ist, wahrnimmt. Diese Tatsache bereitet Kopfzerbrechen.

Wie es im Islam seit dem Mittelalter Aufklärer und aufklärungsfeindliche Orthodoxe gab, so trennte die Vernunft auch in Europa die europäischen Bewunderer des islamischen Philosophen Averroës und die noch nicht reformierte kirchliche Theologie sowie deren Klerus. Bis zur Reformation kultivierte die christliche Kirche Feindbilder von Islam und Judentum. Das Problem bestand damals in der Ignoranz gegenüber dem Islam, die aber nicht zwangsläufig dem Bedarf nach einer Wissenschaft widersprach, welche über diese fremde Religion informierte. Gleich zu Beginn müssen wir klären, welche Orientierung die aus diesem Bedarf resultierende Wissenschaft besitzt. In Deutschland heißt sie Islamkunde, man nennt sie auch »Islamwissenschaft«. Es stellt sich die Frage, ob sie die theologischen Ressentiments des vorreformatorischen Christentums, die die Kreuzzüge mitgetragen haben, pflegt oder ob sie aufklärt und einen frischen Wind in die europäische Wahrnehmung des Anderen bringt.

Seit dem Erfolg der europäischen Expansion und dem Aufstieg Europas zum Zentrum der Welt schien die Wahrnehmung des Islam als Bedrohung überholt gewesen zu sein. Die Faszination für den Islam am Vorabend der Renaissance bleibt ein wichtiges Erbe, das in den Islam-Studien leider nicht gepflegt wird. Als Rechtfertigung hierfür mag gelten, dass in der neueren Geschichte keine Faszination für den Islam mehr empfunden wird.

Auf die Renaissance folgte die Reformation und darauf die Aufklärung. Dies sind nach Jürgen Habermas[5] die Entwicklungsstufen zur kulturellen Moderne, in deren Verlauf sich das christliche Abendland zur säkular-westlichen Zivilisation fortentwickelt hat. Die Aufklärung nahm in Europa unterschiedliche Formen an, wenngleich Aufklärung überall die Anerkennung des Primats der Vernunft bedeutet. Im Zuge dessen entsteht die Notwendigkeit, zwischen Religion und Politik sowie zwischen Glauben und Wissen zu trennen. Im Land der Französischen Revolution erfolgte dies am radikalsten. Die Säkularisierung als Einführung der *laïcité* kennt keine Zwischenlösung und nimmt angesichts der leidigen Erfahrungen mit einer freiheitsfeindlichen Kirche eine bisweilen religionsfeindliche Gestalt an. Diese Inhalte der kulturellen Moderne machen die Substanz der europäischen Identität aus; diese ist auf zivilisatorische Werte, nicht auf die Geographie bezogen.

Im Europa der Aufklärung wurde die säkulare Einstellung gegenüber der Religion grob verallgemeinert und somit auch auf den Islam übertragen. Das wichtigste literarische Dokument hierfür ist Voltaires (Pseudonym für François-Marie Arouet, 1694–1778) Theaterstück »Mahomet«. Diese Tragödie zeugt von Verachtung für den islamischen Propheten Mohammed sowie der Geringschätzung des Islam. Es ist wichtig, sich zur Relativierung dieses Urteils die Stimme eines Theologen, nämlich Karl-Josef Kuschels, anzuhören. Dieser eingangs gepriesene Gelehrte macht darauf aufmerksam, dass Voltaire nicht gegen den Islam, sondern allgemein gegen jede Religion war und dass das zitierte »Stück vor allem generelle Religions-, ja Christentumskritik« (wie Anm. 4) darstellt. Mit anderen Worten: Die Religionskritik der Aufklärung hat vor dem Islam nicht halt gemacht. Aber sie war vom Kampf für die Durchsetzung des Primats der Vernunft, nicht von der mittelalterlichen Ideologie der Kreuzzüge geprägt. Daher ist es falsch, sie mit den christlichen Anti-Islam-Katechismen des Mittelalters gleichzusetzen. Leider machen heutige Muslime keinen Unterschied zwischen beiden und halten an dem Glauben fest, dass Europäer, gleich ob Aufklärer oder unaufgeklärte Christen gegen sie sind. Säkularisten werden dabei als getarnte Christen »entlarvt«.

Die religionskritische Einstellung der europäischen Aufklärung gibt Anlass zu der Frage, ob viele europäische und insbesondere deutsche Orientalisten, die sich mit dem Islam befassen, Aufklärer bzw. aufgeklärte Christen waren und sind. Es gibt Muslime, die hinter ihrer Einstellung den Geist der Kreuzzüge vermuten. Scheich Mohammed al-Bahi, der nach seinem Studium und seiner deutschen Promotion in Orientalistik an der Universität Hamburg zum Rektor der für den *Sunna*-Islam autoritativen Azhar-Universität in Kairo aufgestiegen ist, unterstellt in einem umfangreichen, immer wieder neu gedruckten Buch den europäischen Orientalisten allesamt einen kreuzzüglerischen Geist![6] Trotz aller Vorbehalte möchte ich mich als Muslim diesem Standpunkt nicht anschließen, ja mich davon distanzieren.

Bleiben wir zunächst noch bei der Vorgeschichte, speziell der Aufklärung und ihrer Einstellung zur Religion. Uns interessiert hier der Islam und seine anhaltende Wahrnehmung als Bedrohung und Faszination im Rahmen seiner Geschichtsfähigkeit. Deutschland hat die allergrößten Denker der Aufklärung hervorgebracht, es waren aber die Franzosen, die ihre Ideen mittels einer großen Revolution in die Praxis umgesetzt haben. Die Deutschen haben die Eigenart, Geist und Macht zu trennen und zu ihren Tugenden gehört ganz gewiss nicht die Mäßigung, wie ein großer deutscher Philosoph, Helmuth Plessner, im Exil in seinem Werk *Die verspätete Nation* schrieb.[7] Ferner bemängelt Plessner, dass die Deutschen – im Gegensatz zu ihren Nachbarn – zu den Extremen »Entweder / Oder« neigten. So lässt sich die Islam-Diskussion in Deutschland noch heute mit der Formel der Extreme, d.h. *Die Feinde und die Freunde des Islam*[8] charakterisieren. Erneut stellt sich die Frage nach dem Mittelweg.

Von der Aufklärung zum rassenpsychologischen Orientalismus

Es ehrt die Deutschen und schützt sie vor Pauschalurteilen, dass ihre Aufklärer um ein besseres Bild vom Islam bemüht, ja frei von Extremen waren. In Bezug auf Aufklärung und Islam haben große Deutsche des 18. und 19. Jahrhunderts eine hervorzuhebende Ausnahme dargestellt. Nicht sie, sondern in diesem Fall ausnahmsweise die Franzosen, waren in Fragen der Religion diejenigen, die zum Extrem des »Entweder-Oder« neigten: Religion oder Aufklärung. Dagegen haben Lessing, Goethe und Herder ihre Aufklärung mit einer Faszination vom Islam verbunden – sie waren nicht gegen die Religion. Dieses Kapitel ist thematisch nicht der Ort für die Würdigung dieser großen Denker. Hier geht es darum, wie Europäer und speziell die Deutschen in der modernen Wissenschaftstradition mit dem Islam umgehen: mittels Aufklärung oder mittels Festhalten an den Ressentiments, die dem tradierten Islam-Bild als Feind der Welt der Christenheit zugrunde lagen. Dies allein ist der Hintergrund meines Interesses am Islam-Bild Goethes, Lessings und Herders und eine Erklärung dafür, dass ich hier keine Inhaltsanalyse ihrer Originalwerke anstrebe. Ich belasse es dabei, ihr Verhältnis zum Islam anhand autoritativer Untersuchungen zu umreißen.

Im grundlegenden Werk über das Verhältnis Goethes spezifisch zum arabischen Islam von Katharina Mommsen erfahren wir, wie charakteristisch

> »für die Epochen, die der Goethe-Zeit vorausgingen, eine feindselige Einstellung gegenüber den Anhängern der islamischen Lehre (war), die ihren Grund vor allem in der weitverbreiteten Türkenfurcht hatte«.[9]

Die zitierte Fachaussage bestätigt das Urteil, dass im Kollektivgedächtnis die Wahrnehmung einer islamischen Bedrohung Europas fortlebt, obwohl die Tradition von Kreuzzug und *Djihad* sowie die sich daraus entwickelte »Türkenangst« nicht mehr existieren. Schon Goethe hielt sich nicht bei dieser Furcht auf, sondern kehrte zu den Quellen, also zum arabischen Islam, zurück. Hierbei entwickelte er – nach Mommsen –

> »eine ganz besondere Anteilnahme für die Religion der Muslime« – woraus, wie sie weiter ausführt, seine »außerordentlich positive Einstellung gegenüber dem Islam« (ebd., S. 159f.) resultierte.

Es ist angemessen und entspricht der historischen Kontinuität, wenn Katharina Mommsen im Rahmen ihres Nachdenkens über Goethes Verhältnis zum Islam auf Herder zurückgreift und anführt: Herder

> »rühmt den hohen Grad der Kultur, den die Muslime erreicht hätten und der sie den Pöbel der Christen in seinen groben Ausschweifungen und verwilderten Sitten tief verachten lasse« (ebd., S. 164).

Mommsen zitiert aus Herders Werk *Ideen zur Philosophie einer Geschichte der Menschheit* die Passage:

> »Wenn die germanischen Überwinder Europas ein klassisches Buch ihrer Sprache, wie die Araber den Koran, gehabt hätten, nie wäre die lateinische eine Oberherrin ihrer Sprache geworden, auch hätten sich viele ihrer Stämme nicht so ganz in der Irre verloren« (Herder nach Mommsen, ebd., S. 165).

In derselben Tradition steht auch Lessing, wenngleich er nicht so schwärmerisch wie Herder war. Dem bereits angeführten renommierten Tübinger Theologen Kuschel ist für seine großartige Monographie zu danken, in der Lessing und der Islam aus der Perspektive des Bedarfs nach einem religiös-zivilisatorischen Dialog zwischen Christen und Muslimen vergegenwärtigt werden. Wie Goethe so steht – nach Kuschel – auch Lessing in seiner

> »Neubewertung des Islam ... in völligem Gegensatz zu einer in der Christenheit jahrhundertelang üblichen Abwertung des Islam als einer illegitimen anti-christlichen Religion. Solche Stereotypen waren auch in der Theologie der Lessing-Zeit, sowohl auf katholischer als auf protestantischer Seite, gang und gäbe. Sie hatten sich in einem jahrhundertelangen Abwehrprozeß gegen den Islam fortgesetzt.«[10]

Die angeführten großartigen Zeugnisse bekunden Offenheit und stehen im Gegensatz zu dem Geist der Orientalisten und Islamkundler. Goethe, Herder und Lessing waren große Deutsche und Aufklärer, die für andere Kulturen aufgeschlossen blieben. Im Geiste von Lessings »Nathan« trafen sich auf Initiative der jüdischen Holocaust-Überlebenden Lord George Weidenfeld und Peter Galliner Christen, Juden und Muslime Anfang Februar 1998 in Cordoba zu einem Trialog. Als islamischer Trialog-Partner eröffnete ich meine Rede mit einem Zitat Lord Weidenfelds, wonach Ignoranz der größte Feind von Verständigung und Quelle von Feindschaft sei. Zu

Beginn des 3. Millenniums trafen wir uns im März / April 2000 erneut zu einem zweiten Trialog in Cordoba. Mir wurde von meinen jüdischen Mitstreitern die Ehre zuteil mit einer *Keynote*-Rede diesen zweiten Trialog zu eröffnen.[11] Ich unterstrich darin die Bedeutung der dialogischen Kommunikation, setzte aber nicht nur Offenheit, sondern auch Wissen über den Anderen für das *cross-cultural bridging* voraus.

Nach diesem Diskurs über Goethe, Herder und Lessing möchte ich zur Islamkunde zurückkehren und daran erinnern, dass sie in Europa aus dem Bedarf nach einer Wissenschaft über den Islam entstanden ist. Das Diktum von Lord Weidenfeld vergegenwärtigend frage ich: Hat die deutsche Islamkunde bisher geholfen, die »Ignoranz« als Feind der Verständigung und Quelle der Feindschaft zu beseitigen? Hält sie das nötige Wissen als Voraussetzung für den Dialog bereit? Oder in meinem Sprachgebrauch: Schlägt sie Brücken zwischen den Zivilisationen?

Um eine Antwort auf diese Fragen zu finden, empfiehlt es sich, zu den Anfängen dieser Wissenschaft zurückzugehen und mit dem Begründer der deutschen Islamkunde, C. H. Becker, zu beginnen. Dieser räumt »großzügig« ein, dass es im Orient »Ansätze zu einer dem Abendland ähnlichen Entwicklung« gegeben habe. Man vermutet zunächst Offenheit hinter diesem Satz, bis man über ganz andere Formulierungen stolpert. Denn für Becker ist die Nicht-Entfaltung dieser Ansätze geschichtlich determiniert gewesen, sozusagen das *Qismet* der Muslime, weil

> »eben schließlich doch in letzter Linie ein anderer Geist dahinter steckt als in Europa« (wie Anm. 1).

Sein Versuch, die Gründe für die Nicht-Entfaltung einer bürgerlichen Gesellschaft im islamischen Orient – wie er schreibt – »in rassenpsychologischen Tatsachen zu suchen« (ebd.) und nicht in der Sozialgeschichte, gehört schlicht zu den rassistischen Mystifikationen, die schon vor 1933 gepflegt wurden. Hinter dieser Deutung steckt ein anderer Geist als der Goethes, Herders und Lessings.

Meine vorläufige Schlussfolgerung lautet: Nicht Aufklärung, nicht Überwindung der Ignoranz gegenüber dem Islam, sondern die angeführte Rassenlehre hat die frühe deutsche Islamkunde neben anderen Formen des Orientalismus als stereotype Inferiorisierung des Orients durch und zwecks Ausübung hegemonial-okzidentaler Herrschaft zum Inhalt. Nach

1945 haben sich an der deutschen Universität subtilere Formen des Orientalismus ausgebreitet. Keiner würde heute offen wagen, »rassenpsychologische Ursachen« als Erklärung für die uns unterstellte »Rückständigkeit« zu bemühen.

In Deutschland ist eine Diskussion über den Orientalismus mit der Begründung blockiert worden, dass die von Said angesprochenen Makel der englischen und französischen Islamkunde / Orientalistik hier nicht gelten. Auf diese Weise wird jede Form der Euro-Arroganz oder gar des Euro-Rassismus bestritten. Als Rationalist und Befürworter der kulturellen Moderne bin ich gegen die Auswüchse der Orientalismus-Kritik, die bis zu einem Saidismus übersteigert werden, gewappnet. Auch bin ich vorsichtig im Umgang mit dem Rassismus-Vorwurf. Aber als ein diskriminierter Muslim an der deutschen Universität kann ich nicht schweigen! Vorrangig geht es hier aber keineswegs – dies verliere ich nicht aus den Augen – um mein Schicksal als Fremder an der deutschen Universität, sondern darum zu erläutern, warum der Islam und seine Zivilisation nicht zur deutschen Geschichtswissenschaft gehören. Das ist ein »sachliches« Problem, und zur Demokratie gehört es, keine Hierarchisierung der Menschheit zuzulassen. In einem Artikel in der *Frankfurter Allgemeinen Sonntagszeitung* »Als Ausländer in Deutschland: Die alltägliche Fremdenfeindlichkeit« (13. August 2000) habe ich erstmals über diese sensible Problematik öffentlich gesprochen.

Orientalismus an der deutschen Universität

Der Saidismus als ideologische Ausrichtung, die auf Edward Said zurückgeht, und die Orientalismus-Kritik hängen zusammen. Ich habe im Vorspann zu diesem Kapitel Said und sein Buch *Orientalism* sowie die weltweit geführte hitzige Debatte über diesen Gegenstand vorgestellt. Ich kenne Said persönlich und weiß, dass er Deutsch nicht sprechen, aber doch lesen kann und sich in der deutschen Orientalistik auskennt. Auch kenne ich die entsprechenden Werke und weiß, welcher Geist dahintersteht. Mir geht es darum, dass Muslime eine Zivilisation haben und darum kreist meine im Anschluß an Said betriebene Orientalismus-Kritik. Wir Muslime sind – ebenso wie die Europäer – normale Menschen und unterscheiden uns »rassenpsychologisch« nicht von anderen, sind also nicht »minderwertig«. Ich bin nur ein Beispiel dieser Menschen und es ist nichts anderes als

Rassismus, wenn der deutsche Orientalist Udo Steinbach in der *Berliner Morgenpost* über mich schreibt, ich sei »entarabisiert«, eben weil ich rational denke und normal bin. Das Lob erweist sich als ein vergifteter Dolch! Er soll tief verletzen!

Außer den angeführten Argumenten für die Gleichheit von Menschen aus der islamischen und der europäischen Zivilisation möchte ich wiederholt herausstreichen, dass die Entstehung Europas als christliches Abendland viel mit dem Islam zu tun hatte. In meinem zentralen Werk *Kreuzzug und Djihad* habe ich diese Aussage an Fakten historisch belegt. Auf einer ethischen Ebene möchte ich zudem von Islam, Judentum und Christentum als gleichwertigen Monotheismen, die neben anderen Weltreligionen im Rahmen eines religiösen Pluralismus existieren, sprechen. Das war auch die Position von Goethe, Herder und Lessing und ist heute die des deutschen Theologen Kuschel[12] sowie meiner Person.

Der Islam ist nicht nur eine Religion, er ist auch eine Zivilisation. Die Geschichte der islamischen Zivilisation ist von gleichem Rang wie die der europäischen Zivilisation. Ich weiß allzu gut, dass die islamische Zivilisation seit dem 17. Jahrhundert der europäischen nicht mehr ebenbürtig ist, so wie es die europäische Zivilisation im Mittelalter der islamischen nicht war. Aber es geht hier um Gleichheit qua Geschichtsbesitz. Mit diesem Vorwissen stelle ich die Frage: Gehören der Islam und seine Zivilisation zu den Gegenständen der deutschen Geschichtswissenschaft? Die Antwort ist ein bedrückendes »Nein«, woraus sich die Frage nach dem »Warum« ergibt?

Bei einem Blick auf die Realitäten der deutschen Universität – und auch beim Vernehmen der Aussagen der deutschen Islamwissenschaft –, vor allem auf die Tatsache, dass es an keiner deutschen Universität auch nur einen Lehrstuhl für islamische Geschichte gibt, frage ich mich, ob Deutschland im Zeitalter der Globalisierung hinter dem Mond lebt. Wie bereits angeführt existieren in Harvard, wo dieses Buch in seiner Endfassung geschrieben wurde, am Department of History drei Lehrstühle für den Islam: alte islamische Geschichte (Prof. Roy Mottahedeh / früher Princeton), islamische Wirtschafts- und Sozialgeschichte (Prof. Roger Owen / früher Oxford) und osmanische Geschichte (Prof. Cemal Kafadar / früher Princeton). In Frankreich, England, Italien und anderswo in Europa wird islamische Geschichte ebenso gelehrt, aber an meiner deutschen Universität in Göttingen trifft auf die dort lehrenden Historiker nicht nur der Vorwurf des Eurozentrismus, sondern auch das oben zitierte Urteil von Lord Weidenfeld zu: Ignoranz! Dafür wird in Göttingen der Islam im Rahmen der Islamkunde als philologische Arabistik gelehrt, die das Ziel verfolgt, »den Fremden von Europa fern zu rücken« (Nagel). Aber ist die Islamkunde eine historische Wissenschaft? Sind die Islamwissenschaftler der deutschen Universität besser als die Historiker? Ich lasse am besten die Islamkundler selbst sprechen, um dem oft erhobenen Vorwurf der Voreingenommenheit vorzubeugen.

Auf der 250-Jahr-Feier der Göttinger Orientalistik sagte der soeben angeführte einflussreiche deutsche Orientalist Tilman Nagel laut einem Bericht in der *Frankfurter Allgemeinen Zeitung*, es bedürfe einer

> »Befreiung der Orientalistik von der Soziologie und Politologie … Philologie statt Soziologie bedeutet aber auch: Der Fremde wird wieder von Europa fortgerückt.«[13]

Und noch mehr: Geschichte und Sozialwissenschaften bauen Brücken,

> »die Philologie dagegen ist eine Wissenschaft, die jede Beziehung zwischen uns und dem Fremden zunächst einmal … ausschließt. Nicht von ungefähr sucht man in Nagels Ausführungen … das Wort Toleranz vergeblich« (ebd.).

So lautet die Interpretation von Nagel im zitierten *FAZ*-Bericht, den sein Mitstreiter, ein Wolfenbütteler Bibliothekar verfasst hat.

Nun verweise ich auf den internationalen Stand der Geschichtswissenschaft in unserem Zeitalter, besonders auf den angelsächsischen Sprachraum, wo Geschichtswissenschaft immer häufiger als *Global History*[14] verstanden wird. Die alte europäische Weltgeschichte wird von der Globalgeschichte in Frage gestellt. Die neue, an deutschen Universitäten bedauerlicherweise noch nicht bekannte Schule der »Globalgeschichte« wird u.a. mit den von Charles Tilly und Theda Skocpol entwickelten Methoden der *Historical Sociology*[15] betrieben. Bei dieser Fachrichtung wird nicht nur die bisherige Beschränkung der Perspektive auf Europa, also die Weltsicht des Eurozentrismus, überwunden, sondern darüber hinaus eine interdisziplinäre Vorgehensweise angewandt. Danach wird die Geschichtswissenschaft mit Sozialwissenschaft verbunden. Mit dieser Methode habe ich meine Mittelmeergeschichte *Kreuzzug und Djihad* als Geschichte der islamischen Zivilisation angefertigt. Auch der vorliegende Band ist dieser Schule verpflichtet und schließt an das zitierte Werk an. Meine eigene Methode zum Studium islamischer Geschichte – ich nenne sie historisch-sozialwissenschaftliche Islamologie – steht damit im Einklang und wird noch in diesem Kapitel in Grundzügen vorgestellt. Ich gebe die Hoffnung nicht auf, dass es einmal eine deutsche Generation gibt, die nicht nur rhetorisch die Traditionen ihrer Väter verdammt, sondern in der Tat ablegt und viele parochiale Züge der deutschen Universität überwindet.

Vorrang der Geschichte oder der Philologie?

Missverständnissen vorbeugend möchte ich klarstellen, dass Philologie als Sprachkenntnis ein sehr wichtiges, ja unentbehrliches wissenschaftliches Hilfsmittel ist. Somit richten sich meine Argumente nicht gegen die Philologie im Sinne von Sprachwissenschaft; ich betone aber, dass sie nur ein Hilfsmittel oder eine Hilfswissenschaft sein kann. Selbst bei der altertümlichen, bis heute bewahrten *Mullah*-Ausbildung wird dies erkannt: ihre Disziplin heißt *Fiqh* / Sakraljurisprudenz, ihr Gegenstand ist der Koran. Die Wissenschaft der *Arabiyya* / das Arabische ist nur ein Hilfsmittel bei der Ausbildung islamischer *Ulema* / Schriftgelehrter. Die Mullahs scheinen einsichtiger als deutsche Orientalisten zu sein.

Die Kritik an der Handhabung der Philologie in der Orientalistik kommt auch von großen Autoritäten dieser Disziplin selbst. So hat der größte Islamologe des 20. Jahrhunderts, Maxime Rodinson, der bis zu seiner Emeritierung an der Sorbonne gelehrt hat, die weitsichtige Formel geprägt, die ich gerne zweisprachig zitieren möchte: »*La fin de l'européocentrisme c'est la fin de l'orientalisme, c'est la fin de la dominance de la philologie* / Das Ende des Eurozentrismus ist das Ende des Orientalismus, das ist auch das Ende der Vorherrschaft der Philologie.«[16]

Hier gilt es den Eurozentrismus in der ideologisch beladenen Philologie zu problematisieren. In Bezug auf den islamischen Orient heißt die entsprechende Geisteshaltung: Orientalismus. In dieser kritischen Absicht übernehme ich die »Orientalismus-Formel« von Edward Said und argumentiere mit ihm gegen die »Orientalisierung des Orients«, die im Zeitalter der Migration aus der Welt des Islam die ideologische Bemühung, »den Fremden von Europa fortzurücken«, einschließt. Diese Anleihe bei Said erfolgt nicht kritiklos. Ich will Brücken im Mittelmeerraum bauen, nicht »fortrücken«. Die Entorientalisierung des Orients ist eine Voraussetzung hierfür! Ich will aber keinen »antirassistischen Rassismus« (Sartre) und somit keine Umkehrung des Orientalismus, sondern seine Überwindung.

In den Anfängen der europäischen Islam-Forschung, im 19. und frühen 20. Jahrhundert, leisteten die Deutschen zugegebenermaßen Pionierarbeit, die noch heute ohne Zweifel Hochachtung verdient, wenngleich sie, wie wir bei C. H. Becker gesehen haben, vom Geist des Orientalismus geprägt war. Die deutsche Islamkunde der Nachkriegszeit bleibt leider bis auf wenige Ausnahmen (z.B. das Werk von J. van Ess) im Vergleich mit jenen frühen Leistungen glanzlos und weit hinter den internationalen Standards zurück. Ebenso beklagenswert wie ihr anhaltender Orientalismus ist die Ablehnung von Geschichte und Sozialwissenschaft durch deutsche Orientalisten und das altmodische Insistieren auf dem Primat der Philologie. Bei Herausnahme von Geschichte und Sozialwissenschaft aus dem Studium des Islam bleibt eben nur diese altorientalische Philologie, deren Verhältnis zum Studienobjekt mit dem der Zoologie beim Studium der Tiere vergleichbar ist. Bei Edward Said steht der stereotypisierte Orientale als *homo islamicus* im Mittelpunkt der Orientalismus-Kritik. Damit ist ein Mensch gemeint, der von der Religion geknechtet ist, woraus unterstellt wird, dass er weitgehend entwicklungsresistent sei, er unterscheide sich von den Tieren dann nur insofern, als er sprechen könne, aber er und seine Sprache bleiben ausschließlich Objekt westlicher Orientstudien.

Ich trete für Ausgewogenheit ein, anerkenne also trotz der aufgenommenen Orientalismus-Kritik die Leistungen der deutschen Orientalistik. Der deutsche Beitrag zur Erforschung des Islam ist wichtig, wenngleich einseitig; er ist nicht nur rein philologisch und klassisch-geistesgeschichtlich orientiert, auch der Geist des Orientalismus ist ein Bestandteil seiner Methode. Die Folge der beschriebenen einseitigen Fixierung auf die philologische Entschlüsselung von Texten wurde besonders während des Golfkriegs 1991 sichtbar, als die deutschen Islamkundler gefordert waren, ihren Landsleuten den Aufruf Saddam Husseins zum *Djihad* der Muslime gegen die Ungläubigen zu erklären. Sie versagten, weil diese Frage nicht mit »Philologie« zu erklären war.

Die Islamologie[17] steht im Gegensatz zur philologischen Islamkunde; sie will die Geschichte sozialwissenschaftlich durchdringen und kann zeithistorische Zusammenhänge in Kontinuität – oder Diskontinuität – zur alten islamischen Geschichte deuten. Vor allem ist sie vom Geist des Orientalismus frei! Kurz: Islamologie ist auch Geschichtswissenschaft!

Größe und Grenzen der deutschen Islam-Studien

Trotz meiner artikulierten Position übersieht meine kritische Reflexion über den gegenwärtigen Zustand der deutschen Islamkunde nicht im geringsten eine gewisse Aufgeschlossenheit sowie bestimmte Leistungen der deutschen Klassik und Romantik gegenüber dem Islam. Sicherlich hat diese Aufgeschlossenheit, die ich bei Herder, Goethe und Lessing gezeigt habe, den Weg für ein besseres Verhältnis zum Islam geebnet. Dieser Geist hat aber die Islam-Studien im 19. Jahrhundert – sieht man von wenigen Ausnahmen wie dem jüdischen Gelehrten Ignaz Goldziher einmal ab – nicht beeinflusst. Es ist unredlich, die deutsche Islam-Forschung von jedem Makel freizusprechen. Sie ist zwar nicht durch jene offene und institutionelle koloniale Verbindung vorbelastet, die die französischen und britischen Studien über den Islam zu jener Zeit charakterisierte, doch auch Deutschland war eine Kolonialmacht, wenngleich als »verspätete Nation« (Plessner). In Deutschland erschienen Zeitschriften wie die »Koloniale Rundschau«, in denen Orientalisten veröffentlicht haben. Und schließlich ist C. H. Becker und nicht Goldziher der institutionelle Begründer der deutschen Islamwissenschaft. Dieser hat nicht im Elfenbeinturm gelebt, er war politisch tätig und wurde sogar preußischer Minister. Er hat skandalöse Vorträge vor kolonialen Gesellschaften (z.B. in Paris) gehalten, die keineswegs wissenschaftliche Foren waren. Andere deutsche Orientalisten haben während der Nazi-Zeit als treue Übersetzer für das Auswärtige Amt in Berlin gearbeitet.

Nicht C. H. Becker, sondern der ungarische, jedoch seinerzeit in Deutsch publizierende jüdische Gelehrte Ignaz Goldziher (*1850, †1921) war der größte Geist deutschsprachiger Islam-Studien. Sein bahnbrechendes Werk *Muhammedanische Studien* (2 Bände, 1888–1890) bleibt bis heute ein unübertroffener Klassiker. Goldziher hat für die folgenden Jahrzehnte Maßstäbe gesetzt. Doch schon vor Goldziher hatten deutsche Gelehrte, die des Arabischen als der Sprache des Islam mächtig waren, Abhandlungen, die nicht mehr in die Kategorie christlicher Islam-Polemik gehörten, veröffentlicht. Ich möchte dies mit Anerkennung anführen. Diesen Schriften lag ein Studium der islamischen Quellen zugrunde. Gustav Weil publizierte 1843 ein Buch, in dem er über Mohammeds Leben und seine Lehre anhand von ins Deutsche übersetzten islamischen Quellen berichtete. In Berlin erschien in den Jahren 1861 bis 1865 das bemerkenswerte Werk von Aloys Sprenger *Das Leben und die Lehre des Mohammed.* Zuvor, 1844, war in Münster Gustav Weils Einführung in den Koran erschienen. In Paris schrieb die Académie des Inscriptions et Belles-Lettres 1857 einen Preis für die beste wissenschaftliche Abhandlung über den Koran aus. Es war damals ein junger deutscher Gelehrter, Theodor Nöldeke (*1836, †1930), der den Preis gewann. Seine Abhandlung erschien 1860 in Göttingen und ist bis heute ein internationales Standardwerk der Forschung über das heilige Buch der Muslime, den Koran. Zu Nöldekes Arbeit gibt es keine vergleichbare Leistung in der deutschen Islamkunde der Nachkriegszeit. Diese deutschen Arbeiten über den Islam müssen in ihrem europäischen Kontext gesehen werden. In vieler Hinsicht waren die deutschen Gelehrten bis zum Beginn des 20. Jahrhunderts ihren Kollegen in den Nachbarländern fachlich überlegen und weit voraus. Diese Bemerkung ist nicht als »patriotisch« zu werten, da sie von einem islamischen Autor arabischer Herkunft stammt, der in diesem Punkt unparteiisch ist. Meine Kritik an der deutschen Islamkunde beruht nicht auf Voreingenommenheit. Ich anerkenne, was anerkennenswert ist und nenne stets das Kind beim Namen, gleich, ob es Orientalismus oder Euro-Arroganz heißt.

Heute ist der Tübinger Josef van Ess ein einsames Licht in der deutschen Orientalistik. Der Harvard-Kollege William Graham nennt ihn »Lokomotive der deutschen Islamkunde«. Zu den großen Leistungen deutscher Islamkunde gehört auch die beste Koran-Übersetzung, die je in eine westliche Sprache erfolgte, nämlich das Lebenswerk des Tübinger Gelehrten Rudi Paret (*1901). Dieser hat nach jahrelangen akribischen Studien den Koran-Text ins Deutsche übertragen und seine Übersetzung für viele Auflagen immer wieder neu überarbeitet. In Tübingen gewährleistet der Nachfolger von Paret, Josef van Ess, mit seiner bedeutendsten Arbeit über den Früh-Islam[18] die alten, gewohnt hohen Standards der deutschen Islamkunde, die andernorts heute keine Entsprechung mehr haben. Van Ess hat sich mir gegenüber niemals als »deutscher Herr« benommen, sondern war stets Mensch! Gemeinsam und gleichrangig führten wir 1995 in der indonesischen Hauptstadt Jakarta den Dialog mit dem Islam.

Meine Kritik an den deutschen Islam-Gelehrten möchte ich von der Verfemung derselben durch Islamisten abgrenzen. Ich habe einleitend eine Schrift eines inzwischen verstorbenen Scheichs der Azhar, al-Bahi, zitiert, der zwar kein Islamist war, aber die europäischen, besonders die deutschen

Orientalisten als »Kreuzzügler« auf den Index setzte (vgl. Anm. 6). Dies weise ich zurück. Man muss ein Betonkopf-Fundamentalist sein, wenn man den deutschen Beitrag zur wissenschaftlichen Erforschung des Islam als eine historische Leistung übersieht und sich weigert, ihn zu würdigen. Der ägyptische, innerhalb der Berner Orientalistik bei einem deutschen Professor ausgebildete Fundamentalist Thabit Eid gehört zu diesen Unbelehrbaren unter den Muslimen. Vom großartigen Werk Ignaz Goldzihers spricht er als »*Sumum* / Gifte der deutschen Orientalisten gegen den Islam«. Der bereits angeführte Tübinger Islamwissenschaftler Josef van Ess wird von diesem Islamisten als »Feind des Islam« wahrgenommen, dessen Gelehrsamkeit »gefährlicher als Salman Rushdies Dolchstöße«[19] sei. Dieser Fundamentalist weiß nur die romantische Faszination für den Islam zu würdigen, die bei Annemarie Schimmel zu finden ist.

Die Hervorhebung der Leistungen der deutschen Islam-Studien spricht diese weder vom Vorwurf des Orientalismus frei, noch übersieht sie ihre Realitätsferne. Denn für das Verständnis sowohl der gegenwärtigen Erscheinungsformen des Islam als auch ihrer historischen Wurzeln leistet die heutige deutsche Islamkunde kaum einen Beitrag. Es ist korrekt, von einer bedeutenden deutschen Islam-Forschung des 19. und beginnenden 20. Jahrhunderts zu sprechen. Dennoch war auch sie das Werk von Philologen, die sich darauf beschränkten, die islamischen Quellen zu edieren und schlicht – also ohne Hermeneutik – zu interpretieren. Kurz: die Islamkunde war und ist keine Geschichtswissenschaft. Das ist kein Zufall, weil die Geschichte des Islam nach diesem Verständnis nicht zur deutschen Geschichtswissenschaft gehört. Trotz aller Rhetorik der Fremdenliebe hat sich an der deutschen Universität an diesem Umstand nichts geändert! Die Euro-Arroganz dominiert unwidersprochen!

Die Frage, die sich heute stellt, lautet, ob eine altorientalische philologische Arbeit, die in ihren Gründungsjahren sicher äußerst wertvoll und bedeutsam war, in einer Zeit des Zusammenpralls zwischen den Zivilisationen den Ansprüchen des vereinigten, in Europa eingebetteten Deutschlands, ja des gesamten Westens, noch genügen kann. Die Kriege am Golf, auf dem Balkan und in Tschetschenien sowie die massive islamische Migration nach Europa zeigen deutlich die Relevanz und Aktualität der Formel: »Der Islam und Europa – der Islam in Europa«, deren Reichweite in einem früheren Buch von mir auf Deutschland eingeengt wird.[20] In Deutschland werden dringend Islam-Experten benötigt, die auf politischer, wirtschaftlicher und kultureller Ebene mit der Gegenwart vertraut sind. Auch brauchen wir Lehrer für den Islam-Unterricht. Nach meiner Ansicht kann nur eine historisch-sozialwissenschaftliche Islamologie die Fragen, die mit der Einordnung der »Welt des Islam« in unserer Gegenwart zusammenhängen, kompetent beantworten. Hier liegen die Grenzen der philologisch orientierten deutschen Islamkunde.

Leider wird die Alternative der Wissenschaft der »Islamologie« an deutschen Universitäten nicht zugelassen. Auch meine Professur ist für »Internationale Beziehungen«, nicht Islamologie eingerichtet worden. Meine Forschung betreibe ich allerdings in Harvard, wo dieses Buch und frühere Werke entstanden sind. Die deutsche Universität hat ihre Türen in dem vergangenen Vierteljahrhundert für mich geschlossen und dennoch bin ich Deutschland treu geblieben! Mitten in diesem Buch möchte ich mich bei allen geistesoffenen und toleranten Deutschen bedanken, die mein Leben in Deutschland möglich machen und mich als Leser fördern und ermutigen, Deutsch unter den vier Sprachen, die ich in Wort und Schrift beherrsche, als Heimat meines Denkens zu bewahren. Das ist auch der Grund, warum diese Einladung in die islamische Geschichte in deutscher Sprache geschrieben worden ist.

Die Beschäftigung mit dem Islam ist keine schöngeistige Bildung

Die zeitgenössische »Welt des Islam« ist voll in das Gefüge von Weltwirtschaft und Weltpolitik integriert; heute ist nicht die islamische oder christliche, sondern nur noch die Weltzeit ausschlaggebend. Mit anderen Worten: Die Beschäftigung mit dem Islam geschieht heute nicht mehr allein – wie zu Zeiten Herders, Goethes und Lessings – zu dem Zweck, bildungsbürgerliches, wenn auch wissenschaftlich fundiertes Wissen über den Islam bzw. ein adäquates Bild von seiner Geschichte und seinen Lehren zu gewinnen. Der Islam ist heute politisch und wirtschaftlich zu einer zeitgeschichtlichen Frage geworden. Im Zeitalter der Migration geht der südliche und östliche, islamisch bewohnte Mittelmeerraum Europa und somit auch das vereinte Deutschland existentiell an. In Westeuropa leben zu Beginn des 3. Millenniums 15 Millionen Muslime, die Abertausende von Moscheen haben; sie bilden in der Mehrzahl eine Subkultur, oder, wenn man so will, ein Ghetto. 3,3 Millionen dieser Muslime leben in Deutschland (vgl. Anm. 20). Die Integration der Muslime in Deutschland ist noch ein fernes Ziel. Die Politiker wissen nicht, wie sie diese bewerkstelligen sollen, weil sie offen gestanden vom Islam nichts verstehen. Über die Folgen möchte ich hier nicht nachdenken.

Es gibt zwar eine Weltzeit, aber »andere Länder, andere Sitten«. Manche sind provinziell, andere offener für die große Welt. Den Veränderungen unserer Welt Rechnung tragend, wurde in den USA schon in den 60er Jahren die sogenannte interdisziplinäre Regional-Forschung (*Area Studies*) entwickelt. Einer ihrer wesentlichen Bestandteile ist die Islam-Forschung. Amerikanische Islam-Experten sind nicht mehr nur Philologen bzw. nur Historiker, sondern auch und vor allem Sozial- und Wirtschaftswissenschaftler. Diese Islam-Experten beraten Politiker und Ökonomen bei der alltäglichen Begegnung des Westens mit den unter dem Begriff »Welt des Islam« zusammengefassten afro-asiatischen Regionen unserer Welt. Ich werde auf diesen Gegenstand noch in einem gesonderten Abschnitt dieses Kapitels näher eingehen.

In der Bundesrepublik Deutschland wird die Islamwissenschaft dagegen immer noch so betrieben, wie sie im vergangenen Jahrhundert entstanden ist – wenngleich auf einem niedrigeren Niveau: als eine textkritisch-orientierte philologische Beschäftigung mit den islamischen Quellen aus der Zeit von der Entstehung des Islam im 7. Jahrhundert bis zum Niedergang des abbasidisch-islamischen Imperiums im 13. Jahrhundert. Das einführende Kapitel I dieses Buches sowie meine positive Einschätzung des Werkes von Josef van Ess zeigen deutlich, dass auch ich die Forschung über den Früh-Islam sowie das islamische Mittelalter für dringend erforderlich halte. Ohne die großen historischen, bis in das 7. Jahrhundert zurückreichenden Zusammenhänge kann niemand den Islam der Gegenwart angemessen deuten. Wie bei der Philologie geht es mir also nicht um ein »Entweder-Oder«, hier zwischen klassischen Islam- und modernen Sozialwissenschaften, sondern um einen angemessenen geschichtswissenschaftlichen Umgang mit dem Islam bei Anerkennung der neuesten sozialwissenschaftlichen Erkenntnisse und Methoden und deren Aufnahme in die Geschichtswissenschaft.

Es gibt zwar einige wenige deutsche Islamwissenschaftler, die sich mit dem modernen Islam beschäftigen, sie sind aber im Geist der alten textkritisch-philologischen Methode erzogen und nur im klassischen Schriftarabisch geschult worden, wodurch sie kaum Zugang zum zeitgenössischen Orient haben. Die politischen, kulturellen und ökonomischen Hintergründe der iranischen Revolution können beispielsweise nicht als eine Neubelebung der schi'itischen Lehre des »Verborgenen Imam« gedeutet werden, wie ein Orientalistik-Professor namens H. Halm mit viel Lärm vermutet. Der Islam wurde im Iran politisiert und zu einer revolutionären Ideologie in einem spezifischen sozialhistorischen Kontext umgeformt. Diese Prozesse lassen sich nicht philologisch oder durch eine simple Chronik der Ereignisse erklären. In dem islamkundlichen deutschen »Standardwerk« *Die Schi'a* von besagtem Professor muss sich der Leser, der sich über den Iran informieren will, mit dem Satz trösten, »eine Analyse der vielfältigen wirtschaftlichen, sozialen und politischen Ursachen der Islamischen Revolution im Iran kann nicht Aufgabe des vorliegenden Buches sein; dafür sei auf die rasch anschwellende Literatur verwiesen«.[21] Mehr als eine chronologische, besser in Lexika nachzulesende Aufstellung der zwölf Imame und eine Darstellung des schi'itischen Glaubens anhand dieser Reihenfolge kann der betreffende deutsche Islamkundler nicht liefern. Den deutschen Lesern kann er aber keine Antworten auf ihre brennenden Fragen bieten.

Die heute international führende amerikanische Islamwissenschaft gehört zum System der *Area Studies*[22] (vgl. unten, S. 244ff.). In ihr werden moderne Methoden der Sozial- und Wirtschaftswissenschaften sowie sozial- und kulturanthropologische Arbeitsverfahren angewandt, so dass etwa die Spannung zwischen Iran und Saudi-Arabien nicht allein aus dem Konflikt zwischen *Sunna*- und *Schi'a*-Islam abgeleitet wird, wie der Freiburger Islamkundler Werner Ende naiv zu tun können glaubt. Ähnliches gilt für den irakisch-iranischen Krieg, dessen geostrategischen, ökonomischen und soziokulturellen Bedingungsfaktoren mit Textkritik und Philologie nicht zu erklären sind. In ähnlicher Weise lässt sich feststellen, dass ein besseres Verständnis der vielen Rückgriffe auf den Islam in den Reden und den Aufrufen zum *Djihad* zeitgenössischer Islamisten kaum durch das philologische Studium der klassischen islamischen Texte erreicht werden kann. Denn der Kontext des modernen Islam ist ein völlig anderer als der historische Kontext des mittelalterlichen Islam, auf den deutsche Orientalisten und Islamwissenschaftler ihr Augenmerk richten. Wenn man den Islam historisch und nicht essentialistisch – im Sinne der Ideologie vom *homo islamicus* – deutet, dann ist der Gegenstand der Zeitgeschichte ein anderer als der des frühen Mittelalters. Historische Kontinuitäten anerkennen, heißt nicht essentialisieren!

Was ist die Alternative zur Geschichte als Disziplin? Wie werden Islamkunde und Orientalistik betrieben?

Einleitend müssen die Begriffe geklärt werden: Orientalistik ist der Oberbegriff für die Wissenschaftsdisziplin, die sich mit der Welt des Islam befasst, die man den »Orient« nennt. Die Islamkunde ist der Orientalistik zugeordnet. Dann gibt es Arabistik, Iranistik und Turkologie als Unterdisziplinen. Dies sind aber keine historischen Fächer: Für Arabisch ist Arabistik, für Farsi Iranistik und für Türkisch Turkologie die »Kunde«. Die Orientalistik ist eine europäische Wissenschaft; sie wird in den industriell entwickelten östlichen und westlichen Teilen Europas betrieben, heute aber auch in den USA. An den gegenwärtig ohnehin sehr rückständigen Universitäten des

Orients[23] wird man dagegen so etwas wie Okzidentalistik oder Amerikanistik nicht vorfinden. Ein prominenter ägyptischer Vertreter des politischen Islam, Hassan Hanafi, hat die ideologischen Grundlagen für eine Disziplin der *Istighrab* / Okzidentalistik, für deren Einführung er in einem umfangreichen Buch eintritt, gelegt. Es ist nichts anderes als die Umkehrung der Weltsicht der Orientalisten, arabisch: *al-Istischraq ma'kusan* – so Sadik al-Azm polemisch gegen Edward Said.

Zunächst möchte ich aber auf eine andere Wissenschaftsdisziplin, die sich qua Gegenstand exklusiv dem Studium außereuropäischer Kulturen widmet, hinweisen, nämlich die Kulturanthropologie. In Deutschland nennt man sie Ethnologie oder Völkerkunde. Diese Disziplin ist parallel zur »Eroberung der Welt« durch Europa an europäischen Universitäten entstanden. In einer grundlegenden Kritik am Verhältnis von *Anthropologie und Kolonialismus* lesen wir bei dem Franzosen Gérard Leclerc:

> »(Kultur-)Anthropologie ist eine neue Praxis ... Ihr Gegenstand ist entweder die Beschreibung der Lebensbedingungen der Eingeborenen vor der Kolonisation ... oder die Beschreibung der durch die Kolonisation geschaffenen Lebensbedingungen ...«[24]

Es ist mir klar, dass diese Beschreibung vor allem für Frankreich und Großbritannien gilt.

Die wissenschaftliche Beschäftigung mit den außereuropäischen Regionen hat sich im Verlaufe ihrer Entwicklung funktional differenziert und in einzelne Zweige der Regionalforschung spezialisiert. Gewiss: In Deutschland als einer auch in der Kolonialgeschichte »verspäteten Nation« (H. Plessner) kennt man Wissenschaftsdisziplinen wie Orientalistik, Afrikanistik, Indologie etc. nur als schöngeistige Orchideenfächer, während sie in den benachbarten westlichen Nationen – und heute vor allem in den USA – längst experimentelle Wissenschaftszweige geworden sind.

Das Verhältnis Orient / Okzident ist allerdings weit älter als die hier angedeutete koloniale Tradition. Es ist vierzehn Jahrhunderte alt und basiert auf einer alten Feindschaft und gegenseitiger Bedrohung zwischen christlicher und islamischer Welt, also auf Kreuzzug und *Djihad* (vgl. Anm. 12). Natürlich gehört zu diesem Verhältnis auch Faszination, so bei der Hellenisierung des Islam oder der islamischen Wirkung auf die europäische Renaissance. In der neueren Geschichte ist das Verhältnis Orient / Okzident durch die europäische Kolonisation geprägt, in der die Tradition der Faszination und Bedrohung in neuen Formen fortlebt; diese beinhaltet nach dem soeben zitierten französischen Anthropologen Leclerc:

> »zwar Gewalt und Zerstörung, doch sie ist ›rationale‹ … Gewalt. Gegenüber allen anderen Kolonisationen zeichnet sich die zeitgenössische Kolonisation nicht so sehr dadurch aus, daß die kolonisierende Gesellschaft sich allen anderen übrigen überlegen wähnt, sondern dass sie behauptet, diese Überlegenheit sei wissenschaftlich« (ebd., S. 25).

Die Gewalt ist die Bedrohung, die Wissenschaft steht für die Faszination. Erstmals in der Geschichte wird eine Eroberung wissenschaftlich vorbereitet, gestaltet und durchgeführt. Als Napoleon im Jahre 1798 in den Orient ging, nahm er 150 Wissenschaftler aller Zweige mit sich, die das monumentale sechsundzwanzigbändige Werk *Description de L'Egypte* anfertigten.[25] Wissenschaftler, hier Regionalforscher (Afrikanisten, Ortientalisten, Indologen etc.), gehörten stets zu den wichtigen Erfüllungsgehilfen des kolonialen Unternehmens. Der ägyptische Historiker al-Djabarti[26] war fasziniert von diesen Wissenschaftlern, sah sich aber zugleich der Bedrohung durch die Bajonette Napoleons ausgesetzt. Aus der Nähe betrachtet, gibt die europäische Wissenschaft als Herrschaftsinstrument der Eroberung wenig Anlass zu Faszination.

Erwägt man die Rolle der Wissenschaft bei den kolonialen Eroberungen, ist es verständlich, dass die Bemühungen um Dekolonisation auch die Wissenschaft umfassen. Afrikaner und Asiaten, die das europäische und amerikanische wissenschaftliche Handwerk, d.h. moderne wissenschaftliche Methoden zur Verarbeitung des Stoffes ihrer eigenen Geschichte und Gesellschaft zunächst in London, Paris und Berlin, dann vor allem in Harvard, Princeton und Yale erlernt haben, begeben sich an die Entkolonisation des Verständnisses ihrer Geschichte. Dieses Buch über islamische Geschichte ordnet sich in solche Bemühungen ein. Ich habe schon bei der Würdigung der Islam-Studien von Maxime Rodinson, der für mich die ersten Grundsteine der Islamologie legte, den Begriff »Dekolonisation der Islam-Studien« eingeführt (vgl. Kapitel III). Dies wird auch der Grund dafür sein, dass manche dieses Buch nicht mögen. Ein »inferiorer« Mensch darf die Stimme nicht erheben!

Islamische Intellektuelle mit westlicher Bildung lehnen einerseits die Darstellung ihrer Geschichte durch die Europäer ab, andererseits versuchen sie, diese Geschichte »selbst« zu schreiben. Die nordafrikanische Geschichte z.B. ist nicht mehr ausschließlich durch die Werke des französischen Kolonialhistorikers Julien, sondern nunmehr auch durch die Arbeiten des Marokkaners Laroui zu studieren.[27] Deutsche Werke über islamische Geschichte aus islamischer Feder müssen erst geschrieben werden. Mein Buch *Kreuzzug und Djihad* ist ein Erstling. Doch ist mir die Gefahr einer Dritte-Welt-Romantik in den Geschichtswissenschaften bewusst und bekannt. Mit Fukuyama stimmte ich 2000 auf dem Weltwirtschaftsforum in Davos überein, dass eine Entkolonisation der Geschichte vonnöten ist, allerdings ohne Märchenerzähler.

Wie verhalten sich nun Orient und Okzident unter diesen neuen konfrontativen Bedingungen zueinander? Dialog als interkulturelle Kommunikation gehört zu den Voraussetzungen des Friedens und er ist die Alternative zur Konfrontation. Dekolonisation der Wissenschaft darf in diesem Sinne nicht in eine Abrechnung mit »dem Anderen« ausarten. Moderne Wissenschaft, die ja – im Ursprung – eine *europäische* Wissenschaft ist, muss das Instrumentarium bleiben, mit dem die angestrebte Dekolonisation bewerkstelligt wird. Indem man die moderne Wissenschaft von ihrem Herrschaftscharakter befreit, erhält man sie als höchstes Kulturgut, das zwar in Europa entstanden ist, aber nunmehr der ganzen Menschheit gehört; sie soll einen kulturellen Dialog und nicht mehr eine Eroberung »des Anderen« vorbereiten. Die Schlussfolgerung lautet, dass sich auch Europäer im Dialog mit muslimischen Historikern an der Entkolonisation der Islam-Studien beteiligen können. Nur so können sie helfen, dass die Entkolonisation der Geschichte nicht zu einem Erzählen von Märchen im Rahmen einer *Invention of Tradition* / Erfindung von Tradition führt. Die Rationalität des Dialogs schützt vor dem Ausarten der Dekolonisation in Mythenbildung bzw. vor dem Verbot der *political correctness*, sich kritisch zu äußern.

Nach den vorangegangenen Ausführungen denke ich, dass ich dazu übergehen kann, die Orientalismus-Debatte aufzunehmen, ohne von aufmerksamen Lesern in irgendeine Schublade eingeordnet zu werden. Vor oberflächlichen Lesern und ihren Vorwürfen kann sich kein Autor schützen! Bei aller Kritik will ich keine Inventur der literarischen Beiträge deutscher Orientalisten vornehmen. Um gleich zum Punkt zu kommen, nenne ich noch einmal die zentrale Arbeit, die die Orientalismus-Debatte entfacht hatte, nämlich den Beitrag von Edward Said. Maxime Rodinson wird daraufhin als ein befolgenswertes Beispiel eines großen europäischen Gelehrten, der nicht nur Reflexion, sondern auch Selbstreflexion betreibt, herangezogen. Ich kenne nur einen ernstzunehmenden deutschen Orientalisten, Gerhard Endreß, der sich der Mühe unterzogen hat, ein Buch über die islamische Geschichte zu schreiben. Ich würdige dies, wenn auch nicht ohne Kritik. Dem Charakter des vorliegenden Buches entsprechend werde ich die Orientalismus-Debatte in die Geschichtswissenschaft einordnen und fordern, den Islam in diese aufzunehmen.

Ob Europäer und besonders Deutsche unter ihnen es mögen oder nicht, es ist eine Tatsache, dass die international gültigen Standards der Geschichtswissenschaft heute in den amerikanischen Elite-Universitäten gesetzt werden. Westeuropäische Universitäten, mit wenigen Ausnahmen, etwa Cambridge und Oxford, sind nicht mehr das geistige Zentrum der Welt. Die Pariser Sorbonne sowie Göttingen und Tübingen sind nicht mehr das, was sie einst waren. Es schmerzt mich sehr einzuräumen: Meine Göttinger Universität, an der ich seit 1973 lehre, ist reinste geistige Provinz! Andere deutsche Hochschulen sind nicht besser, was kein Trost ist!

Richtungsweisend für unseren Gegenstand ist das Projekt des amerikanischen Orient-Politikwissenschaftlers Leonard Binder, der Historiker mit

Kultur- und Sozialwissenschaftlern zusammengebracht hat, um Maßstäbe für die Orientforschung aller Disziplinen auf einer internationalen Ebene zu setzen (vgl. Anm. 22). In einem späteren Abschnitt dieses Kapitels werde ich beispielhaft anhand der veröffentlichten Ergebnisse dieses Projekts zeigen, wie die in den USA betriebene gegenwartsbezogene Orient-Forschung (*Middle East Studies*) die herkömmliche Orientalistik ablöst. Im vorliegenden Buch verbinde ich diesen Ansatz mit dem der historischen Soziologie, die Geschichts- und Sozialwissenschaft zu einer Synthese bringt. In diesem Rahmen wird die interdisziplinäre Verknüpfung mit der *Global History* interdisziplinär angestrebt.

Zunächst aber lade ich meine Leser nach der erfolgten Unterbreitung der Vor- und Grundkenntnisse über den Gegenstand dazu ein, den Auslöser der Orientalismus-Debatte im folgenden Abschnitt kennenzulernen.

Die Provokation! Edward Said, die islamische Geschichte und die europäischen Orientalisten: Der Orientalismus als eine okzidentale Sichtweise des Orients

Die Veröffentlichung des Buches *Orientalism* war eine Provokation! Leider ist die daraufhin entfachte Orientalismus-Debatte in den USA durch die Spinnereien von Postmodernisten und Kulturrelativisten auf Irrwege geraten; aber ihre Substanz bleibt dennoch wichtig. Im Wesentlichen wollte Said eine berechtigte Kritik an der okzidentalen Sichtweise des »Anderen« in den westlichen Islam-Studien liefern. Saids Arbeit[28] wurde in viele Sprachen übersetzt, womit dieses bedeutende Buch zu einem internationalen Kulturgut geworden ist.

In Deutschland reagierte man auf Saids Herausforderung mit Gesprächsverweigerung. Unter den deutschen Orientalisten stieß seine Kritik an den westlichen Islam-Studien verständlicherweise generell auf Ablehnung und die »Provokation« wurde zum Vorwand, seinen Thesen die Wissenschaftlichkeit abzusprechen. Ablehnung kann unterschiedliche Formen annehmen. Während amerikanische und Orientalisten des europäischen Auslands Saids Ideen immerhin diskutiert haben, wurde sein Buch in Deutschland – mit sehr wenigen Ausnahmen, zu denen eine Abhandlung von mir in der Zeitschrift *Neue Politische Literatur* im Jahre 1984 gehört – nur mit Schweigen aufgenommen. Nur in privaten Gesprächen ließen deutsche Orientalisten ihrer Euro-Arroganz gegenüber dem Araber Said freien Lauf. Das englische Wort für Verschweigen ist »*silencing*«. *Silencing* bedeutet auch mundtot machen und dies schließt autoritärste Formen der Zensur ein.

In Deutschland besteht die Möglichkeit, einen Autor dadurch herabzusetzen, dass er als »umstritten« tituliert wird. Der aufgeklärte Heidelberger Theologe Besier erklärt uns dies: »Jeder weiß, ›umstritten‹ ist in Deutschland ein Vernichtungswort. Wer mit diesem Etikett versehen wird, hat keine Chance mehr, gehört zu werden.« In diesem Sinne wurde Saids Buch als umstritten aus der Diskussion entfernt.

Meinen Bericht leite ich mit Verwunderung darüber ein, dass gerade ein arabischer Christ wie Said den Islam dermaßen gegen okzidentale Orientalisten in Schutz nimmt. Der jüdische Gelehrte Maxime Rodinson schreibt zu diesem Buch Saids empfehlend:

> »Ich rate meinen Lesern auch, das Buch ›Orientalism‹ von Edward Said zu lesen. Das Werk dieses Palästinensers ... hat bei den Orientalisten so etwas wie ein Trauma verursacht ... Seine Analyse ist intelligent, scharfsinnig und oft treffend ... sie enthält manch überspitzte Interpretation ... Dies führt zu einigen exzessiven Formulierungen ... die Schockwirkung dieses Buches wird sich als sehr nützlich erweisen.«[29]

Die Reaktionen auf diese »Provokation« haben gezeigt, wie stark die Resistenz deutscher Orientalisten gegen eine solche, höchst erforderliche Schocktherapie ist. Mehr als zwei Jahrzehnte lang haben sie versucht, eine Diskussion über Saids Werk abzuwürgen.[30] Im Gegensatz zum deutschen Schweigen und Verdrängen als problematischer Umgang mit der eigenen Geschichte hat der Berufsverband nordamerikanischer Orient- und Islam-Forscher, die *Middle East Studies Association of North America* / MESA, im Dezember 1998 in Chicago die massenhaft besuchte Plenarsitzung der Jahresversammlung dieser international führenden Vereinigung der Thematik »20 Jahre Orientalismus-Debatte« mit Edward Said als Festredner gewidmet. In Chicago habe ich in einem öffentlichen Dialog mit Said vor 2000 Wissenschaftlern auf der Basis meiner Erfahrungen in Deutschland die Gültigkeit der Said'schen Kritik an deutschen Orientalisten bestätigt, aber auch die in diesem Kapitel enthaltene Kritik an seiner Orientalismus-These vorgetragen, nämlich: Er begreife nicht, dass die westlichen Islam-

Studien nicht nur durch ihren Orientalismus als psychologische Einstellung die Muslime inferiorisieren, sondern darüber hinaus mit ihrer Bewahrung der Hegemonie der altorientalischen Philologie wissenschaftliche Innovation blockieren.

Anders formuliert: der Orientalismus ist nicht nur ein Ausdruck der den anderen inferiorisierenden Euro-Arroganz, sondern auch eine eurozentrische Wissenschaftsausrichtung. Ich wiederhole die in diesem Kapitel mehrfach zitierte Formel von Rodinson: *Das Ende des Orientalismus erfordert das Ende der Vorherrschaft der Philologie*. Nur dadurch ist es möglich, die Entkolonisation der Islam-Studien mit einer Öffnung zur historisch-sozialwissenschaftlichen Islamologie zu verbinden. Diese Dimension fehlt bei Said. Schließlich handelt es sich um eine – wenngleich sehr produktive – Provokation!

In seiner ausgewogenen Rückmeldung auf meine Kritik in Chicago war Said viel toleranter als die deutsch-orientalistischen Schweiger, die ihre problematische Vergangenheit verdrängen. Said stammt aus einem palästinensisch-arabischen Oberschichtmilieu; er hat seine Bildung in westlichen Schulen in Jerusalem und Kairo erhalten. Es hat Versuche gegeben, Said dadurch zu diffamieren, dass man unterstellte, er habe weit weniger Jahre in Jerusalem verbracht als er in seiner Biographie behaupte. Wie es auch sei, danach hat er an der Harvard University studiert, an der er seinen Ph.D. erwarb. Seit mehr als drei Jahrzehnten lehrt er Literaturkritik an einer der fünf amerikanischen Ivy-League Elite-Universitäten, an der Columbia University in New York. Warum schreibt ein arabischstämmiger Christ, heute Amerikaner und Well-To-Do-Bürger von New York bzw. ein höchst privilegierter Columbia-Professor mit hoher Medienpräsenz eine solche, streckenweise sehr emotionale Verteidigung des Islam gegen okzidentale Orientalisten? Und noch mehr: Besitzt ein Professor für vergleichende Literaturwissenschaft, dazu ein Christ, die Kompetenz, wissenschaftlich über den Islam zu schreiben?

Ein anderer Amerikaner arabischer Herkunft, ebenfalls Professor an einer Ivy-League-Universität, nämlich Harvard, allerdings für islamische Philosophie und mit internationaler Reputation auf diesem Gebiet, der Muslim Muhsen Mahdi, kennt Saids Schwächen, stärkt ihm aber den Rücken. Er sagte zu mir in Harvard, dass ein solches Buch unbedingt hatte geschrieben werden müssen:

»Wenn ich dieses Buch geschrieben hätte, wäre es in den Äußerungen über den Islam fachlich fundierter und es enthielte viel an »wenn-und-aber«; eine solche rein akademische und nuancenreiche Abhandlung hätte es aber nicht erreicht, diese massive Aufmerksamkeit zu bekommen, um eine solche internationale Diskussion über den Orientalismus auszulösen.«[31]

Der große Harvard-Gelehrte verwendete das Wort »Provokation« nicht, aber seine ausgewogenen Worte beinhalten, dass es zum Wachrütteln einer Provokation bedurfte. Said hat sie geliefert. Kurz, es scheint nötig zu schockieren und herauszufordern. Hieraus darf man jedoch nicht schlussfolgern, dass Saids Buch nicht akademisch bzw. »ein Pamphlet« sei, wie manche deutsche Orientalisten mir gegenüber behaupteten.

Said hat lange an seinem Buch gearbeitet und alle erforderlichen Quellen herangezogen bzw. wissenschaftlich ausgewertet. Sein Werk ist zudem ein literaturkritisches Buch über die Sichtweise der Orientalisten, also kein Buch über den Islam. Die Orientalisten, die Said anfechten, um eine Diskussion über den Orientalismus zu blockieren, verstehen als Philologen seine Literaturkritik nicht; sie konzentrieren sich darauf, dass er kein Islamkundler sei und ihre Handschriften nicht kenne. Die von Said angewandte Methode stammt allerdings aus *seinem* Fach: Er diskutiert das orientalistische Schrifttum als Gegenstand vergleichender Literaturwissenschaft und begreift seine Arbeit entsprechend als eine Literaturkritik. Und hierfür ist er eine international anerkannte Koryphäe auf Harvard- und Columbia-Niveau.

Dennoch sind Mängel in Saids Islam-Wissen auch für sympathisierende Kollegen unübersehbar. Diese Schwäche beeinträchtigt jedoch seine Orientalismus-Kritik nicht im geringsten. Sein Beitrag bleibt sachlich unanfechtbar. Die Diskussion über die islamische Geschichte, die an westlichen Universitäten ausgelöst worden ist, muss als seine Leistung gewürdigt werden. Diese Anerkennung muss nicht gegenüber der Tatsache blind machen, dass seine Kritik zeitweise in fragwürdige Bahnen geraten ist.

Zentral bei der Kritik an der Art und Weise, in der Orientalisten den Orient studieren, ist ihre Denkweise, die sich inhaltsgetreu mit einem Zitat von Marx aus dem 18. Brumaire zusammenfassen läßt:

»Sie können sich nicht vertreten, sie müssen vertreten werden.«

Okzidentale Orientalisten inferiorisieren die Muslime zu westlichen Studienobjekten. Im Besitz der textkritischen wissenschaftlichen Methode halten sie sich allein für fähig, ihren Gegenstand adäquat zu verstehen. Ich habe diese Herrenvolk-Mentalität am eigenen Leib erlebt, wohlgemerkt nicht in Frankfurt! Mein Lehrer für Orientalistik dort, Prof. R. Sellheim, gehört zu den anständigen Deutschen. Andere, uns erniedrigende Orientalisten sprechen uns als Objekt die Mündigkeit ab und sehen in sich die überlegenen, weil wissenschaftlich denkenden Interpreten der Kultur der »Anderen«. In den Worten von Said:

> »Kurz, der Orientalismus ist ein westlicher Stil der Herrschaft, Umstrukturierung und des Autoritätsbesitzes über den Orient« (wie Anm. 28, S. 10).

Das Wort Autorität bekommt bei Said das Adjektiv kolonial. Somit ist deutlich:

> »Über den Orientalismus zu sprechen heißt deshalb hauptsächlich ... über ein englisches und französisches ... Unternehmen zu sprechen.«

Der Gramsci'sche Begriff von der »Hegemonie« wird hier in die Argumentation eingebaut: Die ideologisch hegemoniale Deutung des Orients korrespondiert mit einer europäischen Hegemonialordnung. Der Orient wird ideologisch orientalisiert und real beherrscht: »Die Beziehung von Okzident und Orient ist eine Beziehung von Macht, Herrschaft und verschiedenen Graden einer komplexen Hegemonie« (ebd., S. 13).

Von dieser Annahme geht Said aus und sieht das Ziel seiner Arbeit darin, »den Orientalismus als eine Übung kultureller Stärke zu illustrieren, analysieren und über ihn zu reflektieren« (ebd., S. 50). Die zentralen literaturkritischen Passagen beschäftigen sich mit britischem bzw. französischem Material. Zunächst waren es populärwissenschaftliche Darstellungen des Orients, aber auch Selbstzeugnisse von höheren schreibenden Kolonialbeamten, dann kamen die Wissenschaftler, hier die Orientalisten, hinzu. Weil die Kolonialerfahrung des Orients eine solche mit England und Frankreich war, bilden die britischen und französischen Orientalisten die Zielscheibe von Saids Kritik. Die Aussagen gelten jedoch auch für die deutsche Orientalistik. Deutschland war nicht nur eine »verspätete Nation« (Plessner), es war auch eine verspätete Kolonialmacht, mit der entsprechend – von Plessner entzifferten – komplizierten Mentalität!

Die Verbindung von Wissenschaft und Staatspolitik, die die englische bzw. die französische Tradition prägt, ist in der deutschen Geschichte bis heute aufgrund der Eigenarten der deutschen Universität nicht bekannt. Das bedeutet allerdings nicht, dass deutsche Orientalisten nicht doch in der Nähe politischer Praxis – u.a. als Übersetzer im Auswärtigen Amt des Wilhelminischen Deutschlands und auch im Dritten Reich – tätig waren. Die Bestimmung des Orientalismus als eine autoritäre Einstellung gegenüber dem Orient ist in deutschen Arbeiten über den Islam allgegenwärtig und massiv vorhanden. Said ist sich bewusst, dass das,

> »was der deutsche Orientalismus ... mit dem anglo-französischen und später amerikanischen Orientalismus gemein hatte, ... eine Art von intellektueller Autorität über den Orient innerhalb der westlichen Kultur« (ebd., S. 28)

war. Ich habe als orientalischer Wissenschaftler – ich sage es unbescheiden: mit Weltruf –, der in seinen 50er Jahren ist, erlebt, dass junge Deutsche, die Orientalistik studieren, diese »intellektuelle Autorität« über mich als Fremden ausüben wollen! Als intimer Kenner der deutschen Orientalistik und Muslim mit fast vierzigjähriger Erfahrung an der deutschen Universität kann ich Said nur beipflichten. Das Wort Orientalistik / *al-Istischraq* ist in der islamischen Welt mit vielen negativen Konnotationen – z.B. den Kreuzzügen – verbunden. Als Rationalist teile ich nicht die defensiv-kulturelle Reaktion vieler Muslime auf die Bedrohung durch den europäischen Autoritarismus; mit letzterem spreche ich die Arbeit meines Frankfurter Lehrers Adorno über die »*Autoritäre Persönlichkeit*« an, die Züge der Herrschaft über andere einschließt. Hier ist Fanons These, dass der »Neger« eine europäische Erfindung sei, von Interesse, weil ein Menschentyp konstruiert wird, über den Herrschaft ausgeübt werden kann. Analog könnte man sagen, dass der »Orient« eine ebensolche Erfindung ist. Fanon war gegen die Idee einer »schwarzen Kunst«, weil deren Urheber offensichtlich vergessen,

> »daß der *Neger* im Begriff ist, zu verschwinden, weil diejenigen, die ihn geschaffen haben, der Auflösung ihrer ökonomischen und kulturellen Vorherrschaft beiwohnen«.[32]

Für Fanon war daher die Abschaffung des Kolonialismus identisch mit der des »Negers«. Es stellt sich nun die Frage, ob der *homo islamicus* vergleichsweise eine »europäische Erfindung« ist. Würde er ebenfalls, wie der »Neger« des europäischen Kolonialherren, verschwinden, wenn die europäisch-westliche Hegemonialordnung, aus der der Orientalismus hervorgegangen ist, überwunden werden würde? Ist Saids Orientalismus-Kritik in diese Schublade zu zwängen? An dieser Stelle wiederhole ich Sartres Worte in seinem Vorwurf an Fanon: ein anti-rassistischer Rassismus bleibt doch der Logik der Herrscher verhaftet; er ist nicht dessen Überwindung!

Eine Kritik an Said kommt vom syrischen, aus einer traditionell großen islamischen Familie in Damaskus stammenden Philosophen Sadik J. al-Azm, der an der Yale University (sie gehört ebenfalls zur Ivy-League) promovierte und heute in Damaskus lebt. Seine Kritik geht in die angesprochene Richtung. Ihr zentraler Inhalt ist, dass die Angriffe auf den Orientalismus zu einer »Umkehrung des Orientalismus«, also zu einem »*Orientalism in Reverse*« [33] führten; auf Arabisch heißt das *al-Istischraq ma'kusan*[34]. Damit meint al-Azm, dass Said die von Orientalisten in rassistischer und herrschaftssüchtiger Weise dem *homo islamicus* zugeschriebenen negativen Eigenschaften *nach der Umkehrung* als positiv hervorhebt bzw. zumindest zu einem solchen Verständnis beiträgt. Das bekannte Muster ist: der Weiße erschafft den Neger, der Neger erschafft die Negritude, d.h. die Ästhetisierung des Schwarzen. Die Versicherung »*black is beautiful*« ist keine Überwindung des Rassismus. Diese Einwände haben in Bezug auf den Islam eine gewisse Berechtigung. Dennoch ist Saids Orientalismus-Kritik alles andere als eine Umkehrung des Orientalismus. Das ist zu polemisch von al-Azm gedacht. Die Schwächen der Orientalismus-Kritik stellen die Leistung der Auseinandersetzung mit der Inferiorisierung des arabo-muslimischen Menschen sowie seine Degradierung zu einer »untermenschlichen irrationalen Kreatur« nicht in Frage. Diese Kritik verdient Beachtung beim Studium islamischer Geschichte im Kontext euro-islamischer Beziehungen und deshalb wird sie hier im Bewusstsein herangezogen, dass sie nuanciert, modifiziert und relativiert werden muss, im Kern aber richtig ist. Ihre Auswüchse stammen nicht von Said selbst, sondern von den US-Saidisten!

Eine zentrale Idee in Saids Buch ist aber von der hier vorgenommenen Einschränkung nicht betroffen. Diese Idee hängt mit der Frage zusammen, ob die westlichen Islam-Studien dazu beitragen, den »Orient« besser zu verstehen und eine interkulturelle Kommunikation mit den dort lebenden Menschen ermöglichen, oder ob sie die klassisch-historische Feindschaft der gegenseitigen Bedrohung zwischen Orient und Okzident aktualisieren und vertiefen, ja diese eines ihrer Bestandteile ist. Ich teile die Ansicht, dass der Orientalismus den interkulturellen Dialog blockiert:

> »Kurz gesagt, der Orient war kein (und ist kein) freies Objekt des Denkens und Handelns; dies wurde durch den Orientalismus verhindert« (wie Anm. 28, S. 10).

Denn die Orientalisten studieren die Geschichte des Weltteils, den sie »Orient« nennen, nicht, um eine andere gleich würdige Entität für sich selbst kennenzulernen; sie tun das mit der

> »Absicht ... zu kontrollieren, zu manipulieren und sich selbst einzuverleiben, was eine deutlich andere ... Welt (aus der Sicht der Orientalisten; B.T.) ist« (ebd., S. 20).

Der Islam habe keine »geschichtswürdige« Geschichte und der Orient wird nicht als Partner, sondern als fremd und dazu noch als ein Gegner perzipiert.

> »Der Orientalismus war letztlich eine politische Sichtweise einer Realität, deren Struktur die Differenz zwischen dem Bekannten (Europa, der Westen, ›wir‹) und dem Fremden (Orient, der Osten, ›sie‹) unterstützte« (ebd., S. 54).

Ist dies nicht genau das, was der deutschen Orientalist Tilman Nagel bei der 250-Jahr-Feier der Göttinger Orientalistik forderte? Ich erlaube mir, meinen Lesern zur Vergegenwärtigung zuzumuten, die lapidare Formulierung Nagels noch einmal zu zitieren: Orientalistik als Philologie verfolge das Ziel, »den Fremden von Europa fortzurücken«. Von Nagels ähnlich gesinntem Interpreten Friedrich Niewöhner zugespitzt: »Jede Beziehung zwischen uns und dem Fremden schließt (die Philologie) zunächst einmal aus« (vgl. Anm. 13 oben). An dem Seminar, an dem Nagel lehrt sowie an allen anderen Orientalistik-Instituten verweigern deutsche Orientalisten orientalischen Lektoren die Habilitation. Dahinter steht die nicht ausgesprochene Idee: ein Muslim kann Sprachen lehren, nicht aber als Professor den Islam!

25 Jahre vor der Verkündung dieser deutschen Spielart des Orientalismus in Göttingen setzte sich der große jüdische Tübinger Philosoph Ernst

Bloch in seinem Buch *Avicenna und die Aristotelische Linke* (Frankfurt a.M. 1963) mit der Philologie und der Euro-Arroganz deutscher Orientalisten auseinander. Bloch würdigt die beiden großen islamischen Rationalisten Ibn Sina / Avicenna und Ibn Ruschd / Averroës »als Merkpunkt mittelalterlich beginnender Aufklärung« (ebd., S. 29) und beanstandet, dass der Philologe und Orientalist »M. Horten ... diese Aufklärer herabsetzen will« (ebd.). Nach Horten soll

> »ihr Naturalismus ... nicht mehr sein, als ein ›primitives Mißverständnis der Scholastik‹, durch unzureichende lateinische Übersetzung (entstanden)«.

Doch Bloch weiß:

> »Die islamische Geistlichkeit nahm den Naturalismus in beiden Philosophen genauer wahr als ein reaktionärer Arabist ... Avicenna und Averroës bleiben gegen die Mufti-Welt des Islam bestehen; sie nachträglich assimilieren zu wollen, ist keine Philologie der Lesarten, sondern Legende« (ebd., S. 30).

Die Philologie des Orientalisten unserer Zeit, die bei der Trennung in »Wir / Sie« endet, ist eine vergleichbare Legende! In unserer Zeit hat sich in der Welt vieles geändert. Die Welt ist entgrenzt und Menschen aus dem Orient sind nun in der Lage, sich die Wissenschaft der okzidentalen Orientalisten anzueignen und besitzen nun die Kompetenz, mit diesen »Herrenmenschen« in ihren europäischen Sprachen zu reden und beanspruchen gar gleichwertig als Kollegen im westlichen Wissenschaftsbetrieb aufzutreten und grundlegende Werke vorzulegen. Ich gehöre zu diesen Menschen aus dem »Orient«, die nicht länger bereit sind, sich gegenüber den »Herren« unterwürfig zu verhalten. Der Preis, den ich für diese Einstellung an der deutschen Universität zahle, ist sehr hoch! Und diese Leiden werden in meiner Biographie stehen, die ich in englischer Sprache verfassen werde.

In den USA ist es eine Normalität, dass Araber wie Edward Said oder Muhsen Mahdi distinguierte Professoren an Elite-Universitäten wie Columbia und Harvard werden. Auch in anderen westlichen Ländern ist es eine Normalität, dass der Algerier und Islam-Reformer Mohammed Arkoun an der Pariser Sorbonne lehrt. In Deutschland gehöre ich – bei einer islamischen Wohnbevölkerung von 3,3 Millionen Menschen – als ein Muslim zu dem eine Handvoll zählenden Personenkreis, der in den Genuss einer planmäßigen Professur gekommen ist. Meine Existenz als akademischer Lehrer wird als Störfaktor empfunden und oft bekomme ich Post mit dem fremdenfeindlichen Vorwurf, »Sie nehmen einem Deutschen den Arbeitsplatz weg« (Beleg: mein Buch *Europa ohne Identität?*, S. 266). Wenn ein Mensch aus dem Orient mit dem Anspruch auf gleichwertige Anerkennung in einer Institution mit einer vom Orientalismus überladenen Sicht der Welt auftritt, gerät das Schema der spaltenden Beziehung »Wir« und »Sie« ins Wanken: der Orientalist wird verunsichert, weil das Image über »den Anderen«, mit dem er hantiert, einen Wahrheitsverlust erleidet. Und da helfen nur Arroganz und Rassismus als Mittel der Inferiorisierung, um das Gebäude des »Wir / Sie« aufrecht zu erhalten. In einer entgrenzten Welt kann dieser Parochialismus nur im Gehäuse der Psychologie fortleben, auch wenn er institutionell mit allen Mitteln verteidigt wird.

In meiner an deutsche Leser gerichteten Einladung in die islamische Geschichte – so denke ich – gehört der Bericht über solche unerfreulichen Erfahrungen. Ich muss die Orientalismus-Kritik als einen substantiellen und wichtigen Beitrag zur Kritik an der Art und Weise, wie die islamische Geschichte im Westen wahrgenommen wird, aufnehmen. Als ein muslimischer Historiker kann ich nicht ein Geschichtswerk schreiben und vor diesem Sachverhalt die Augen verschließen.

Said ist ein Analytiker und Kritiker, aber leider kein Problemlöser: Deshalb bietet er keine Alternativen in seinem Buch. Er betrachtet dies nicht als seine Aufgabe, denn sein Unternehmen war darauf beschränkt, »ein besonderes Ideensystem zu beschreiben und keineswegs das System durch ein neues zu ersetzen« (S. 67). Um es zu wiederholen: Said lieferte die längst überfällige Provokation. Obwohl ich Said gegen die Orientalisten verteidige, bestehe ich auf erforderliche Differenzierungen. Dazu gehört die Einsicht, dass nicht alle Orientalisten den Orient orientalisieren. Anders formuliert: Nicht alle Orientalisten sind Vertreter des Orientalismus. Die großen, international gewichtigen Islamwissenschaftler Maxime Rodinson und der verstorbene Jacques Berque sind gute Beispiele dafür, wie Europäer islamische Geschichte mit dem Ziel studieren können, eine interkulturelle Kommunikation zu pflegen, anstatt die alte, schon lange bestehende Feindschaft fortzusetzen. Said selbst würdigt beide:

»Was man in ihrer Arbeit findet, ist immer vor allem eine direkte Sensibilität gegenüber dem ihnen vorliegenden Material, und dann eine kontinuierliche Selbstüberprüfung ihrer Methodologie und Praxis, ein konstanter Versuch, ihre Arbeit dem Material gegenüber und nicht hinsichtlich einer doktrinären vorgefassten Konzeption aufnahmefähig zu erhalten« (wie Anm. 28, S. 369).

In der Tat bietet das Werk des großen Gelehrten Maxime Rodinson eine Alternative für das herkömmliche Studium des Orients. Ich nenne diese Alternative historisch-sozialwissenschaftliche Islamologie. Rodinsons Beitrag zur Orientalismus-Kritik gehört zu den Bausteinen der benötigten historischen Alternative. Es gibt Bedarf nach Orientierung, aber auch die Gefahr von Irrwegen. Im Französischen nennt man die »Dritte-Welt-Romantisierung«, die in Europa parallel zur 68er Zeit der Studentenrevolte aufblühte, *tiers-mondisme*. Das ist einer dieser Irrwege. Die Saidische Orientalismus-Kritik impliziert die Gefahr eines weltanschaulichen *tiers-mondisme* – auf den Islam übertragen. Und Said kokettiert leider damit. Ich tue dies nicht. Das Werk Maxime Rodinsons bietet Orientierung und schützt uns vor einer solchen getrübten Sicht. Aus diesem Grunde ziehe ich Rodinson als Person, die ich erstmals 1983 in Chicago traf, sowie sein Werk als Vorbild für mein Denken vor.

Philologie und Geschichte im Lichte von Maxime Rodinsons Plädoyer für »La fin de l'Orientalisme«

In seiner Nachkriegsgeschichte hat Deutschland einen einzigen Islamkundler mit internationaler Reputation hervorgebracht: Joseph van Ess. Aber selbst dieser große Gelehrte gehört zu den Schweigern in Bezug auf die anstehende Thematik. Es bleibt den französischen Nachbarn vorbehalten, mutige Islam-Wissenschaftler hervorzubringen, die die koloniale Tradition und ihre Zusammenhänge ansprechen. Von seiner geistesoffenen Einstellung gegenüber anderen Kulturen her passt Maxime Rodinson nicht gerade in die akademische Welt des Orientalismus, die als koloniale Geisteshaltung auch in den französischen Islam-Studien dominiert.

Die Gelehrsamkeit des jüdischen Wissenschaftlers Rodinson, die – um sie zu illustrieren – vergleichbar mit der Adornos und Blochs im Bereich der deutschen Sprache ist, zwingt auch seine Gegner, sich vor ihm aus Respekt zu verbeugen. Rodinson hat große Werke vorgelegt, von denen die zwei bedeutendsten in deutscher Übersetzung vorliegen: *Islam et capitalisme*[35] und seine Mohammed-Biographie.[36] Auch die kurze Geschichte über *Die Araber*[37] aus der Feder Rodinsons ist in deutscher Sprache zugänglich. Es war höchst bedenklich, dass im Jahr 1998 ein Dozent der American University of Cairo / AUC nur deshalb gefeuert wurde, weil er in einem Kurs die Mohammed-Biographie von Rodinson als Seminarlektüre verwendet hatte. Das sind alarmierende Zeichen im Zeitalter der Zivilisationskonflikte. Ohne Denkfreiheit und Zulassung unzensierter Reflexivität kann kein fruchtbarer Dialog gedeihen.

Rodinson ist ein französischer Jude und Sprössling russischer Migranten. Im Land der Französischen Revolution herrscht kein völkisches Denken vor, sondern *citoyennité* und daher ist Rodinson in Frankreich als *citoyen* ein Franzose und nicht ein Fremder, wie ich es in Deutschland bin. Ohne Hemmungen kann sich Rodinson erlauben, einer der engagiertesten Kritiker Israels[38] zu sein und somit reiht er sich in die Tradition des jüdischen Humanismus ein. Während der Jahre der NS-Herrschaft und der deutschen Besatzung Frankreichs fand Rodinson Zuflucht im damals liberalen Orient, in Beirut. Das waren von der islamischen Seite her die besseren, toleranteren Zeiten. Der Schutz, den der islamische Orient Rodinson in jenen Zeiten bot, hat bei ihm die Zuneigung gegenüber dem Islam und seinen Menschen wachsen lassen; ich kenne diese Sympathie aus der persönlichen Kommunikation mit ihm und der mir erteilten Wertschätzung, die ich – bis auf wenige Ausnahmen – von deutschen Orientalisten nicht erhalte.

Der Begriff der *fascination* steht auch bei Rodinson in Kontrast zur Wahrnehmung der historischen Begegnung mit dem Islam durch die Europäer. Rodinson beschreibt diese Situation mit folgenden Worten:

> »Lange Zeit waren die Muslime für das christliche Europa eine Bedrohung.«[39]

Rodinson will erklären, wie kulturelle Einstellungen entstehen und dann persistieren, selbst dann, wenn die sie bestimmende materielle Basis nicht mehr existiert. Das Orient-Okzident-Verhältnis scheint trotz aller Nuancen durch die ganze Geschichte von gegenseitiger Ablehnung gekennzeichnet zu sein. Für die Europäer war

> »die Welt des Islam … vor allem ein feindliches politisch-ideologisches Gefüge« (ebd., S. 23).

Über diese vor allem wahrnehmungspsychologische Fixierung hinaus kann man aber auch politische, militärische und ökonomische Dimensionen im Orient-Okzident- bzw. Islam-Europa-Verhältnis erkennen, die diese Ablehnung untermauern. Neben Bedrohung durch die Welt des Islam lassen sich zudem die in der Form einer Kuriosität auftretende Faszination, die »stets von Exotismus geleitet wurde« (ebd., S. 35) feststellen. Mit anderen Worten: Auch in der Mehrheit der Fälle, in denen Europäer dem Islam gegenüber positive Regungen aufbrachten, waren sie problematisch, weil in ihnen eher exotische Neigungen – wie Romantisierung des Fremden, Homosexualität etc. – zum Ausdruck kommen. Dies ist kein Widerspruch zu der These in meinem Buch *Kreuzzug und Djihad*, wo ich das Schwanken zwischen Bedrohung und Faszination als Muster der interzivilisatorischen Beziehungen feststellte.

Ähnlich können wir heute die »Freunde des Islam« unter den deutschen Linken beurteilen, die in der bereits angeführten Tradition des *tiersmondisme* dem Islamismus huldigen und dabei übersehen, wie totalitär dieser ist. Das ist die linke Spielart des okzidentalen Orientalismus, der aus Ignoranz nicht zwischen Islam und Islamismus zu unterscheiden vermag. Doch will ich hier diesen linken Orientalismus beiseite lassen und mich auf den weit wichtigeren und einflussreicheren Orientalismus der Islamkunde, der die patriarchalen Weltbilder der Europäer über den Islam für lange Epochen mitbestimmt hat, konzentrieren.

Um zu erklären, wie Europäer islamische Geschichte sehen, versucht Rodinson diese Sichtweise in verschiedene Etappen ihrer Entstehung einzuordnen. Ihm geht es primär darum, »*les étapes du regard occidental sur le monde musulman*« zu rekonstruieren und die in diesen Etappen dokumentierte »*structure politico-idéologique*« zu erklären. Diese Analyse bildet den Hauptteil von Rodinsons *La fascination de l'Islam*. Sie ist sein Beitrag zur Orientalismus-Debatte.

Um diese Zusammenhänge zu verstehen, müssen wir bis in das frühe Mittelalter zurückgehen, als die islamische Zivilisation weit entwickelter als die europäische war. Der europäische Prozess der Zivilisation im Elias'schen Sinne war noch in seinen Anfängen.[40] In einem früheren Werk habe ich nachgewiesen, dass die islamische *Djihad*-Expansion[41] als eine Bedrohung nicht nur im imaginären Sinne empfunden wurde. Der europäische Zivilisationsprozess schritt jedoch weiter voran, während der islamische bereits im 12. Jahrhundert ins Stocken geriet und im 14. Jahrhundert seinen Tiefpunkt erreichte. Für Europäer der Renaissance, die sich das griechische Erbe über dessen islamische Vermittler und parallel die Kulturgüter der islamischen Zivilisation anzueignen begannen, war der Islam keine Quelle der Bedrohung, sondern eine der Faszination.[42] Avicenna und Averroës sowie der islamische Rationalismus stehen hier als Symbole für diese Faszination.

Im 15. Jahrhundert tritt eine Änderung in dieser Haltung ein, von der zuvor ohnehin nur die Gelehrten, nicht aber Populär-Attitüden über den Islam betroffen waren. Mit der nunmehr türkisch-osmanischen Bedrohung Europas wird der Islam wieder mit der Vorstellung einer Kriegsreligion assoziiert. In dem soeben zitierten Buch über die islamischen *Djihad*-Eroberungen habe ich im einzelnen dargestellt, wie schädlich die türkischen Invasionen für die euroislamischen Beziehungen waren (wie Anm. 41); sie waren eine Quelle der Türkenfurcht, die zu Islam-Feindbildern führte.

Während der europäischen Aufklärung rückte der hellenistisch-islamische Rationalismus[43] in den Mittelpunkt der westlichen Wahrnehmung vom Islam. In diesem Rahmen wurde der Islam als eine Religion gedeutet, die »als eine Religion der Vernunft im Kontrast zu den vernunftfeindlichen christlichen Dogmen«[44] steht. Für radikale Religionskritiker wie Voltaire galt dies allerdings nicht. Auch blieb es nicht bei der Faszination, es kam zur Herrschaft. Als Europa anfing, die Welt auf der Basis seiner technisch-wissenschaftlichen Überlegenheit zu erobern, konnte sich die islamische Zivilisation nach ihrer langen Periode der Stagnation gegen die europäische nicht zur Wehr setzen.[45]

Im Anschluss an Rodinson möchte ich in diesem Zusammenhang die neuzeitlichen Beziehungen zwischen der islamischen und der europäischen Zivilisation in drei Muster klassifizieren, die auf die angesprochene »Umkehrung« folgten:

→ Einmal dominiert die Einstellung des expansiven Okzidents, der voller Verachtung für alle anderen Zivilisationen ist. Die Europäer erachten den Anderen im Verhältnis zu sich selbst als inferior und übersehen hierbei, dass es im frühen Mittelalter anders aussah.

→ In scheinbarem Kontrast zu der ersten Einstellung steht das zweite Muster, nämlich die Neigung von jenen Europäern, die ihrer technisch-wissenschaftlichen Zivilisation entfliehen wollen und sich angezogen fühlen »von einem magischen Orient, dessen wachsende Armut den Charme erhöht«. Das ist die Romantik der schlechten Faszination, die unterschiedliche Formen annimmt, zu denen auch die *tiers-mondisme* der Linken gehört.

→ Und schließlich haben wir das Muster des Experten, d.h. jener Orient-Forscher und Kulturanthropologen, die den Anderen studieren. Diese haben eine Tradition kultiviert, die ich hier mit Vorsicht »Orientalismus« nenne, weil ich Said nur in einigen Punkten folge, mich aber entschieden von den Generalisierungen des Saidismus distanziere.

Diese drei Muster können wir mit den Begriffen *Imperialismus*, *Exotismus* und *wissenschaftliche Erforschung* umschreiben. Die hiermit korrespondierenden Einstellungen gegenüber dem Islam und Orient sind nach Rodinson »trotz ihres äußeren Scheins eher komplementär als widersprüchlich zueinander« (ebd., S. 72).

Rodinson empfiehlt Said zur Lektüre, hat aber seine Vorbehalte. Auch ich denke, in Abgrenzung zu Said, dass die Orientalismus-Kritik nicht nur politischen, sondern auch fachwissenschaftlich-methodischen Inhalts sein muss. Said, im Gegensatz zu Rodinson, betreibt sie leider vorwiegend politisch und würdigt die fachlichen Aspekte wenig. In der großen Debatte, die 1982 zwischen Edward Said und Bernard Lewis im *Literary Supplement* der großen amerikanischen Zeitung *New York Times*, dem *New York Review*, geführt und als persönliches Duell auf dem MESA-Kongress 1986 in Boston fortgesetzt wurde, haben beide einander vorgehalten, politisch und nicht akademisch zu argumentieren.[46] Beide haben nicht erkannt, wie die Entkolonisation der Islam-Studien erfolgen müsste. Die Entorientalisierung der Orient-Forschung, etwa durch die Einführung der neueren Ansätze von *Global History* und *Historical Sociology* schließt das Ende der Hegemonie der Philologie in den Islam-Studien ein. Entsprechend muss der Historiker, der sich mit der islamischen Geschichte befasst, auf diese Weise interdisziplinär und nicht mehr nur quellenexegetisch und geistlos deskriptiv arbeiten. Mit Rodinson denke ich, dass Orientalisten durch eine von ihnen geübte Selbstreflexion, zu der sie ihr bisheriges wissenschaftliches Instrumentarium kaum befähigt, lernen könnten, ihre ideologischen Optionen und ihren Parochialismus zu überwinden. Ein Paradigmenwechsel ist nötig, zu dem sie bisher nicht fähig sind.

Im Zeitalter der Globalisierung muss der Paradigmenwechsel im Rahmen interkultureller Kommunikation erfolgen und diese ist ohne eine Dekolonisation der Geschichtswissenschaft nicht denkbar.

Islamische Historiker haben nunmehr den Anspruch auf Egalität und das Recht als Kollegen aufzutreten und akzeptieren es nicht mehr, sich selbst als »Studienobjekte« anzubieten, d.h. sich orientalisieren zu lassen. In Deutschland hat die Institution »Universität« ihre Probleme nicht nur mit den eurozentrischen Orient-Philologen, sondern auch mit dem Erbe der linken Kauderwelsch-Ideologie der 60er und 70er Jahre. Die Vertreter dieser Ideologie haben mit ihrer »Dritte Welt-Romantik« eher Schaden angerichtet als einen Wandel herbeigeführt.

Die islamische Geschichte in der deutschen Orientalistik / Islamwissenschaft

Die Schwarz-Weiß-Malerei der Orientalismus-Provokation ablehnend, stelle ich fest: Die deutschen Islam-Studien haben eine lange, nicht nur negative Tradition. Von meiner Kritik nehme ich bis zu einem gewissen Grad beispielsweise einen deutschen Orientalisten aus, der ein Buch über die islamische Geschichte vorgelegt hat, Gerhard Endreß. Ich würdige Endreß' Versicherung, dass die Orientalistik nur dann ihre wissenschaftlichen Aufgaben erfüllen kann,

> »wenn sie Respekt vor der historisch gewachsenen Eigenart der Partner im Orient vermittelt und zugleich die tiefen Bindungen gemeinsamer geschichtlicher Voraussetzungen und Erfahrungen zwischen der islamischen Welt und Europa bewusst macht«.[47]

Der zitierte Orientalist weiß bestens, dass das Konfliktverhältnis zwischen Orient und Okzident »von Jahrhunderten der Bedrohung und der kriegerischen Auseinandersetzungen geprägt« war, so dass die *Djihad*- und Kreuzzugs-Geschichte den »Geist des Vorurteils und der Polemik« (ebd., S. 14) weitgehend bestimmt. Es erfordert unendlich viel Aufklärungsarbeit, um mit dieser historischen Last aufzuräumen.

Erfreulich ist, wenn der Orientalist Endreß hervorhebt, dass das Misstrauen zwischen Orient und Okzident bis in die Gegenwart seine Gültigkeit hat, daraus aber Verantwortung für den Historiker ableitet. Denn die

Spannung zwischen Bedrohung und Faszination entsteht nicht abseits der Wissenschaft:

> »Der Zorn über das Kalkül der Machtpolitik, der den Gelehrten von der Mitverantwortung nicht freispricht«, gehöre zu den »Faktoren der wissenschaftlichen Begegnung zwischen Ost und West« (ebd., S. 30).

Bei soviel Reflexion werden voreilige, sehr hohe Erwartungen geweckt, die jedoch leider schnell enttäuscht werden. Endreß will die westliche Orientalistik von jedem kolonialen Ruch freisprechen und verliert somit seine Glaubwürdigkeit, weil er alle politischen Implikationen des Orientalismus verdrängt. Und schließlich: Obwohl er angibt, ein Geschichtsbuch zu schreiben, besteht er weiterhin auf dem Primat der Philologie. Also enden wir, wo wir begonnen haben. Alles bleibt beim Alten und die Begegnung zwischen Orient und Okzident würde sich nach diesem Vorverständnis auf das wissenschaftliche Gespräch beschränken, dessen Inhalt lediglich

> »die wissenschaftlichen Methoden der philologischen Texterschließung und der historischen Quellenkritik, die in Europa entwickelt wurden« (ebd., S. 31),

bilden. Ist das der westlich-islamische Dialog deutscher Orientalisten?

Wir sehen also, selbst kritische deutsche Orientalisten bewahren überkommene Weltbilder. Sie verstehen es immer noch nicht, die Erkenntnis zu teilen, dass Historie nicht Philologie ist. Allen Spielarten des Orientalismus zum Trotz hat der Islam eine Geschichte. Rodinson erkannte den Bedarf nach einem Junktim zwischen »*la fin de l'Orientalisme*« und »*la fin de l'hégémonie de la philologie*«. Die deutsche Orientalistik ist aber – auch bei ihren wenig euro-arrogant eingestellten Vertretern, wie z.B. Endreß – noch immer Philologie bzw. eine »Texterschließung und Quellenkritik«, nicht jedoch eine für andere Zivilisationen offene Geschichtswissenschaft, die zudem Bezüge zu anderen Disziplinen pflegt. Hier scheint in Deutschland kein Wandel zu erfolgen. Der Impetus muss von woandersher kommen.

Der Bedarf nach Aufnahme der Islam-Studien in die Geschichtswissenschaft sowie der Öffnung für eine multidisziplinäre Erweiterung des Horizonts bleibt bestehen, um der Komplexität der modernen Welt, zu der der islamische Orient gehört, gewachsen zu sein. Die Kenntnis der Sprache und der Quellen als »*les seules armes*« (Rodinson) des klassischen

Orientalisten, befähigen nicht dazu, die islamische Geschichte in den Griff zu bekommen. Sowohl bei dem scheinbar aufgeschlossenen Endreß als auch bei anderen deutschen Islamkundlern wird die Orientalismus-Debatte im neuen Millennium verdrängt. Auch bei Endreß wird sie noch nicht einmal in Form eines Literaturhinweises zur Kenntnis genommen. Die Zunft ist solidarischer als ein vorislamischer Stamm der *Djahiliyya*-Zeit!

Trotz dieser sehr grundlegenden Kritik bleibt es eine ermutigende Tatsache, dass ein Islamkundler wie Endreß den Begriff »islamische Geschichte« für einen Buch-Titel verwendet und damit anerkennt, dass der Islam eine Geschichte hat, auch wenn diese nur chronologisch-narrativ, ohne die geschichtstheoretische Verarbeitung des Materials vorgetragen wird. Der Grundmangel aller islamkundlichen Publikationen, die sich von dem Vorurteil befreien, der Islam habe keine Geschichte, bleibt ihre konzeptuelle Schwäche. Nur um dies zu illustrieren, sei die Frage der Einheit und des Begriffes der islamischen Geschichte aufgeworfen, die Endreß ja aufnimmt, ohne ihr gerecht werden zu können. Er endet seine historische Diskussion mit der verzweifelten Aussage:

> »Die von Industrialisierung, Arbeitsteilung und Mobilität bewirkten vielfältigen Wandlungen lassen eine umfassende Definition der ›islamischen Gesellschaft‹ *nicht mehr* zu« (ebd., S. 121, eigene Hervorhebung).

Sozialwissenschaftlich geschulte Anthropologen wie Clifford Geertz, die empirisch über den Islam gearbeitet haben und ihn nicht nur aus den handschriftlichen Quellen kennen, würden heftig bestreiten, dass eine solche konstante »Definition« je möglich gewesen ist.[48] Hinter der Formel »nicht mehr« von Endreß muss ein großes Fragezeichen gesetzt werden. Der Islam war immer historisch und kulturell vielfältig, nie monolithisch. Die Vielfalt des Islam prägt die gesamte islamische Geschichte und ihre Formationen. Trotz dieses Argumentes halte ich fest an meinem in Kapitel I vorgetragenen Argument von der Einheit islamischer Geschichte. Vielfalt und Einheit sind hier komplementär, und diese Komplexität kann der Historiker nicht mit klassischer Philologie, die nur Handschriften entziffern hilft, nie aber »Denken« auf sich nimmt, verstehen. Ein konservativer deutscher Gelehrter hat einmal als Buchtitel die Formel geprägt: »Die (Denk-)Arbeit tun die Anderen!«

Von anderen lernen!
Der amerikanische Area-Studies-Approach als neuer Ansatz für die Islam-Studien

Geschichtlich gesehen, sind die amerikanischen Islam-Studien vor allem im Rahmen der Migration europäischer Wissenschaftler entstanden (Rosenthal, Gibb etc.). Aber seit den 60er Jahren haben sie ihren eigenen Ansatz. Ich will damit nicht behaupten, dass in den USA eine *Entorientalisierung der Orientalistik*, für die ich in der vorliegenden Einladung in die islamische Geschichte eintrete, erfolgt ist. Ganz bestimmt nicht. Und doch finde ich im Gegensatz zu manchen Europäern keine autoritär-altkolonialen Gebärden bei den amerikanischen Nahost- und Islamwissenschaftlern. Die europäischen Islamkundler haben »*la fin de l'hégémonie de la philologie*« durch die Aufnahme der Islam-Studien in die Geschichtswissenschaft parallel zur Öffnung für sozialwissenschaftliche Methoden und Theorien noch zu vollziehen. Das ist an US-amerikanischen Universitäten längst erreicht worden, obwohl es auch amerikanische Betonköpfe von gestern gibt. Natürlich bedeutet der Verzicht auf die alten Methoden nicht die Aufgabe der »philologischen Texterschließung und der historischen Quellenkritik«, die in der Islamkunde bis heute dominieren. Denn ohne Kenntnis orientalischer Sprachen kann kein Islam-Experte für sich Kompetenz beanspruchen. Der Islamwissenschaftler muss jedoch nicht nur die OrientSprachen beherrschen, er muss auch ein Islam-Historiker sein, der willens ist, die Fähigkeit zur Konzeptualisierung vom Sozialwissenschaftler zu lernen. Nur auf diese Weise kann er die Komplexität der Probleme wissenschaftlich durchdringen.

Die USA sind das einzige Land der Welt, in dem im Rahmen der amerikanischen *Area Studies* annähernd eine Überwindung der historisch gewachsenen Desiderata der Orient-Forschung erreicht worden ist. Die *Area Studies* verbinden Philologie, Geschichte und sozialwissenschaftliche Analyse interdisziplinär miteinander. Ich habe an einem Dutzend US-Universitäten gearbeitet und hierbei die Erfahrung des von mir beklagten orientalistischen Gehabes eher als Ausnahme, jedenfalls nicht als die Regel erlebt.

John Waterbury (früher Princeton, jetzt Präsident der American University of Beirut) und Leonard Binder (früher Chicago, jetzt University of California Los Angeles) sind Sozialwissenschaftler mit historischen

Kenntnissen und bewundernswerter Sprachkompetenz, zu denen es in Deutschland leider keinen Vergleich gibt. Beide sind mit den Sprachen und mit der Geschichte des islamischen Orients voll vertraut und stehen zugleich auf der Höhe der sozialwissenschaftlichen Diskussion. Binder und Waterbury haben große Werke über den Iran, Ägypten, Marokko u.a. vorgelegt und die zeitgeschichtlichen Entwicklungen in der Welt des Islam in größeren Zusammenhängen untersucht. Vergleichbare Bücher gibt es in deutscher Sprache nicht! Es ist traurig, dies feststellen zu müssen!

Wenn ich für die Verbindung von Geschichte und Sozialwissenschaft eintrete, dann bin ich mir der Tatsache bewusst, dass es kulturell unterschiedliche sozialwissenschaftliche Traditionen gibt. Die kontinentale europäische, vor allem die deutsche Sozialwissenschaft, ist noch stark geprägt von der abstrakt-philosophischen Tradition der – ich möchte sagen: reinen – Begriffsbildung.

Allgemeine Reflexion und ihre Theorien sind eindrucksvoll, werden aber zu einem Problem, wenn sie der Geschichte fern stehen. Dann haben wir also Fleisch ohne Blut, also Begriffe ohne historische Substanz. Die angelsächsische Tradition der Geschichts- und Sozialwissenschaft ist im Gegensatz hierzu sehr konkret und dadurch charakterisiert, dass in ihr Teilbereiche der Gesellschaft empirisch positivistisch bis in die kleinsten Details erforscht werden. Sozialwissenschaft steht somit der Geschichte nicht völlig fern, so wie dies in der kontinental-europäischen, vor allem deutschen Sozialwissenschaft der Fall ist. Deutsche Soziologen arbeiten begrifflich und nur mit einem geringen empirischen Aufwand über größere Zusammenhänge und liefern hierbei große Theorien, die für die Arbeit des Historikers nur wenig Wert haben, um es höflich auszudrücken. Es ist bedauerlich, dass deutsche Historiker – mangels besseren Wissens – dieses Defizit der deutschen Soziologie global den Sozialwissenschaften zuschreiben.

Die Begriffe Sozialtechnik bzw. Gesellschaftstheorie scheinen mir zur Bestimmung der angelsächsischen bzw. deutschen Tradition von Sozialwissenschaft zuzutreffen. Am besten lässt sich dieser kulturelle wissenschaftstraditionelle Unterschied an der Biographie des großen deutschen Soziologen Karl Mannheim illustrieren, der in den Weimarer Jahren auf deutsche Art sein philosophisch-konzeptuelles Werk *Ideologie und Utopie* schrieb. Als er 1933 nach seiner Flucht vor dem NS-Terror ins Londoner Exil gehen musste, wandelte sich sein Denken. Für ihn wurde seit dieser

Übersiedlung in ein neues geistiges Umfeld die Sozialwissenschaft zu einer Disziplin, deren Aufgabe darin besteht, »einen guten theoretischen Überblick über die Schlüsselstellungen für die Lenkung der Gesellschaft«[49] zu liefern. Die Aufgabe der Gesellschaftstheorie ist Nachdenken, während die der Sozialtechnik in »Lenkung« besteht. Die zitierte Stelle illustriert diesen Unterschied. Bei Karl Mannheim war mit dieser Erkenntnis ein Übergang von der Gesellschaftstheorie zur Suche nach den erforderlichen Sozialtechniken verbunden.

Der Urheber der Orientalismus-Debatte und der heftigste Kritiker der westlichen Islam-Studien, Edward Said, verachtet die amerikanischen *Area-Studies*-Experten, weil sie keine Intellektuellen, sondern Techniker der Macht sind. In den USA wird die Sozialwissenschaft im Sinne der soeben angesprochenen angelsächsischen Tradition oft als Sozialtechnik – etwa zur Beratung der Politik – betrieben. Rodinson und auch ich haben einen anderen Begriff von Sozialwissenschaft, wenn wir für die Öffnung der Islam-Studien im Rahmen von »*la fin de l'hégémonie de la philologie*« plädieren. Entsprechend stelle ich mir die Integration von Geschichts- und Sozialwissenschaft in die Islam-Forschung anders vor.

In Deutschland verkörpert Gerhard Endreß, dessen *Einführung in die islamische Geschichte* ich in diesem Kapitel vorgestellt habe, ein allgemeines Muster: Er lehnt die Sozialwissenschaften vermutlich deshalb ab, weil er nur auf Grund hochschulpolitischer Erfahrungen der an der deutschen Universität stark politisierten Sozialwissenschaft die Vorstellung von manch hitzköpfigen Soziologen als Stigma hat. Er scheint das Vorurteil zu teilen, dass Soziologen nicht mehr bieten als Wortakribie, sprich empirielose »Halbheiten« – wie man sie aus dieser Richtung erleben kann. International herrschen andere Standards in dieser Disziplin. Hierzulande erfolgt eine Verballhornung der einst großen deutschen, begrifflich ausgerichteten Soziologie und die Größe Max Webers bleibt unerreicht.

Der skizzierte Hintergrund liefert die Erklärung dafür, warum ich auf den amerikanischen *Area-Studies-Approach* zurückgreife, mich also von der begrifflichen, aber realitätsfernen Eleganz vieler sozialwissenschaftlicher Richtungen an der deutschen Universität abwende. Zu dieser Distanz bin ich in den vergangenen zwei Jahrzehnten im Rahmen der Arbeit in der amerikanischen Geschichts- und Sozialwissenschaft gelangt.[50] Ich habe meine Islam-Studien im Rahmen des *Area-Studies-Approach* an mehreren amerikanischen Universitäten betrieben und hierbei neue Erkenntnisse gewonnen.[51] Nicht ohne Grund habe ich meine Bücher – wie auch das vorliegende – bevorzugt in Harvard geschrieben und hierfür primitive Angriffe gegen meine Person durch deutsche Professoren in Kauf nehmen müssen.[52]

Harvard bot mir 1982–2000 ein wissenschaftliches Exil in den USA. Aber die sozialtechnische Orientierung, die eine nicht auf Verwertbarkeit eingeengte, ungebundene Reflexion nicht zulässt, bleibt mir genauso fremd wie der deutsche Elfenbeinturm geschwätziger Intellektueller. Ich suche meinen Mittelweg in einer ausbalancierten Verbindung von *Scholarship* und *Public Policy*, also zwischen der Elfenbeinturm-Tradition der deutschen Universität und der amerikanischen sozialtechnischen Bestimmung des Wissens. Deutsche Studenten, die in den USA studiert und in Berlin *The European College of Liberal Arts* gegründet haben, sprechen von einer erforderlichen Synthese aus dem Geist Humboldts und dem Niveau Harvards, weshalb sie meine Sympathie genießen.

Nach diesen Vorbemerkungen möchte ich nun zur Diskussion der amerikanischen *Middle-East-Studies* übergehen und deren Beitrag für das Studium der islamischen Geschichte erörtern. Ich habe schon Leonard Binder[53] als Vorbild angeführt. Zu einem im Auftrag der *Middle East Studies Association of North America* / MESA durch geführten großen Forschungsprojekt hat Binder bereits in den siebziger Jahren renommierte Fachvertreter versammelt, die gemeinsam über Islam- und Nahoststudien nachdachten. Dazu gehörten: Religionswissenschaft (C. H. Adams, S. 29ff.), Geschichte (Albert Hourani, S. 97ff.), Anthropologie (R. Antoun u.a., S. 137ff.), Kunstwissenschaft und Archäologie (O. Graber, S. 229ff.), Politikwissenschaft (W. Zartmann, S. 265ff.), Philosophie (S. H. Nasr, S. 329ff.), Linguistik (G. Windfuhr, S. 347ff.), Literaturwissenschaft (R. Allen u.a., S. 399ff.), Soziologie (G. Sabagh, S. 511ff.) und schließlich Wirtschaftswissenschaft (J. Simmons, S. 567ff.). Wie mir Leonard Binder berichtete, war ein Vertreter der deutschen Orientalistik, H. Römer, eingeladen, um die deutschen Islam-Studien zu Wort kommen zu lassen. Dieser Orientalist gab sich aber – laut Binder – mit dem Genuss der Sonne Kaliforniens zufrieden und hat entsprechend keinen Beitrag zu der aus diesem Projekt hervorgegangenen Publikation zustande gebracht. Die produktiveren Wissenschaftler haben dagegen wichtige Ergebnisse vorgelegt. Also auch hier: Die Arbeit tun die Anderen!

Sowohl aus der Perspektive der Orientalismus-Debatte als auch auf der Basis dieser Ergebnisse möchte ich den Beitrag des US-amerikanischen Ansatzes zu den Islam-Studien anhand des zitierten Projekts erläutern. Binder[54] nennt die beteiligten Disziplinen zunächst »prinzipielle Teileinheiten im allgemeinen Feld der Nahost-Studien«.[55] Bei allen Projektbeteiligten war ein Gespür dafür vorhanden, dass für die Islam-Studien ein neues Paradigma im Kuhnschen Sinne[56] dringend erforderlich ist, um die *Middle East Studies* von der philologisch-schöngeistigen Orientalistik abzugrenzen. Von diesem erforderlichen Paradigmenwechsel habe ich bereits oben bei der Kritik an der philologischen Orientalistik gesprochen. In den Schlussfolgerungen zu diesem Kapitel werde ich auf dieses Thema noch einmal zurückkommen. Dort werde ich Thomas Kuhn und seinen Paradigma-Wechsel beim Denken über den Orientalismus aktualisieren.

Im Gegensatz zu Said definiert Binder – wie auch ich – den Orientalismus nicht nur als eine sozio-politische Einstellung der Arroganz gegenüber dem Islam, sondern auch als eine spezifisch fachwissenschaftliche Orientierung:

> »Orientalismus basiert auf Methoden, die für das textkritische Studium der klassischen Literatur entwickelt wurden … Orientalismus bleibt im wesentlichen eine philologische Disziplin, in der die Kenntnis der Sprache und ihrer Geschichte die Grundvoraussetzung für die hermeneutische Erläuterung der Texte waren« (Binder, wie Anm. 22, S. 9).

Binder weiß jedoch, dass es sich hierbei nicht um eine reine Wissenschaft handelt, zumal viele Orientalisten

> »von der Exotik und dem angeblichen Hedonismus der nahöstlichen Kulturen fasziniert waren« (ebd.).

Ob es überwiegend persönliche Neigungen waren, die die Quelle der Orient-Faszination ausmachten, ist hier nicht von Interesse. Es genügt den biographischen Hintergrund vieler Islamkundler bei der Wahl ihres Faches in jungen Jahren als Motiv anzuführen. Hierzu gehörten etwa die Lektüre von Karl May oder Erlebnisse auf Orient-Reisen. Diese persönliche Ebene fällt in oft tragischer Weise mit »hegemonialen Interessen« des einst kolonialen Europas zusammen, die die Orientalisten vertreten, und somit mit der Unfähigkeit, »den Anderen« als gleichwertig anzuerkennen. Letztere sind relevanter für die vorliegende Diskussion.

In Abgrenzung zur traditionellen Orientalistik stehen hier die wissenschaftlich-methodischen Inhalte des amerikanischen *Area-Studies*-Ansatzes und ihre Bedeutung für die Islam-Studien zur Diskussion, die in Anschluss an Binder geführt wird. Auch ich räume ein, dass heute weder ein westlicher Islam-Forscher noch ein nicht gerade fundamentalistisch voreingenommener arabo-islamischer Wissenschaftler die Geschichte des Islam und seiner Kultur studieren kann, ohne auf die großen Werke der britischen, französischen und – bis 1933 – deutschen Orientalisten zurückzugreifen. Nach heute gültigen Standards nehmen die US-Islam-Experten den höchsten Rang in den Islam-Studien ein und haben somit die europäischen Islamwissenschaften abgelöst. Islamische Geschichte hat es ohnehin nie an der deutschen Universität gegeben.

Gemeinsam mit Binder will ich – trotz meiner partiell den Europäern gezollten Anerkennung – die Grenzen der alten Tradition der Orientalistik und ihrer Islam-Studien aufzeigen:

> »Orientalisten begnügten sich zu oft damit, die Bedeutung einer Zivilisation auf der Basis einiger weniger Manuskripte einzuschätzen ... Die (diesen Texten; B.T.) widersprechende Realität zeitgenössischer Praxis wurde nicht als Beleg für mögliche historische Sozialmuster verstanden, sondern einfach als Korrumpierung von Menschen des modernen Nahen Ostens – eine Schlussfolgerung, die in gleicher Form zu viele Muslime zu akzeptieren bereit waren« (ebd., S. 10).

In Bezug auf die Historizität des Islam wirkt die argumentative Ähnlichkeit zwischen der Denkweise traditioneller westlicher Orientalisten und moderner islamischer Fundamentalisten geradezu ironisch, obwohl letztere die ersteren aggressiv beschuldigen, »Kreuzzügler« zu sein.[57] Gleichermaßen für Orientalisten und für islamische Fundamentalisten ist die Ansicht bezeichnend, dass die Diskrepanz zwischen den islamischen Religio-Vorschriften und der Realität auf Abweichungen vom Islam basiert. Die Islamisten gehen noch einen Schritt weiter und schlussfolgern, dass deshalb kein Überdenken des Islam notwendig ist, um diesen mit der modernen Lebenswelt in Einklang zu bringen. Eine Historisierung des Islam durch seine Aufnahme in die Geschichtswissenschaften läuft beiden Strömungen zuwider.

Im Gegensatz zu der Essentialisierung des Islam gleichermaßen durch Islamisten und Orientalisten, sind sozialwissenschaftlich geschulte Historiker vor die Aufgabe gestellt, substantielle Erklärungen für diese Diskrepanz zu liefern, also auch den Islam zu historisieren. Die Philologie der Islamkunde ist essentialistisch, d.h., sie geht von einer unveränderbaren Essenz des Islam aus. Somit ist sie geschichtsfeindlich, weil Orientalisten – ebenso wie Islamisten – den Text von seinem historischen Kontext trennen. Der Text / Skriptur wird von seinem Kontext abgelöst und erlebt durch den Skripturalismus, also die Schriftgläubigkeit, eine überhistorische Verabsolutierung!

Von besonderem Interesse für das vorliegende Buch ist die zentrale Idee des *Area-Studies-Approach*, nämlich, dass es keine Universalgeschichte gibt, deren Zentrum der Okzident ist. Diese Idee basiert auf einem westlichen Glauben an europäische Zentralität. In diesem Sinne wäre der neue Ansatz eine Befreiung der Forschung von dem gängigen Eurozentrismus und seiner Ideologie des *homo islamicus*. Deshalb erarbeiten sich amerikanische Historiker in der Regel ein regionales Spezialgebiet; sie gehören zwar alle einem geschichtswissenschaftlichen Fachbereich (*Department of History*) an, sind aber – ihrer Spezialisierung entsprechend (wie *Middle Eastern Studies*, *European Studies* etc.) – auf die jeweiligen *Area Studies Centers* verteilt. So werden die geschichtswissenschaftlichen Lehrstühle für islamische, chinesische, deutsche oder japanische Geschichte etc. definiert. Eine solche Struktur gibt es an der deutschen Universität nicht!

Im Kontrast zu internationalen Standards lehren und forschen bei uns in Deutschland Historiker nicht über Regionen der Welt, sondern über allgemeine alte, mittlere, neuere und manchmal Zeitgeschichte, womit in der Regel aber ausschließlich die Geschichte Europas, ja gar nur Deutschlands gemeint ist. Eine Reflexion über die eurozentristische Implikation dieser Geschichtsbetrachtung bleibt aus. Dies ist die europäisch definierte, sogenannte Universalgeschichte, die es aber in der historischen Realität nie gegeben hat.

Der wissenschaftliche Fortschritt im Rahmen des nur teilweise vollzogenen Paradigmenwechsels von dem schöngeistig-philologischen Paradigma zu den interdisziplinären *Area Studies* ist nicht von allen Mängeln frei; so bleibt die eurozentrisch-orientalistische Sicht des Orients noch immer lebendig, ist also auch in den USA nicht überwunden worden.

Die amerikanische Modernisierungstheorie und der in ihr inhärente Evolutionsgedanke[58] sind westzentrisch, weil sie von den westlichen Erfahrungen als einem global gültigen Modell unilinearer Entwicklung ausgehen. Im Gegensatz zu den europäischen Orientalisten sind ihre US-Vertreter deshalb jedoch keine Rassisten, weil sie unterstellen, Evolution – wenn auch mit Zeitverschiebung – wiederhole sich in allen Zivilisationen, also auch in der Welt des Islam. Die Vertreter der Ideologie des *homo islamicus* schließen dagegen aus, dass der Muslim zu solchen Entwicklungen überhaupt fähig sein kann. Und der Grund hierfür ist – so belehrt uns C. H. Becker – in »rassenpsychologischen Ursachen zu suchen«. Ein wesentlicher Unterschied zwischen US-Amerikanern als Universalisten und den Eurozentristen des 19. Jahrhunderts sowie den Orientalisten von heute ist also, dass Letztere glauben, die nicht-westlichen Kulturen hätten die Unterlegenheit gegenüber Europa als Wesensmerkmal. Dies gilt nach heute anerkannten Maßstäben als Rassismus. Ich verwende diesen Begriff vorsichtig, aber im vorliegenden Fall charakterisiert er substantiell die angeführte Denkweise der Orientalisten.

Um es festzuhalten: Amerikanische Universalisten glauben, dass sich auch in Afrika und im Orient das wiederholen kann, was im Westen stattgefunden hat. Hierdurch wird der Evolutionsgedanke von der Vorstellung abgekoppelt, dass Europäer entwickelter seien als andere, eben weil sie Europäer sind, d.h. dass ihre Evolution einmalig ist und daraus Herrschaftsansprüche der Europäer abgeleitet werden könnten.[59] Doch durch die Hintertür wird die Zentralität der westlichen Zivilisation – wenngleich ohne Dünkel – auch bei den Amerikanern wieder eingeführt. Dies geschieht durch die Annahme der geschichtlichen, jedoch am Westen orientierten Phasenverschiebung. Die Argumentation von Binder lautet,

> »dass alles, was von weltweiter kultureller und sozialer Bedeutung ist, bereits geschehen ist, und zwar innerhalb der Grenzen eines einzigen historischen kulturellen Gefüges (des Westens, B.T.). Wenn wir diese Annahmen bestreiten – und dies müssen wir als Regionalspezialisten tun – dann folgt daraus, dass wir eine durch einen bestimmten situativen Kontext vorgegebene Formulierung unserer Forschungsfragestellungen überprüfen müssen; wir müssen die Erfahrung einer Vielzahl verschiedener Gesellschaften vergleichen« (Binder, wie Anm. 22, S. 17).

In den Islam-Studien geht es bei der Kritik am Universalismus darum, ein Mittelmaß zu finden, nicht einen Kulturrelativismus einzuführen. Die islamische Geschichte hat ihre Eigenheiten, die aus dem kulturellen System des Islam zu verstehen sind, sie ist aber zugleich rational deutbar, wie jede andere Geschichte. So können neben islamischen Konzepten wie Kalifat, Imamat, *Schari'a*, *Fiqh* u.ä.m. universelle Konzepte wie Staat, Herrschaft und Recht zur Deutung herangezogen werden.

Kurz gefasst und mit anderen Worten heißt das, dass die Kritik am historischen Universalismus nicht zu einem auf Willkür basierenden und rigorosen Relativismus führen darf, wie auch Binder selbst es formuliert. Es ist bedauerlich, dass amerikanische Postmodernisten einen solchen Relativismus aus Saids Orientalismus-Kritik abgeleitet und sein Anliegen deformiert haben. Auf dem bereits angeführten Treffen in Chicago im Dezember 1998 hat sich Said selbst von einem solchen Relativismus distanziert und sich für Werte-Universalität ausgesprochen.

In diesem wissenschaftlich-methodischen Verständnis bedeutet der Übergang vom *Paradigma des Orientalismus* zu dem der *Area Studies* beim Studium der islamischen Geschichte nicht nur, dass eine Verbindung von Geschichte und Sozialwissenschaft mit dem Ergebnis einer historischen Sozialwissenschaft entsteht, sondern *auch und vor allem*, dass *Interdisziplinarität* und *Komparatistik* die Geschichtsbetrachtung prägen. Trotz aller Kritik an den amerikanischen *Area Studies* kann man ihre großen Leistungen nicht übersehen. Zentral sind unter ihnen vor allem zwei:

1. die akademische Institutionalisierung der *Middle East Studies* an allen großen amerikanischen Universitäten und
2. »dass wir uns den Disziplinen mit einer gehörigen Portion Skeptizismus und einem gewissen Anspruch / Intellektualismus angeschlossen haben.« (Binder)

Generell möchte ich anmerken, dass die Perspektive von Wissenschaftlern, gleich welcher Disziplin sie angehören, notwendigerweise provinziell bleibt, wenn sie nicht gezwungen werden, ihre in einem bestimmten – fast immer dem eigenen – Kulturkreis gewonnenen Begriffe bei Begegnungen mit dem »Anderen« neu zu durchdenken. Eine Universalgeschichte gibt es nicht. Zu dieser Bereicherung durch die auch historische Wahrnehmung des »Anderen« kommen Interdisziplinarität und Komparatistik hinzu.

Trotz meiner Beanstandung des Universalismus und meines Plädoyers für einen kulturellen Pluralismus räume ich die Geltung einer Universalität des Wissens ein.[60] Diese muss nicht mit einer inferiorisierenden Einstufung des Anderen als *underdog* einhergehen! Auch ein Mensch aus dem Orient kann über die Bestimmung der Islam-Studien mitreden und diesen Anspruch stelle ich hier als muslimischer Historiker bei meinem Versuch, für die Aufnahme des Islam in die deutsche Geschichtswissenschaft zu streiten.

Schlussfolgerungen. Entkolonisation der Islam-Studien: Von der Orientalistik zur historisch-sozialwissenschaftlichen Islamologie

Als historisch arbeitender Sozialwissenschaftler, der sich mit Religion in Kultur, Politik und Gesellschaft befasst, deprimiert es mich jedes Mal, wenn ich in der Öffentlichkeit – wenngleich wohlwollend gemeint – abwechselnd als »führender Orientalist« oder »Islam-Wissenschaftler« eingeordnet werde. Meine Leser werden die Gründe dafür nach der Lektüre dieses Kapitels sehr gut verstehen. Stets, wenn bei meinen Fernsehauftritten der Bedarf besteht, meinen Namen mit einem Stichwort / Beruf zu verbinden, werde ich bei der Namenseinblendung auf dem Bildschirm nicht als Islamologe – wie ich es wünsche –, sondern gegen meinen Willen als Islamwissenschaftler bezeichnet.

Nun kann ein Muslim nicht zum »Stamm« der Orientalisten gehören, die skurrilerweise ein Wissensmonopol auf den Islam beanspruchen. Auf meinen eigenen Protest gegen die angeführte Zuordnung aber bekomme ich höflich die schlichte Erklärung zu hören, »Islamologie« sei ein zu schwer verständliches Fremdwort für die Zuschauer. Buchleser haben ein höheres Niveau als andere Medienkonsumenten und so hoffe ich auf die Akzeptanz der Tatsache, dass die von mir betriebene historisch-sozialwissenschaftliche Islamologie sowohl weltanschaulich als auch wissenschaftlich etwas anderes als die deutsche Islamkunde ist. Meine Einladung in die islamische Geschichte geht von völlig anderen Voraussetzungen aus und hat andere Grundlagen als die tradierte und in Deutschland noch immer gelehrte Orientalistik sowie die ihr untergeordnete Islamkunde.

In Bezug auf die Medien möchte ich als Wissenschaftler, der den deutschen universitären Elfenbeinturm verlassen hat und die professoralen Vorurteile gegen Journalismus und Publizistik absolut nicht teilt, einiges klarstellen. Ohne aufzuhören, nach wissenschaftlichen Standards zu arbeiten und ohne die klaren Unterschiede zwischen Medien und Wissenschaft zu verwischen, denke ich, dass es möglich ist, wissenschaftliche Inhalte vereinfacht darzustellen, so dass sie allgemeinverständlich und für ein Laien-Lesepublikum zugänglich gemacht werden können. Wenn die mediale Vereinfachung jedoch soweit geht, dass es nicht mehr möglich ist, zwischen Islamwissenschaft und Islamologie, d.h. nicht mehr zwischen Apfel und Birne zu unterschieden, dann mache ich natürlich nicht mehr mit. Dann schließe ich mich der Kritik an manchen Journalisten an, die die Intelligenz von Lesern und Medienkonsumenten so sehr unterschätzen, dass sie sich selbst unter den Zwang setzen, im Namen der Vereinfachung die Tatsachen zu entstellen und die Menschen durch Simplizismen zu desorientieren.

Dieser Einladung in die islamische Geschichte ist mein Buch *Kreuzzug und Djihad* mit einer umfassenden Geschichte der euroislamischen Beziehungen vorausgegangen. Darin betreibe ich am Beispiel des Mittelmeerraums meine historisch-sozialwissenschaftliche Islamologie. Dort wie hier geht es mir darum, für den Laien verständlich geschrieben in die islamische Geschichte einzuführen und dennoch wissenschaftliche Standards einzuhalten. Das ist kein Widerspruch. Die Leser werden über die wissenschaftlichen Debatten ohne den fachlich überflüssigen, unverständlichen Stil im Rahmen der Vorstellung der Geschichte einer Zivilisation, die ihnen fremd ist, informiert. Auch dieses Kapitel über den Orientalismus der westlichen Islam-Studien und über die Alternative dazu, nämlich die historisch-sozialwissenschaftliche Islamologie, ist nicht nur für Fachwissenschaftler geschrieben. Wissenschaftstransfer gehört zur Aufklärung und zur Bildung der Allgemeinheit. Wissenschaft ist für die Menschheit zu wertvoll, als dass wir sie in ihrem Elfenbeinturm eingeschlossenen Einsiedlern überlassen dürfen.

Die angesprochene Problematik ist für mich mehrfach belastend und schwerwiegend, weil ich als ein in Europa und den USA lebender Muslim an einer deutschen Universität wirke und Gleichwertigkeit beanspruche, die mir in Deutschland – ich muss es offen sagen – nicht gewährt wird. In den USA ist das dagegen kein Problem und in Harvard und anderswo auf internationaler Ebene habe ich als Autor von elf englischsprachigen Monographien einen sicher etablierten Status erreicht. Trotz 30 erfolgreicher Monographien in deutscher Sprache, die durch zahlreiche Übersetzungen international Anerkennung genießen, muss ich in Deutschland hingegen um meine wissenschaftliche Existenz als *underdog* der deutschen Universität kämpfen. Der subtile Grund hierfür ist offensichtlich, dass in meinen Adern kein deutsches Blut fließt. So werde ich von Islamkundlern entweder völlig verschwiegen – ebenso wie Said und die Orientalismus-Debatte – oder in einer oft sehr primitiven Weise angepöbelt, zuletzt von einem Orientalisten in der *Süddeutschen Zeitung* (*SZ* vom 15.02.1999). Ein anderer Orientalist nennt mich in seinem Hausblättchen einen »verärgerten Fundamentalisten«. Wa rum tun die deutschen Islamkundler dies? Ich bleibe ein Wissenschaftler und als ein Rationalist ist meine Antwort wissenschaftlich, weder ideologisch noch persönlich: Meine Annahme lautet, dass die Islamkunde für diesen Kreis keine Wissenschaft zum Verständnis des Islam, sondern Herrschaftswissen in patriarchalischer Tradition ist.

Der amerikanische Geograph und Historiker J. M. Blaut hat in seiner sehr bemerkenswerten Arbeit über die Geschichte des Eurozentrismus, *The Colonizer's Model of the World*, argumentiert, dass euro-zentrische Europäer sich und ihre eigene Entwicklung als einmalig und superior darstellen, um dem Anderen Gleichwertigkeit abzusprechen und folglich, um ihre Herrschaft über ihn zu legitimieren. Gleich zu Beginn seiner Arbeit schreibt er:

> »Die Absicht dieses Buches ist, eine der mächtigsten Überzeugungen unserer Zeit in Bezug auf die Weltgeschichte zu hinterfragen … Diese Überzeugung basiert auf der Vorstellung, dass die europäische Zivilisation bzw. der Westen einzigartig und von besonderer Qualität in Hinblick auf Rasse und Kultur ist … Daraus wird eine permanente Überlegenheit dieser menschlichen Gemeinschaft über alle anderen abgeleitet und zwar zu allen Zeiten in der Geschichte und bis auf den heutigen Tag.«[61]

In diesem Buch beziehe ich mich auf die Stellung des Islam in der deutschen Geschichtswissenschaft und in den philologischen Islam-Studien und fordere die Ideologie der europäischen Superiorität heraus. Auf dieser Basis beanspruche ich für die islamische Geschichte Gleichwertigkeit. Und mehr noch: Obwohl ein semitischer Araber, nehme ich für mich in Anspruch, nicht Objekt der deutschen, westlichen Islam-Studien zu sein, sondern als Subjekt aufzutreten, das eigene innovative Methoden – die historisch-sozialwissenschaftliche Islamologie – zur Auseinandersetzung mit der Vergangenheit entwickelt. Weil ich an der Inferiorisierung des Anderen rüttle, rüttle ich gleichzeitig an den Weltanschauungen des Orientalismus und werde bei den deutschen Islamkundlern und manchen Historikern einen Sturm der Entrüstung hervorrufen. Ich vertraue insofern auf aufgeklärte und demokratische Deutsche und ich hoffe, dass diese Arbeit komplementär zu *Kreuzzug und Djihad* als ein Standardwerk über den Islam in Deutschland anerkannt wird.

Auf der Basis der erfolgten Ausführungen lässt sich der Inhalt dieses Kapitels mit folgender Formulierung resümieren, nämlich dass die westlichen Islam-Studien

- → bei der Wahrnehmung der Muslime von dem anthropologischen Muster des *homo islamicus* ausgehen, wonach »der Muslim« inferiorisiert wird, und
- → den Islam nicht als Gegenstand der Geschichtswissenschaft, sondern der kulturwissenschaftlichen Philologie einordnen.

Beide Einstellungen gehen auf ein koloniales Erbe zurück und hie rauf bezieht sich die Rede vom Entkolonisations-Bedarf. Meine Einladung in die islamische Geschichte schließt die Forderung ein, radikale Veränderungen in beiden angeführten Bereichen vorzunehmen.

Natürlich weiß ich, dass es keinen Kolonialismus mehr gibt. Wie mein zitierter amerikanischer Kollege Blaut – aber auch Said – rede ich vom Kolonialgeist der Inferiorisierung des Anderen, der in den westlichen Islam-Studien nach wie vor existiert. Es ist seit Habermas' Werk *Erkenntnis und Interesse* ein Gemeinplatz – auch für den Historiker – geworden, dass jede Erkenntnis von einem Interesse geleitet ist. Bei der Anfertigung dieses Buches und spezifisch dieses Kapitels gehe ich bei meiner Erkenntnis vom Interesse an der

Brückenbildung zwischen den Zivilisationen auf der Basis der Gleichwertigkeit aus, woraus der Bedarf an einer Entkolonisation der Islam-Studien resultiert. Nur gleichwertige Menschen – und alle Menschen sind von Natur aus gleichwertig – können Dialog miteinander führen. Andernfalls wird dieser zur leeren Hülse.

Geschichtswissenschaftlich besteht mein Interesse darin, die Anerkennung des Islam als eine Zivilisation mit eigener Geschichte durchzusetzen, was zur Folge haben sollte, dass in Deutschland Historiker islamische Geschichte als solche gleichwertiger Menschen studieren. Das ist im Augenblick noch nicht der Fall und muss erst erkämpft werden. Methodisch will ich als ein sozialwissenschaftlich geschulter Historiker nicht nur zwischen den Zivilisationen, sondern auch zwischen Wissenschaftsdisziplinen Brücken schlagen, im besonderen zwischen Geschichts- und Sozialwissenschaft. In den USA ist historische Soziologie eine solche Brücke. Sie ist dort nicht nur eine allseits anerkannte eigene Fachrichtung, sie genießt durch ihre renommierten Vertreter wie Theda Skocpol und Charles Tilly auch ein hohes internationales Ansehen, das leider in Deutschland noch nicht angelangt ist, obwohl in diesem Land fast jeder »Abfall« aus Amerika schnell eingeführt wird. Die Werke der genannten Gelehrten liegen noch nicht einmal in deutscher Übersetzung vor, haben im Gegensatz zu den McDonald-Produkten also noch nicht ihren Weg über den Atlantik gefunden.

Mehrfach habe ich bereits von Paradigmenwechsel gesprochen, obwohl hier nicht der geeignete Platz für die Wissenschaftstheorie ist, eben weil dies nicht der Gegenstand dieses Buches über die islamische Geschichte ist. Wenn ich aber nicht nur den Kolonialgeist der Islam-Studien, sondern sie auch fachlich als eine Philologie kritisiere, dann ist es legitim, auf ein Muster zurückzugreifen, das hilft, diese Kritik einzuordnen. Dieses Muster ist Thomas Kuhns Wissenschaftstheorie (vgl. Anm. 56). Ich bin schon bei der Binder-Diskussion hierauf eingegangen und möchte seine Thesen nun näher erläutern. Kuhn argumentiert in seinem Buch *Über die Struktur wissenschaftlicher Revolutionen*, das in den letzten Jahren zur Pflichtlektüre aller reflexionsfähigen Disziplinen geworden ist, dass jeder Wissenschaftszweig sein Paradigma haben müsste. Fehlt dieses, ist die Wissenschaft vorparadigmatisch, also nicht voll wissenschaftlich. Ein Paradigma begleitet eine Wissenschafts-Disziplin so lange es Erklärungen bieten kann. Kurz, ein Paradigma kann niemals endgültig sein und die Wissenschaft kann stets herausgefordert werden.

Bei Disziplinen mit einem überholten Paradigma kann es eintreten, dass dieses daran scheitert, Erklärungen zu bieten. Es treten Anomalien auf. Wenn diese kumulieren, führen sie zu einer wissenschaftlichen Krise. Dann besteht Bedarf an einem Paradigmenwechsel. Dies bedeutet, dass ein neues Paradigma das alte ablösen muss. In unserem Fall besteht seit Jahrzehnten der Bedarf an einem »Ende der Vorherrschaft der Philologie« als untaugliches Paradigma der Islam-Studien, ohne dass ein Paradigmenwechsel stattgefunden hätte. Philologisch ausgebildete Islamkundler können nichts erklären und sind in ihrer Vorurteilswelt gefangen. Und dennoch ändert sich nichts, weder in der Denkweise noch in den entsprechenden Institutionen dieser Islam-Studien. Verkrustete Tradition und Herrschaftsstrukturen erklären diese Situation und dies ist nach Kuhn stets der Fall, wenn überholte Paradigmata bestimmen können. Die Jungen machen es den Alten nach, bei denen sie durch den Filter der Promotion, Habilitation und Verteilung der Stipendien gehen müssen. Sie passen sich an, ordnen sich unter und tragen den Geist des Orientalismus als herrschendes »Paradigma« weiter. Wie oft sind meine Doktoranden durch diesen Kreis von wissenschaftlichen Fördermitteln abgeschnitten worden. Das ist Ausübung von Patriarchalismus statt Demokratie. Daran erkennt man die Persistenz überholten Denkens und in welcher Art und Weise die Ausübung von autoritärem Stil und Herrschaft im Wissenschaftsbetrieb einem Wechsel im Wege steht. Die Verhinderung der Orientalismus-Debatte in Deutschland kann als Beispiel dafür angeführt werden, wie ein Wandel durch Ausübung professoraler und institutioneller Macht unterminiert wird. Das Paradigma, das an die Tür klopft und abgewiesen wird, heißt: historisch-sozialwissenschaftliche Islamologie, für die dieses Buch ein Beispiel ist. Ich bin davon überzeugt, dass dieses Buch von der deutschen Islamkunde entweder verschwiegen wird, oder dass ich als Autor wieder primitiv angepöbelt werde und mir der Rang des Wissenschaftlers abgesprochen wird. Glücklicherweise gibt es andere Deutsche und auch andere Universitäten – wie Princeton, Harvard und Berkeley –, die mich aufnehmen und meine Arbeiten veröffentlichen. In Amerika ist es ein Glück, bei einer angesehenen University Press zu veröffentlichen. In Deutschland liegt es an den verkrusteten Strukturen, dass es keine Universitätsverlage gibt, die die Standards der Wissenschaft und ihrer Veröffentlichungen bestimmen. Das wird nur z.T. dadurch ausgeglichen, dass große deutsche Verlage auf einem höheren Niveau als kommerzielle amerikanische Verlage arbeiten.

In der angestrebten historisch-sozialwissenschaftlichen Islamologie sehe ich den Weg für einen Abschied vom Stereotyp des *homo islamicus* sowie der philologischen Verengung des Blicks. Historisch-sozialwissenschaftliche Islamologie bringt dadurch Normalität, dass die Muslime als normale, also nicht minderwertige Menschen eingestuft werden; ihre Geschichte gehört zur Geschichtswissenschaft und sie gehören als gleichwertige Menschen zur Humanität. Das ist auch der Geist von Herder, Goethe und Lessing, nicht aber der Geist der deutschen Orientalistik. In unserer Zeit ist Geschichte »Globalgeschichte« (vgl. Anm. 14), zu deren Verständnis die gegenseitige Bereicherung und der Austausch unter den Disziplinen erforderlich ist. Was vor allem ansteht, ist: die Historisierung der Sozialwissenschaft und parallel die Einführung konzeptuellen Denkens in die Geschichtswissenschaft. Und schließlich die Aufnahme beider auf diese

Weise veränderten Disziplinen in die Islam-Studien. Und nichts anderes ist die historisch-sozialwissenschaftliche Islamologie. Ich möchte es nicht versäumen zu sagen: Der Anspruch auf Historizität des Islam ist nicht nur gegenüber Orientalisten, sondern auch gegenüber der islamischen Orthodoxie und den Islamisten durchzusetzen. Diese Kräfte sind auch in Deutschland vertreten – ja sie beanspruchen »den« Islam zu vertreten! Der Islam aber ist keine »Weltmacht«. Seine Geschichte kann man studieren, nicht aber vertreten!

KAPITEL V

Das 21. Jahrhundert und die islamische *Hidjra*-Migration als Zeitgeschichte der Völkerwanderung in den Westen. Ist das »the end of history« oder ihre Rückkehr im Gewand islamischer Geschichte in die postbipolare Weltpolitik?

Im Titel dieses neu für die vorliegende Ausgabe 2017 verfassten fünften Kapitels ist ein Verweis auf zwei epochale Bücher enthalten; beide stehen für zwei amerikanische Ideen, die bei ihrem Erscheinen 1992 und 1993 Furore machten. Es waren zunächst zwei Aufsätze in der einflussreichen US-Zeitschrift *Foreign Affairs*, aus denen dann später zwei Bestseller-Bücher hervorgingen. Das erste stammt von Francis Fukuyama; er veröffentlichte 1992 seinen berühmten Aufsatz *The End of History*, worin er einen Sieg der westlichen Ideen nach dem Niedergang des Kommunismus annimmt. Ein Jahr später folgte Samuel P. Huntingtons Aufsatz *Clash of Civilizations* in derselben Zeitschrift, auf den später sein gleichnamiges Buch folgte.

Mit beiden großen Gelehrten verband mich in den 1990er Jahren außer einer herzlichen und passionierten Kollegialität auch eine bestimmte Kongenialität. Anders als die meisten deutschen Professoren, denen ich an deutschen Universitäten begegnet bin, kennen Fukuyama und Huntington die Kultur des Debattierens und praktizierten diese als angelsächsische *Debating Culture*, auch mir gegenüber, getreu dem Motto: *We agree to disagree,* mit dem Zusatz: *with respect.* Ich habe beide Gelehrte 1995 in meinem Buch *Krieg der Zivilisationen* kritisiert, ohne dass die respektvolle kollegiale Beziehung im Geringsten beeinträchtigt worden wäre. Hätte ich dasselbe mit einem deutschen Professor getan, hätte ich einen Feind fürs Leben gewonnen. Ich spreche aus fünfzigjähriger Erfahrung.

Trotz dieses legitimen Seitenhiebs möchte ich sachlich bleiben und den Fokus in diesem Kapitel auf das in der Überschrift angegebene Thema behalten. Dennoch lege ich großen Wert darauf, dass die Beanstandung des Fehlens einer *Debating Culture* an den heutigen deutschen Universitäten als sachliche Aussage, nicht als Polemik aufgenommen wird. Die Problematik, die ich hier nicht vertiefen möchte, wird in der ***ibidem***-Neuausgabe

(2016) *von Europa ohne Identität? Europäisierung oder Islamisierung* (S. 69–79) näher erläutert.

Völkerwanderungen und der Niedergang von schwächelnden Zivilisationen

Die in der Überschrift zu diesem Abschnitt angegebene Thematik wird in einer Diskussion mit einem Bezug auf die drei soeben angeführten Bücher aufgenommen; diese bilden den Ausgang dieses 2017 verfassten Abschlusskapitels zu der in diesem Buch angebotenen Tour d'Horizon durch die islamische Geschichte. Denn in allen drei Büchern geht es gleichsam um den Kontext von Geschichte und Zivilisationen.

In diesem Kapitel will ich diese Thematik in ein neues Oberthema einbetten, nämlich die millionenstarke islamische Zuwanderung in den Westen, die die Gestalt einer Völkerwanderung annimmt. Huntington verstarb 2008 und äußerte sich dazu nicht mehr. Dagegen hielt Fukuyama seine mit hohem Prestige verbundene Lipset-Lecture *Identity, Immigration and Liberal Democracy* (erschienen im *Journal of Democracy* 2006 [vol. 17, 2]) eben über diese Thematik. Später werde ich hierauf noch näher eingehen. Hier sei nur en passant angemerkt, dass Fukuyama mich in dieser Vorlesung gegen meine deutschen Kritiker verteidigte und mein Konzept von Leitkultur zur Integration von Muslimen in Europa gegen deutsche Verfemung und billige Polemik mit den Worten »Tibi was exactly on the mark« ins rechte Licht rückte. Fukuyama erkennt nämlich das Ziel meines Denkens, das darin besteht eine »non-ethnic, universalist conception of citizenship« zu verfolgen, die »national identity to non-ethnic Germans« öffnet. Wenn dies ein »Hirngespinst« wäre, wie ein postmoderner Frankfurter Professor bei den 44. Römerberggesprächen im Titel seines Referats behauptete, dann weiß ich nicht, wie aus Muslimen »die neuen Deutschen« (Herfried und Marina Münkler) gemacht werden sollen. Diesen Schwachsinn erlaube ich mir in meinem neuen, 2017 erschienenen Buch *Islamische Zuwanderung und ihre Folgen* bloßzustellen.

In meinem schon angeführten Buch *Krieg der Zivilisationen* führe ich auf S. 29 der Ausgabe von 1995 aus, dass die post-bipolare weltpolitische Entwicklung nicht das hervorbringen wird, was Fukuyama erhoffte, nämlich den Sieg der westlichen Werte der säkularen Demokratie nach dem

Zusammenbruch des Kommunismus. Ich argumentiere, dass diese Entwicklung »genau das Gegenteil: nämlich die Aufkündigung der Prinzipien der Weltordnung im beängstigenden« Prozess der Entwestlichung der Welt sein wird. In diesem Prozess werde »die Formel Order / Ordnung in Disorder / Unordnung verwandelt. Jede Zivilisation meldet nunmehr für sich ihre eigenen Prinzipien [an, für die sie] weltpolitische Geltung beanspruch[t].«, habe ich weiter argumentiert. In diesem Kontext kehrt die islamische Zivilisation in unsere Zeitgeschichte in Gestalt des Islamismus zurück (vgl. die Einführung zu diesem Band, Abschnitt 5). Solche Prognosen von 1995 sind heute, mehr als 20 Jahre später, politische Realität.

Der Islamismus wird von der Vorstellung geleitet, eine völlig alternative Weltordnung erkämpfen zu wollen. Die anvisierte Scharia-Weltordnung steht im Gegensatz zu der seit 1648 bestehenden Weltordnung des Westfälischen Frieden. In meinem Buch *The Sharia State* von 2013 habe ich in Kapitel 3 diese Ordnung ausführlich unter Verwendung zahlreicher Quellen näher beschrieben.

Nun zum Thema dieses Kapitels über den Zusammenhang von Zivilisationsgeschichte und Völkerwanderungen: Die seit 2015 anhaltenden Völkerwanderungen aus der Welt des Islam nach Europa bringen die soeben beschriebene Weltanschauung mit sich. Europäer verdrängen dies und wollen über diese Thematik nichts wissen. Ähnlich verhielten sich die Byzantiner vor der Einnahme Konstantinopels durch islamische Armeen 1453.

Kriege werden nicht nur mit Waffen, sondern auch mit Weltanschauungen ausgetragen. Eric Patterson und ich verwenden hierfür den US-amerikanischen Begriff *Debating the War of Ideas* in unserem gleichnamigen Buch, das 2009 erschien. Zuvor setzte ich mich in meinem Buch *Krieg der Zivilisationen* mit Huntingtons *Clash of Civilizations* auseinander. Jedoch füge ich dort in Kapitel 6 Argumente für Frieden (S. 291ff.) und Dialog (S. 296ff.) hinzu. Die angeführte Diskussion in den zitierten drei Büchern von Fukuyama, Huntington und mir vermittelt den Wissenstand von Anfang der 1990er Jahre über unsere Zeitgeschichte.

Heute, ein Vierteljahrhundert später, wütet der angesprochene Konflikt mit derselben Problematik der Zivilisationen, er hat sich jedoch von der Ebene des Streits über die aus souveränen Staaten bestehenden, auf dem Westfälischen Frieden basierenden Weltordnung zur Ebene der inneren Ordnung westlicher Staaten selbst verlagert. Die Millionen islamischer

Flüchtlinge verstehen unter Respekt und Religionsfreiheit die Anerkennung und Zulassung ihrer religiös begründeten Weltanschauung einer alternativen Scharia-Ordnung. Dies jedoch verstehen Westler nicht.

Francis Fukuyama gehört zu den Hellsehern und schrieb bereits 2006 in seiner oben zitierten Lipset-Lecture, dass das zu erwartende Fehlen der Integration der Muslime in Westeuropa eine »ticking bomb« sei. Ferner schreibt er: »Europa has become the battlefront in the struggle between Islamism and liberal democracies.« Der Islamismus ist Teil der europäischen Innenpolitik geworden. Deutsche Gesinnungsethiker, die den öffentlichen Diskurs beherrschen, verbieten jede Debatte über diese Problematik, indem sie – gemeinsam mit Islamisten – den Vorwurf der Islamophobie gegen jede Islamkritik erheben. Deshalb stellt sich die Frage, ob westliche Demokratien diesen Zivilisationskonflikt der Weltanschauungen in ihrem gegenwärtigen Zustand überleben werden. Der belgische Historiker David Engels ist nicht hoffnungsvoll, wenn er den gegenwärtigen Zustand mit den Worten »Desinteresse, Orientierungslosigkeit, Defaitismus und sogar Selbsthass« (*Cicero* 11/2016, S. 22) umschreibt.

Der Kontext der islamischen Völkerwanderungen nach Europa ist mehr politisch als religiös und hat mit Religionsfreiheit nichts zu tun. Laut dem islamischen Dogma sind Muslime dazu verpflichtet, durch die Trinität aus *Hidjra* / Migration, *Da'wa* / Missionierung und *Djihad* den Islam global zu verbreiten. Diese sind die Instrumente der Islamisierung, damit *Dar al-Islam* auf den gesamten Globus übertragen wird. Nochmals: Dies ist ein authentisches religiöses Dogma, keine Vorurteil über den Islam.

Das Thema des Weiterbestehens von Ordnungen unter Bedingungen des Zuströmens von anderen Völkern in das eigene Territorium ist nicht neu; ich will sie im angegebenen Kontext in diesem Kapitel aufgreifen.

Islamische Geschichte, Völkerwanderungen, Aufstieg und Niedergang der Zivilisationen

In der Einleitung zu der vorliegenden 2017er-Neuausgabe habe ich näher begründet, dass mit der islamischen Religionsstiftung auch eine neue Zivilisation in der Weltgeschichte geboren wird. Diese Zivilisation expandiert unmittelbar nach ihrer Geburt im Rahmen der Djihad-Kriege, die Muslime *futuhat* nennen, das bedeutet sprachlich Öffnung für den Islam. Die arabo-islamischen Krieger waren missionarisch von ihrem Glauben getrieben, dennoch wollten sie nicht nur den Islam verbreiten. Denn sie waren arme Beduinen und Stammeskrieger auf der Suche nach wirtschaftlicher Beute; sie erschlossen sich neue wirtschaftliche Ressourcen im Rahmen ihrer Unternehmung, die ich in meinem Buch *Kreuzzug und Djihad* als Titel von Kapitel 1 so nenne: *Der Djihad als Welteroberung: Das Projekt der islamischen Expansion und seine Geschichte*. Die Djihad-Invasoren waren in beiden Punkten erfolgreich: Zum einen in der missionarischen Verbreitung des Islam und zum anderen in der Erschließung neuer Ressourcen.

Eine Fußnote gehört zu diesem Prozess: Parallel zur islamischen Expansion wanderten ganze islamische Stämme aus dem damaligen geografischen Arabien, das ausschließlich aus der arabischen Halbinsel bestand, in die eroberten Gebiete aus. Die Völkerwanderungen fanden in Richtung byzantinischem vorderen Orient bzw. Nordafrika statt, die vor den islamischen *Futuhat*-Eroberungen weder arabisch noch islamisch waren. Seit der zweiten Hälfte des 7. Jahrhunderts werden diese Weltteile sowohl arabisiert als auch islamisiert.

Alles begann mit der *Hidjra*-Migration, und zwar auf zwei Ebenen:

1. Die Ebene der innerarabischen Migration: Der Prophet wanderte am 16.07.622 von Mekka nach Medina. Muslime nennen dies *Hidjra*, was islamisch jedoch weit mehr als nur Migration bedeutet. Denn *Hidjra* beinhaltet auch die Bindung der Wanderung an die Verbreitung des Islam. Das *Hidjra* -Jahr 622 ist das erste Jahr des islamischen *Hidjra* -Kalenders. Heute entspricht das Jahr 2017 dem islamischen Kalenderjahr 1438. In seiner Mohammed-Biografie (deutsche Ausgabe 1975), die als Klassiker der Islamstudien gilt, schreibt Maxime Rodinson auf S. 144f.: »Nun begann im eigentlichen Sinne eine neue Ära der hidjra […] Es hatte sich innerhalb der Gesellschaft von Mekka eine Splittergruppe gebildet […], die sich zu einem gänzlich anderen Wertesystem bekannte […] Diese Gruppe war somit dazu berufen, eine Gemeinschaft zu bilden, eine getrennte, totale, in sich abgerundete Gesellschaft, die nur ihren eigenen Gesetzen gehorchte […] Das Zusammentreffen der historischen Umstände sollte bewirken, dass diese Wandlungen […] im Schoße zweier am Rande der Wüste verlorener arabischer Städte, am Ende der zivilisierten

Welt, eine gewaltige weltweite Bedeutung erlangte.« Mit der *Hidjra* dieses mekkanischen Kreises um Mohammed nach Medina begann die weltweite Verbreitung des Islam.

2. Die Ebene globaler Migration als Wanderung von arabisch-islamischen Stämmen in die eroberten Gebiete der damaligen Reiche: Rodinson hat in seinem zitierten Buch diesen Prozess folgendermaßen beschrieben (S. 280f.) »Ein Jahrhundert nachdem der unbekannte Kameltreiber Mohammed begonnen hatte, in seinem Hause ein paar arme Mekkaner um sich zu versammeln, befahlen seine Nachfolger von den Ufern der Loire bis über den Indus hinaus von Poitiers bis Samarkand. Es war ein arabisches Reich.«

Das islamische, im 7. Jahrhundert entstandene Imperium basiert nicht nur auf *Djihad*, sondern auch auf *Hidjra*, verstanden als Völkerwanderungen. Und es endet auch durch Überfälle auf Bagdad im 13. Jahrhundert durch fremde Völkerwanderungen. Das durch Eroberungen, begleitet von Völkerwanderungen, entstandene arabisch-islamische Imperium währte vom 7. bis zum 13. Jahrhundert. Durch die Überfälle der feindlichen Völkerwanderung der Mongolen ging es zu Ende. Im Jahre 1258 eroberten die Mongolen die Hauptstadt des arabo-islamischen Kalifats Bagdad; sie ermordeten den Kalifen und besiegelten damit das Ende des Abassiden-Imperiums. Weiterhin eroberten die Mongolen zwei Jahre später, 1260, ebenso begleitet von Völkerwanderungen, Aleppo und Damaskus.

Diese Geschichte hat der letzte große Philosoph im Hochislam Ibn Khaldun im Blick, als er seine *Prolegomena zur Geschichte als Wissenschaft von Entstehung und Verfall von Zivilisationen* (vgl. dazu das umfangreiche Ibn-Khaldun-Kapitel 6, S. 179–209, in meinem Buch *Der wahre Imam*) entwarf. Hiernach entstehen neue Zivilisationen durch Wanderungen von jungen Völkern mit starker Werteorientierung, d.h. mit starker *asabiyya*, also einem *esprit de corps* als Zivilisationsbewusstsein. Als der Islam im siebten Jahrhundert geboren wurde, waren die Araber junge Stämme mit missionarischem Geist. Im Jahre 1258 waren sie vergreist und hatten keinen Elan mehr, ganz anders als die Mongolen, die sie eroberten. Die arabisch-islamische Zivilisation ging unter.

Nicht nur Ibn Khaldun, sondern auch andere Zivilisationshistoriker hüten sich jedoch davor, Völkerwanderungen als alleinige Ursache für den

Niedergang von Reichen anzugeben. Sowohl Rom als auch Bagdad sowie nach David Engels das heutige Brüssel sind besonders bedroht durch die ungünstige Kombination von innerer Schwäche und äußerer Bedrohung durch Völkerwanderung. In diesem Zusammenhang ist das Buch von David Engels *Auf dem Weg ins Imperium. Die Krise der Europäischen Union und der Untergang der Römischen Republik. Historische Parallelen* (2014) sehr aufschlussreich für die anstehende Thematik.

Das Modell des Römischen Reiches im Lichte der historischen Forschung von Alexander Demandt und David Engels

Mit Alexander Demandt und David Engels haben zwei große europäische Historiker über den Untergang des Römischen Reiches durch Völkerwanderungen gearbeitet. Ich möchte dazu noch auf eine dritte Autorität zurückgreifen, nämlich den bereits zitierten islamischen Geschichtsphilosophien Ibn Khaldun. Alle drei sind sich unabhängig voneinander darüber einig, dass Ordnungen primär durch innere Schwäche der Reiche zerfallen, wenngleich der Zerfallsprozess einen heftigen Anstoß von außen, eben beispielsweise durch Völkerwanderungen, bekommen kann.

Im Folgenden rekurriere ich auf Ibn Khaldun, Demandt und Engels im Kontext von zweien meiner Artikel – *Die große Völkerwanderung* (Basler Zeitung vom 09.01.2017), erweitert bei Wirtschaftswoche-Online –, worin ich die Prozesse, die seit 2015 stattfinden, als Völkerwanderungen identifiziere. Es ist pure Augenwischerei, dies fälschlich als Asylsuche oder Zuwanderung zum Ausgleich demografischer Defizite wahrzunehmen.

Das Modell für die folgende Argumentation ist der Untergang Roms im Kontext von Völkerwanderungen. Die Historiker Alexander Demandt und David Engels sind Fachexperten für das Römische Reich.

Auch die islamische Geschichte bietet ein Beispiel für diese Thematik. Der Mongolensturm auf Bagdad 1258 hat die islamische Zivilisation zu Fall gebracht, wie zuvor Rom zerfallen ist. Ich komme nochmals auf den allerletzten großen Geschichtsphilosophen im Islam, Ibn Khaldun, zurück. Er argumentiert, dass Stärke bzw. Schwäche der Zivilisationen jeweils mit ihrer *asabiyya* korrespondieren. Dieser Begriff, den man mit *esprit de corps* übersetzen kann, bedeutet eine Werteorientierung. Bei Ibn Khaldun sind es nicht Völker, sondern Stämme, die urbane Zivilisationen von außen durch Zuwanderung überfallen und sie zu Fall bringen. Dies kann aber nur dann geschehen, wenn diese Zivilisationen eine *asabiyya* haben, die schwach geworden ist. Anders formuliert: Es sind vorwiegend interne und nicht externe Ursachen, die den Untergang politischer Ordnungen bedingen. Mit Europa steht es im 21. Jahrhundert nicht zum Besten. Dazu schreibt David Engels in seinem zitierten *Cicero*-Artikel: »Der Westen hat den Glauben an sich und seine Zukunft verloren. [...] Dem Westen ist die Affirmation der eigenen Identität [...] fast vollständig abhandengekommen« (S. 29–30). Nach Ibn Khaldun ist dies ein Ausdruck zerfallender *asabiyya*.

Um mich vor einem Missverständnis zu schützen, möchte ich hervorheben, dass ich zwar in der Tradition großer Historiker wie Ibn Khaldun und Arnold Toynbee stehe, wenn ich die Weltgeschichte als solche der Zivilisationen, einschließlich ihres Aufstieges und Niedergangs, deute. Jedoch tue ich dies ohne die zirkuläre Geschichtsdeutung zu übernehmen, die Ibn Khaldun und Toynbee vertreten. Ich denke, dass der zurzeit stattfindende Niedergang der europäischen Zivilisationen aufgehalten werden kann. Hier lautet meine eigene, auf die Gegenwart bezogene Argumentation, dass die Geschichte nicht zu Ende geht, sondern als solche der Zivilisationen wiederkehrt; sie wird intensiviert durch die Völkerwanderungen. Ich entwickle diese Argumentation in folgenden fünf Stufen, auf denen ich Fukuyama und Huntington neu bewerte, wobei ich Bezug auf Alexander Demandt und David Engels nehme.

Erstens, Fukuyamas *Ende der Geschichte* deklariert nach dem Sieg der westlichen Werte über den Kommunismus nicht nur das Ende des Ost-West-Konflikts, sondern auch der Geschichte. Doch gibt es andere Geschichtskräfte außer dem Kommunismus, die aufgewacht sind und sich im 21. Jahrhundert mit Ansprüchen melden, vorwiegend die islamische Zivilisationen. Der bipolare Ost-West-Konflikt wird durch den Zivilisationskonflikt abgelöst. Was dies ist, erkläre ich in dem 2016 neu verfassten Text meines *Buches Europa ohne Identität?* (***ibidem*** 2016, S. 79–88).

Zweitens, Samuel Huntingtons *Clash of Civilizations* bietet eine simple Formel, die parallel zum Erscheinen des Buches dermaßen angefeindet wurde, dass eine bessere Diskussion über den Zivilisationskonflikt verhindert wurde. Es gibt viele Professoren, die weder genau lesen noch zuhören und auf dieser Basis mein Buch *Krieg der Zivilisationen* als Rhetorik eines dritten Weltkrieges diffamieren, ohne zu sehen, dass der von mir angesprochene Konflikt der Zivilisationen ein »war of ideas« ist, also keine militärische Kriegsführung beinhaltet.

Drittens, auf dem bisherigen basierend habe ich folgende zeithistorische Betrachtung etabliert: der Westen ist militärisch und wirtschaftlich noch stark, aber wertemäßig kraftlos geworden. Dies beschreibt David Engels in seinem erwähnten Buch *Auf dem Weg ins Imperium: Die Krise der Europäischen Union und der Untergang der Römischen Republik* sowie in seinem bereits zitierten *Cicero*-Artikel, in dem er schreibt: »Anstelle positiver Identität sind [...] offene Selbstzerstörung getreten und höhlen den Westen von innen aus [...]. Der Westen ist in solchem Grade erodiert, dass es den Neuankömmlingen kaum verübelt werden kann in Ermanglung einer glaubwürdigen Alternative an ihren eigenen Verhaltensweisen festzuhalten.« Er meint, »der Westen hat den Glauben an sich und seine Zukunft verloren [...]. Dem Westen ist die stolze wie tragische Affirmation der eigenen Identität [...] fast vollständig abhandengekommen.« Unter diesen Bedingungen finden massive Völkerwanderungen aus der Welt des Islam statt, die »zur Bildung unversöhnlicher Parallelgesellschaften« führen; sie bringen die Rückkehr der Weltgeschichte der islamischen Zivilisation mitten ins europäische Haus. Der amerikanische Historiker John Kelsay nennt diese: »Islamic enclaves in the west, but not of it«. Ich werde im Verlaufe dieses Kapitels mithilfe des Historikers Demandt zeigen, dass Ähnliches in Rom passiert ist. Warum lernen Menschen nicht aus der Geschichte? Und noch mehr: sie unterdrücken solche Erkenntnisse, wie ich noch zeigen werde.

Viertens, man könnte das heutige Europa mit Byzanz vergleichen in Bezug auf die Diskussionen, die einerseits von Europäern und andererseits von Islamisten geführt werden. Militante Muslime reden auch in der europäischen Diaspora von *Djihad* und Islamisierung, während Europäer eine Aufklärung hierüber als Islamophobie verbieten und vom Recht auf Religionsfreiheit reden. Beim Untergang von Byzanz 1453 gab es Ähnliches zu beklagen. Byzantinische Mönche führten weltfremde Diskussionen, während Sultan Mehmed II. mit seinen Truppen Konstantinopel einnahm und seitdem den Titel *fateh* / Eroberer trägt. Islamische Historiker qualifizieren die Debatten, die Byzantiner parallel zur Eroberung der Stadt führten, als »byzantinisches Geschwätz«. David Engels zitiert den Sohn eines Imams in Belgien, der »Allah um den Tod aller Ungläubigen bat«. Parallel dazu reden neo-byzantinische heutige Europäer über »Religionsfreiheit«, die »notwendigerweise zur Bestätigung des jeweiligen religiösen Gesamtmodells und somit zur Selbstauflösung der Laizität selbst« führt. Laizität ist die größte Errungenschaft der Moderne; sie wird heute im Namen des Respekts für den Islam verwässert oder sogar ganz zurückgenommen.

Fünftens, das Gerede über solche Religionsfreiheit ist »byzantinisches Geschwätz«, ebenso wie jenes Herunterspielen der islamischen Herausforderung durch Völkerwanderungen. Die wertlosen Debatten über faktisch / postfaktisch, postmodern, postrational, Grenze und Identität führen ins Leere. Selbst Muslim und Europäer, denke ich, dass es nicht zu spät ist, wenn Europa eine *policy* der an Bedingungen gebundenen Inklusion islamischer Migranten entfalten könnte, allerdings ohne Selbstaufgabe. Ich möchte hier Fukuyama zitieren: »Americans may indeed have something to teach Europeans with regard to the creation of an open national identity [...] National identity has become a kind of civic religion for Americans.« (*Journal of Democracy* 04/2006, S. 17) In einem Europa ohne Identität können islamische Migranten nicht integriert werden. Mich würde es nicht wundern, wenn manch dümmlicher Europäer auf das obige Zitat, ohne den Namen von Fukuyama zu kennen, mit der Keule »rechtsextreme Ideologie« diffamierend regieren würde. Man muss aber richtig dumm sein, wenn man zu dem Zitat den Namen Fukuyama hinzufügt und trotzdem auf die Qualifikation »rechtsradikal« besteht. Für diejenigen, die das nicht wissen mögen: Fukuyama lehrte bis zu seiner Emeritierung an der School for Advanced International Studies (SAIS), die zur Johns Hopkins University gehört, und gilt als einer der größten Geister unseres Jahrhunderts.

Völkerwanderungen im welthistorischen Kontext

Ehe ich in diesem Abschnitt mit meiner Argumentation fortfahre, möchte ich erneut betonen, dass ich kein zirkuläres Geschichtsverständnis vertrete. Ganz im Gegenteil denke ich, dass Menschen Geschichtsprozesse steuern können. So ist die zeitgeschichtliche Völkerwanderung aus der Welt des Islam eine Katastrophe, aber keine Naturkatastrophe, auf die man nicht Einfluss nehmen könnte. Auf die Einordnung der Völkerwanderungen im welthistorischen Kontext wird daher ein Nachdenken darüber folgen, wie dies gesteuert werden kann.

Beginnen wir mit der Deutung der Flüchtlingszuströme als Völkerwanderungen. Der Begriff *Völkerwanderung* ist in der Geschichtswissenschaft ein altvertrautes Phänomen, welches die Fernsehzuschauer der vergangenen Weihnachtszeit 2016 exemplarisch im von ARTE am 26. Dezember ausgestrahlten Monumentalfilm *Untergang des römischen Reiches* des Filmproduzenten Samuel Bronston ansehen konnten. Im Merkel-Deutschland wird die Denk- und Redefreiheit, wenn es um Versuche einer historischen Einordnung der aktuellen der Flüchtlingskrise geht, spürbar eingeschränkt, so dass jede kritische Bemerkung zur gegenwärtigen Völkerwanderung erstickt wird.

Es ist des Zitierens wert, was Jan Fleischhauer in *Spiegel-online* bemängelt, nämlich dass »uns Politiker mitteilen, wie wir reden sollen [...], was wir zu denken haben [...]« (*Der Wut eine Chance,* 26.12.2016). Mittlerweile scheint man noch nicht einmal mehr das Reden über das Phänomen der Völkerwanderungen in der alten Geschichte zuzulassen, wie folgendes Ereignis zeigt. Der Historiker Alexander Demandt hat im Auftrag der CDU-Zeitschrift *Die politische Meinung* einen Artikel über den Untergang des Römischen Reiches geschrieben, der dann mit der Begründung abgelehnt wurde, »der Artikel könne in der aktuellen politischen Situation missinterpretiert werden« (*FAZ,* 22.01.2016, *Das Ende der alten Ordnung*). Prof. Demandt bezeichnete dies als »eine kapitale Dummheit«.

Die Problematik der Völkerwanderungen ist das Thema der angeführten zwei Historiker Alexander Demandt und David Engels. Auf dieser Forschung fußt die Frage, ob gegenwärtige Völkerwanderungen und deren Folgen wie im Falle des Römischen Reiches auch im Niedergang der Europäischen Union enden werden. Ich stelle die Frage: Wird sich die Geschichte Roms in der Europäischen Union wiederholen? Oder liege ich mit meinem Vergleich falsch, weil die Zuwanderer die »neuen Deutschen« werden, welche laut *FAZ* (26.08.2016) »einen Traum für Deutschland versprechen, das seine besten Zeiten noch vor sich hat«. Das ist das »byzantinische Geschwätz« im Buch *Die neuen Deutschen* des Ehepaars Münkler, zelebriert als »Sozial-Utopie«, vorgetragen in byzantinischer Form im *FAZ*-Feuilleton.

Zweifellos befindet sich Europa seit dem Brexit in einem Zerfallsprozess. Europa kann gerettet werden, wenn Politiker und Meinungsmacher eine freie Diskussion darüber zulassen, wie die Rettung erfolgen kann.

Hierfür ist ein anderer Umgang mit wissenschaftlichen Erkenntnissen nötig als die im Merkel-Geist erfolgte Abweisung des Artikels von Alexander Demandt über den Untergang des Römischen Reiches beschreibt.

Demandt schreibt in dem abgelehnten Artikel: »Es ist eine alte Frage, weshalb die reiche, hochentwickelte römische Zivilisation dem Druck armer […] Nachbarn nicht standgehalten hat […], als diese, von der Not getriebenen, über die Grenze strömten. Überschaubare Zahlen von Zuwanderern ließen sich integrieren. Sobald diese ein kritische Menge überschritten und als eigenständig handlungsfähige Gruppen organisiert waren, verschob sich das Machtgefüge, die alte Ordnung löste sich auf.« Solche Lehren aus der Geschichte möchten unsere Politiker und Meinungsmacher »in der aktuellen politischen Situation« nicht hören.

Nochmals: Die einen reden von Toleranz, die anderen von *Djihad* gegen die Ungläubigen. Der belgische Historiker Engels schreibt in seinem Artikel *Das Ende des Westens, wie wir ihn kannten* (*Cicero* 11/2016), dass ein Drittel der Bewohner seiner belgischen Heimatstadt Muslime sind. Diese belgische Stadt vermittelt »das Bild einer niedergehenden Gesellschaft«. Die Vielfalt bringe »nicht nur Freude und Buntheit, sondern auch handfeste Sorgen […], Moscheen, in denen nachweisbar Hasspredigten vorbereitet werden.« Nach Engels ist das zentrale Problem weniger die Völkerwanderungen selbst als die Tatsache einer »Form der Selbstaufgabe des Westens« als Reaktion auf islamische Einwanderungsbewegungen der letzten zwei Generationen mit dem Ergebnis: »unversöhnliche Parallelgesellschaften […], die die als Multikulturalismus verstandene orientalische Gesellschaftsform des Ghettos« einbringen. Engels schreibt, dass es »mit der Integrationskraft schlecht bestellt« sei (*Cicero* 11/2016). Den Grund hierfür habe ich schon oben zitiert, nämlich, dass zurzeit die »europäische Identität erodiert in solchem Grade, dass den Neuankömmlingen kaum verübelt werden kann, in Ermanglung einer Alternative an ihren eigenen Verhaltensweisen festzuhalten.« Wie kann ein dermaßen heruntergekommenes Europa Millionen muslimischer Zuwanderer integrieren?

Anders als das Ehepaar Münkler und die *FAZ* vom 26.08.2016 sehe ich Völkerwanderungen aus der Welt des Islam nach Europa als Herausforderung und nicht postfaktisch als »Traum«. Faktisch handelt es sich sogar um eine existenzielle Bedrohung, die aus einer demografischen Explosion resultiert, die außerhalb der europäischen Grenzen stattgefunden hat, aber auf das Territorium Europas durch Völkerwanderung eindringt.

Ursachen und Folgen der Völkerwanderung

Die Hauptursache der Völkerwanderung aus Nahost und Nordafrika ist die materielle Not, deren Gründe in der binnen weniger Jahrzehnte erfolgten annähernden Verdoppelung der Bevölkerungszahl liegen. Diese demografische Explosion findet parallel zu einer wirtschaftlichen Stagnation aller Länder der Region im Verbund mit einer Herrschaftsform der *orientalischen Despotie* (Karl Wittfogel, 1896–1988) statt. In Kairo traf ich im Frühjahr 2016 auf verzweifelte Nahost-Muslime, die über ihre elektronischen Kommunikationsgeräte von der Willkommenskultur der deutschen Kanzlerin hörten, die ein »freundliches Gesicht« zeigen will. Das wurde als eine Einladung an Millionen Muslime nach Europa verstanden. Diese Botschaft ist in der elektronischen Welt und kann nicht einfach zurückgenommen werden. Alexander Demandt hat in einem *FAZ*-Interview über die Ablehnung seines Artikels durch die CDU-Zeitschrift *Die politische Meinung* auf die Frage, welchen Rat er der Kanzlerin geben würde, geantwortet: »Wir müssen den Zustrom begrenzen [...], Härten in Kauf nehmen; es muss sich herumsprechen, dass es sich nicht lohnt, nach Deutschland zu kommen.« Nein, dies wird nicht gelingen. Die Kombination aus Sozialstaat und Willkommenskultur ist fest verankert in den neuen Kommunikationsmitteln und wird weiter Millionen nach Deutschland ziehen, solange der deutsche Staat nicht ernsthaft seine Grenzen kontrolliert und nicht mehr jeden hineinlässt, der dies will.

Die angesprochene demografische Explosion findet parallel zum Staatszerfall in Nahost statt, woraus innere Kriege in Libyen, Syrien, Irak und Jemen resultierten (vgl. hierzu Kapitel 9 über Syrien, Libyen und die Türkei in meinem Buch *Islamische Zuwanderung* [2017]). In den nächsten Jahren werden weitere nahöstliche Staaten folgen, vorrangig die Türkei und möglicherweise Ägypten und Algerien, und somit wird es auch zu weiteren Völkerwanderungen aus dieser Region und generell aus der Welt des Islam kommen.

Ich stelle klar: Ich bin für eine Einwanderung nach Europa, die die demografischen Wachstumsdefizite in Westeuropa ausgleicht. Jedoch brauchen die technisch komplexen westeuropäischen Gesellschaften hochausgebildete Arbeitskräfte, aber eindeutig keine Völkerwanderung von Armutsflüchtlingen, die durch ethnisch-religiöse Armut gekennzeichnete Parallelgesellschaften in europäischen Großstädten bilden und langfristig Europa zerstören.

Die Einwanderung muss gesteuert werden, um Nachteile zu minimieren. Hierüber muss frei gesprochen werden. Besser als das in Deutschland verbreitete »byzantinische Geschwätz« ist die Analyse des großen Migrationsforschers Myron Weiner in seinem Standardwerk *The Global Migration Crisis* (1995). Darin befindet sich ein großes Kapitel über die sicherheitspolitischen Risiken der Migration. Die Ergebnisse internationaler Forschung werden allerdings durch europäische Meinungsmacher bewusst ignoriert. Was als Sicherheitspolitik und Sicherheitsbedrohung in der Politikwissenschaft gilt, ist in der Geschichtswissenschaft dem vergleichbar, was den Untergang von Zivilisationen bedingt.

Kann Europa vor der seine Existenz bedrohenden islamischen Völkerwanderung geschützt werden? Ich folge meinem jüdischen Lehrer Max Horkheimer, der im Vorwort zu seinem zweibändigen Werk *Kritische Theorie* (1968) schreibt: »Europa ist eine Insel der Freiheit in einem Ozean der Gewaltherrschaft«. Horkheimer verpflichtet seine Anhänger, dieses Europa der Freiheit, also nicht etwa »das weiße Europa«, gegen jeden Totalitarismus zu verteidigen. Die alten Totalitarismen waren Kommunismus und Faschismus. Es gibt einen dritten, neuen Totalitarismus. Dieser heißt Islamismus. Im Geiste Horkheimers kämpfe ich gegen den totalitären Islamismus, vertrete einen europäisierten Islam und stelle die Frage: Welcher Islam für Europa? Ist das der Rassismus, gegen den die Linken lautstark kämpfen? Es hat mit Rassismus gar nichts zu tun, vor dem totalitären Islamismus zu warnen, den die Völkerwanderungen nach Europa mit sich bringen. Der Zustrom von ca. zwei Millionen Menschen nach Europa im Zeitraum 2015–2016 wird in einen linksideologisch geprägten Manichäismus von Gut und Böse eingeordnet. Gut seien die Fremden, schlecht hingegen seien die Europäer.

Im verantwortungsethischen Geiste Max Webers gehe ich mit Augenmaß und Verantwortungsgefühl an den Gegenstand heran und sehe in den nach Europa – besonders den nach Deutschland – gekommenen neuen Zuwanderern keine Bereicherung, sondern soziale und sicherheitspolitische Probleme mit den entsprechenden Konflikten. Die Linksgrünen verbieten es, hierüber frei zu sprechen, und halten diesen Gegenstand als streng behütetes Tabu. Unter Demokratie verstehe ich etwas anderes. Die Gesinnungstyrannei der Linken hat totalitäre Züge. Die angesprochenen Probleme werden von den Zuwanderern religionisiert, d.h. islamisiert. Die Linken machen daraus »Minderheitenprobleme«; im Kampf gegen den unterstellten »Populismus« und »Rassismus« stehen die Linksgrünen nicht für Europa, sondern für die Feinde dessen, was als *the idea of Europe* gilt. Die Linksgrünen stehen auf der Seite der Islamisten im Namen des Minderheitenschutzes gegen die Idee Europas als Zivilisation.

Die religionisierten Konflikte, die aus den Völkerwanderungen hervorgehen, sollte man unter Rückgriff auf Anthony Giddens Buch *Jenseits von Links und Rechts*, das er 1994 nach dem Ende des Ost-West-Konflikts veröffentlichte, ohne eine ideologische Polarisierung von links und rechts angehen. In diesem Geist möchte ich Max Webers Unterscheidung zwischen Gesinnungs- und Verantwortungsethik übernehmen, auf die Thematik anwenden und jede gesinnungsethische Betrachtungsweise der Moralisierung bei der Beantwortung der Frage, ob die Flüchtlinge aus der Welt des Islam eine Bereicherung seien, zurückweisen.

Byzanz, Rom und Bagdad bieten Beispiele dafür, dass Menschen bei einer Ideologisierung der Problematik nicht verstehen, dass Völkerwanderungen Untergang bedeuteten. Ein Beispiel hierfür ist der deutsche Professor Herfried Münkler, der übrigens weder Islam- noch Migrationsforscher ist, sich aber dennoch über diese Thematik mit seiner Frau, die Literaturwissenschaftlerin ist, äußert. Dies geschieht in dem bereits erwähnten Buch *Die neuen Deutschen*, worin Regierungsideologie verbreitet wird. Beide Autoren verstehen nicht, was Völkerwanderungen von islamischen Zuwanderern, die keine europäischen *citoyens* werden, bedeutet und wie Islamisten und Salafisten zu Soldaten der Islamisierung Europas werden. Laut *FAZ*-Interview (vom 26.08.2016) sehen die Münklers in den Zuwanderern nicht nur »neue Deutsche«, sondern auch Menschen, die »einen Traum für Deutschland versprechen, das seine besten Zeiten noch vor sich hat«.

Welch eine krude »Sozialutopie« ist das? Außer dem Vorwurf der »Stereotypisierung« hat das Ehepaar Münkler kein Argument gegen die hier vorgelegte Diagnose.

Zwischen Einwanderung und Zuwanderung: Der Umgang mit Völkerwanderungen – Wie sind diese zu steuern?

Der allerwichtigste Schritt in diesem Kontext muss darin bestehen, dass die Aufnahmegesellschaft den Unterschied zwischen Ein- und Zuwanderungsland begreift und in eine *policy* übersetzt. Diese begriffliche Unterscheidung einer bestehenden Realität habe ich in meinem *Die islamische Zuwanderung* (2002) erläutert, das die linksgrünen Feuilletons damals total verschwiegen – was mich nicht daran gehindert hat, dieses Buch 15 Jahre später, 2017, in einer erweiterten Neufassung wieder der Öffentlichkeit zugänglich zu machen, die aber verschwiegen wird.

Statistisch und politisch charakterisiert sich Merkels Deutschland im Zeitraum 2015/2016 dadurch, dass es als ein Zuwanderungsland, also total offen für Völkerwanderungen, einzuordnen ist – und auch als ein Top-Aufnahmeland. Es nimmt Millionen Menschen ohne eine klare Bestimmung, ja sogar ohne Papiere in sein Territorium auf. Im Rahmen der Willkommenskultur erfolgt dies auf eine auffällig naturwüchsige Weise. Ein Zuwanderungsland lässt nicht nur beliebig Menschen, die keine Bürger sind, hinein, sondern hat auch darüber hinaus kein *Policy*-Konzept für den Umgang mit diesen Menschen bzw. dafür, wie sie in das bestehende Gemeinwesen eingegliedert werden können. USA, Kanada und Australien sind klassische Einwanderungsländer, wohingegen Deutschland das prominenteste Zuwanderungsland der Welt ist; prominent deshalb, weil es statistisch gesehen mehr Migranten als selbst die USA aufnimmt. Alleine Hamburg nimmt pro Jahr die Hälfte der Zahl von Migranten (35.000) auf, die die USA in einem Jahr aufnehmen (70.000; Zahlen für 2016).

Im Chaos Deutschlands werden alle Völkerwanderungen in den Topf »Asylsuchende« hineingeworfen. Es ist geradezu lächerlich, wie der deutsche Staat kostspielige und aufwendige Verfahren zur Stellung und Überprüfung von Asylanträgen durchführt, die im Resultat wertlos bleiben. Denn ein negatives Ergebnis ändert nichts daran, ob die angenommenen oder abgelehnten Asylsuchenden im Lande bleiben dürfen oder nicht. Abgelehnte Asylbewerber (zurzeit in Deutschland rund eine halbe Million) bekommen zunächst Duldungsstatus, der außer bei Straftätern nach wenigen Jahren über Bleiberechtsregelungen in ein Daueraufenthaltsrecht mit einem weiteren Recht auf vollen Zugang zu sozialstaatlichen Leistungen mündet. Ich möchte die Stadt Essen als ein Beispiel anführen: Ein Drittel der dort seit dem Libanon-Krieg 1975–1990 lebenden Libanesen wird seit drei Generationen rechtlich nur »geduldet«. Diese abgelehnten libanesischen Asylbewerber leben in einer Parallelgesellschaft in ihren Clans von der Kriminalität. Es stellt sich die zynische Frage: Warum werden dann überhaupt solch aufwendige Asylverfahren durchgeführt, wenn sie letztlich keine Auswirkung bzw. Geltung haben? In einem *FAZ*-Artikel (05.12.2016) hierzu wird vermutet, dass die neuen Migranten »dem libanesischen Modell von Essen folgen werden«, d.h. nicht nur die Integration verweigern und vom Sozialstaat leben, sondern auch kriminell werden.

In Deutschland erschöpft sich der Umgang mit islamischer Völkerwanderung in einem »byzantinischen Geschwätz« darüber, ob die Flüchtlinge gut oder schlecht für Europa seien. Dies erfolgt gesinnungsethisch, nicht verantwortungsethisch. Zur Verantwortungsethik gehören nach Max Weber drei Qualitäten: Verantwortungsgefühl, Augenmaß, sachliche Leidenschaft. Dagegen beruht Gesinnungsethik nach Weber auf der »Romantik des intellektuell Interessanten«, die »irrationale Taten« hervorruft, deren Urheber die »ethische Irrationalität der Welt nicht ertragen«. Zur Gesinnungsethik gehört auch ein Moralisieren, das die Welt in »Gutes und Böses« manichäisch zweiteilt, nach der Logik, dass »aus Gutem nur Gutes, aus Bösem nur Böses« kommen könne. Diese Denkweise dominiert nicht nur das Denken der aus einer kulturprotestantischen Familie stammenden Kanzlerin, sondern auch jenes des Ehepaars Münkler, die einen »Katechismus« unter dem Titel *Die neuen Deutschen* als »Apologie auf die Regierung Merkel« verfasst hat, wie das Online-Magazin *The European* schreibt.

Uneingeschränkten Völkerwanderungen nach Europa wird heute ohne jede Differenzierung und ohne die nötige Unterscheidung zwischen Flüchtlingen und anderen Zuwanderern als die benötigte Zuwanderung gehuldigt. Die Kritik daran wird als »Populismus« (Klaus Bade) verfemt. Prof. Bade war laut Wikipedia einer der mächtigsten »Migrationsforscher« Deutschlands, dessen Macht durch Drittmittel von Staat und Stiftungen als Forschungsgelder untermauert wurde. Er galt als der Migrationspapst, der den Diskurs bestimmt. In seinem Buch mit dem Titel *Kritik und Gewalt* (2013) verfemt er kritische Migrationsforschung. Der verstorbene jüdische Autor Ralph Giordano hat sich gegen diesen Migrationspapst Bade in einem Leserbrief an die *FAZ* erhoben und zu Recht kritisch bemerkt, dass er alle Probleme ausblendet und Gegner verunglimpft. Er schreibt, Bade verschweige die Wirklichkeit und die ungeheuren Schwierigkeiten beim Thema Integration. Auch Necla Kelek hatte hierüber in einem lesenswerten Bericht in der *FAZ* (vom 15.07.2011, *Professor Bade gibt den Anti-Sarrazin*) geschrieben und gezeigt, welchen Paternalismus Professor Bade bei der Bestimmung dessen, was zur Forschung zugelassen wird und was nicht, walten lässt. Ich führe dies nur an, um zu zeigen, dass die vorherrschende Migrationsforschung das Reden über Probleme verbietet.

Es gilt, jenseits der *Political-correctness*-Zensur zu begreifen, dass wir zeitgeschichtlich Völkerwanderungen erleben. Hierbei müssen wir lernen, zwischen Ein- und Zuwanderung und auch zwischen humanitärer und Einwanderungspolitik zu differenzieren. Es ist unbestreitbar, dass politisch Verfolgte ein Recht auf Asyl haben – dieses Recht ist aber ein individuelles und kein Gruppenrecht. Der Hinweis auf eine politische Verfolgung verleiht dem Antragsteller zudem keinen Dauerstatus, ist also keine Einwanderung im Sinne von »wanted migration« (Myron Weiner). Denn das Asylrecht berechtigt zeitlich nur zu einem begrenzten Aufenthalt.

Im Gegensatz zur regulären Einwanderung ist Zuwanderung naturwüchsig und chaotisch – so, wie sie in Deutschland von September bis Dezember 2015 stattfand, als alle Grenzkontrollen abgeschafft wurden. Hierbei kamen 2015 ca. 1,5 Millionen Menschen unkontrolliert in das Bundesgebiet. Einwanderung erfolgt dagegen erstens nach Bedarf der Aufnahmegesellschaft und zweitens mit dem Ziel, dass die eingewanderte Person auf Dauer zum individuellen Mitglied des Gemeinwesens mit dem Bürger-Status des *citoyen* wird.

Heutige Gesinnungsethiker und Linksgrüne sperren sich gegen jedes Verstehen, wenn sie Flüchtlinge, die noch nicht einmal die Landessprache sprechen, zu »neuen Bürgern« bzw. zu »neuen Deutschen« hochstufen. Viele Vorleistungen sind zu erbringen, ehe der *Citoyen*-Status erworben werden kann.

Siedlungskolonisation ist eine Form von Parallelgesellschaften, die als Folge der islamischen Völkerwanderung entstehen. Ich bin nicht nur Historiker, sondern auch Wissenschaftler des Faches Internationale Beziehungen. Das Standardwerk dieses Faches zum anstehenden Thema ist Myron Weiners *Global Migration Crisis,* der darin in Kapitel 6 herausarbeitet, dass jeder Staat ein »national interest« hat, das u.a. durch Sicherheitspolitik verfolgt wird. Als Historiker füge ich hinzu, dass mit unkontrollierter

Völkerwanderung der Untergang politischer Ordnungen beginnt. Das ist die zentrale Idee dieses Kapitels.

Vor diesem Hintergrund lässt sich festhalten, dass aus Völkerwanderungen sicherheitspolitische Gefahren für den demokratischen Rechtstaat hervorgehen, die nicht verantwortungslos auf Einzelfälle heruntergespielt werden dürfen.

Ein Untergang Europas kann durch das Auswachsen von Parallelgesellschaften, besonders islamische Parallelgesellschaften, herbeigeführt werden. Oft sind diese mit »ethnischer Armut« verbunden. Diesen Begriff hat Anthony Giddens (in seinem Buch *Beyond Left and Right* [1994], deutsch *Jenseits von Links und Rechts*) geprägt. »Ethnische Armut« generiert Konflikte, die schwer lösbar sind. Zum Sicherheitsaspekt der »ethnischen Armut« kommt noch ein wirtschaftliches Problem hinzu. Denn die Zuwanderung von Menschen, die keinerlei berufliche Qualifikation haben, stellt eine Dauerbelastung für jeden Sozialstaat dar, die diesen zum Kollaps bringen kann.

Nochmals: »The return of Islam« als Rückkehr der islamischen Geschichte der *Futuhat*-Eroberungen: Die Instrumentalisierung des Multikulturalismus ersetzt den islamischen *Djihad*-Krieg und ermöglicht eine friedliche Eroberung Europas

Die lange Überschrift mit den zentralen Inhalten enthält zugleich die These dieses abschließenden Abschnittes, in dem eine ganze Reihe historischer Bezüge vorgenommen wird, die jedoch nur historisch gut informierte Leser verstehen können. Angesichts der Tatsache, dass das vorliegende Buch, wenngleich Fachbuch, sich stärker an ein größeres Publikum wendet, setze ich weniger historisches Wissen beim Leser voraus. Deshalb müssen die historischen Anspielungen in der Überschrift expliziert, d.h. näher erklärt werden.

Fangen wir an mit der Formel »return of Islam«, einer Wendung, die in den 1980er-Jahren, unmittelbar nach der Iranischen Revolution, entstand und eine große Verbreitung fand. Es sei klargestellt: Die angesprochene Rückkehr des Islam unterstellt nicht, dass der Islam verschwunden war und nun im Sinne einer »Re-Islamisierung« zurückkehrt. Dies ist total falsch, wie dieser Begriff selbst auch. Vielmehr meint »the return of Islam« eine Rückkehr der Religion in die Politik, also als politischer Islam

– oder besser: als Islamismus im Verständnis einer Agenda für die Islamisierung der Welt. Bernard Lewis, der Urheber der vorstehenden Formel, schließt seinen Aufsatz *The Return of Islam* (Erstveröffentlichung in *Commentary* 01/1976; hier zitiert nach der Fassung in: *Islam and the West,* Oxford University Press 1994, S. 154) mit der Erkenntnis, es gehe hier nicht um den Islam als einen religiösen Glauben: »Islam is powerful [...] to overthrow and utterly destroy the old [secular] regimes to establish an Islamic order in place.« Kurzum: Es geht um einen Islam im Verständnis von politischer Ordnung. Das ist die Islamisierung der Politik bzw. »religionized politics«, eine Formel, die ich in den USA in mehreren Büchern geprägt habe.

In der neuen Einleitung zu dieser Neuausgabe habe ich den historischen Prozess einer *Krise des Islam* seit dem 19. Jahrhundert, besonders seit 1967 (Niederlage im Sechstagekrieg), im Kontext des Scheiterns im Prozess der Aneignung der Moderne näher erläutert (vgl. mein Buch *Islam's Predicament with Modernity*). Die Leser seien auf die Einführung verwiesen, deren Inhalt hier nicht wiederholt werden soll.

Der soeben zitierte Islam-Historiker Bernard Lewis hat 2002 die Frage gestellt: *What Went Wrong?* – so der Titel seines Buches, das er nach meinen Kenntnissen bereits vor dem 09.11.2001 fertiggestellt, aber erst 2002 veröffentlicht hatte. Von diesem Buch sind mehr als eine Million Exemplare verkauft worden. Darin schließt er sich der konsensuellen Erklärung gut informierter Islamarbeiten an, zu denen auch mein Kairo-Paper von 1979 gehört, das das Scheitern der Säkularisierung und der Aneignung der Moderne eben das ist, »what went wrong«. Lewis zitiert das angeführte Paper *Islam and Secularization.*

Die Reaktion vieler Muslime auf das, was die Frage »What went wrong?« anspricht, ist »rage« / Zorn, auch dieser Begriff stammt von Bernard Lewis in seinem Essay *The Roots of Muslim Rage* (in: *The Atlantic Monthly,* 09/1990). »The return of Islam« in politischer Gestalt hängt zusammen mit dem Anspruch, den Bernard Lewis im obigen Zitat als »political order« bezeichnet. Und noch mehr: Der politische Islam beansprucht nicht nur, eine politische Ordnung für die Muslime zu bieten, sondern auch die Weltordnung als solche im engeren Sinne zu bestimmen. Das ist keine Agenda der Entkolonialisierung, wie westliche Gutmenschen unterstellen, sondern eine antiwestliche Ideologie, die nicht mehr und nicht weniger als die Ablösung der westlichen Vorherrschaft durch *siyadat al-Islam* / Hegemonie des Islam fordert. Dies ist der Kern der Weltanschauung, die der politische Islam vertritt. Mit den islamischen Völkerwanderungen nach Europa kommt auch dies mit. Gilt die Norm der Religionsfreiheit für diesen »religious supremacism«? Ich habe diesen Begriff im Englischen eingeführt und ihm ein ganzes Kapitel meines Hauptwerkes über den Islam in englischer Sprache gewidmet, nämlich Kapitel 7 in meinem Buch *Islam's Predicament with Modernity*. Mit dem von mir geprägten Begriff *religious supremacism* will ich den islamischen Anspruch gegenüber Nichtmuslimen zum Ausdruck bringen.

Der nächste erklärungsbedürftige Begriff sind *Futuhat*-Kriege, d.h. Eroberungskriege als Djihad-Kriege; dies lässt sich leicht erklären: Unmittelbar nach der Gründung der islamischen Kalifats-Ordnung haben Muslime in der zweiten Hälfe des 7. Jahrhunderts Eroberungskriege geführt, die die Welt für den Islam öffneten, und daher heißen diese *Futuhat*-Kriege Öffnungskriege. Das Resultat habe ich oben mit einem Zitat aus Maxime Rodinsons Mohammed-Biografie veranschaulicht, worin er veranschaulicht, wie Mohammeds Nachfolger ein Imperium »von den Ufern der Loire bis über den Indus hinaus, von Poitiers bis nach Samarkand« beherrschten.

In meinem Buch *Kreuzzug und Djihad* argumentiere ich, die islamischen *Futuhat*-Kriege können als das erste Globalisierungsmodell in der Weltgeschichte gedeutet werden. Diese vom 7. bis zum 17. Jahrhundert andauernden Eroberungskriege haben einen arabischen Abschnitt, der mit dem Fall Bagdads endet, und einen türkischen, der mit dem osmanischen Scheitern vor Wien 1683 endet. Daraufhin folgt eine europäische Rollback-Geschichte, bei der die Muslime als Herrscher von Europa verdrängt werden und die Beendigung islamischer Herrschaft in Europa bewerkstelligt wird. Gefolgt, gegen Ende des 18. Jahrhunderts, von einer noch tieferen Wunde: Der Spieß wird umgedreht und Europäer sind nicht mehr Objekt islamischer Eroberungen, sondern selbst Eroberer, ja sogar der islamischen Welt selbst. Das Ergebnis ist: *Dar al-Islam* wird nicht mehr globalisiert, sondern wird zu europäischen Kolonien herabgewürdigt. Globalisiert wird nicht mehr das islamische, sondern das westliche Modell. Muslime werden von Djihad-Welteroberern zu Kolonisierten der Europäer, womit das islamische Globalisierungsmodell ein demütigendes Ende nimmt.

Wenn man sich diese Geschichte genau vergegenwärtigt, kann man genau verstehen, dass »the return of Islam« weniger ein Aufstand der Unterdrückten gegen Kolonialherrschaft ist als vielmehr eine Forderung zur Wiedererlangung der Weltherrschaft, um eine alte Rechnung zu begleichen. Die Relevanz der Parallele zu Rom liegt in den Problematiken innere Schwäche politischer Imperialordnungen und Völkerwanderungen.

Folgende Rückblende sollte noch zum Verständnis des islamischen »rage« beitragen: Eines der wichtigsten fachhistorischen Bücher über die islamische *Futuhat*-Expansion vom 7. bis zum 8. Jahrhundert ist die Monografie des islamischen Historikers Khalid Yahya Blankinship: *The End of the Jihad State* (New York 1994). Darin zeigt er, wie der Islam als neuer religiöser Glaube den Stämmen von Arabien die Kraft und Selbstvertrauen gab, die Welt mit einer neuen Mission zu erobern. Das damalige ursprüngliche Arabien des siebten. Jahrhunderts war primitiv und kaum entwickelt, jedoch umgeben von hochzivilisierten Großreichen, die allerdings damals eine schwächelnde asabiyya / *esprit de corps* hatten. Blankinship nennt vier Reiche, die der aufkeimende Islam als neue Zivilisation bezwungen hat: 1. Sassaniden-Persien, 2. Byzanz, 3. Gotisches Spanien, 4. Sindh in Indien. Er schreibt: »Muslim fighters were not professional soldiers but nevertheless carried out the jihad continuously.« Djihad war für sie eine »expansion through war against non-Muslims«, die als Ungläubige dehumanisiert wurden. Die islamischen Siege in den *Futuhat*-Kriegen waren mit dem Umzug ganzer arabischer Stämme aus Arabien in drei Richtungen verbunden: vorderer Orient, Nordafrika und Zentralasien.

Eine Beschreibung der islamischen Djihad-Eroberungskriege, die Blankinship bietet, möchte ich dem Leser mitgeben: Es ging um die Verbindung von Religionsausübung und gewaltsamer Eroberung. Blankinship rekonstruiert nach historischen Quellen, wie Muslime Djihad-Krieg führten. Vor dem Sonnenaufgang müssen Muslime das Gebet verrichten. Die ersten Bauten nach jeder Eroberung waren Moscheen. Die Djihad-Eroberer standen rituell in Reihe beim Morgengebet; in derselben Formation agierten sie als militärische Truppen, um Djihad als islamische Welteroberung zu betreiben. Gebet und Gewalt wurden hierbei gepaart.

Was ist wahr daran, wenn Muslime behaupten, ihr Glauben sei eine Religion des Friedens? Was ist friedlich an den islamischen *Djihad-futuhat*-Eroberungen? Die islamische Wahrnehmung ist wie folgt zu erklären: Im *dar al-Islam*, d.h. innerhalb der islamischen Territorialität, gibt es nur Frieden. Wenn *dar al-Islam* auf die gesamt Welt ausgedehnt wird, dann gibt es Weltfrieden. Deshalb glauben Muslime, dass ihre Djihad-Kriege ein Instrument des Weltfriedens seien. Ich bin ausgebildeter Philosoph und erkenne den Widerspruch in dieser Denkweise, es ist mir aber in meinem gesamten Leben nicht gelungen, einem Muslim plausibel zu erklären, dass der Islam eine Kriegsreligion und keine Religion des Friedens ist. Ich werde geradezu als Häretiker abgestempelt, wenn ich dies so darlege.

Nach diesem Ausflug in die alte Geschichte und in unsere Gegenwart als Zeitgeschichte halte ich fest: Die Gleichzeitigkeit des inneren postmodernen Schwächelns des Westens und der bewusstseinsmäßig erstarkenden islamischen Zivilisation, begleitet von der islamischen Völkerwanderung nach Europa, ist das Hauptmerkmal unseres Zeitalters. Ich habe nirgendwo eine adäquatere und bessere Beschreibung dieses Gegenstandes gelesen als diejenige im *Cicero*-Essay von David Engels.

Engels zeigt, wie Muslime, die als Newcomer nach Europa migrieren, über ein ungebrochenes Bewusstsein von ihrer Zivilisation, d.h. eine sehr starke *asabiyya,* verfügen, wohingegen Europäer sich in Selbsthass verlieren und sogar die eigene Identität verleugnen. Dies wird zeitweise als Multikulturalismus-Reichtum beschönigt. Engels macht deutlich, es gehe gar nicht um die vielgepriesene *Cultural Diversity*, sondern »um die Bildung unversöhnlicher Parallelgesellschaften« parallel zu einer neuen Konzeption, »nämlich die als Multikulturalismus missverstandene orientalische Herrschaftsform«.

Die Dominanz des Islamismus, der mit den Neuankömmlingen nach Europa kommt, ist zunächst beschränkt auf die Parallelgesellschaften, jedoch nur mit dem unausgesprochenen Ziel verbunden, eine Ausdehnung der islamischen Präsenz durch Völkerwanderungen soweit zu betreiben, bis Europa *dar al-Islam* wird. Tariq Ramadan, der einflussreichste Islamist in Europa und ein Enkelkind von Hasan al-Banna (1906–1949), des Begründers der Muslimbruderschaft, macht zwei Aussagen, die diese Intention verraten: Erstens nennt er Europa *dar al-shahada*, das ist ein anderer Begriff für *dar al-Islam*, und zweitens sagt er unverblümt: »Der Islam ist überlegen und keine Kraft kann über ihm stehen«.

Im Gegensatz zu islamischen Eroberungen durch Djihad während der *Futuhat*-Kriege erfolgt die heutige Eroberung Europas friedlich mittels Migration als Völkerwanderung. Selbst Muslim, stößt mich die islamische

Perfidie ab, wenn Muslime Europa unter Berufung auf das europäische Recht der Religionsfreiheit und der europäischen Ideologie des Multikulturalismus zu erobern planen. David Engels schreibt dazu in dem angesprochenen *Cicero*-Essay: »Glaubensfreiheit [...] kann daher nur für Religionen gelten, die den Ablösungsprozess von Staat und Gesellschaft schon hinter sich haben. Auf Religionen wie den Islam bezogen [...] führt Religionsfreiheit notwendigerweise zur Bestätigung des jeweiligen religiösen Gesamtmodells und somit zur Selbstauflösung der Laizität selbst.« Anders formuliert, Muslime verwenden Religionsfreiheit, um Freiräume für die Eroberung Europas zu schaffen.

Nach den bisherigen Ausführungen auch über die Ursachen des Niedergangs politischer Ordnungen ist deutlich geworden, dass nicht nur Völkerwanderung aus der Welt des Islam, sondern auch der postmoderne kulturrelativistische Nihilismus die Identität Europas bedrohen. Multikulti-Postmodernisten verleugnen jeden Wertebezug als Rahmen für Identität in Europa. Damit hängt ein Verlust an Identität zusammen, der zwei zentrale Eigenschaften der kulturellen Moderne Europas betrifft: Laizität und säkulare Demokratie der Individuen, nicht der Kollektive. Engels schreibt, dass das islamische »religiöse Gesamtmodell eine Bestätigung durch die Selbstauflösung der Laizität selbst« findet

Zur Ironie des Schicksals gehört, dass diejenigen, die eben diese Weltanschauung mit nach Europa bringen, als die »neuen Deutschen« vom Ehepaar Münkler zelebriert werden. Diese werden niemals integriert. Denn Integration erfolgt immer in etwas, d.h. in ein Gemeinwesen mit kultureller Identität. Wenn Deutschland seine eigene Identität und das Vorhandensein eines Gemeinwesens schlechterdings verleugnet, dann ist die Folge klar eine Unfähigkeit zur Integration. Es stellt sich dann die Frage: Wohin gehören die regierungspropagandistisch als »die neuen Deutschen« (Münkler) deklarierten Menschen, wenn das Land ihnen keine Identität im Sinne von *sense of belonging* bieten kann? Im Jahre 2006 habe ich als A. D. White Professor an der Cornell University folgende Formel über konkurrierende Optionen geprägt: »Europeanization of Islam or the Islamization of Europe« (enthalten im Band *Religion in Expanding Europe*, Cambridge University Press 2006), und eben darum geht es »islamischen Einwanderungsbewegungen der letzten zwei Generationen« (David Engels). Diese stellen bereits »eine indirekte Form der Selbstaufgabe des

Westens dar« (David Engels). Die neuen Völkerwanderungen werden diese Entwicklung nur noch verstärken.

Die Zuwanderung aus der Welt des Islam zieht Wertekonflikte nach sich, vor denen Europäer die Augen nicht verschließen sollten. Merkels Deutschland fällt in eine Zeit der »Völkerwanderungen«, die ganze Lebensräume verändern. Es ist empörend, wie Merkel die Wohnbevölkerung Deutschlands definiert; einerseits als »Menschen, die schon lange hier leben«, und andererseits als solche, »die neu hinzugekommen sind«. Nach Merkel hätten beide keine Identität, das Land auch nicht.

Europäische Politiker und Multikulti-Ideologen verstehen nicht, dass die Zuwanderung aus der Welt des Islam Werte- und Identitätskonflikte nach sich zieht, vor denen Europäer die Augen nicht verschließen sollten.

Im Kontext der Zuwanderung kehrt die Geschichte mit den angesprochenen Konflikten zurück als solche zwischen 1. der Werteorientierung Europas, 2. den linksgrünen Kulturrelativisten und 3. religiösem Absolutismus der islamischen Zuwanderer. Die drei Ausrichtungen, die zurzeit in Europa existieren, sind:

1. Die Position der Vertreter der *open society*, die in Poppers Sinne argumentieren: »keine Toleranz den Intoleranten« (Alexander Kissler).
2. Die Ideologie der postmodernen Kulturrelativisten, die ich in Poppers Sprache als »Feinde der offenen Gesellschaft« einstufe (Linke und Grüne).
3. Hinzu kommen die islamischen und anderen Neoabsolutisten, die eine kompromisslose Weltanschauung nach Europa einführen, für die sie im Namen des Respekts für andere Kulturen Geltung beanspruchen (organisierter Verbands-Islam).

An dieser Stelle muss ich in aller begrifflichen Schärfe das Original von Karls Poppers *open society* vor jenen schützen (beispielsweise George Soros' »Open Society Foundations«), die den Begriff ideologisch missbrauchen, seinen Inhalt zerstören und ihn in ihren Dienst stellen. Jeder, der Karl Popper sorgfältig liest, weiß, dass dieser große Denker zu keinem Zeitpunkt unter *open society* eine naturwüchsige Zuwanderung verstanden haben kann. George Soros und seine »Open Society Foundations« erinnern mich an Islamisten, die liberale Begriffe wie beispielsweise die Religionsfreiheit als Kampfbegriffe benutzen, um sie für ihre Ideologie zu verwenden, die die Religionsfreiheit gerade zerstört. Als Popperianer misstraue ich Soros und seiner fragwürdigen Stiftung. Gegen beide habe ich argumentiert, dass offene Grenzen gerade die offene Gesellschaft im Westen zerstören.

Die Geschichte der Kriege ist nicht nur eine militärische. Wie schon angeführt, gibt es auch »wars of ideas«, die aus weltanschaulichen Konflikten hervorgehen. Ich habe schon Eric Patterson und sein Buch *Debating the War of Ideas*, zu dessen Mitautoren ich gehöre, zitiert. Gemeinsam mit ihm argumentiere ich, dass in diesem weltanschaulichen Krieg Keulen eingesetzt werden, die u.a. diese sind: Vorwurf in Bezug auf Islamophobie, Populismus, Stigmatisierung, »Profiling« und nicht zuletzt Pauschalisierung. Der große Anthropologe Ernest Gellner hat in seiner Kontroverse mit dem Kulturrelativisten Clifford Geertz in Amsterdam 1994, an der ich damals beteiligt war, diesem vorgeworfen, dass er jedes Anderssein anderer Kultur als eine Eigenart kulturrelativistisch rechtfertigt und sie mit Keulen verteidigt. Der jüdische Holocaust-Überlebende Gellner hat polemisch gegenüber Geertz angeführt: »Wollen Sie den Mord an Juden als deutsche Eigenart rechtfertigen?« Das ist ein Beispiel für »war of ideas«, einer weltanschaulichen Auseinandersetzung, die die Zukunft Europas im Zeitalter der Völkerwanderung aus der Welt des Islam bestimmen wird.

Gleichermaßen als Historiker und Sozialwissenschaftler, der historische Soziologie betreibt, sehe ich in der gegenwärtigen Völkerwanderung aus der Welt des Islam nach Europa ein politisch-soziales Phänomen, das man beeinflussen kann, eben weil es kein unbeeinflussbares Naturereignis ist. Europa kann sich gegen Eroberung wehren, ohne offene Gesellschaft und Inklusion aufzugeben. Im Folgenden möchte ich zeigen, wie dieses demografische Phänomen empirisch unsere Zeitgeschichte beeinflusst und dennoch bewältigt werden könnte. Was muss hierfür getan werden?

1. Die allerwichtigste Voraussetzung ist, eine freie *Debating Culture* zuzulassen, die eigentlich die europäisch-politische Kultur der Redefreiheit vorsieht, aber vom linksgrünen Narrativ unterbunden wird. Anstelle von *battle slogans* (Kampfbegriffe) und »innerer Zensur« (Adorno) muss es möglich sein, »unbequeme Gedanken« über die Völkerwanderung aus der Welt es Islam zu äußern, ohne dass dies als »Abweichung« von Linksgrünen mit

Keulen wie »Rassismus« und »Populismus« »gereizt ahndet« (Adorno) wird. Ohne rationales Wissen können Konflikte nicht friedlich gelöst werden.

2. Ich bin als Migrant alles anderes als Migrationsgegner. Wofür ich argumentiere, ist, Zuwanderung in Einwanderung zu verwandeln, d.h. zu regulieren und zu begrenzen. Ich trete für diesen Wandel als *policy* ein. Auch muss zwischen Einwanderung und humanitärer Politik unterschieden werden. Humanitäre Politik ist eine Pflicht, aber hierfür gibt es Grenzen, die durch Kapazitäten bestimmt werden. Europa kann die Probleme der Welt (wie Armut und Überbevölkerung) nicht auf dem deutschen Territorium lösen. Laut UNHCR befanden sich im Jahr 2016 65,3 Millionen Menschen auf der Flucht. Ein Jahr davor waren es 7 Millionen weniger, also 58 Mio. Im Jahr 2017 wird die Zahl zunehmen. Grenzen zu kontrollieren und zu bestimmen, wer ins europäische Haus kommt, ist Bestandteil des Völkerrechts.
3. Ein Kontinent, der Millionen Zuwanderer aufnimmt, benötigt ein Integrationskonzept, das politische, wirtschaftliche und kulturelle Voraussetzungen erfüllt. Dies fehlt, und deshalb bilden die Newcomer ihre eigenen Parallelgesellschaften. Ich war bei einer Debatte mit höheren Verwaltungsbeamten entsetzt darüber zu vernehmen, dass diese unter Integration allein Unterbringung, Alimentierung und Sprachkurse verstehen.
4. Selbst westasiatischer Muslim aus Syrien erkenne ich die europäische Identität an und habe Max Horkheimer mein Buch *Europa ohne Identität? Europäisierung oder Islamisierung* gewidmet. Von Horkheimer habe ich als ein arabischer Muslim gelernt, Europa »zu bewundern, zu seinen Ideen zu stehen, sie gegen den Faschismus Hitlerscher, Stalinscher oder anderer Varianz zu verteidigen«. Ich füge in der Widmung zu den beiden Totalitarismen auch den islamischen Fundamentalismus hinzu.
5. Selbsthass und Selbstverleugnung sind die schlimmsten Feinde Europas im Inneren: Gesinnungsethik und die manichäische Zweiteilung der Welt in Gut (nichteuropäisch, links) und Böse (das »helle und dunkle Deutschland«, so Gauck, als er noch Bundespräsident war). Ich habe Max Weber zitiert, dass nach dem

> Gesinnungsethiker »aus Gutem nur Gutes und aus Bösem nur Böses« kommen könne. Doch »oft ist das Gegenteil« wahr. Weber fügt hinzu: »Wer das nicht sieht, ist in der Tat politisch ein Kind.« Das ist ein vernichtendes Urteil über die heutige politische Kultur Europas und über die mangelnde politische Reife jener, die uns regieren.

Wie im Buch *Kreuzzug und Djihad* argumentiert und anhand historischen Materials ausgeführt, lässt sich die Beziehung des Islam zu Europa als eine Kombination von Bedrohung und Faszination beschreiben. In Spanien waren die arabischen Muslime Eroberer mit einer höheren Kultur. Armutsflüchtlinge von heute sind dies nicht. Die seit einigen Jahrzehnten stattfindende demografische Explosion in der Welt des Islam steht im 21. Jahrhundert vor den Toren Europas; sie generiert Völkerwanderungen. Diese resultieren aus Staatszerfall, aus flächendeckenden politischen und ökonomischen Krisen. Die Welt des Islam bildet die geopolitische Umgebung Europas, weshalb diese demografische Explosion fatal auf Europa wirkt.

Im 21. Jahrhundert bildet das prosperierende Europa mit seiner sozialstaatlichen Generosität eine Attraktion für viele Millionen Menschen in Nahost, Zentralasien und Afrika. Europa muss lernen, die illegale Zuwanderung zu stoppen zugunsten legaler und nach Bedarf limitierter Einwanderung. Europa braucht weder Djihad-Muslime noch Armutsflüchtlinge, die durch kriminelle Schmugglerbanden nach Europa kommen. Das ist eine *Policy*-Forderung, kein Populismus, sondern Realpolitik, die auf Rationalität gründet.

Heute ist Europa ein Einwanderungskontinent. Wer Migranten aufnimmt, dies ist vorrangig, muss eine inklusive zivilisatorische Identität sowohl für sich als auch für die muslimischen Migranten anbieten, die als Eintrittskarte in das Gemeinwesen als *citoyenneté* gelten kann. Die Alternative zur islamischen Eroberung habe ich an der Cornell University mit der schon oben zitierten Formel »Islamization of Europa or Europeanization of Islam« gefasst (so lautet auch der Titel meines Kapitels in dem Buch *Religion in Expanding Europe,* hrsg. von Peter Katzenstein und veröffentlicht bei Cambridge University Press 2006).

Am Ende dieses Kapitels möchte ich die zentrale Idee in nuce festhalten. Die islamisch-europäische Geschichte ist zurück, und kein »end of history« ist in Sicht. In unserer Zeitgeschichte findet eine Rückkehr der

Geschichte der Zivilisationen in neuem Gewand statt. Früher hat die Welt des Islam Europa kulturell befruchtet, aber heute kommen von dort mit den zeithistorischen Völkerwanderungen nur Gefahren und Bedrohungen, die John Brenkman auf den Begriff »geopolitical war of Islam« brachte (*The Cultural Contradictions of Democracy. Political Thought since September 11,* Princeton University Press 2007). Europäische Opinion Leaders und Wissenschaftler scheinen diese Rückkehr der Geschichte verschlafen zu haben. Es wäre schlicht dumm, wenn die hier gebotene Geschichtsdarstellung als »Populismus« verfemt würde. Was sagt Ralf Dahrendorf dazu? »Populisten sind immer die anderen.«

Schließlich gibt es inzwischen ein vom Europäischen Gerichtshof (EuGH) gefälltes, gesamteuropäisch gültiges Rechtsurteil, wonach das Übertreten einer nationalstaatlichen Grenze ohne Visum und ohne Papiere als »illegales Überschreiten«, so das Gericht, also als rechtswidrig eingestuft wird. Das Urteil wurde im Juli 2017 in Luxemburg gefällt. Somit sind die zeithistorischen, von kriminellen Menschenschmugglern organisierten Völkerwanderungen, sei es über die Balkanroute, sei es aus Libyen über das Mittelmeer, nach dem EuGH-Urteil schlicht rechtswidrig. Die acht NGOs, die sogar bis August 2017 anmaßend innerhalb der libyschen Hoheitsgewässer Schleppern mit ihren Schiffen assistierten, afrikanische Armutsflüchtlinge nach Europa zu bringen, können nach diesem Urteil der Beihilfe zu illegaler Migration angeklagt werden. *Die Welt* vom 27.07.2017 schreibt: »Das Durchwinken der Flüchtlinge hat ein Ende«, das EuGH-Urteil wirke »wie eine Ohrfeige für die Flüchtlingspolitik von Angela Merkel vom Spätsommer 2015. Denn die EuGH-Richter sehen Grenzöffnungen auf keinen Fall durch geltendes EU-Recht abgedeckt oder durch Ausnahmesituationen gerechtfertigt«. Im Englischen schließt man eine solch definitive Aussage mit dem Wort »period« ab, welches hier *Schluss* bedeutet.

ANMERKUNGEN

Kapitel I
Der Islam als Gegenstand der Geschichtswissenschaft. Abriss der islamischen Geschichte

1 Vgl. den Essay »Other People's History« in der Aufsatzsammlung von Bernhard Lewis, *Islam and the West*, New York 1993, S. 119–130.

2 Fernand Braudel, *A History of Civilizations*, London 1994, besonders der Teil über den Islam, S. 41–114.

3 Baber Johansen, Politics and Scholarship. The Development of Islamic Studies in Germany, in: Tareq Ismael (Hrsg.), *Middle East Studies. International Perspectives on the State of the Art*, New York 1990, S. 71ff.

4 Zur historischen Soziologie vgl. Theda Skocpol (Hrsg.), *Vision and Method in Historical Sociology*, Cambridge 1984; sowie Charles Tilly, *Big Structures, Large Processes, Huge Comparisons*, New York 1984.

5 Zur Auseinandersetzung damit vgl. Bassam Tibi, *Europa ohne Identität? Die Krise der multikulturellen Gesellschaft*, München 1998 (Taschenbuch-Ausgabe, Berlin 2000), darin besonders die Abschnitte ›Von der rassenpsychologischen zur philologischen Bestimmung des Fremden und seine Ausgrenzung‹ sowie: ›Orientalismus, Philologie, Rassenpsychologie und die deutsche Islamwissenschaft‹, S. 338ff. und 341ff.

6 Vgl. die Quellenbände islamischer Dokumente von Bernard Lewis (Hrsg.), *Islam From the Prophet Muhammad to the Capture of Constantinople*, 2 Bände, New York u. Oxford 1974. Zur Geistesgeschichte vgl. den Quellenband: Franz Rosenthal, *Das Fortleben der Antike im Islam*, Zürich 1965.

7 So Sir Hamilton Gibb in seinem Buch, *Mohammadanism*, zunächst 1949 veröffentlicht, dann aber aufgrund der Kritik in der Neuausgabe unter dem veränderten Titel *Islam. A Historical Survey*, Neuauflage, Oxford 1978, erschienen.

8 Weil der Islam keinen Platz in der deutschen Geschichtswissenschaft hat, ist die deutsche Literatur hierüber sehr dünn gesät. Die westlichen Standardwerke über die islamische Geschichte sind in der Regel in englischer Sprache, darunter vorrangig Marshall G. S. Hodgson, *The Venture of Islam. Conscience and History in a World Civilization*, 3 Bände, Chicago 1974; Ira M. Lapidus, *A History of Islamic Societies*, Cambridge 1988; Bernard Lewis, *Islam in History*, Neuausgabe, Chicago 1993; W. M. Watt u.a., *Der Islam I* und *Der Islam II* (dt. Übersetzung), Stuttgart 1980 bzw. 1985; Joseph Schacht und C. E. Bosworth (Hrsg.), *The Legacy of Islam*, Oxford 1974 (hiervon gab es eine deutsche Übersetzung bei dtv); Hamilton A. R. Gibb, *Studies on the Civilization of Islam*, Princeton / N.J. 1982.

9 Unter den westlichen Werken über den Früh-Islam ragen hervor die beiden Bände von William Montgomery Watt, *Muhammad at Mecca* sowie *Muhammad at Medina*, Oxford 1953 bzw. 1956 (diverse Neudrucke).

10 Zur Geschichte der arabischen Dichtung Hanna al-Fakhuri, *Tarikh aladab al-Arabi* (Geschichte der arabischen Literatur), revidierte Ausgabe, Beirut 1960; ferner H. A. R. Gibb, *Arabic Literature. An Introduction*, London 1926. Die autoritative islamische Biographie des Propheten von Ibn Ishaq liegt in deutscher Übersetzung vor (vgl. Anm. 27).

11 William McNeill, *The Rise of the West. A History of the Human Community*, Chicago 1963. Wie aus dem Titel hervorgeht, soll der Aufstieg des Westens den Inhalt der Weltgeschichte bilden, doch befasst sich McNeill in Kapitel 9, S. 417ff. mit dem Islam.

12 Norman F. Cantor, *The Civilization of the Middle Ages*, revidierte Neuausgabe, New York 1993, über den Islam Kapitel 4, 9, 13 u. 15.

13 So Johansen, Politics and Scholarship (wie Anm. 3), hier S. 81–83. In dem zitierten Band ist auch mein Kapitel über: The Modern Middle East in German Political Science, S. 131–148, enthalten.

14 So Tilman Nagel, zitiert nach F. Niewöhner, Das verfehlte Fremde. Protest gegen die soziologische Verformung der Orientalistik, in: *Frankfurter Allgemeine Zeitung* vom 10. Juni 1998 (Seite Geisteswissenschaften). Vgl. dazu meine Kritik (Anm. 5 oben).

15 Vgl. hierzu Roy Preiswerk und Dominique Perrot, *Ethnocentrism and History in Western Textbooks*, New York 1978.

16 J. M. Blaut, *The Colonizer's Model of the World. Geographical Diffusionism and Eurocentric History*, New York und London 1993.

17 Marshall G. S. Hodgson, *Rethinking World History. Essays on Europe, Islam and World History*, Neuauflage, Cambridge 1994, S. 97.

18 Bassam Tibi, *Kreuzzug und Djihad. Der Islam und die christliche Welt*, München 1999. Dieses Buch unterteilt die islamische Geschichte vom 7. bis 20. Jahrhundert in acht Epochen.

19 Von Jacques Berque liegt u.a. vor: *Les Arabs d'hier à demain*, Paris 1960.

20 Hierzu die Beiträge in: Philip Khoury / Joseph Kostiner (Hrsg.), *Tribes and State Formation in the Middle East*, Berkeley 1990. Darin mein Kapitel auf S. 127ff.

21 Vgl. die Fallstudien in: Ali Banuazizi / Myron Weiner (Hrsg.), *The State, Religion and Ethnic Politics. Afghanistan, Iran and Pakistan*, Syracuse / N.Y. 1986.

22 Josef van Ess, *Theologie und Gesellschaft im 2. und 3. Jahrhundert Hidschra*, Band 1, Berlin 1991, S. 17.

23 Ridwan al-Sayyid, *al-Umma wa al-djama'a wa al-sulta* (Die Umma, das Kollektiv und die Herrschaft), Beirut 1984.

24 Tarif Khalidi, *Arabic Historical Thought in the Classical Period*, Cambridge 1994, S. 7.

25 Trotz meiner großen Distanz lehne ich mich hier an Khalidi (wie Anm. 24) an.

26 Zur Hadith-Tradition als Überlieferung von Mohammed vgl. Adel Khoury (Hrsg.), *So sprach der Prophet*, Gütersloh 1988.

27 Muhammad Ibn Ishaq, *Das Leben des Propheten*, aus dem Arabischen übertragen und bearbeitet von Gernot Rotter, 3. Auflage, Stuttgart 1986.

28 Al-Tabari, *Tarikh al-rusul wa al-muluk* (Geschichte der Propheten und Könige), 13 Bände, englische Teilübersetzung: *The History of al-Tabari*, Albany / N.Y. 1985 (arab. Text: Leiden-Ausgabe 1879–1901).

29 Zu diesen Ansätzen islamischer Aufklärung u.a. bei al-Farabi vgl. B. Tibi, *Der wahre Imam. Der Islam von Mohammed bis zur Gegenwart*, 2. Auflage, München 1997 (Serie Piper-Ausgabe 1998), Teil 2, dort umfassende Quellenangaben.

30 Zu diesen wissenschaftlichen Arbeiten gehören die Werke islamischer Rationalisten. Vgl. die Anthologie von Muhsen Mahdi und Ralph Lerner (Hrsg.), *Medieval Political Philosophy. A Sourcebook*, Ithaca / N.Y. 1984.

31 Hierzu Kapitel 4 in Tibi, *Kreuzzug und Djihad* (wie Anm. 18).

32 Ibn Khaldun, *al-Muqaddima*, arabische Ausgabe von *al-Maktaba al-tidjariyya*, Kairo o.D., neueste deutsche Übersetzung, *Buch der Beispiele*, von Mathias Pätzold, Leipzig 1992. Weitere Nachweise über Ibn Khaldun und sein Werk in dem entsprechenden Kapitel in: Tibi, *Der wahre Imam* (wie Anm. 29), S. 179–209.

33 Wolfgang Reinhard, *Geschichte der europäischen Expansion*, 4 Bände, Stuttgart 1983–1990.

34 Die Faszination arabischer Denker der liberalen Ära wird in dem Standardwerk von Albert Hourani, *Arabic Thought in the Liberal Age, 1798–1939*, Oxford 1962, näher beleuchtet. Vgl. auch Ibrahim Abu-Lughod, *The Arab Rediscovery of Europe. A Study in Cultural Encounters*, Princeton 1963.

35 Vgl. *Bonaparte in Ägypten. Aus der Chronik des Abdarrahman al-Gabarti*, übersetzt von Arnold Hottinger, Zürich u.a. 1983.

36 Tibi, *Der wahre Imam* (wie Anm. 29).

37 Hodgson, *The Venture of Islam* (wie Anm. 8), Band 1 zum Früh-Islam, besonders S. 187ff.

38 Ebd., Band 2 zum Hoch-Islam.

39 Zu dieser Diskussion vgl. Tibi, *Kreuzzug und Djihad* (wie Anm. 18), Kapitel 2; sowie J. H. Pirenne, Francesco Gabrieli u.a., *Mohammed und Karl der Große*, 2. Auflage, Stuttgart u. Zürich 1993. Vgl. die wertvolle Arbeit von Richard Hodges und David Whitehouse, *Mohammed, Charlemagne and the Origins of Europe*, Ithaca 1983.

40 Dazu vgl. André Clot, *Harun al-Raschid, Kalif von Bagdad*, München 1990

41 Vgl. Hichem Djaït, *al-Fitna*, Beirut 1992; französische Ausgabe: *La grande discorde*, Paris 1989. Hierauf folgten drei Fitnas, vgl. hierzu ausführlich Hodgson, *The Venture of Islam* (wie Anm. 8), Band 1, S. 214–217, 219–223 und 300f.

42 Zu Aischa, der Lieblingsfrau des Propheten und Feldherrin der Kamelschlacht (erste *Fitna*) vgl. die Arbeit von D. A. Spellberg, *Politics, Gender and the Islamic Past. The Legacy of ›A'isha bint Abi Bakr‹*, New York 1994.

43 Hodgson, *Rethinking World History* (wie Anm. 17), S. 171f.

44 Ali Abdulraziq, *al-Islam wa usul al-hukm* (Der Islam und die Grund lagen der Herrschaft), Kairo 1925, Neudruck, Beirut 1966, französische Übersetzung: L'Islam et les bases du pouvoir, in: *Revue des Etudes Islamiques*, Band 7 (1933), S. 353–391 und Band 8 (1934), S. 163–222. Dazu mit Belegen: B. Tibi, *Vom Gottesreich zum Nationalstaat*, Neuauflage, Frankfurt a. M. 1991, S. 159ff.

45 Vgl. hierüber die klassische Monographie von Sir Thomas W. Arnold, *The Caliphate*, Oxford 1924; sowie das entsprechende Kapitel II in der wichtigen Studie von Erwin Rosenthal, *Political Thought in Medieval Islam*, Cambridge 1958, S. 21ff. Vgl. auch die arabische Monographie aus Anm. 61.

46 Die beste Darstellung der islamischen Religionsstiftung bleibt die Arbeit von Maxime Rodinson, *Mohammed*, Luzern u. Frankfurt a. M. 1975; vgl. dazu Bassam Tibi, *Die Krise des modernen Islams*, Neuauflage, Frankfurt a. M. 1991, besonders das Kapitel: Die islamische Religionsstiftung, S. 80–94.

47 Reinhard Bendix, *Könige oder Volk. Machtausübung und Herrschaftsmandat*, 2 Bände, hier Band 1, Frankfurt a. M. 1980, S. 73.

48 Mehr hierüber bei J. J. Saunders, *A History of Medieval Islam*, 4. Auflage, London 1980, S. 95ff.

49 Zum arabisch-islamischen Spanien vgl. Richard Fletcher, *Moorish Spain*, Berkeley 1992; sowie die in Anm. 65 angegebene Literatur.

50 Vgl. dazu Arnold, *The Caliphate* (wie Anm. 45), S. 139ff. Vgl. auch Kapitel 4 in Tibi, *Kreuzzug und Djihad* (wie Anm. 18) zur osmanischen Epoche; sowie das zentrale Werk über das Osmanische Reich von Cemal Kafadar, *Between Two Worlds. The Construction of the Ottoman State*, Berkeley 1995.

51 Zum gescheiterten Führungsanspruch des Iran: Chibli Mallat, *The Middle East into the 21st Century*, Reading 1997, S. 127ff. Vgl. auch B. Tibi, Extremismus und Terrorismus als Mittel des Revolutionsexports – Zwanzig Jahre iranische Revolution, in: *Jahrbuch für Extremismus und Demokratie*, Band 11 (1999), S. 79–96.

52 B. Tibi, War and Peace in Islam, in: Terry Nardin (Hrsg.), *The Ethics of War and Peace. Religious and Secular Perspectives*, Princeton / N.J. 1996, S. 128–145 (Neuauflage 1998).

53 B. Tibi, *Krieg der Zivilisationen. Politik und Religion zwischen Vernunft und Fundamentalismus* (zuerst 1995), erweiterte Ausgabe, München 1998.

54 B. Tibi, Authority and Legitimation, in: John L. Esposito (Hrsg.), *The Oxford Encyclopedia of the Modern Islamic World*, New York, 1995, 4 Bände, hier Band 1, S. 155–160.

55 So Rodinson, *Mohammed* (wie Anm. 46), S. 279, vgl. auch S. 207; vgl. auch W. M. Watt, *Muhammad. Prophet and Statesman*, Neuauflage, Oxford 1978.

56 William M. Watt, Mohammed, in: P. M. Holt / Ann Lambton / Bernard Lewis (Hrsg.), *Cambridge History of Islam*, Cambridge 1970, S. 30–56, hier S. 55.

57 Abu al-A'la al-Maududi, Economic and Political Teachings of the Qur'an, in: M. M. Sharif (Hrsg.), *A History of Muslim Philosophy*, 2 Bände, hier Band 1, Wiesbaden 1963, S. 178–198, hier S. 195.

58 Zum Begriff Nizam vgl. Wilfred C. Smith, *The Meaning and End of Religion*, Neuauflage, New York 1978, S. 117.

59 Hierüber ausführlich Johan Bouman, *Gott und Mensch im Koran*, Darmstadt 1977.

60 Mehr hierüber im ersten Kapitel, The Kharijites, in: W. Montgomery Watt, *The Formative Period of Islamic Thought*, Edinburgh 1983, S. 9–37.

61 Vgl. in arabischer Sprache über das Kalifat: Mustafa Hilmi, *Nizam alkhilafah bain ahl al-sunna wa al-schi'a* (Das System des Kalifats zwischen Sunniten und Schi'iten), Kairo 1988.

62 Walter Kaegi, *Byzantium and the Early Islamic Conquests*, Cambridge 1995 (zuerst 1992).

63 Saunders, *A History of Medieval Islam* (wie Anm. 48), S. 95 und 102ff.

64 Hierzu Stephen Humphreys, *Islamic History*, Princeton / N.J. 1991, S. 104–127.

65 Über den Islam in Spanien vgl. Roger Collins, *The Arab Conquest of Spain. 710–797*, Neuausgabe, Oxford 1994; ders., *Early Medieval Spain. Unity and Diversity, 400–1000*, London 1983; William Montgomery Watt, *A History of Islamic Spain*, unter Mitwirkung von Pierre Cachia, Edinburgh, 1992.

66 Ich meine hier die Arbeit von John Piscatori, *Islam and the Nation State*, New York 1996. Vgl. dagegen die neuen Teile in B. Tibi, *Arab Nationalisms. Between Islam and the Nation State*, 3. neu bearbeitete Ausgabe, London u. New York 1997, besonders die Kritik an Piscatori in der Einleitung.

67 Geoffrey Parker, *The Military Revolution. Military Innovation and the Rise of the West, 1500–1800*, Cambridge 1989. Zu den beiden islamischen Djihad-Herausforderungen an Europa und zur Umkehrung der Machtgewichte vgl. Tibi; *Kreuzzug und Djihad* (wie Anm. 18), Kap. I zum arabischen Djihad, Kapitel IV zum osmanischen Djihad, Kapitel VI zur europäischen Expansion.

68 Hodgson, *Rethinking World History* (wie Anm. 17), S. 44f. Zu den Auswirkungen dieses Aufstiegs des Westens auf die Welt des Islam vgl. Tibi, *Kreuzzug und Djihad* (wie Anm. 18), Kapitel VI und VII.

69 Bernard Lewis, *The Muslim Discovery of Europe*, New York 1982, die deutsche Übersetzung trägt leider den bedauerlich typischen, falschen Titel *Die Welt der Ungläubigen*, Frankfurt a. M. 1983.

70 Tibi, *Kreuzzug und Djihad* (wie Anm. 18), Kapitel III zu den Kreuzzügen und Kapitel VI zu den Kolonialeroberungen.

71 Zur Wirkung der Französischen Revolution auf das Osmanische Reich siehe Bernard Lewis, *The Emergence of Modern Turkey*, Neuausgabe, Oxford 1979, S. 40ff. und S. 323ff. Zum Kreuzzug-Syndrom: A. Djarischa und M. Zaibaq *al-Ghazu al-fikri li al-alam al-Islami* (Die intellektuelle Invasion der Welt des Islam), 2. Auflage, Kairo 1978.

72 Norbert Elias, *Über den Prozeß der Zivilisation*, 2 Bände, hier Band 2, 6. Auflage, Frankfurt a. M. 1979, S. 346 (Neuausgabe 1997).

73 Ebd., S. 347.

74 Vgl. B. Tibi, Politische Ideen in der Dritten Welt während der Dekolonisation, in: *Pipers Handbuch der politischen Ideen*, hrsg. von I. Fetscher / H. Münkler, 5 Bände, hier Band 5, München 1987, S. 361–402.

75 Vgl. Fatma M. Göcek, *Rise of the Bourgeoisie, Demise of Empire. Ottoman Westernization and Social Change*, New York 1996; sowie B. Tibi, *Aufbruch am Bosporus. Die Türkei zwischen Europa und dem Islamismus*, München 1998, hierzu Kapitel 7 und 8, sowie David Ralston, *Importing the European Army*, Chicago 1990.

76 Vgl. F. Ahmad, *The Young Turks*, London 1969.

77 Vgl. Nikki R. Keddie, *Roots of Revolution. An Interpretative History of Iran*, New Haven 1981, S. 231ff., besonders S. 258ff.

78 Zit. nach R. K. Ramazani, Khumayni's Islam in Iran's Foreign Policy, in: A. Davisha (Hrsg.), *Islam in Foreign Policy*, Cambridge 1983, S. 18. Vgl. auch Anm. 51 oben.

79 Hierzu B. Tibi, *The Challenge of Fundamentalism. Political Islam and the New World Disorder*, Berkeley and Los Angeles 1998, das in den USA original auf Englisch entstanden ist (dt. Übersetzung: *Die Neue Weltunordnung*, Berlin 1999).

80 Hamid Enayat, Iran. Khumayni's Concept of the Guardianship of the Jurisconsult, in: James Piscatori (Hrsg.), *Islam in the Political Process*, Cambridge 1983, S. 160–180.

81 Zur Entwestlichung vgl. Tibi, *Krieg der Zivilisationen* (wie Anm. 53).

82 Eric Hobsbawm und T. Ranger (Hrsg.), *The Invention of Tradition*, Neudruck, Cambridge 1996 (zuerst 1983).

83 Zur Globalgeschichte vgl. Bruce Mazlish und R. Buutjens (Hrsg.), *Conceptualizing Global History*, Boulder / Col. 1993.

84 al-Farabi, *al-Farabi on the Perfect State* (engl. u. arab. Text von *al-Madina al-Fadila*) übersetzt von Richard Walzer, Oxford 1985. Zu al-Farabi vgl. Tibi, *Der wahre Imam* (wie Anm. 29), Kapitel 4.

85 Ibn Khaldun, *al-Muqaddima* (wie Anm. 32).

86 Im Koran (Sure 3, Vers 110) wird die islamische Umma als die beste Gemeinschaft, die Gott je erschaffen hat, dargestellt: »Khair umma.«

87 Clifford Geertz, *Dichte Beschreibung. Beiträge zum Verstehen kultureller Systeme*, Frankfurt a. M. 1983 (Orig. New York 1973), darin besonders das Kapitel über Religion als kulturelles System, S. 44–95.

88 Zu dieser Einheit vgl. Tibi, *Krieg der Zivilisationen* (wie Anm. 53).

89 Vgl. Richard Cottam, Nationalism in the Middle East? A Behavioural Approach, in: Said Amir Arjomand, *From Nationalism to Revolutionary Islam*, Albany / N.Y. 1984, S. 28–52, hier S. 45.

90 Leonard Binder, *The Ideological Revolution in the Middle East*, New York 1964, S. 131.

91 B. Tibi, *Der Islam und das Problem der kulturellen Bewältigung sozialen Wandels*, 3. Auflage, Frankfurt a. M. 1991.

92 John Waterbury, *The Commander of the Faithful. The Moroccan Political Elite*, New York 1970, S. 5.

93 Cottam, Nationalism in the Middle East? (wie Anm. 89), S. 46.

94 Abdalhadi al-Fakiki, *al-Schu'ubiyya wa al-qaumiyya al-Arabiyya* (Die Schu'ubiyya / Ausländerei und der arabische Nationalismus), Beirut 1963, S. 39.

95 Ali al-Schabi, *al-Schi'a fi Iran* (Die Schi'a in Iran), Tunis 1980, hierzu S. 131ff.

96 Graham Fuller, *The Center of the Universe. The Geopolitics of Iran*, Boulder / Col. 1991; Rouhollah K. Ramazani, *Revolutionary Iran*, Baltimore 1986; sowie B. Tibi, Iran – 20 Years After. The failed Export of the »Islamic Revolution« into the Arab World, in: Frederic Grare (Hrsg.) *Islamism and Security*, Graduate Institute of International Studies / Strategic and International Security Studies, Genf 1999, S. 63–101. Vgl. Anm. 51 oben.

97 Vgl. vor allem S. H. M. Jafri, *The Origins and Early Development of Shi'a Islam*, London und Beirut 1979, S. 298–300. Jafri schreibt, dass der sechste schi'itische Imam Ja'far die »Taqiyah / das Verbergen der eigenen Identität beinahe in den Status einer Bedingung für den Glauben« erhob, S. 298.

98 Sandra Mackey, *The Iranians. Persia, Islam and the Soul of a Nation*, New York 1998.

99 Zum Einfluss auf den Maghreb François Burgat, *The Islamist Movement in North Africa*, Austin / Texas 1993, S. 185.

100 Mohammed Imara, al-Djami'a al-Arabiyya wa al-djami'a al-Islamiyya (Das arabische und das islamische Band), in: Markaz dirasat al-wihda al-Arabiyya (Center for Arab Unity Studies) (Hrsg.), *al-Qaumiyya al-Arabiyya wa al-Islam* (Arabischer Nationalismus und Islam), 2. Auflage, Beirut 1982, S. 145–176, hier S. 175.

101 Zu diesem Syndrom vgl. B. Tibi, *Die Verschwörung. Das Trauma arabischer Politik*, Hamburg 1993, erweiterte und aktualisierte Neuausgabe, München 1994.

102 Muta Safadi, al-Qaumiyya al-Arabiyya wa al-Islam al-thauri (Der arabische Nationalismus und der revolutionäre Islam), in der Zeitschrift: *alFikr al-Arabi al-mu'asir* (Das zeitgenössische arabische Denken), 1980, Juni-Heft, S. 4–11, hier S. 6.

103 Tibi, *Kreuzzug und Djihad* (wie Anm. 18), Kapitel IV.

104 Roy Mottahedeh, *Loyalty and Leadership in an Early Islamic Society*, Princeton / N.J. 1980, S. 18f., vgl. auch S. 8f.

105 Ebd., S. 185.

106 B. Tibi, *Der Islam und Deutschland – Muslime in Deutschland*, Stuttgart 2000.

Kapitel II
Geschichte zwischen Krieg und Frieden. Der islamische *Djihad* und das Projekt islamischer Expansion

1 Zu den zivilisatorisch unterschiedlichen Weltanschauungen und zu ihrer gefahrvollen Politisierung vgl. B. Tibi, *Krieg der Zivilisationen. Politik und Religion zwischen Vernunft und Fundamentalismus*, revidierte und erweiterte Neuausgabe, München 1998 (zuerst Hamburg 1995), vgl. hierzu Kapitel 4 über Krieg und Frieden, sowie Kapitel 6 und 7, die einen inter-zivilisatorischen Dialog als Alternative zum Krieg anbieten.

2 Norbert Elias, *Über den Prozeß der Zivilisation*, 2 Bände, Frankfurt a. M. 1979 (neue Edition 1997).

3 B. Tibi, *Kreuzzug und Djihad. Der Islam und die christliche Welt*, München 1999, Kapitel V, S. 168–187. In dem zitierten Buch werden die islamisch-europäischen Beziehungen in acht Epochen unterteilt; jeder davon wird je ein eigenes Kapitel gewidmet.

4 Toby Huff, *The Rise of Early Modern Science. Islam, China and the West*, Cambridge / MA 1995, Kapitel 2 und 3.

5 Hierzu meine Zitierung des Göttinger Arabisten Tilman Nagel anläßlich der 250-Jahr-Feier der Göttinger Orientalistik-Studien in Anmerkung 14 zu Kap. I; sowie kritisch den Abschnitt ›Von der rassenpsychologischen zur philologischen Bestimmung des Fremden‹, in: B. Tibi, *Europa ohne Identität? Die Krise der multikulturellen Gesellschaft*, München 1998, S. 341ff.

6 Baber Johansen, Politics and Scholarship. The Development of Islamic Studies in Germany, in: Tareq Ismael (Hrsg.), *Middle East Studies. International Perspectives on the State of the Art*, New York 1990, S. 71–130, hier S. 83. Vgl. im selben Band mein Kapitel über den Nahen Osten in der deutschen Politikwissenschaft: The Modern Middle East in German Political Sciences, S. 131–148.

7 Zu dieser inkompetenten deutschen Diskussion über den Islam-Unterricht vgl. meine Artikel in der *FAZ*-Sonntagszeitung vom 12. September 1999, S. 3–4 und *Focus*, Heft 22/1999 vom 31. Mai 1999, S. 80; sowie mein neuestes Buch: *Der Islam und Deutschland, Muslime in Deutschland*, Stuttgart 2000.

8 Die authentische Chronik der früh-islamischen Geschichte ist *Tarikh al-rusul wa al-muluk* (Geschichte der Propheten und Könige) von al-Tabari. Der arabische Tabari-Text ist in der Leidener Edition von M. J. Goeje als *Annales*, Leiden 1879–1901 (13 Bände) zugänglich. Es gibt auch eine partielle englische Übersetzung.

9 Izzuldin Abu al-Hassan Ibn al-Athir, *Kamil al-tawarikh* (Die vollständige Geschichte), 12 Bände, Leiden 1867–76, photomechanischer Druck, Beirut 1965.

10 Abdarrahman Ibn Hasan al-Djabarti, *Bonaparte in Ägypten. Aus der Chronik des Abdarrahman al-Gabarti*, übersetzt von Arnold Hottinger, Zürich u.a. 1983.

11 Vgl. Fernand Braudel, *A History of Civilizations*, London 1994.

12 Vgl. hierzu das Kapitel über Djihad in B. Tibi, *Der wahre Imam. Der Islam von Mohammed bis zur Gegenwart*, 2. Auflage, München 1997 (Serie Piper 1998), S. 83–99.

13 In der westlichen Literatur dominiert leider die falsche Übersetzung. Vgl. Malcolm C. Lyons und D. E. P. Jackson, *Saladin. The Politics of the Holy War*, 2. Auflage, Cambridge 1984.

14 Im Standardwerk von Nadjib Armanazi, *al-Schar' al-duwali fi al-Islam* (Völkerrecht im Islam), Neuausgabe, London 1990 (zuerst 1930) wird dies zum Ausdruck gebracht.

15 Hierzu Joseph Boyle, Just War Thinking in Catholic Natural Law, in: Terry Nardin (Hrsg.), *The Ethics of War and Peace. Religious and Secular Perspectives*, Princeton / N.J. 1996, S. 40–53. Dieser Band von Nardin ging aus einem Projekt des US-Ethikon-Instituts – in Jerusalem ausgeführt – hervor. Mein Kapitel darin ist unten in Anmerkung 25 nachgewiesen.

16 Vgl. die Quellenbände von Bernard Lewis (Hrsg.), *Islam* (2 Bände), Band 1: *Politics and War*, Oxford 1987.

17 Ernst Bloch, *Avicenna und die Aristotelische Linke*, Frankfurt a. M. 1963, S. 9.

18 Hierüber ausführlich Tibi, *Der wahre Imam* (wie Anm. 12), Teil 2.

19 Zu dieser Diskussion B. Tibi, Culture and Knowledge, in: *Theory, Culture, and Society*, Band12 (1995), Heft 1, S. 1–24. Vgl. auch das Kapitel über »Wissen« (Kapitel 5), in: *Krieg der Zivilisationen* (wie Anm. 1).

20 Vgl. Anm. 12 sowie Herbert Davidson, *Al-Farabi, Avicenna, and Averroës on Intellect*, New York 1992.

21 Vgl. mit umfangreichen Belegen das Ibn Khaldun-Kapitel in: Tibi, *Der wahre Imam* (wie Anm. 12), Kapitel 6.

22 Abdulrahman Ibn Khaldun, *al-Muqaddima*, al-Tidjariyya-Edition, Kairo, o. J., S. 429ff. Deutsche Übersetzung von Mathias Pätzold, *Buch der Beispiele*, Leipzig 1992, S. 242–252.

23 Zu dieser Ausrichtung vgl. führend Robert Wuthnow, *Meaning and Moral Order. Explorations in Cultural Analysis*, Berkeley 1987. Vgl. auch den Reader R. Wuthnow (Hrsg.), *Cultural Analysis*, London 1984, mit Beiträgen von J. Habermas u. a.

24 Zu dieser Huntington-Diskussion mit weiteren Belegen vgl. Kapitel 7 in der Neuausgabe von Tibi, *Krieg der Zivilisationen* (wie Anm. 1); auch ders., International Morality and Cross-Cultural Bridging, in: Roman Herzog, *Preventing the Clash of Civilizations*, New York 1999, S. 107–126 (dt. Übersetzung: *Wider den Kampf der Kulturen*, Frankfurt 2000).

25 B. Tibi, War and Peace in Islam, in: Nardin (Hrsg.), *The Ethics of War and Peace* (wie Anm. 15), S. 128–145, darin einzelne Belege.

26 Watt gehört mit seinen beiden Werken *Muhammad at Mekka*, Oxford 1953 und *Muhammad at Medina*, 6. Auflage, Oxford 1977, zu den besten westlichen Kennern des Früh-Islam.

27 Zur islamischen Futuhat-Expansion vgl. Tibi, *Kreuzzug und Djihad* (wie Anm. 3), Kapitel I.

28 Khalid Yahya Blankinship, *The End of the Jihad State*, Albany / N.Y. 1994.

29 Mehr hierzu Tibi, *Kreuzzug und Djihad* (wie Anm. 3), zu den vier Wellen des arabischen Djihad S. 62–65, zum osmanischen Djihad Kapitel IV.

30 Zu den Riddah-Kriegen im Früh-Islam Marshall G. S. Hodgson, *The Venture of Islam. Conscience and History in a World Civilization*, 3 Bände, Chicago 1974, hier Band 1: »The Classical Age of Islam«, S. 198, 211, 241, 251, 265.

31 D. A. Spellberg, *Politics, Gender and the Islamic Past. The Legacy of A'isha bint Abi Bakr*, New York 1994.

32 Moojan Momen, *An Introduction to Shi'a Islam*, New Haven 1985.

33 Sandra Mackey, *The Iranians. Persia, Islam and the Soul of a Nation*, New York 1998.

34 Über Türken und Osmanen im Islam vgl. Tibi, *Kreuzzug und Djihad* (wie Anm. 3), Kapitel IV, dort auch weiterführende Literatur.

35 Josef van Ess, *Theologie und Gesellschaft im 2. und 3. Jahrhundert Hi dschra. Eine Geschichte des religiösen Denkens im frühen Islam*, Band 1, Berlin 1991, S. 17.

36 Hierzu vgl. Kapitel 4 in Stephen Humphreys, *Islamic History*, Neuausgabe, Princeton / N.J. 1991, S. 104ff.

37 Einzelheiten hierzu bei Blankinship, *The End of the Jihad State* (wie Anm. 28).

38 Einzelheiten hierzu bei Gerhard Endreß, *Der Islam. Eine Einführung in seine Geschichte*, Neuausgabe, München 1991, besonders S. 145ff.

39 Zur Begrifflichkeit Stämme, Sippen, Völker, Nation vgl. B. Tibi, The Simultaneity of the Unsimultaneous. Old Tribes and Imposed Nation-States, in: Philip Khoury / Joseph Kostiner (Hrsg.), *Tribes and State Formation in the Middle East*, Berkeley 1990, S. 127–152 (Ergebnisse eines Harvard-MIT-Projekts 1988–90).

40 Zum früh-islamischen Djihad gegen Byzanz vgl. Walter Kaegi, *Byzantium and the Early Islamic Conquests*, Cambridge 1995 (zuerst 1992). Zur späteren islamisch-byzantinischen Geschichte vgl. Michael Angold, *The Byzantine Empire, 1025–1204*, London und New York 1997.

41 André Clot, *Harun al-Raschid, Kalif von Bagdad*, München 1991, S. 104ff.

42 Dazu Kapitel III in Tibi, *Kreuzzug und Djihad* (wie Anm. 3). Kapitel II ist über Harun und Karl den Großen.

43 Hierzu Amin Maalouf, *Der heilige Krieg der Barbaren. Die Kreuzzüge aus der Sicht der Araber*, München 1996, S. 9ff.

44 Geoffrey Parker, *The Military Revolution. Military Innovation and the Rise of the West – 1500–1800*, Cambridge 1988.

45 Hierzu Tibi, *Kreuzzug und Djihad* (wie Anm. 3), Kapitel VI.

46 David Ralston, *Importing the European Army*, Chicago 1990.

[47] Halil Inalcik, The Meaning of Legacy, in: L. Carl Brown, *Imperial Legacy. The Ottoman Imprint on the Balkans and the Middle East*, New York 1996, hier S. 21–23.

[48] Paul Fregosi, *Jihad in the West. Muslim Conquests From the 7th to the 21st Centuries*, Amherst / N.Y. 1998, S. 399ff.

[49] Djadul-Haq Ali Djadul-Haq, *Bayan ila al-nas*, 2 Bände, Kairo 1984 bzw. 1988, hier Band I, S. 278f.

[50] Hassan al-Banna, *Madjmu'at rasa'il al-imam al-schahid Hassan al-Banna* (Gesammelte Essays des Märtyrer-Imam Hassan al-Banna), Kairo 1990, S. 271ff.

[51] Ahmad H. Ahmad, *Nahwa qanun muwahhad li al-djiyusch al-Islamiyya* (Plädoyer für ein einheitliches Gesetz für die islamischen Armeen), Riyad 1988, S. 298.

[52] John Kelsay, *Islam and War*, Louisville / Kentucky 1993, S. 77ff.

[53] Kalevi Holsti, *Peace and War. Armed Conflicts and International Order 1648–1989*, Cambridge 1991; Martin van Creveld, *Technology and War. From 2000 b.c. to the present*, New York 1989. Vgl. auch Kapitel 12 der Neuausgabe von B. Tibi, *Conflict and War in the Middle East. From Inter-State War to New Security*, London und New York 1998, S. 214ff.

[54] Edgar O'Ballance, *Islamic Fundamentalist Terrorism, 1979–1995. The Iranian Connection*, New York 1997. Vgl. auch Anm. 55.

[55] Vgl. mit Belegen das Kapitel VIII über Neo-Djihad in Tibi, *Kreuzzug und Djihad* (wie Anm. 3), S. 236–258.

[56] B. Tibi, *Die neue Weltunordnung. Westliche Dominanz und islamischer Fundamentalismus*, Berlin 1999.

[57] Emmanuel Sivan, *Radical Islam. Medieval Theology and Modern Politics*, New Haven 1985.

[58] Hedley Bull, *The Anarchical Society. A Study of Order in World Politics*, New York 1977, S. 254ff.

[59] Bericht in *al-Hayat* vom 27. Nov. 1999, S. 3.

[60] Zu den Taliban-Kriegern William Maley (Hrsg.), *Fundamentalism Reborn? Afghanistan and the Taliban*, New York 1998; zur Lage in Afghanistan im Dauer-Djihad-Krieg Barnett R. Rubin, *The Fragmentation of Afghanistan*, New Haven 1995. Vgl. auch Ahmed Rashid, *Taliban. Islam, Oil and the New Great Game in Central Asia*, London und New Haven 2000.

[61] Hierzu Vartan Gregorian, *The Emergence of Modern Afghanistan*, Stanford 1969.

[62] John K. Cooley, *Unholy Wars. Afghanistan, America and International Terrorism*, London 1999, S. 29–45.

[63] Vgl. die Kapitel des 3. Teils mit der Überschrift »Muhadjirun oder Citoyens?«, in: Tibi, *Europa ohne Identität?* (wie Anm. 5).

Kapitel III
Die islamische Zivilisation – eine geschichtliche oder eine »rassenpsychologische« Erscheinung?

1 Neue Gedanken über »universal history« vermittelt Francis Fukuyama, *The End of History and the Lost Man*, Neuausgabe, New York 1998, S. 55ff.

2 Carl Heinrich Becker, *Islamstudien*, 2 Bände, Neudruck, Hildesheim 1967, hier Band 1, S. 247.

3 B. Tibi, *Europa ohne Identität? Die Krise der multikulturellen Gesellschaft*, München 1998 (erweiterte Siedler-Taschenbuch-Ausgabe, Berlin 2000), besonders der erste Teil.

4 Abdarrahman Ibn Muhammad Ibn Khaldun, *Buch der Beispiele. Die Einführung / al-Muqaddima*, hrsg. von M. Pätzold, Leipzig 1992. Vgl. auch das umfangreiche Ibn Khaldun-Kapitel in B. Tibi, *Der wahre Imam. Der Islam von Mohammed bis zur Gegenwart*, 2. Auflage, München 1997 (Serie Piper-Ausgabe 1998), dort umfangreiche Literaturangaben.

5 B. Tibi, *Kreuzzug und Djihad. Der Islam und die christliche Welt*, München 1999, hierzu Kapitel I.

6 So z.B. in der Standardveröffentlichung des einstigen Azhar-Scheichs Mahmud Schaltut, *al-Islam aqidah wa schari'a* (Der Islam als Dogma und als Schari'a), erweiterte 10. Auflage, Kairo 1980. Ähnlich zu bewerten ist das zweibändige Werk eines späteren Azhar-Scheichs, Djadul-Haq Ali Djadul-Haq, *Bayan ila al-nas* (Eine Deklaration an die Menschheit), 2 Bände, Kairo 1984/88.

7 Hierzu im einzelnen B. Tibi, *Der Islam und Deutschland – Muslime in Deutschland*, Stuttgart 2000.

8 Diese Ausführungen erfolgen in Anlehnung an William M. Watt, *Der Islam I*, Stuttgart 1980, S. 19ff. Vgl. auch Norman Daniel, *Islam and the West. The Making of an Image*, Neudruck, Oxford 1993 (zuerst 1960).

9 Vgl. hierzu B. Tibi, Rodinson, der Islam und die westlichen Islam-Studien. Zur dekolonisierten Islam-Forschung, Einleitung zu: Maxime Rodinson, *Islam und Kapitalismus*, Neuauflage, Frankfurt 1986, S. IX–LI.

10 So wurde ich in der arabischen Zeitung *al-Hayat*, 20. Dezember 1995, von dem Fundamentalisten Thabit Eid als *Kafir* / Ungläubiger inkriminiert, weil ich in der Tradition des islamischen Rationalismus und der europäischen Aufklärung vernunftgeleitet denke. In dem Bericht steht zu lesen: »Abu-Zaid, der sich an den Juden Ignaz Goldziher anlehnt, der syrische Migrant Bassam Tibi aus Göttingen und der Richter Said al-Aschmawi … ihnen öffnet der Westen alle Türen, weil sie alles, was islamisch ist, kritisieren!« *al-Hayat* erscheint in London, gehört aber einem saudischen Prinzen.

11 So schrieb *Newsweek* am 5. November 2001 in dem Artikel »Tolerating the Intolerable«: »Bassam Tibi, a Syrian-born expert at Göttingen University, has warned for years that Westerners need to differentiate between good Muslims and bad. Until now, he says, no one wanted to hear that, verging as it does on the politically incorrect.« – Ich trete aber nicht nur als Mahner, sondern auch als Vermittler auf, der sich für die Integration der Muslime einsetzt. Auch dies ist vorrangig im Ausland anerkannt. So schrieb *Times* am 24. Dezember 2001: »Bassam Tibi, a professor ... who coined the term Euro-Islam, insists that the integration of Europe's Muslims depends on the adoption of a form of Islam that embraces Western political values.«

12 Thomas Kuhn, *Die Struktur wissenschaftlicher Revolutionen*, Frankfurt a. M. 1967, S. 79ff. u. S. 96ff.

13 Maxime Rodinson, *Marxism and the Muslim World*, New York 1981, S. 24. Diese gekürzte amerikanische Ausgabe von *Marxisme et monde musulman*, Paris 1972, enthält als Originalbeiträge sowohl die Einleitung zur britischen und zur amerikanischen Ausgabe als auch die nicht in der französischen Ausgabe enthaltene neue Abhandlung »Islam Resurgent?«, S. 290–306.

14 So der Herausgeber der Rodinson-Festschrift Jean-Pierre Digard (Hrsg.), *Le cuisinier et le philosophe. Hommage à Maxime Rodinson*, Paris 1982, S. 9.

15 Maxime Rodinson, *Les Arabes*, Paris 1979, deutsche Ausgabe: *Die Araber*, Frankfurt a. M. 1981.

16 Maxime Rodinson, *Peuple juif ou problème juif?*, Paris 1981.

17 Die vier Bücher Rodinsons über den Islam sind: 1. *Mohammed*, Luzern u. Frankfurt a. M. 1975 (Orig. Paris 1961); 2. *Islam und Kapitalismus*, Frankfurt a. M. 1971, 2. Auflage 1986 (vgl. Anm. 9; Orig. Paris 1966); 3. *Die Faszination des Islam*, München 1985 (Orig. Paris 1980); sowie die Aufsatzsammlung *Marxisme et monde musulman* (wie Anm. 13), von der zwar eine britische und auch eine amerikanische, jedoch leider noch keine deutsche Übersetzung vorliegt.

18 Maxime Rodinson sur Maxime Rodinson, in: Digard, *Le cuisinier et le philosophe* (wie Anm. 14), S. 23.

19 Ebd., S. 25.

20 Ernst Bloch, *Thomas Münzer als Theologe der Revolution*, Neudruck, Frankfurt a. M. 1972, S. 55f.

21 Ebd., S. 55. Zu dieser Diskussion und unter Rückgriff auf Bloch und Rodinson vgl. B. Tibi, Islam und sozialer Wandel im modernen Orient, in: *Archiv für Rechts- und Sozialphilosophie*, 65 (1979), S. 483–502, hierzu bes. S. 487ff.

22 Rodinson, *Mohammed* (wie Anm. 17), S. 209.

23 W. Montgomery Watt, *Muhammad at Mecca*, Oxford 1953; ders., *Muhammad at Medina*, 6. Auflage, Oxford 1977; ders., *Muhammad, Prophet and Statesman*, 4. Auflage, Oxford 1978.

24 Ibn Ishaq, *Muhammad. Das Leben des Propheten*, übersetzt von G. Rotter, 2. Auflage, Basel 1999.

25 Rodinson, *Mohammed* (wie Anm. 17), S. 43f.

26 Ibn Khaldun, *al-Muqaddima* (wie Anm. 4 oben).

27 Rodinson, *Mohammed* (wie Anm. 17), S. 44f.

28 Ebd., S. 283.

29 Ebd., S. 145.

30 In einer früheren Arbeit habe ich die Zivilisationstheorie von Norbert Elias als Rahmen für die Deutung der islamischen Zivilisation herangezogen. Vgl. B. Tibi, *Die Krise des modernen Islams. Eine vorindustrielle Kultur im wissenschaftlich-technischen Zeitalter*, München 1981, überarbeitete Neuausgabe, Frankfurt 1991, (US-Ausgabe Salt Lake City 1988, indonesische Übersetzung Yogyakarta 1994), vor allem Kapitel I.

31 Rodinson, *Mohammed* (wie Anm. 17), S. 217f.

32 Ebd. S. 224, vgl. hierzu Tibi, *Kreuzzug und Djihad* (wie Anm. 5), Kapitel I.

33 Vgl. Reinhard Bendix, *Könige oder Volk. Machtausübung und Herrschaftsmandat*, 2 Bände, Frankfurt a. M. 1980, hierzu Band 1, S. 61f.

34 Zur islamischen Geschichte vgl. das monumentale Werk von Marshall G. S. Hodgson, *The Venture of Islam*, 3 Bände, Chicago 1974.

35 Zum islamischen kulturellen System und zu dessen Bestandteilen vgl. Kapitel III in: B. Tibi, *Der Islam und das Problem der kulturellen Bewältigung sozialen Wandels*, Frankfurt a.M. 1985 (3. Auflage 1991; amerikanische Ausgabe 1990 und nochmals 1991; die indonesische Ausgabe erschien in Yogyakarta 1999), S. 77ff.

36 Rodinson, *Islam und Kapitalismus* (wie Anm. 17) S. 273. Die folgenden Rodinson-Zitate stammen alle – soweit nichts anderes vermerkt wird – aus diesem Band.

37 Barrington Moore, *Soziale Ursprünge von Demokratie und Diktatur*, Frankfurt a.M. 1969 (stw-Ausgabe 1974), S. 477f. In meinem einleitenden arabischsprachigen Referat auf dem gesamtarabischen Kongress über »Die Krise der Demokratie in der arabischen Region« (Limassol 25.–30. Nov. 1983; vgl. hierüber meinen ausführlichen deutschsprachigen Bericht in: *Orient*, 25 [1984], S. 473–483) habe ich im anstehenden Zusammenhang die historische These vertreten, dass eine solche (und sei es auch nur ansatzweise) Trennung zwischen Staat und Gesellschaft in der islamischen Geschichte nie existiert hat und dass damit die absolute Herrschaft im Islam (Kongruenz von Staat und Gesellschaft) zu erklären ist. Die Verhandlungen dieses Kongresses liegen in arabischer Sprache in einer 928 Seiten umfassenden Buchausgabe vor: Centre for Arab Unity Studies (Hrsg.), *Azmat al-demoqratiyya fi al watan al-Arabi* (Krise der Demokratie in der arabischen Welt), Beirut 1984, mein Beitrag auf S. 73–87. Eine Zivilgesellschaft ist ohne die Trennung von Staat und Gesellschaft nicht möglich. Vgl. hierzu die Verhandlungen in Istanbul, E. Özdalga / S. Persson (Hrsg.), *Civil Society, Democracy and the Muslim World*, Istanbul 1997, darin besonders B. Tibi, The Cultural Underpinning of Civil Society in Islamic Civilization, S. 23–31.

38 Zu Ibn Khaldun vgl. Anm. 4 oben sowie das Standardwerk von Muhsin Mahdi, *Ibn Haldun's Philosophy of History*, London 1957; sowie die interessante Arbeit von Yves Lacoste, *Ibn Haldun. The Birth of History and the Past of the Third World*, London 1984.

39 Mehr hierüber in Tibi, *Der Islam und das Problem der kulturellen Bewältigung sozialen Wandels* (wie Anm. 35), Kapitel I.

40 Clifford Geertz, *Dichte Beschreibung. Beiträge zum Verstehen kultureller Systeme*, Frankfurt a. M. 1983, S. 44ff.; und dazu Tibi, *Der Islam und das Problem der kulturellen Bewältigung sozialen Wandels* (wie Anm. 35), S. 20–28. Ein Standardwerk der kulturellen Analyse ist Robert Wuthnow, *Meaning and Moral Order. Exploitations in Cultural Analysis*, Berkeley 1989.

41 Vgl. B. Tibi, The Interplay between Social and Cultural Change. The Case of Germany and the Arab Middle East, in: George Atiyeh / Ibrahim O. Oweiss (Hrsg.), *Arab Civilization. Challenges and Responses*, New York 1990, S. 166–182.

42 Vgl. Bryan S. Turner, *Weber and Islam*, London 1974. Vgl. auch W. Schluchter (Hrsg.), *Max Webers Sicht des Islam*, Frankfurt a. M. 1987.

43 Max Weber, *Wirtschaftsgeschichte*, München u. Leipzig 1923, S. 308; und dazu Rodinson, *Islam und Kapitalismus* (wie Anm. 17), S. 138.

44 So verläuft die deutsche Diskussion, wie uns S. Kohlhammer, *Die Feinde und die Freunde des Islam*, Göttingen 1996, informiert.

45 Hierzu Tibi, *Kreuzzug und Djihad* (wie Anm. 5), Kapitel I und II.

46 Rodinson, *Die Faszination des Islam* (wie Anm. 17), S. 14.

47 Ebd.

48 Zu dieser »Dritte-Welt«-Rezeption der Hegelschen Herr-Knecht-Dialektik durch Fanon vgl. sein Werk *Les damnés de la terre*, Paris 1962 (dt. *Die Verdammten dieser Erde*, Frankfurt a. M. 1966), und dazu das entsprechende Kapitel über Hegel und Fanon in B. Tibi, *Internationale Politik und Entwicklungsländer-Forschung*, Frankfurt a. M. 1979, S. 151ff., bes. S. 156ff.

49 Rodinson, *Islam und Kapitalismus* (wie Anm. 17), S. 7.

50 Rodinson, *Die Faszination des Islam* (wie Anm. 17), S. 16.

51 Ebd.

52 Rodinson, *La fascination de l'Islam*, Paris 1980, S. 105; (vgl. dt. Ausgabe, wie Anm. 17, S. 103). Ich weiche hier von der insgesamt sehr gelungenen deutschen Übersetzung deshalb ab, weil manche Nuancen des französischen Textes in der deutschen Übersetzung verlorengehen. So wird hier die im Text zitierte Stelle (»avec beaucoup de nuances«) frei mit »sorgfältig« nicht angemessen übersetzt. Auch wird nicht zwischen *Orientalistik* als Wissenschaftsdisziplin und *Orientalismus* als die alt-koloniale ethnozentrische Geisteshaltung der europäischen Islamwissenschaftler unterschieden.

53 Rodinson, *La fascination de l'Islam* (wie Anm. 52), S. 106.

54 Vgl. Roy Mottahedeh, *Loyality and Leadership in Early Islamic Society*, Princeton / N.J. 1980. Zur Orientalismus-Debatte von Seiten islamischer Autoren, vgl. A. Abdel-Malek, Orientalism in Crisis, wieder abgedruckt in seiner Aufsatzsammlung *Civilisation and Social Theory*, Albany 1981, S. 73–96; sowie die entsprechenden Texte der Aufsatzsammlung des Marokkaners A. Khatibi, *Maghreb Pluriel*, Paris 1982; vgl. den Aufsatz von Khatibi, The Decolonization of Arab Sociology, in: Halim Barakat (Hrsg.), *Contemporary North Africa*, Washington 1985, S. 9–19, aber auch die Auseinandersetzung von Abdallah Laroui mit dem seinerzeit führenden Orientalisten Gustav von Grunebaum: A. Laroui, *The Crisis of the Arab Intellectual. Traditionalism or Historicism?*, Berkeley 1976, S. 44f.

55 Vgl. Tibi, *Die Krise des modernen Islams* (wie Anm. 30), vor allem Kapitel 1, S. 22–78 (vgl. die Rezension von Barbara Stowasser, in: *The Middle East Journal*, 37 [1983], S. 284–285).

56 Rodinson, *Die Faszination des Islam* (wie Anm. 17), S. 19.

57 Ebd., S. 23.

58 Ebd., S. 25.

59 Ebd., S. 26.

60 Ebd., S. 33–35.

61 Ebd., S. 48. Vgl. auch das Kapitel über die Renaissance in: Tibi, *Kreuzzug und Djihad* (wie Anm. 5), S. 168–187.

62 Ernst Bloch, der mir gegenüber in einer kurzen, jedoch für meine eigene intellektuelle Entwicklung höchst bedeutenden Begegnung im Jahre 1965 – ich war 21 Jahre alt – seine Bewunderung für den islamischen Rationalismus kundtat und mir persönlich mit Widmung sein Buch *Avicenna und die aristotelische Linke* (Frankfurt a.M. 1963) schenkte, welches zu meinen wertvollsten Beständen gehört, verteidigt selbst auf der ersten Seite dieses Buches die islamischen Philosophen gegen den Vorwurf, sie seien – wie alle Semiten – nicht kreativ und nicht in der Lage, Eigenes hervorzubringen, sie könnten nur kopieren und weitergeben. Bloch erwidert: »Alles Gescheite mag schon siebenmal gedacht worden sein. Aber wenn es wieder gedacht wurde, in anderer Zeit und Lage, war es nicht mehr dasselbe. Nicht nur sein Denken, sondern vor allem das zu Bedenkende hat sich unterdes geändert. Das Gescheite hat sich daran neu und selber als Neues zu bewähren. Was besonders folgenreich bei den großen morgenländischen Denkern der Fall war. *Sie haben das griechische Licht zugleich gerettet und verwandelt*«, ebd., S. 9.

63 Roger Bacon, *Opus tertium*, zitiert nach: Rodinson, *Die Faszination des Islam* (wie Anm. 17), S. 33.

64 Vgl. Rodinson, ebd., S. 43.

65 Hierzu Toby E. Huff, *The Rise of Early Modern Science. Islam, China and the West*, Cambridge 1995, Kapitel 2, 3 und 5; sowie David C. Lindberg, *The Beginnings of Western Science*, Chicago 1992, Kapitel 8, 9 und 10.

66 Ich bitte meine Leser, noch einmal das Bloch-Zitat in Anm. 62 zu lesen und sich seinen Inhalt zu vergegenwärtigen. Vgl. auch Kapitel II und V in meinem Buch: *Kreuzzug und Djihad* (wie Anm. 5).

67 Vgl. die Diskussion der Ideen Saids und des Stellenwertes seines Buches in Kapitel IV unten. Vgl. auch das Kapitel: Orientalism and its Critics, in: Fred Halliday, *Islam and the Myth of Confrontation. Religion and Politics in the Middle East*; London 1996, S. 195–217.

68 Vgl. die sehr gelehrte, aber nur akademische Skizze über die westlichen Islam-Studien von W. Montgomery Watt, *Der Islam I* (wie Anm. 8), S. 17–38; vgl. dazu B. Tibi, Der Islam als Gegenstand der Forschung, in: *Neue Politische Literatur*, 27 (1982), S. 70–83, hierzu S. 71ff.

69 Rodinson, *Die Faszination des Islam* (wie Anm. 17), S. 54. Vgl. auch Daniel, *Islam and the West* (wie Anm. 8).

70 Gérard Leclerc, *Anthropologie und Kolonialismus*, München 1973 (Orig. Paris 1972).

71 Tibi, *Kreuzzug und Djihad* (wie Anm. 5); Kapitel VI, S. 188–213.

72 Vgl. Richard W. Southern, *Das Islam-Bild des Mittelalters*, Stuttgart 1981.

73 Rodinson, *Die Faszination des Islam* (wie Anm. 17), S. 56.

74 Ebd., S. 60f.

75 Ebd., S. 79.

76 Ebd., S. 80.

77 B. Tibi, *Die Verschwörung. Das Trauma arabischer Politik*, 2. Auflage, Hamburg 1994.

78 Rodinson, *Die Faszination des Islam* (wie Anm. 17), S. 101.

79 Vgl. Bruce Mazlish und R. Buutjens (Hrsg.), *Conzeptualizing Global History*, Boulder / Col. 1993.

80 Vgl. Theda Skocpol (Hrsg.), *Vision and Method in Historical Sociology*, Neuausgabe, Cambridge / MA 1987.

81 Rodinson, *Die Faszination des Islam* (wie Anm. 17), S. 100f.

82 Ebd., S. 103.

83 Ebd.

Kapitel IV
Die Orientalismus-Debatte.
Warum ist die islamische Zivilisation an der deutschen Universität Gegenstand der philologischen Islamkunde und nicht der Geschichtswissenschaft?

1 Carl Heinrich Becker, *Islamstudien. Vom Werden und Wesen der islamischen Welt*, 2 Bände, ursprünglich Leipzig 1924–1932, Neudruck Hildesheim 1967, hier: Band 1, S. 247.

2 Vgl. Baber Johansen, Politics and Scholarship. The Development of Islamic Studies in Germany, in: T. Ismael (Hrsg.), *Middle East Studies. International Perspectives on the State of the Art*, New York 1990, S. 71ff.

3 Zur Auseinandersetzung mit dieser deutschen Rassenpsychologie in der Orientalistik vgl. B. Tibi, *Europa ohne Identität? Die Krise der multikulturellen Gesellschaft*, München 1998, Schlußbetrachtungen, besonders S. 341ff.

4 Karl-Josef Kuschel, *Vom Streit zum Wettstreit der Religionen. Lessing und die Herausforderung des Islam*, Düsseldorf 1998, S. 81.

5 Jürgen Habermas, *Der philosophische Diskurs der Moderne*, Frankfurt a. M. 1985.

6 Mohammed al-Bahi (al-Bahy), *al-Fikr al-Islami al-hadith wa silatuhu bi al-isti'mar al-gharbi* (Das zeitgenössische islamische Denken und sein Verhältnis zum westlichen Imperialismus), 4. erweiterte Auflage, Kairo 1964. Vgl. seinen »Index der Kreuzzügler«, auf S. 505–570, der auch führende deutsche Orientalisten umfasst.

7 Helmuth Plessner, *Die verspätete Nation*, Neudruck, Frankfurt a. M. 1974.

8 Siegfried Kohlhammer, *Die Feinde und die Freunde des Islam*, Göttingen 1996.

9 Katharina Mommsen, *Goethe und die arabische Welt*, Frankfurt a. M. 1988, S. 159.

10 Kuschel, *Vom Streit zum Wettstreit der Religionen* (wie Anm. 4), S. 53.

11 Die angeführte Keynote-Rede basierte auf meinem Kapitel zu Roman Herzog, *Preventing the Clash of Civilizations. A Peace Strategy for the Twenty-First Century*, New York 1999, S. 107–126.

12 Vgl. außer Anm. 4 oben das wertvolle Buch von Karl-Josef Kuschel, *Streit um Abraham. Was Juden, Christen und Muslime trennt – und was sie eint*, München 1994. Vgl. auch B. Tibi, *Kreuzzug und Djihad. Der Islam und die christliche Welt*, München 1999.

13 Tilmann Nagel, zitiert nach dem Bericht über die 250-Jahr-Feier der Göttinger Orientalistik von dem Wolfenbüttler Bibliothekar Friedrich Niewöhner, Das verfehlte Fremde. Protest gegen sie soziologische Verformung der Orientalistik, in: *Frankfurter Allgemeine Zeitung* (Seite Geisteswissenschaften) vom 10. Juni 1998, N6. Vgl. dazu kritisch Anm. 3 oben.

14 Vgl. Bruce Mazlish u.a., *Conceptualizing Global History*, Boulder / Col. 1993.

15 Theda Skocpol (Hrsg.), *Vision and Method in Historical Sociology*, Cambridge 1984; sowie Charles Tilly, *Big Structures, Large Processes, Huge Comparisons*, New York 1984.

16 Maxime Rodinson, *La fascination de l'Islam*, Paris 1980, deutsche Übersetzung: *Die Faszination des Islam*, München 1985.

17 Zu dieser Diskussion vgl. B. Tibi, Zivilisationskonflikte und Kulturdialoge. Für eine neue Wissenschaft der Islamologie, in: *Universitas*, Band 50 (1995), Heft 5, S. 459–470. Beispiel hierfür sind meine Bücher *Der wahre Imam* (1996) und *Kreuzzug und Djihad* (1999).

18 Josef van Ess, *Theologie und Gesellschaft im 2. und 3. Jahrhundert Hi dschra. Eine Geschichte des religiösen Denkens im frühen Islam*, 6 Bände, Berlin 1991–95.

19 So der Artikel in der größten arabischen Zeitung *al-Hayat* vom 20. Dezember 1995 unter der Überschrift Sumum al-mustaschriqin (Gifte der Orientalisten); dazu den von mir angeregten kritischen Artikel von Wolfgang G. Lerch, in: *Frankfurter Allgemeine Zeitung* vom 21. Februar 1996, S. 12.

20 B. Tibi, *Der Islam und Deutschland – Muslime in Deutschland*, Stuttgart 2000. Vgl. auch ders., *Europa ohne Identität?* (wie Anm. 3), besonders Kapitel 3, das aus der Stockholm Global Village Lecture mit dem Titel »Der Islam und Europa – der Islam in Europa« (gehalten 1997) hervorgegangen ist.

21 So der Orientalist Heinz Halm, *Die Schia*, Darmstadt 1988, S. 158.

22 Hierüber die Standardwerke von Leonard Binder (Hrsg.), *The Study of the Middle East. Research and Scholarship in the Humanities and the Social Sciences*, New York 1976; sowie Ismael, *Middle East Studies* (wie Anm. 2), darin das Kapitel v. B. Tibi über die deutschen Orient-Studien S. 131ff. und von Baber Johansen über die deutschen Islam-Studien S. 71ff.

23 Vgl. B. Tibi, Die Rolle der Universität als Instrument der Selbsthilfe in Entwicklungsländern, in: Der Präsident der Universität Gießen (Hrsg.), *Universität und Dritte Welt*, Gießen 1983, S. 72–84. Im Hochislam waren die Universitäten des Orients jedoch anders aufgebaut; vgl. George Makdisi, *The Rise of Colleges, Institutions of Learning in Islam and the West*, Edinburgh 1981.

24 Gérard Leclerc, *Anthropologie und Kolonialismus*, München 1973 (Original Paris 1972), S. 24.

25 Hierzu Dale Eickelman, *The Middle East. An Anthropological Approach*, Englewood Cliffs / N.J. 1981, S. 25ff.

26 Abdarrahman Ibn-Hasan al-Djabarti, *Bonaparte in Ägypten. Aus der Chronik des Abdarrahman al-Gabarti*, übersetzt von Arnold Hottinger, Zürich u.a. 1983.

27 Vgl. Ch. A. Julien, *Histoire de l'Afrique du Nord*, Paris 1931 auf der einen Seite und auf der anderen: Abdallah Laroui, *The History of the Maghreb. An Interpretive Essay*, Princeton 1977.

28 Edward W. Said, *Orientalism*, New York 1978. Eine leider sehr mangelhafte deutsche Übersetzung, erschienen unter dem Titel: *Orientalismus*, aus dem Englischen von Liliane Weissberg, bei Ullstein, Frankfurt a.M. und Berlin 1981, ist in Deutschland schnell in Vergessenheit geraten.

29 Rodinson, *Die Faszination des Islam* (wie Anm. 16), S. 13ff.

30 B. Tibi, Orient und Okzident, Anmerkungen zur Orientalismus-Debatte, in: *Neue Politische Literatur*, Band 29 (1984), Heft 3, S. 267–286.

31 Persönliche Kommunikation mit Professor Mahdi in Harvard, die Zitierung ist von ihm autorisiert worden.

32 Frantz Fanon, *Die Verdammten dieser Erde* (Original: *Les damnés de la terre*), Frankfurt a. M. 1966, S. 179.

33 Sadik al-Azm, Orientalism and Orientalism in Reverse, in: *Khamsin*, (1981) Heft 8, S. 5–26.

34 Sadik al-Azm, al-Istishraq wa al-istishraq ma'kusan, in: *al-Hayat al-djadida* (Beirut), Band 1 (1981), Heft 3, S. 7–51 (eine weit umfassendere Originalfassung der erheblich gekürzten englischsprachigen, in Anm. 33 angegebenen Version). Dieser Text ist in al-Azms Buch wiederabgedruckt: *Dhihniyy al-Tahrim* (Die Mentalität des Verbots bzw. der Tabuisierung), London und Limassol / Zypern 1992, S. 17–85. Al-Azm wirkte kurz in Deutschland und veröffentlichte das kaum wahrgenommene Buch: *Unbehagen in der Moderne. Aufklärung im Islam*, Frankfurt a. M. 1993.

35 Maxime Rodinson, *Islam und Kapitalismus*, Frankfurt a. M. 1971, neue Ausgabe als stw-Band mit der umfassenden Einleitung von B. Tibi, Rodinson, der Islam und die westlichen Islam-Studien, Frankfurt a. M. 1986, S. IX–LI.

36 Maxime Rodinson, *Mohammed*, Luzern u. Frankfurt a. M. 1975; und dazu mein Besprechungsaufsatz Religionssoziologische Anmerkungen zur Entstehung des Islam als einer mobilisatorischen Ideologie, in: *Archiv für Rechts- und Sozialphilosophie*, Band 64 (1979), S. 547–556.

37 Maxime Rodinson, *Die Araber*, Frankfurt a. M. 1981.

38 Maxime Rodinson, *Peuple juif ou problème juif?*, Paris 1981, darin die Abhandlung »Israel, fait colonial?«, S. 153ff.

39 Rodinson, *Die Faszination des Islam* (wie Anm. 16), S. 18.

40 Norbert Elias, *Über den Prozeß der Zivilisationen*, 2 Bände, 6. Auflage, Frankfurt a. M. 1978. Neue Edition, bearbeitet und herausgegeben von Heike Hammer, 2 Bände, Frankfurt a. M. 1997.

41 Tibi, *Kreuzzug und Djihad* (wie Anm. 12), Kapitel I.

42 Ebd., Kapitel V: Die Renaissance.

43 Zum islamischen Rationalismus als Widersacher der islamischen Orthodoxie und der von ihm erwägten Aufklärung, vgl. B. Tibi, *Der wahre Imam. Der Islam von Mohammed bis zur Gegenwart*, München 1996, hier: Kapitel 3 und 4.

44 Rodinson, *La fascination de l'Islam* (wie Anm. 16), S. 69f., eigene Übersetzung.

45 Tibi, *Kreuzzug und Djihad* (wie Anm. 12), Kapitel VI über die europäische Expansion.

46 Bernard Lewis, The Question of Orientalism, in: *The New York Review* vom 24. Juni 1982, S. 49–66, und die Replik von Edward Said in *The New York Review* vom 12. August 1982.

47 Gerhard Endreß, *Einführung in die islamische Geschichte*, München 1982, S. 31.

48 Vgl. z.B. Clifford Geertz, *Islam Observed. Religious Development in Morocco and Indonesia*, 2. Auflage, Chicago 1971; sowie die von mir besorgte deutsche Ausgabe dieser exemplarischen empirischen Darstellung der »Vielfalt des Islam«, erschienen unter dem Titel: *Religiöse Entwicklungen im Islam, beobachtet in Marokko und Indonesien*, mit einem Nachwort über die Princeton-Gespräche mit Geertz von B. Tibi, Frankfurt a. M. 1988.

49 Karl Mannheim, *Mensch und Gesellschaft im Zeitalter des Umbaus*, Bad Homburg und Berlin 1967, S. 321; vgl. zu dieser Problematik B. Tibi, Von der Wissenssoziologie zur Planungsideologie. Karl Mannheims Werk im Lichte der neuen Forschung, in: *Neue Politische Literatur*, Band 18 (1973), S. 8–30.

50 B. Tibi, Der amerikanische Area-Studies-Approach in den International Studies am Beispiel der Middle East Studies in Ann Arbor / Michigan und Washington, in: *Orient*, Band 23 (1983), Heft 2, S. 260–284.

51 Als ein Beispiel hierfür B. Tibi, *The Challenge of Fundamentalism. Political Islam and the New World Disorder*, Berkeley und Los Angeles 1998. Dieses Buch ist zwischen 1989 und 1997 in den USA original auf Eng lisch entstanden. Deutsche Übersetzung: *Die Neue Weltunordnung*, Berlin 1999.

52 So druckte die *Süddeutsche Zeitung* eine Rezension eines Bamberger Provinz-Turkologie-Professors über mich, in der stand: »Tibi …, ein Mann, der ständig aus Göttingen in den Harvard Faculty Club flüchtet.« *SZ* vom 15. Februar 1999. Der Neid des Kleinbürgers!

53 Binder, *The Study of the Middle East* (wie Anm. 22).

54 Vgl. u.a. die altbewährte Monographie von Leonard Binder, *The Ideological Revolution in the Middle East*, New York 1964; sowie seine auf Feldforschung basierende Monographie, *In a Moment of Enthusiasm. Political Power and the Second Stratum in Egypt*, Chicago 1978. Wertvoll ist auch sein Buch: *Islamic Liberalism. A Critique of Development Ideologies*, Chicago 1988.

55 Binder, *The Study of the Middle East* (wie Anm. 22), S. 8.

56 Thomas Kuhn, *Über die Struktur wissenschaftlicher Revolutionen*, Frankfurt a. M. 1967.

57 Der arabische Ausdruck hierfür lautet »al-Salibiyyun«; er wird häufig propagandistisch verwendet. Als ein Beispiel hierfür vgl. den Anhang über die westlichen Orientalisten in der islamisch-orthodoxen Schrift des ehemaligen, in Deutschland promovierten Rektors der islamischen Azhar-Universität zu Kairo: al-Bahi, *al-Fikr al-Islami al-hadith* (wie Anm. 6).

58 Hierzu die Arbeit von Stephen K. Sanderson, *Social Evolutionism. A Critical History*, Cambridge 1990.

59 J. M. Blaut, *The Colonizer's Model of the World. Geographical Diffusionism and Eurocentric History*, New York und London 1993, S. 1.

60 B. Tibi, Culture and Knowledge, in: *Theory, Culture and Society*, Band 12 (1995), Heft 1, S. 1–24; vgl. auch das Kapitel über Wissen in B. Tibi, *Krieg der Zivilisationen. Politik und Religion zwischen Vernunft und Fundamentalismus*, revidierte und erweiterte Neuausgabe, München 1998 (zuerst Hamburg 1995), S. 243–274.

61 Blaut, *The Colonizer's Model of the World* (wie Anm. 59), S. 1.

Bassam Tibi

ISLAMISCHE ZUWANDERUNG UND IHRE FOLGEN

Wer sind die neuen Deutschen?

460 Seiten
€ 19,90, ISBN 978-3-8382-1003-2 (Paperback)
€ 39,90, ISBN 978-3-8382-1083-4 (Hardcover)

Die Zuwanderung nach Deutschland hat seit der Grenzöffnung im September 2015 eine neue Dimension erreicht. Aus in Auflösung begriffenen Staaten kommen überwiegend muslimische Migranten als „neue Deutsche" in die Gesellschaft derer, „die schon länger hier leben" (Angela Merkel). Die Politik bietet Rhetorik und Durchhalteparolen – von der „Willkommenskultur" über „Wir schaffen das" bis zu „Fluchtursachen bekämpfen" –, hat aber weder ein schlüssiges Konzept für den Umgang mit den Flüchtlingsströmen noch für eine echte Integration der Zuwanderer.

Bassam Tibi, selbst syrischer Migrant, analysiert sachorientiert und kundig die Faktenlage. Integration, so zeigt er auf, ist etwas anderes als ein Zurschaustellen von Fremdenliebe, verbunden mit Unterbringung, Alimentierung und Sprachkursen. Integration erfordert vor allem das Angebot einer inklusiven Bürgeridentität des Aufnahmelandes und einer Annahme dieses Angebots durch Neuankömmlinge – nur so kann sich ein *sense of belonging* einstellen, ein Zugehörigkeitsgefühl und eine Identifizierung mit der Aufnahmegesellschaft und ihren Werten. Doch spätestens an diesem essentiellen Punkt versagt die deutsche Migrationspolitik vollständig und mit katastrophalen Konsequenzen, und das nicht erst seit 2015.

Viele hier lebende Muslime haben ein akutes Identitätsproblem – eine der Hauptursachen für religiöse Radikalisierung und Ablehnung der Aufnahmegesellschaft bis hin zu einer offen feindseligen Haltung ihr gegenüber. Tibi arbeitet eindringlich die Gefahren und Folgen heraus, die mit einem Scheitern des aktuell stattfindenden Großexperiments *Zuwanderung* verbunden sind, und bietet gleichzeitig eine scharfsinnige Analyse der Situation in den derzeit besonders problematischen Herkunftsstaaten.